パンカジ・ミシュラ
園部哲 訳

アジア再興

帝国主義に挑んだ志士たち

PANKAJ MISHRA

From the Ruins of Empire

白水社

アジア再興

帝国主義に挑んだ志士たち

FROM THE RUINS OF EMPIRE
by Pankaj Mishra

Copyright: © 2012 by Pankaj Mishra

Japanese translation rights arranged with Pankaj Mishra
c/o Aitken Alexander Associates Limited, London
through Tuttle-Mori Agency, Inc., Tokyo

2人のMへ

中国の歴史には発展性がないので、これ以上検討することができない。
（…）中国とインドは、いわば世界史の外にあるのだ。

G・W・F・ヘーゲル（一八二〇年）

ヨーロッパ人は自分たちの歴史から降りたがっている。
血で綴られた「偉大なる」歴史から。だが、ほかの何億もの人たちは、
そこに初めて乗り込もうとしたり、舞い戻ってきたりしている。

レイモン・アロン（一九六九年）

アジア再興——帝国主義に挑んだ志士たち　目次

人名・地名の表記について　9
プロローグ　11

第一章　隷属するアジア　25
エジプト——「一連の大いなる不幸の始まり」
緩慢なる虐待を受けるインドと中国
新世界秩序

第二章　アフガーニーの風変わりなオデュッセイア　67
ぼろを着た馬の骨
インドとアフガニスタンで目覚める
ヨーロッパの「病人」と危険な素人療法
エジプト——論客あらわる
自強運動を超えて——汎イスラー主義とナショナリズムの起源
ヨーロッパでのエピソード
ペルシアでの神格化
黄金の檻のなかで——イスタンブールにおけるアフガーニーの最期
その後の影響

第三章 梁啓超の中国とアジアの運命 175
日本の興隆――うらやましくてもまねはできず
改革を促した一撃
日本と亡命の危険
義和団の乱――挫折から得たさらなる教訓
汎アジア主義――コスモポリタニズムの魅力
梁啓超とアメリカの民主主義
専制体制か革命か

第四章 一九一九年、世界史の転換 249
アメリカと、民族自決主義という彼らの約束
リベラルな世界主義か、リベラルな帝国主義か？
世界に民主主義がはびこらぬように
西欧の没落？

第五章 タゴール、東亜へ行く――亡国から来た男 289

第六章　作り直されたアジア　321
後味の悪さ――汎アジア主義と軍国主義的脱植民地化
知的脱植民地化――新伝統主義の興隆
国民国家の勝利――瀕死の病人、トルコの復活
「中国人民站起来了（中国人民は立ち上がった）」
「その他の地域」の興隆

エピローグ――曖昧な復讐　391

謝辞　407
訳者あとがき　409
原注　16
参考文献についての小論　6
人名索引　1

装幀　小林　剛（UNA）

凡例

・原著者による注は、本文中の該当箇所に（1）（2）と番号を振り、「原注」として巻末にまとめた。
・訳者による注は、本文中の〔　〕内に割注で記した。
・引用者による補足は［　］で記した。
・引用文中の中略は（…）で示した。

人名・地名の表記について

本書のように時間的にも地理的にもカバーする範囲が広いと、人と土地の名前の選択にあたってどれを選ぶべきか、数えきれぬ問題に直面する。その問題の性質は、英国が建設した港湾都市のことを、ムンバイと言う代わりに古い植民地時代の呼び名ボンベイを使う場合、すぐさま意識せざるを得ない、高度に政治的色彩を帯びている。イスラーム関連の名前をアルファベットで表すとき、主たる三種類の通俗書法、すなわちアラビア語、トルコ語、ペルシア語のどれをもとにすべきか、難しい選択を迫られる。最終的には、英語の文章を読むことの多い読者に、もっともなじみの深いであろうと思われる呼び名を選ぶことにした。

アフガーニーの行程

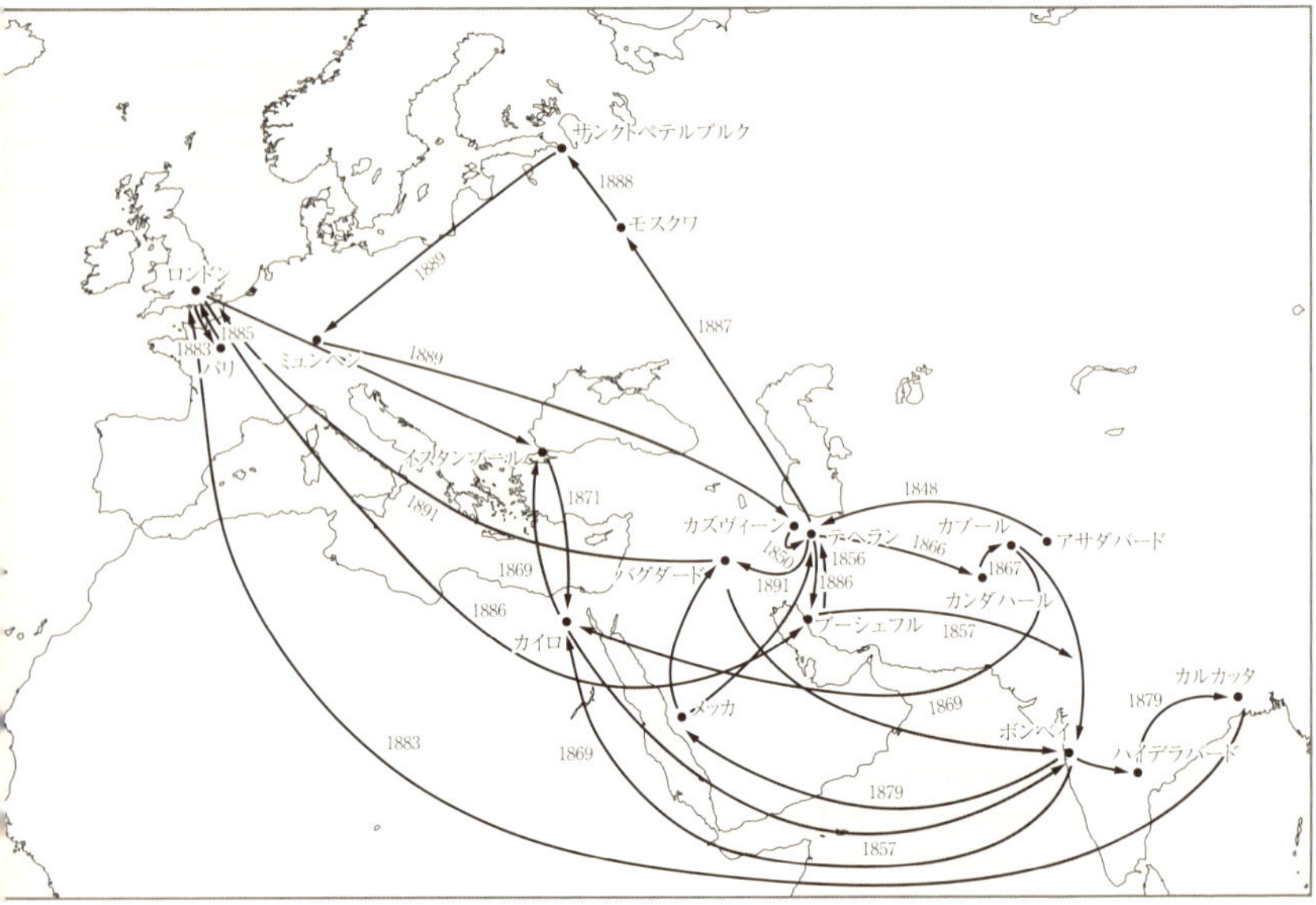

梁啓超の行程

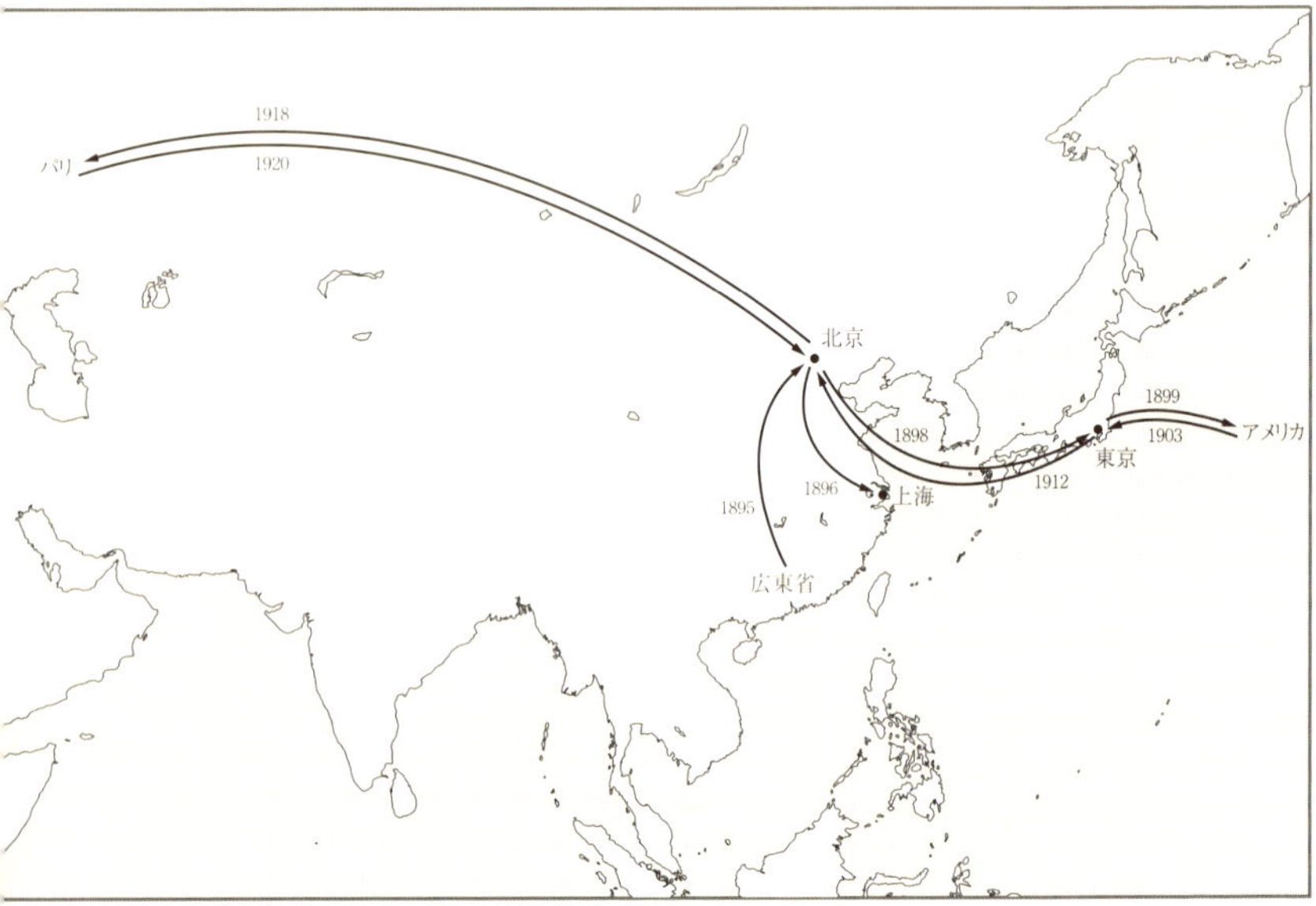

プロローグ

現代世界がその決定的なかたちを取り始めた契機は、一九〇五年五月、対馬海峡という狭い海域を舞台にした二日間に訪れた。今や世界でも屈指の航行量を誇る水路だが、そこで海軍大将東郷平八郎率いる日本帝国海軍の小規模な艦隊が、極東をめざして地球を半周してきたロシア海軍の大半を撃滅したのである。百年前のトラファルガー以降最大の海戦、とドイツ皇帝に言わしめ、「前代未聞の驚異的な出来事」と米国大統領に言わしめたこの日本海海戦は、一九〇四年二月以来日露が主に朝鮮と満洲の支配権奪取をめぐって揉めていた争いに決着をつける快挙となった。中世以降初めて、欧州外の国が大規模戦において欧州列強の一角を打ち破ったのである。このニュースは、西洋の帝国主義者たちがしっかりと手を握り合い、電信の発明によって密に結びつけられた世界を駆けめぐった。

カルカッタでは、大英帝国のいちばん大事な領地の番人であったインド総督のジョージ・カーゾン卿が、「あの勝利の波紋は、雷鳴のごとく東洋のささやきの回廊を駆け抜けた」[1]とすくみ上がった。超然として気の利かぬカーゾンも、このときばかりは現地の人々の動向に探りを入れた。現地の声をもっともはっきりと代弁していたのは、当時南アフリカにいた無名弁護士モーハンダース・ガンディー（一八六九―一九四八）で、彼はこう予言した。「日本の勝利というものがはるか遠くまで根づいてしまったので、どこでどんな果実を結ぶことになるか、それをすべて予見することはできない」[2]

ダマスカスにいたオスマン帝国の若き兵士、その後アタテュルク（一八八一―一九三八）という名で知られるようになるムスタファ・ケマルは歓喜の絶頂にあった。西欧の脅威に対抗するためにオスマン帝国の改造と強化を切望していたケマルは、多くのトルコ人と同じように日本を鑑としてきたが、その正しさがようやく立証されたと感じ入っていた。十六歳のジャワハルラール・ネルー（一八八九―一九六四）は、生まれ育った田舎町で日露戦争の初期段階から新聞記事を追い、「ヨーロッパに対する隷属状態からのインドの自由、アジアの自由」[3]を実現する自分の役割を夢想していた。彼が対馬海峡から届いたニュースに接したのは、ドーバーから英国のパブリック・スクール、すなわち彼の母校となるハロー校へ向かう列車のなかで、たちまち「最高の気分」[4]になった。中国の民族主義者孫逸仙《そんいっせん》〔欧米での通称で、孫文のこと。以下、孫文とする〕（一八六六―一九二五）はこのニュースをロンドンで聞き、彼もまた狂喜した。一九〇五年末に海路中国へ帰国する途中、彼を日本人だと思ったスエズ運河のアラブ人港湾労働者から孫文は祝福を受ける。[5]

トルコ、エジプト、ベトナム、ペルシア、中国の新聞は、日本の戦果がもたらす波及効果についての熱狂的考察で埋められた。インドの村々では、赤ん坊に日本の海軍大将の名前をつけた。米国ではアフリカ系アメリカ人の指導者W・E・B・デュボイスが、世界中でわき起こる「有色人種の誇り」について語った。平和主義者の詩人（その後ノーベル賞を受賞する）ラビーンドラナート・タゴール（一八六一―一九四一）も、どうやら類似の情動に駆られ、対馬海峡からのニュースを聞くや、ベンガル地方の田舎にある学校構内で学生たちを率い、にわかづくりの戦勝行進を行った。

そこには階級の差も人種の違いもなかった。世界中で隷属状態にある人々は、日本の勝利がもたらした道徳的かつ心理的な意味合いを、夢中になって理解しようとした。彼らのバックグラウンドは驚くべき多様性を呈している。ネルーは裕福な親英的バラモン階級の出身である。彼の父親は英国によるインド支配の受益者で、自分のシャツをドライクリーニングのためにヨーロッパへ送っている、という噂すらあった。孫文は貧農の息子である。兄弟の一人は、中国人下層労働者が使役に駆り出されたカリフォルニアのゴールドラッシュのなかで命を落としている。アブデュルレシト・イブラヒム（一八五七—一九四四）は同世代のなかでは第一級の汎イスラーム主義者で、日本の政治家や活動家たちとの関係構築のために一九〇九年に日本へやってきたが、彼などは西シベリアが生地である。ムスタファ・ケマルはテッサロニキ（今はギリシア）でアルバニアとマケドニア出身の両親のもとに生まれた。後年彼の協力者となるトルコ人小説家、ハリデ・エディップは自分の息子に日本人海軍大将東郷の名をつけたが〔次男のハサン・ヒクメトゥラー・トーゴー〕、彼女は非宗教的フェミニストだった。ウー・オッタマ（一八七九—一九三九）はビルマの民族主義者として偶像視されていたが、ロシアを打ち負かした日本の勝利を意気に感じて一九〇七年に東京へ渡航した。彼は僧侶だった。

　ロシアの敗北に狂喜した大勢のアラブ人、トルコ人、ペルシア人、ベトナム人、インドネシア人のなかには、さらに多様な背景を持つ人々がいた。だが、彼らには共通体験があった。彼らは長いあいだ、野蛮人とはいわぬまでも、成り上がり者と見なしてきた西洋人から服従を強いられてきた。そして彼らは皆、日本の勝利から同じ教訓を得た。世界を征服した白人といえども、もはや無敵ではない。今や無数の夢が——国家の自由、人種の誇り、あるいは単に復讐の夢が——自分たちの国にのさばるヨーロッパの権威にいやいやながら耐えてきた心に花開いたのであった。

　十九世紀に西洋列強にいじめられ、彼らが中国を蹂躙するさまに身をすくめ、一八六八年以降、日本は国内の近代化という意欲的な仕事をみずからに課す。半封建的な幕府を廃して立憲君主制と統一された国民国家を立ち上げ、高生産・高消費の西洋型経済を築こうとした。日本の卓越したジャーナリスト、徳富蘇峰（一八六三―一九五七）は、一八八六年のベストセラー『将来之日本』のなかで、日本が西洋人によって設定された「天地の大勢」を無視するならば、そのコストは高くつくことを示してみせた。「碧眼紅髯の人種は大波のようにわが国に侵入し、ついにはわれわれ日本人を大海の離れ小島に追いやってしまう[6]」。

一八九〇年代にはすでに、日本の伸びゆく産業・軍事力が、ヨーロッパ人やアメリカ人の心中に「黄禍」のイメージを誘発していた。アジアの群衆が白人種の西洋を侵略するという、身の毛もよだつイメージである。ロシアの敗北は、西洋に追いつこうとする日本のプログラムが、驚くべき成功を達成したことの証明だった。「われわれは有色人種は劣等であるという神話を払拭しつつある」と、徳富蘇峰は宣言する。「われわれの力をもって、われわれが世界の列強国の一員であることを認めさせようとしているのだ[7]」。

多くの有色人種はロシアの屈辱を、西洋が作った人種の序列化を覆すものとして受け止め、アジアの「後進」国を「文明化」してやるというヨーロッパの思い上がりを嘲《あざけ》った。インドにおける社会学の先駆者、ベノイ・クマール・サルカール（一八八七―一九四九）は『「白人の重荷」の理屈は、目の見えぬ狂信家以外には、時代遅れの考え方になった[8]」と言った。日本は、アジアの国々が近代文明に至る独自の道を探り、各国特有の活力を見いだすことが可能だと教えてくれた。青年トルコ党の活動家で、後年大臣にもなったアフメト・ルザ（一八五九―一九三〇）は、次のような堂々たる言葉でこれをまとめた。

極東の出来事は、国民改造をしてやろうという有害なだけでしつこいヨーロッパによる干渉がいかに無益であるか、その証拠を見せてくれた。それどころか、ヨーロッパ人侵略者・略奪者との接触から隔離され保護されていればいるほど、その国民が合理的な改造へ向かう進化の度合いはずっと高くなるのである。[9]

白人支配の南アフリカで制度化された人種差別と闘っていたガンディーは、日本の勝利からこれに似た教訓を引き出していた。「貧富を問わず、日本に住むすべての人が自尊心を持つようになったとき、日本は自由になった。日本はロシアに平手打ちをくれてやることができた。(…)それと同じように、私たちも自尊心を高く持つことが必要なのである」[10]。中国人の哲学者、厳復《げんぷく》(一八五四―一九二一)は、西洋の「野蛮人」が、アヘン戦争から北京の円明園《えんめいえん》の焼き討ちまで、中国に与えてきた百年の屈辱を思い返し、こう結論づけた。「私たちが彼らの肉をむさぼり食い、皮をはぎ取ってその上で眠らなかったのは、ひとえに私たちの力が不十分だったからなのだ」。

その力をどうすれば手に入れることができるか、日本がそれを教えてくれた。無能の専制君主と略奪者たるヨーロッパ人の実業家に苦しめられてきた大勢のアジア人にとって、日本の力強さの秘密は同国の憲法にあった。この手本で理論武装し、アジア中の政治的活動家は、硬直化した専制国家を相手にして一連の民衆主導の立憲革命を煽動した(敗戦したロシアも一九〇五年に革命に転がり込む)。オスマン帝国の支配者、スルタン・アブデュルハミト二世(一八四二―一九一八)は、ヨーロッパ列強の高まる一方の要求のせいで、イスタンブールの主権が哀れな抜け殻にされたこともあって、日本の近代化を注視していた。だが、ムスリム世界で日本を賛美する者は、青年トルコ党の亡命者で作家のアブドゥッラー・ジェヴデトのような世俗主義者、さらには反宗教的ですらあるナショナリストが多かった。ジェヴデトは日本のことをこう書いた。「抑圧者に立ち向かい、傲慢な侵略者に立ち向かう帯刀者。抑圧された人々、みずからを助ける人々に光明を授ける者」。日本の勝利に励まされたナショナリスト、青年トルコ党は一九〇八年、アブデュルハミト二世に迫って、一八七六年以来停止されていた憲法を復活させた。ペルシア人たちは、立憲的な日本が専制的なロシアを負かしたのを見て、一九〇六年に国民会議を創設した。

その同じ年、エジプトでは英国支配に対する最初の大規模なデモが行われた。エジプトのナショナリスト・ムスリムにとって、日本は「日出ずる国」であり、それは傑出したエジプトのナショナリスト・リーダー、ムスタファー・カーミル（一八七四―一九〇八）が日露戦争直前に書いた本の題名でもある。世界各地のムスリム諸国の学生が、進歩の秘密を学ぼうと東京をめざした。日本の勝利の波及効果は、オランダの植民地主義者によって最近統一されたばかりのインドネシア諸島でも感じることができた。そこでは一九〇八年に、最初のナショナリスト政党が上流階級のジャワ人によって創設されている。

もっとも広範囲にわたる変化が生じたのが中国であり、一九一一年に世界最古の部類に属す王朝を転覆させるところまでいった。一九〇五年以降は何千人もの中国人が群れをなして日本へ向かい、当時としては史上最大の留学生大移動となった。帝国没落後の最初のリーダーたちの多くは、この留学組から生まれている。一九一〇年、中国湖南省の小さな町で、毛沢東（一八九三―一九七六）という名の生徒は、日本に留学していた音楽の先生から教わった日本の歌を口ずさんでいた。

雀は歌い、鶯は踊る
春の緑の野は美しい
ざくろの花は紅に染まり、柳は青葉にみち
新しい絵巻になる[11]

それから数十年後、日本が中国を脅かしていたときに、毛沢東はこの歌をそのままそっくり思い出した。「当時、私は日本の美しさを知っていたし心を動かされもし、このロシアに対する勝利の歌のなかに、日本の誇りと力のようなものを感じ取ったものです[12]」

　ほかの場所でも日本の勝利は、愛国的感情を奮い立たせただけでなく、それを過激主義へ向かわせもした。この新たな気運が引き起こした災難のひとつが、現地の西洋化したエリートが中途半端に採用した自由主義的ナショナリズムだった。カーゾンが分割しようと計画していたベンガル地方の空気は、すでに過激なまでに反英国的になっていた。反植民地の気概はインド国民会議派が控えめに表明していただけだったが、一九〇五年以降は暴動やテロ攻撃により、それが強固になってきたことが明らかになった。カルカッタやダッカの急進派は、ベンガルの学生たちが東京へ行くのを資金的にサポートし、ヨーロッパやアメリカにいた反植民地主義活動家は、ベンガルに武器を持ち込むために、アイルランドやロシアの革命家、ならびに日本や中国の活動家とのつながりを構築した。

　フランス領インドシナの士大夫たちも、革命的暴力使用の考え方ににじり寄り始めていた。ベトナム・ナショナリストの草分けである潘佩珠《ファン・ボイ・チャウ》は一九〇五年から一九〇九年にかけて日本に身を落ち着け、彼が唱導する東遊運動（「日本に学べ」）の旗印のもとに、フランス領インドシナから来た大勢の学生たちを教育した。社会進化論的な人種戦争や生存競争という考えが、仏教徒のセイロンや儒教の中国、そしてイスラームのエジプトなどでの政治演説に忍び込んでくるようになった。カイロでは、のちにエジプトのムスリム同胞団に影響を与えた著作を書くことになるラシード・リダー（一八六五―一九三五）が、日本をイスラーム国家に変える可能性と、ヨーロッパ人の想像の産物である「黄禍」を、邪宗徒からの解放をめざす汎アジア的な運動へ転成させることについて、熱っぽく書いた[13]。

　日本海海戦から十年後、第一次世界大戦の大殺戮は、ヨーロッパにまだ残っていた道徳的威信のほとんどをはぎ取ってしまうことになる。第二次世界大戦における日本のアジア征服は、結局逆転されることにはなるのだが、疲弊したヨーロッパ帝国の弱まってきた支配からアジア大陸の大部分をもぎ離す助けとなっていく。ともあれ長いスパンで眺めてみれば、西洋退場序曲のオープニングコードをかき鳴らしたのが日本海海戦なのである。

日本海海戦によってただちに覆すことがかなわなかったのは、十九世紀のあいだほぼ常にアジアとアフリカを圧倒し続けてきた西洋の軍事力と商業の優越性である。二十世紀は、中国で反西洋の立場をとる義和団に対するドイツ兵の懲罰的襲撃で幕が切って落とされ、アメリカはフィリピンの反乱を鎮圧し、英国はインド兵の力を借りて南アフリカのオランダ人入植者と戦った。一九〇五年までに中国とフィリピンが鎮圧され、南アフリカが英国支配下に入ることでこれらの戦いは終わった。西洋はその後さらに長年にわたり、東洋の領地の支配を放棄しなかった。だが、ロシアに対する日本の勝利は、政治的動きには至らなかったけれども、もはや後戻りはできぬという意識のなかの脱植民地化を加速させた。

一九四二年に孫文は十九世紀最後の、惰眠をむさぼった十年間を回顧した。「アジアの有色人種たちは、西洋人から受ける迫害に苦しみながら、この拘束から解放されることはありえない、と考えていた」。

> 人々は、ヨーロッパ文明は科学・工業・製造・軍備において進歩的であり、アジアにはそれに比すべきかけらもない、と考えて疑わなかった。その結果、アジアはヨーロッパに対抗することはできず、ヨーロッパの迫害から逃れることはできぬと推断された。これが三十年前に支配的だった考え方なのである。[11]

一九〇五年のロシアに対する日本の勝利は、アジアの人たちを「新たな希望」で鼓舞した。希望とは「ヨーロッパ人による束縛と支配というくびきを振り払い、自分たちがアジアのなかで当然に占めるべき地位を取り戻すこと」だった。それから二十年も経たぬうちにエジプト、トルコ、ペルシア、インド、アフガニスタン、そして中国における独立運動はたくましく育ってきた、と孫文は言い添える。一九〇五年にガンディーが予言したように、「東洋の人々」はついに「惰眠から目覚めつつ」あったのだ[15]。カーゾンが恐れたささやきは、ほどなくして朗々たる主張と要求の大音声《だいおんじょう》となるだろう。四散して孤独な存在だった個人が、大衆運動のために、反乱を起こすために団結するだろう。団結した彼らは、驚くべき早さで革命的下克上を引き起こすことになる。

二十世紀が始まったとき、ヨーロッパはしっかりとアジアを把握していたが、その握力も以降は劇的にゆるんでいった。インドと中国がすでに主権国家として立ち上がった一九五〇年までに、アジアにおけるヨーロッパの存在は周縁的なものへと降格し、西洋的力強さの最新の化身であるアメリカになんとか支えてもらいながら、軍事基地、経済的圧力、政変などを構成要素とする無定型の帝国形式を頼みの綱とするようになる。ヨーロッパ人やアメリカ人はアジア人を過小評価していたので、彼らが、近代的な考え方や技術や制度――すなわち西洋列強の「秘技」――を自家薬籠中のものとし、それをもって西洋に返報してくるとは思っていなかった。彼らは、ヘーゲルやマルクスに始まりジョン・スチュアート・ミルに至るヨーロッパの有力な思想家たちが、自己統治には向かない人種と見なしていた人々のなかに、平等とプライドに対する強烈な願望があることに気づかなかった。そしてまた、こうした思想家の考え方は、皮肉なことにこの「被支配民族」たちに取り入れられて、大いに効果を発揮することになるのである。

今日、トルコから中国までのアジア社会は、きわめて活力と自信に満ちた姿を見せている。それは、十九世紀にオスマン帝国と清王朝を「病気」だ「瀕死」だと言い立てた者たちが目にした姿ではない。かまびすしく喧伝された、経済力の西洋から東洋への遷移、それが起きるかどうかはさておき、世界史のなかに新しい展望が開かれたことは確かである。ヨーロッパやアメリカに住む大半の人々にとって二十世紀の歴史は、一般的には今でも二つの世界大戦、そして核兵器を原因としたソビエト共産主義との長期膠着状態によって輪郭づけられている。だが今もっとはっきりしてきたのは、世界の人口の大多数にとって、前世紀の中心的な出来事とはアジアの知的・政治的目覚めであり、アジアとヨーロッパの諸帝国の残骸からの台頭だったということである。この認識は今日の世界のありようを理解することにとどまらず、世界の継続的な改造が、西洋のイメージに合わせてというよりは、かつての被支配民族の夢と願望に沿うかたちでなされていく、そのありさまを理解することでもある。

アジアを近代的に改造するのに要したこの長い期間、中心になって思考し行動したのは誰だったのか？　彼らはどうやって私たちが今生きるこの世界、そして次の世代が生きる世界を予見したのか？　本書は、近代世界の歴史をアジア各地のさまざまな視点から眺めることによって、この疑問に答えようとしている（ここでのアジアの定義は、もともとギリシア人が認識した方法と同じく、エーゲ海によってヨーロッパからアジアを切り離し、ナイル川をアジアとアフリカの境界とする地理的概念であって、今日の地政学的分け方とそう違わない）。

西洋はアジアのことを、彼らの戦略的関心や経済的関心という狭い観点から見ており、アジア人が民族として体験したことやアジア人側からの観点などは意に介さず、否、想像だにしなかった。こうした他者の観点の取り入れは面食らう経験かもしれず、本書は間違いなく、西洋の読者にとってなじみのない名前や事件を呈示することになるだろう。しかしそれは、ヨーロッパ中心主義ないしは西洋中心主義の観点を、これまた同様に問題含みのアジア中心主義的観点で置き換えようという試みではない。そうではなく、ますます維持不可能になってきている西洋の強さ、これを当然の前提とすることはもはや信頼に足る優位な視点とは言えず、ひょっとすると危険な誤解を招くかもしれないという確信のもと、本書では過去と現在について複眼的観点を持つことを試みる。

西洋の観点からすると、西洋の影響は不可避かつ必然だったと思われるので、徹底的な歴史の検証などは不要だということになる。ヨーロッパ人とアメリカ人は自分たちの国と文化を近代性の源泉と考え、その文化が世界中に普及しているすばらしい眺めを見て、自分たちの想定は正しいと確信している。確かに今日の社会はどこもかしこも、ボルネオだとかアマゾンの雨林などの隔離された部族共同体は別として、少なくともある程度まで西洋化されているか、西洋の近代に近づきたがっている。だがその昔、西洋というのは単に地理的な場所の呼称であり、それ以外の場所に住む人々は、普遍的秩序は自分たちの価値体系のなかにあると、別段自分たちの優劣などは意識せずに考えていた時代があった。十九世紀も末になるまで、イスラームや儒教などの信仰体系を社会の中核に持つところでは――既知の世界はだいたいそうだが――人間世界の秩序は偉大なる神、あるいは彼らの祖先や神々が定めた宇宙秩序から離反することなく一体化していると想定されていた。

この本の目的は、東洋において最高の知性と感受性を備えた人々が、自分たちの社会を浸食しつつある西洋（物質と知性の両面において）に対しどのように反応したか、それを概観することである。アジア人が自分たちの歴史、社会的存在をどのように理解したか、そして、今日のアジアのかたちを決定づけた一連の無類の出来事と社会の展開（インド大反乱、アングロ・アフガン戦争、オスマン帝国の近代化、トルコとアラブ世界のナショナリズム、日露戦争、辛亥革命、第一次世界大戦、パリ講和会議、日本の軍国主義、脱植民地化、植民地独立後のナショナリズム、イスラーム原理主義の台頭）にどう応じたかを描いていこう。

本書の主人公は二人の遊歴の思想家・活動家である。一人目はジャマールッディーン・アフガーニー（一八三八―九七）。彼は、十九世紀後半の中東と南アジアで、舌鋒鋭いジャーナリズム活動と政治説法を長く続けたイスラーム教徒である。もう一人は梁啓超《りょうけいちょう》（一八七三―一九二九）。彼は近代中国知識人のなかではおそらく第一等の人物で、古きよき王政予定調和の破壊のみならず、その後、幾多の惨事を経て世界列強としての再生につながる数々の運動に加担した。アフガーニーと梁啓超の思想の多くが、結果的には改革運動の主たる牽引力となっていく。これら近代アジア人の祖たちは、西洋とその支配に対する漠とした憎しみが自国の脆弱さと退廃に対する不安と手を携え、国民的大衆運動と解放運動へ、さらにはアジア全域に広まる意気揚々たる国家建設プログラムへと変容していくプロセスの、黎明期に位置していたのである。

本書には、彼ら以外にもアジアの思想家やリーダーたちが数多く登場する。なかには登場時間の短い人たちもいる。インドシナにおけるフランスの植民地政策に終止符を打ってもらうべく一九一九年、借り物のモーニングを着て、パリにいたウィルソン大統領に嘆願しようとしたベトナム人、のちにホー・チ・ミンと名乗ることになる労働者などがそうだ。孫文、インドの詩人タゴール、イランの思想家アリー・シャリーアティー、エジプトの論客サイイド・クトゥブたちは、刻々と変わる時代を背景にして出没自在である。ガンディーなどの大物はこのドラマのなかではわき役に終始する。彼は近代西洋文明を「悪魔的」と言い表したが、それはすでにムスリム世界や中国のより影響力のある論評で使われていた表現だった。

あまり知られていない個人に焦点を合わせたのにはねらいがある。そうすることによって、インド、中国、イスラーム世界に関する私たちの理解を定型化し箍《たが》をはめてきた著名人に先行し、かつまた彼らの死後もなお生き延びた重要な政治的・知的傾向を知ることができるだろうと思ったからである。梁啓超がこだわった国家権力の樹立という考えは、毛沢東と中共の後継者に引き継がれたし、アフガーニーが抱いていた西洋に対する恐怖とムスリム〔イスラーム教徒〕における自己増強必要性の確信は、アタテュルクやナセル、さらにはアーヤトッラー・ホメイニーらの思想の先駆けとなるもので、現在もなおイスラーム社会の政治の駆動力となっている。

本書で扱うアジア人たちは、彼らの長く波瀾に満ちた人生のなかで、西洋列強に対する三つの柱となる対応を明らかにしていた。アジアの人々が、世界でもっとも優れているはずの自分たちの宗教的伝統に真に忠実であるならば、かつての力強さを取り戻すことができる、という保守的信念。次に、アジア人の伝統的な生き方にはすでに健全な文化的・社会的基礎が備わっているから西洋の技術から取り入れるべきものはわずかしかないという節度ある考え方。そして、徹底した世俗論者である毛沢東やアタテュルクが支持した決意、すなわちジャングルのような近代世界で競うためには旧態依然とした生活は根本的に変革しなければならないという断固たる決意である。

本書が歴史的エッセイと伝記の混交形態をとったのは、個々人の人生にはそれぞれ特有の軌跡と勢いがあるけれども、歴史の流れは個々の人生のなかに見て取れる、という確信によるところが大きい。ここで描かれた、近代アジアの夜明けに生きた人たちは、彼らが属する社会の内外を絶え間なく査定し、権力の腐敗、共同体の衰退、政治的正統性の喪失、そして西洋の誘惑について熟考しながら旅をして、大量の著作を残した。彼らの情熱的な探求は、いま振り返ってみると、一見異質の出来事、異質の世界を、意味のある一枚の布地に織りなした織り糸のように思われるのである。私は、十九世紀後半から二十世紀初期にかけたアジアの知的・政治的雰囲気を描きつつ、何よりもまず、近代史と近代思想のあまり知られていない脇道を歩んだ彼らの足取りをたどってみたいと思っている。なぜならば彼らは、知名度こそ低いけれども、いま私たちが住むこの世界の創生に良くも悪くも貢献した人たちだからである。

第一章 隷属するアジア

彼らは王位を手にしている。王国の全体が彼らの手中にある。生計の礎《いしずえ》である田園も彼らの手中にある。（…）希望と恐怖の源泉が彼らの手中にある。（…）誰が卑しめられ、誰が賞揚されるかを決める権限は彼らの手中にある。（…）われわれの仲間が彼らの手中にある、教育も彼らが牛耳っている。（…）もし西洋がこのままであり続け、東洋がこのままであり続けるならば、われわれは全世界が彼らの手中に収まってしまう日を目撃するだろう。

アクバル・イラーハーバーディー（一八七〇年代）

エジプト――「一連の大いなる不幸の始まり」

一七九八年五月五日の早朝、ナポレオンはエジプト遠征に出立する総勢四万のフランス軍に合流すべく、パリをこっそりと抜け出した。北イタリア戦線でいくつもの勝利を収めた人気者の将軍は、イギリス侵攻の同意を得るべく文官の上司に陳情してきていた。だが英海軍は依然として無敵の強さを誇り、フランス人はこれに挑む準備ができていなかった。何はともあれ、フランスが栄えるためには植民地が必要だ。それは同国外相のシャルル＝モーリス・ド・タレーラン＝ペリゴールの信念でもあり、エジプトにおけるフランス軍の駐留は、北米における敗退の埋め合わせという意味だけでなく、インドの領地できわめて収益率の高い商品作物を生産している英国東インド会社に対する深刻な脅威にもなりえたのである。

インドでの勢力拡大の過程でイギリスは、フランス人が早くに設営していた沿岸部の根拠地から彼らを駆逐していた。一七九八年にイギリス人は、インド人のなかでも比肩する者なき策士で、フランス側に与《くみ》したティプー・スルタン〔マイソール王国の国王、別名マイソールの虎。在位一七八二―九九〕との壮絶な戦いで一進一退を続けていた。フランスがエジプトを支配すれば、インドでのイギリス勢力への揺さぶりにもなるし、オスマン帝国に色目を使うロシアに対する牽制にもなる。「インドであぐらをかいていたイギリスをすくみ上がらせてやったあとは、パリに戻ってやつらに致命的な打撃を加えてやる」と、ナポレオンは宣言した。フランスにとっての地政学的なねらいとは別に、ナポレオンはオリエント征服に個人的な野望を重ねていた。「最大の名誉はオリエントにおいてのみ達成できる。ヨーロッパはそのためには狭すぎる」[1]というのが彼の信念であった。エジプトのあとは、アレクサンダー大王のアジア侵攻のスタイルをまねて象に乗り、新しい宗教の先駆けとなるはずの、みずからが手を加えた改訂版コーランを抱いて東方へ遠征するつもりだった。

ナポレオンはエジプト遠征に際し、科学者、哲学者、芸術家、音楽家、天文学者、建築家、測量技師、動物学者、印刷工、エンジニアからなる大派遣団を随行させたが、その目的は後進地域東洋を照らすことになるフランス啓蒙主義の曙光を記録することだった。近代化推進中のヨーロッパが大々的にアジアに接触する、その最初の機会がもたらす分水嶺的意味合いを、ナポレオンはしっかりととらえていた。地中海を行く船上で彼は部下の兵士を前にこう力説した。「諸君は今まさに征服者たらんとしているわけだが、それが世界の文明と貿易にもたらす影響は計り知れない」[2]。彼はエジプト人宛の壮大な布告草案も作った。新生フランス共和国を自由と平等に根ざした国家として描写する一方で、預言者ムハンマドとイスラーム一般に対し最大の敬意を表明していた。実を言うとフランス人もムスリムなのだ、と彼は主張した。われわれもキリスト教の三位一体論を否定しているのだから、と。人道的介入を装った帝国主義戦争をその後二世紀にわたって目撃してきた私たちには目新しくもないが、彼はエジプト人民を専制君主から解放する、などというたわごとをも口にしている。

一七九八年七月、事前通告なしにアレクサンドリアに現れたフランス軍は、カイロめざして前進する途上、すべての武装抵抗勢力を打ち負かした。当時のエジプトは名目的にはオスマン帝国の一部をなしていたが、実際には奴隷出身の軍人、マムルークと呼ばれる階層の者たちによって直接支配されていた。彼らの貧弱な軍隊は、数的に優勢なばかりでなく、最新の軍事技術で装備した百戦錬磨のフランス軍の敵ではなかった。

幾戦かの楽勝を経てカイロに至ったナポレオンは、当時のアザバキヤ池〔現在は埋め立てられて公園〕のほとりに建つ大邸宅を自分用に徴用し、随行団のなかから学者を引き抜いて新設のエジプト学士院（Institut d'Egypte）

に就任させ、エジプトの政治体制を共和制的なものに作り替えようとした。彼が考え出したのは賢人によって構成される国政会議で、パリで行政権を行使していた総裁政府（le Directoire）のエジプト版である。だが、支配層だったオスマン帝国系のマムルークたちが見捨てたカイロのどこを探せば賢人たちが見つかるだろう？ カイロの主要な神学者・法学者たちが当惑したのは、自分たちがいつの間にやら政治的に登用され、ナポレオンとの協議に頻繁に招請されるようになったことである。それは、世俗的西洋人がイスラーム教徒に政治的権限を与えようとする、政略的な試みの最初のものだった。

啓蒙思想支持者のナポレオンであったが、彼はそれを表に出さず、保守的なイスラーム指導者との宥和に鋭意注力し、彼らをエジプト国内におけるフランス軍支持者にしようとした。彼は預言者ムハンマドの誕生日になるとエジプト風の衣服で正装し、宗教とは無縁の部下の兵士たちがはらはらするのを尻目に、フランス人のイスラームへの集団帰依をほのめかしたりした。ごますりタイプの（そしてたぶん嘲笑を込めて）エジプト人は彼のことを、ムハマンドの尊き娘婿の名にちなんで、アリ・ボナパルトと言いはやすのだった。これに力を得たナポレオンは、アル・アズハル・モスクでの金曜礼拝の説教を、彼の名において行ってはどうかと聖職者に示唆したりもした。

敬虔なムスリムはびっくり仰天した。国政会議の議長だったシャイフ・シャルカーウィーはなんとか気を取り直し、こう言った。「あなたはムハマンドの御加護を受けたいとおっしゃる。（…）あなた方の旗印のもとにアラブのムスリムを行進させたいとおっしゃる。アラビアの栄光を再興したいとおっしゃる。ならば、ムスリムにおなりなさい！」[3] ナポレオンはこうはぐらかした。「私と私の軍隊がムスリムになるには二つの障害があります。第一に割礼、第二にワイン。私の兵隊たちは小さい頃からワインに親しんでいるわけで、それをやめろとはとても説得できません」[4]

フランスの政教分離主義、そして共和主義のすばらしさをエジプトのムスリムたちに知らしめようとしたナポレオンの企ては、いずれも幸先が悪かった。カイロの住民はナポレオンによる都市景観の大改造とフランス人がもたらした堕落の弊を嘆いた。この様子を一人の観察者は次のように書いている。「カイロは第二のパリになってしまった。女たちは恥ずかしげもなくフランスの男たちとうろつき回っている。人を酩酊させる飲み物が大っぴらに売られ、神がお許しにならないような行為がなされている[5]」。一七九八年の夏、ナポレオンは全エジプト人に三色の花形徽章〔フランス国旗の赤白青をあしらった円形のもの〕を着用することを義務づけた。フランスの共和主義者が好んで身につけた、バラ状に結ったリボンである。国政会議のメンバーを自邸に招き、ナポレオンはシャイフ・シャルカーウィーの肩に三色のショールを掛けようとした。シャイフは神聖冒涜におののいて真っ赤になり、ショールをかなぐり捨てた。腹を立てたナポレオンは、ショールが気に入らないなら聖職者たちはせめて花形徽章を着用すべきだと主張した。かくして暗黙の妥協が成立した。ナポレオンが聖職者たちの胸に花形徽章をピンで留める。しかし、ナポレオンのもとを辞するやいなや、彼らは徽章をはぎ取るのだった。

イスラームの名士たちはヨーロッパから来た奇妙な征服者の機嫌をとって毎日をやり過ごしていた。しかし多くのムスリムは、西欧から来たキリスト教徒によるエジプトの征服が破局的であることを透察していた。フランス軍兵士がアル・アズハル・モスクに押し入り、聖龕《せいがん》〔ミフラーブ〕に馬をつなぎ、コーランを軍靴で踏みにじり、泥酔するまでワインを飲んで床に放尿するに至って、彼らの見方が正しかったことが証明された。

敵対的な村を焼き払い、捕虜を処刑し、道路拡張のためにモスクを取り壊すことも辞さぬナポレオンだったが、その後、他国で見せることになる残虐行為にふけることはあまりなかった。それでも、ナポレオンのエジプト征服を記録したエジプト人聖職者兼学者のアブドゥッラフマーン・ジャバルティーは、その出来事を「大激戦、おぞましい事件、悲惨な事実、惨事、不幸、苦難、迫害、秩序の転覆、恐怖、大変革、混乱、蹂躙。つまりは一連の大いなる不幸の始まりであった」(6)と言い表した。が、これはどちらかといえばナポレオンに好意的な証言者の弁である。ナポレオンの偉業のニュースがヒジャーズ〔現サウジアラビア西岸地方。聖地メッカがある〕に届くと、メッカの人々はカーバ神殿を覆っていた掛け布〔キスワ〕を取り払ってしまった。その掛け布は伝統的にエジプトで製造されていたからである。

この芝居がかった振る舞いは、ナポレオンによるエジプト侵攻が多くのムスリムの目にどのように映っていたか、それを如実に物語っている。ナポレオンの侵攻は長年にわたって築き上げられたイスラームの普遍的秩序——人間の歴史とは広く共有された幻想以上のものであることを証明してきた何物か——の破壊そのものだったのである。

「イスラーム」という言葉は、世界中のムスリムの信仰と習慣を包摂した表現だが、十九世紀より前には使われていなかった。だが、ムスリムのなかで、自分たちが集団としてまた個人として一定の生活様式に属していることを疑う者は、地域を問わず世紀を問わず、ほとんどいなかったはずだ。それは共通の価値観、信仰、伝統に基づいた強烈な連帯意識である。良きムスリムであるためには、同じモラルと社会秩序を支持する者によって構成される共同体に所属しなければならなかった。それだけではなく、信仰者たちがかたち作る高潔な社会の建設と発展に寄与しなければならず、ひいては、神が初めて預言者ムハマンドに対し神の定めに従って生きることを命じて以来、連綿と展開されてきたイスラームの歴史への参加も余儀なくされたのである。イスラームの歴史はその端緒よりめざましい成功を収め、その後数世紀にわたって、神による世界構想も実現されつつあるように見えた。

紀元六二二年はイスラーム暦の最初の年であるが、この年にムハマンドと弟子の一団はアラビア半島の小さな町で、最初の信徒共同体を設立した。それから百年と経たぬうちに、アラブ系のムスリムはスペインに達した。ペルシア帝国やビザンチン帝国という大帝国が、精力的に拡張してきたムスリム共同体の前に平伏したのだった。イスラームはたちまちにしてピレネー山脈からヒマラヤ山脈に至る地域における新たな権威の象徴となり、そこに築かれた体制は単に政治的、ないしは軍事的なものにとどまらなかった。エルサレム、北アフリカ、そしてインドを征服した者たちは、独自の言語、法政と行政の規範、独自の芸術と建築および美の様式を備えた斬新な文明をもたらした。

十三世紀にモンゴルの侵略軍はこの自己完結した世界に乱入し、イスラーム古典期に荒々しく終止符を打つ。しかしそれから五十年と経たぬうちに、モンゴル人はイスラームに宗旨替えし、イスラームのもっとも熱烈な擁護者となるのである。スーフィー〔イスラームの神秘派〕教団の活動はイスラーム世界全体に展開され、非アラブ人の居住地域におけるイスラーム復興の引き金を引く。クーファ〔現イラクの古都〕からカリマンタン〔現インドネシア、ボルネオ島の古名〕にかけて遍歴学者と旅商人が行き来し、金曜礼拝がどこでも可能になり、イスラームは一カ所に縛られなくなった。

まさに当時のイスラームは、現在の西欧的近代性と同じように普遍化したイデオロギーであり、地理的な広範囲にわたって独特の政治体制、経済的・文化的価値感をうまく形成した。たとえば十四世紀の旅行家、イブン・バットゥータはインドの宮廷でも西アフリカでも、現代のハーバードMBA取得者が香港でもケープタウンでも容易に職を得られるように、難なく仕事を見つけることができた。ムスリムの世界的共同体のことをウンマと言い、これはカリフなる象徴的指導者のもとにダール・アル・イスラーム（イスラームの家）に生きることを意味し、そこはダール・アル・ハルブ（戦争の家）という遠隔周辺地とは一線を画す。この考え方は、モロッコからジャワまでの地域に住むムスリムたちにとって、世界内における自分たちの中心地を想起し、自分たちに共通の価値を思い描くために有用であった。

インドからやってきたムスリムの旅商人は十七世紀になってもなおインドネシアで、さらにはインドシナにおいても、ヒンドゥー教と仏教を排斥してイスラームを布教していた。広大な地域にまたがる貿易ネットワークや世界の隅々からメッカに至る複数の巡礼ルートは、ダール・アル・イスラームの一体感を肯定するものであった。事実、世界貿易はムスリムの商人、船乗り、金融商なくしては成り立たなかった。北アフリカ、インド、そして東南アジアに住むムスリムにとって、歴史とは彼らの道徳的、精神的、時間的な一貫性をつなぎ留めるものであり、神の構想が徐々に具現化されていく作業過程であると見なすことができた。

十八世紀、ムスリムたちは同族内の問題に悩みながらも、ヨーロッパ人をいまだに、彼らの先祖である潰散した十字軍より、若干野蛮性が薄まった連中だと見下していた。それゆえに、ナポレオンの勝利は理解不可能な事態を暗示するものだった。つまり、西欧人たちはまだ相当粗野なのに、着実に前進しつつあるということを。

十九世紀の展開とともにヨーロッパは、科学技術、立憲政治、非神政国家の樹立、そして近代的行政など、さまざまな成果を通してみずからの理念を示していくことになる。この理念はアメリカ独立革命とフランス革命から生まれてきたものであり、これゆえに西欧は人類進歩の最前線に位置づけられたと見なすことができ、ますます論駁することが難しくなっていく。一七九八年の段階ですでにたいへん高度に組織化された考え方によって革命後のフランス国家とフランス国民の定義がなされ、明確に共有された言語・領土・歴史のもとに束ねられ、別個独立の「国民国家」が形成された。

ヨーロッパの優位性をまざまざと見せつけられた多くのムスリムは最初当惑し、ヨーロッパを正確に評価することができなかった。「フランスで新たに樹立された共和国は、それまでのフランク族による国家とは異なる」と、一八〇一年にオスマン帝国の歴史家アジムは認識したが、彼は次のように続ける。「その根源にあるのは邪悪な政策であり、宗教の放棄および富者と貧者の平等を旨とする」。議会での討議は「むかつく胃袋がたてる不快な雑音のようだ」[7]。このような調子の文化的傲慢さは、ナポレオンの征服を目撃したアブドゥッラフマーン・ジャバルティーの手記にも抜きがたく読み取れる。概して彼はフランス人の習慣を不快に思い、野蛮とさえ見なしていた。「死者を埋葬することもせず、犬か獣の死体のようにゴミの山に放り投げるか海に投げ捨てるのが彼らの風習なのである」[8]。「フランスの女たちは顔をヴェールで覆わず、慎み深さがない。（…）男たちは気に入った女となら誰とでも交接し、女たちもまた同様」[9]。ジャバルティーはさらに、フランスの帽子、人前で小便をするヨーロッパの習慣、トイレットペーパーの使用なども軽蔑した。彼はナポレオンがイスラームの擁護者だと主張したときにはこれを愚弄して一顧だにせず、布告文のアラビア語文法の間違いを嘲笑し、ヨーロッパの科学的技能実演の一場面で熱気球が離陸に失敗したときには、忍び笑いをもらした。

政治制度に不慣れなジャバルティーは、フランス革命の究極の目標を誤解していた。「彼らが言うところの『自由』とは」と、彼は短兵急に結論を出す。「マムルークのような奴隷ではないということだ」[10]。彼は、「神の観点からすれば人々は皆平等である」というナポレオンの主張に、みずからのイスラーム的価値に敵対するものを感じた。「かかる主張は虚妄、無知、愚昧にほかならぬ」と彼は一喝する。「神は一部の人々を優れた者にしたというのに、ありえぬ主張ではないか？」[11]

とはいうもののアル・アズハル大学で教育を受けたジャバルティーは、ナポレオン随行団の知識人たちが擁する豊富な蔵書のあるエジプト研究所訪問の際には感銘を受けた。

書物で調べ物をしたい者は誰でも、望みの本の閲覧を申し出ることができ、司書がそれを運んできてくれる。（…）人々は常時静寂を保ち、隣人を煩わすこともない。（…）そこで私が目を留めたもののひとつにムハマンドの伝記を含んだ大型本があった。(…) 偉大なるコーランが彼らの言葉に翻訳されているのだった! (…) コーランの幾章かを暗記している連中にも会った。彼らは科学、とりわけ数学に非常に興味を持ち、言語に関する知識を有し、アラビア語とその日常会話の習得にたいへんな努力をしている。[12]

ジャバルティーはフランス軍の効率性と規律に感銘を受け、またナポレオンが創設した国政会議での選挙方法を非常に興味を持って注目し、会議メンバーがどのようにして紙片に投票内容を書き込むか、いかにして多数意見が投票を制するか、などをアラブ人読者に解説した。

ジャバルティーは、ナポレオンの征服から学ぶべき教訓に耳を閉ざしていたわけではなかった。世界初の近代的国民国家では、税と年貢を徴収し、法と秩序を維持するだけでなく、国民を軍隊に徴兵することができ、よく訓練された兵隊を近代兵器で武装し、指導者を選出する民主的な手続きが整っていることなどを学んだ。それから二世紀を経てみると、ジャバルティーは困惑して立ちすくむアジア人の長い行列の先頭にいたように思われる。彼らは神が定めた摂理、運命の不可思議さ、盛衰を繰り返す政治的運命などに慣れ親しんだ男たちだったが、彼らにとって、ヨーロッパに勃興してきた小ぶりな国民国家の驚くべき力強さは、組織化された人々の活力と行動力が科学技術と結合した場合、社会的・政治的環境を根本からあやつる力になりえることの啓示であった。最初は腹立ち紛れにヨーロッパを拒否していた男たちも、そのうちに自分たちの、怠惰で非創造的な王朝の支配層と虚弱な政府にいら立ち、皆同じ種類の確信に至るのだった。すなわち、西欧の挑戦に対抗するためには、自分たちの社会も十分な力を獲得しなければいけない、と。

緩慢なる虐待を受けるインドと中国

エジプトのような大国になると、ナポレオンの占領はいつも先細りに終わる。彼はイスラームを賛美したが、人々は彼に敵意を抱いたままだった。主要都市では反乱が起こり、これに対してフランス側は、アル・アズハル・モスクにおける蛮行と乱飲のばか騒ぎを含むおぞましい報復で応えた。最終的には英国海軍がエジプトの海上封鎖をしてナポレオンの供給ラインを断ち切り、彼をフランスから孤立させ、占領続行を不可能にした。パリを抜け出したときと同じように、ナポレオンが人目を忍んでこっそりエジプトから脱出し、フランス国政の頂点をめざそうとしていた一七九九年八月には、すでに彼の支持者ティプー・スルタンも英国人に打ち負かされてしまっていた。ナポレオンにとって、アジアで成就すべき征服の余地はもはや残されていなかった。彼は今やヨーロッパに精魂を傾け、パリ駐在のトルコ大使の憂慮に満ちた言い方によれば、その死闘は「昼夜を問わず、今にも食いつかんとする猛犬のようなありさまで、周囲の国にありとあらゆる災いを引き起こし、すべての国に彼の呪われた国が陥ったと同じ無秩序をもたらした[13]」。

振り返ってみると、ナポレオンは先走りすぎた。一七九八年までにオランダ、スペイン、ポルトガル、英国はいずれもアジアの領土に重要な足掛かりを確保していたが、ヨーロッパ諸国によるアジアの征服が本格化するのは、ナポレオンが一八一五年に徹底的敗北を喫したあとのことなのである。戦争で疲弊した欧州列強、すなわち英国、フランス、プロイセン、ロシア、オーストリアの各国は、ヨーロッパにおいて勢力均衡が維持されることを善しとした。本国で各種条約によって好戦性を無力化された西欧諸国は、東洋においてますます攻撃的になっていき、広大な大陸アジアに橋頭堡を維持するだけでは満足できなくなっていた。一八二四年、英国はインド東部に腰を据え、長期間にわたるビルマ占領を開

白水 図書案内
No.829／2014-9月　平成26年9月1日発行
白水社 101-0052 東京都千代田区神田小川町 3-24／振替 00190-5-33228／tel. 03-3291-7811
http://www.hakusuisha.co.jp ●表示価格は本体価格です。別途に消費税が加算されます。

おだまり、ローズ

——子爵夫人付きメイドの回想

ロジーナ・ハリソン

新井潤美監修／新井雅代訳■2400円

大富豪のアスター子爵夫人は才色兼備な社交界の花形で英国初の女性下院議員、おまけにとってもエキセントリック！　型破りな貴婦人に仕えた型破りなメイドの、笑いと涙の35年間。

モンスターズ

——現代アメリカ傑作短篇集

B・J・ホラーズ編

古屋美登里訳■2400円

モンスター映画が大好きな少年の爆笑の日々を描く「クリーチャー・フィーチャー」など傑作17篇。ケリー・リンク、エイミー・ベンダー、ベンジャミン・パーシーら物語巧者が豪華競演！

メールマガジン『月刊白水社』配信中

登録手続きは小社ホームページ http://www.hakusuisha.co.jp の
登録フォームでお願いします。

新刊情報やトピックスから、著者・編集者の言葉、さまざまな読み物まで、白水社の本に興味をお持ちの方には必ず役立つ楽しい情報をお届けします。（「まぐまぐ」の配信システムを使った無料のメールマガジンです。）

地図と鉄道省文書で読む私鉄の歩み

関東(1)東急・小田急

今尾恵介

世界に冠たる「鉄道王国」日本の歩みを、鉄道会社の職員やその許認可を担当する事務官、そして沿線住民の日常から浮かび上がらせていく。掲載地図多数。第1巻は東急と小田急沿線。（9月下旬刊）**四六判■1600円**

ドナルド・キーン わたしの日本語修行

ドナルド・キーン／河路由佳

アメリカ海軍日本語学校への入学が人生を変えた――日本文学の泰斗はいかに日本語を学び、それを生涯の仕事とするに至ったのか。思い出の詰まった教科書を前に、自身の原点を語る。（9月中旬刊）**四六判■1800円**

挽歌集

建築があった時代へ

磯崎 新

世界を舞台に多彩な文化人と交流し、都市文化を創造してきた建築界の知の巨人が、ルイス・カーンから丹下健三、デ[illegible]、吉本隆明まで、愛惜の[illegible]0人への思いを綴る。20世紀批

新刊

語れなかった物語

――ある家族のイラン現代史

アーザル・ナフィーシー［矢倉尚子／訳］

政治家の両親のもとに生まれた少女の生活が、平穏だったことはなかった。「毒親」との確執と、家族を、一族を飲み込んでいく政界の陰謀やイスラーム革命の粛清の嵐…。生の回想録。（9月下旬刊）**四六判■3200円**

敗北の外交官ロッシュ

――イスラーム世界と幕末江戸をめぐる夢

矢田部厚彦

幕末江戸で勇名を轟かせた駐日仏公使ロッシュとは何者だったのか？　前任地イスラームにおける破天荒、十九世紀を席巻したロマン主義とサン=シモン主義を手掛かりにその実像に迫る！（9月下旬刊）**四六判■2700円**

白水Uブックス

文盲

アゴタ・クリストフ自伝

アゴタ・クリストフ［堀 茂樹／訳］

世界的ベストセラー『悪童日記』の著者が初めて語る、壮絶なる半生。祖国ハンガリーを逃れ難民となり、母語ではない「敵語」で書くことを強いられた、亡命作家の

『アジア再興』について (8395)

■その他小社出版物についてのご意見・ご感想もお書きください。

■あなたのコメントを広告やホームページ等で紹介してもよろしいですか？
1. はい（お名前は掲載しません。紹介させていただいた方には粗品を進呈します） 2. いいえ

ご住所	〒 電話（ ）		
（ふりがな） お名前	（ 歳） 1. 男 2. 女		
ご職業または学校名		お求めの書店名	

■この本を何でお知りになりましたか？
1. 新聞広告（朝日・毎日・読売・日経・他（ ））
2. 雑誌広告（雑誌名 ）
3. 書評（新聞または雑誌名 ） 4.《白水社の本棚》を見て
5. 店頭で見て 6. 白水社のホームページを見て 7. その他（ ）

■お買い求めの動機は？
1. 著者・翻訳者に関心があるので 2. タイトルに引かれて 3. 帯の文章を読んで
4. 広告を見て 5. 装丁が良かったので 6. その他（ ）

■出版案内ご入用の方はご希望のものに印をおつけください。
1. 白水社ブックカタログ 2. 新書カタログ 3. 辞典・語学書カタログ
4. パブリッシャーズ・レビュー《白水社の本棚》（新刊案内／1・4・7・10月刊）

※ご記入いただいた個人情報は、ご希望のあった目録などの送付、また今後の本作りの参考にさせていただく以外の目的で使用することはありません。なお書店を指定して書籍を注文された場合は、お名前・ご住所・お電話番号をご指定書店に連絡させていただきます。

郵　便　は　が　き

おそれいりますが切手をおはりください。

101-0052

東京都千代田区神田小川町3-24

白　水　社　行

購読申込書

■ご注文の書籍はご指定の書店にお届けします．なお，直送をご希望の場合は冊数に関係なく送料300円をご負担願います．

書　　名	本体価格	部　数

★価格は税抜きです

（ふりがな）

お　名　前　　　　　　　　（Tel.　　　　　　　　）

ご　住　所　（〒　　　　　　　）

ご指定書店名（必ずご記入ください） Tel.	取次	（この欄は小社で記入いたします）

検対策5級問題集（改訂版）

史、モーリス・ジャケ、舟杉真一 編著　《CD付》

問を一新、章立てを実際の試験に合わせ、練習問題の解答はその場でックできるよう直後に配置。ゆきとどいたヒントと豊富な聞き取り問題で、どん進める「仏検対策」の決定版。（9月中旬刊）A5判■1800円

対訳　フランス語で読む「赤と黒」

小野 潮 編著　《CD付》

スタンダールの名作を少しずつ読んでいきましょう。原文から作品の思いがけない側面を発見することはフランス語学習者ならではの愉しみです。CD付ですので、耳からも味わえます。（9月中旬刊）四六判■2200円

日本語を活かしてつかむ 中級韓国語のコツ

金順玉、阪堂千津子、岩井理子

中級になると、機械的な直訳では不自然な場合や間違いとなる場合が増える。間違えやすいポイントがどこにあるのか、例題や練習問題を通して整理して、より正しい表現を目指す。（9月下旬刊）四六判■1800円

解説がくわしいイタリア語入門

森田 学　《CD付》

この一冊で、個人指導を受けるように楽しくしっかりイタリア語が学習できます。練習問題やコラムも付いた充実の全30課。声楽家でもある著者による、美しいイタリア語の発音指南付き。A5判■2500円

中級スペイン語　読みとく文法

西村君代

文法を一通り終えても、あれこれ出てくるスペイン語の疑問。そんな「？」がどんどん整理されていく、先生が丁寧に教えてくれるような「読む文法書」です。もっと上のスペイン語へ！　四六判■2000円

フランス語・フランス語圏文化をお伝えする唯一の総合月刊誌

ふらんす

10月号（9／22頃刊）■639円

★特集「フランス競馬」大串久美子／芦立一義／的場寿光★「フランスと私」細谷亮太★「対訳で楽しむ『ルパン、最後の恋』」高野優★「立ち止まって考えるフランス語」西村牧夫★「ラテン語とフランス語」秋山学★「詩人は画家である」岡見さえ★「音楽家と社会」今谷和徳

ラストフラワーズ

松尾スズキ

凍った花に、なりたい！　ヘイトフルな世界に愛の歌がひびくなか、全人類を震撼させる極秘プロジェクトが始動していた??「大人の新感線」のために書き下ろされた、エロティックSFスパイ活劇。■1800円

エクス・リブリス

エウロペアナ　二〇世紀史概説

パトリク・オウジェドニーク　阿部賢一・篠原琢訳

現代チェコ文学を牽引する作家が20世紀ヨーロッパ史を大胆に記述。笑いと皮肉のなかで、20世紀という時代の不条理が巧みに表出される。20以上の言語に翻訳された話題作、待望の邦訳。■1900円

アダム・スミスとその時代

ニコラス・フィリップソン　永井大輔訳

誘拐された幼少期から、母との閉じた日々、ヒュームの友情、執拗な隠匿癖まで、「経済学の祖」の全体像を初めて示した決定版評伝。「暗い」精神が産んだ明るい世界！　■2800円

ローマ帝国の崩壊

文明が終わるということ

ブライアン・ウォード=パーキンズ　南雲泰輔訳

ローマ帝国末期にゲルマン民族が侵入してきたとき、ローマ社会や経済に何が起き、人々の暮らしはどう変化したのか。史学・考古学双方の研究を駆使して描く、激動の時代の実態。■3300円

クロード・シモン〔平岡篤頼／訳〕

…探しの旅から始まる、精緻きわまりない究極の「私小説」。…去・現在・未来が絡み合いながら言語は歴史をはらみ、アカシアの葉がそよぐとき、小説が生まれる——。クロード・シモン生誕百年を機に復刊!（9月下旬刊）四六判■3600円

年表で読む 哲学・思想小事典（新装版）

ドミニク・フォルシェー〔菊地伸二・杉村靖彦・松田克進／訳〕

ソクラテス以前の古代哲学から20世紀後半のリクール、ドゥルーズ、ガタリに至るまで、哲学史の「流れ」と「ポイント」をつかむための最適なマニュアル。詳細な索引付き。四六判■3000円

絵のように 明治文学と美術

前田恭二

約百年前、美術の国家的保護奨励策を横目に、小説家たちは絵画をどのように意識し、どう表現したか。裸体画から骨董まで、彼らの作品を読み解きながら現実と芸術の位相を問い直す。四六判■6200円

わが生涯のすべて

マリオ・ジャコメッリ

シモーナ・グエッラ編〔和田忠彦・石田聖子／訳〕

自らの死の2か月前、写真界の巨星がその歩みを振り返る。深い詩情を湛える作品の撮影現場の秘密を語り、その人生と思索の全貌が露わにされる。本邦初紹介作品を含む19点の図版・年譜付き。四六判■3400円

文明と文化の思想

松宮秀治

人類史上初めて伝統社会のすべての価値系統を見直し、それまで存在しなかった価値体系を創出するために案出された文明と文化の概念から、人間が神となった西欧近代を問い直す。四六判■3200円

994 世界のなかのライシテ ——宗教と政治の関係史

ジャン・ボベロ〔私市正年・中村遥／訳〕

30か国が署名した21世紀世界ライシテ宣言。文化衝突や宗教対立を乗り越え、人類共生の原理構築になりうることを示唆。世俗主義を超える広い思想であり、人権をも保障する。（9月中旬刊）新書判■1200円

文庫クセジュ

好評既刊

ウッツ男爵 ある蒐集家の物語

ブルース・チャトウィン〔池内紀／訳〕

冷戦下のプラハ、マイセン磁器の蒐集家ウッツはあらゆる手を使ってコレクションを守り続ける。蒐集家の生涯をチェコの現代史と重ね合わせながら、蒐集という奇妙な情熱を描いた傑作。（9月上旬刊）新書判■1400円

バンヴァードの阿房宮 ——世界を変えなかった十三人

ポール・コリンズ〔山田和子／訳〕

世界最長のパノラマ画家、地球空洞説の提唱者、驚異の放射線「N線」の発見者など、大きな夢と才能を持ちながら歴史に名を残せなかった人々に光を当て、数奇な生涯を紹介した好読物。四六判■3600円

森の神々と民俗（新装版） ——ニソの杜から考えるアニミズムの地平

金田久璋

柳田国男が日本の神社の原型としたニソの杜は、大飯原発の周辺に点在する。この「民俗学の聖地」を擁する若狭を舞台に、動物信仰と、根底にある樹霊信仰の痕跡を追究した野心的労作。四六判■2600円

エカチェリーナ大帝（上・下） ——ある女の肖像

ロバート・K・マッシー〔北代美和子／訳〕

ドイツからロシア宮廷に嫁ぎ、才知と意志、鋭い政治感覚で長年君臨した、「一人の女」の波瀾の生涯。ピュリツァー賞作家が迫真の筆致で描く、受賞多数の傑作評伝!四六判■㊤3200円㊦3300円

中東民族問題の起源 ——オスマン帝国とアルメニア人

佐原徹哉

近代初のジェノサイドとして語られる「アルメニア人虐殺」の真相を当時の産業構造の変化や西欧的人権思想とイスラム法社会の軋轢などの複合的な絡みあいのなかで明らかにしていく。四六判■3200円

993 ペリクレスの世紀

ジャン＝ジャック・マッフル〔幸田礼雅／訳〕

紀元前五世紀の古代ギリシア、周囲に権力をふるいながらアテネの最盛期を築き上げ、文学や芸術にも貢献した政治家。雄弁家としても知られ、その格調高い演説は名言として今に伝わる。新書判■1200円

始した。同じ年に英蘭協定が締結され、これによって英国はジャワに対するオランダの影響に一線を画しつつ、シンガポールとマレー半島諸国に対する支配を確固たるものとした。英国にしてもオランダにしても、フランスのベトナム支配について邪魔立てはしなかった。

一八一五年にナポレオンが敗北する頃までに、英国はインドの三分の一を占領していた。彼らが残りを制圧するのは時間の問題で、アジア大陸における強大な駐留軍衛戍《えいじゅ》の幕開けとなり、それは中国に対してヨーロッパの商人へ門戸開放することを強制し、ひいては残りのアジア全域をヨーロッパに隷属させることになる。インドを制覇した英国の迅速果敢さは、それに先立つ数世紀、彼らがインド亜大陸においてずっと控えめな態度をとってきたことに鑑みると、なおさら驚きである。一六一六年、アーグラ〔ムガル帝国の首都〕の華麗に飾り立てられたムガル宮廷に到着した最初の正式なインド駐在英国大使トーマス・ローは、英国のプライドを保つのに苦労した。ローが仕える英国の王、ジェイムズ一世はムガル帝国皇帝ジャハーンギールと正式な通商協定を結ぶことを望んでいたが、ローは国王から「わが国の名誉と権威を損なわぬよう留意せよ[14]」と命じられていたので、通常ムガル宮廷で謁見する大使に求められていた平身低頭の儀はなんとか免れた。だが彼は、審美眼を備えたジャハーンギール皇帝に捧げるべく英国から持参した贈り物がみすぼらしいことにひどく引け目を感じ、偉大なはずの英国国王たる者がこんな貧弱な品物で取引をしようとしているのかというムガル皇帝の疑念を一掃することはできなかった。

一七〇八年になってもなお、英国東インド会社の社長はムガル皇帝に話しかけるときには、「つまらぬ砂粒のごとき手前でございます、とへりくだり、御意のままに額を地べたにこすりつけ[15]」、下手《したで》に出なければならないと感じていた。果てしなき戦いと侵略に疲弊したムガル帝国が一七五〇年にいくつもの独立国に分裂したときも、英国が享受できた領土主権は、当時はまだ無名の漁村、ボンベイ（ムンバイ）にしかなかった。だが、その数年後にはようやく彼らにも運が向く。一七五七年、ベンガルのムスリム太守〔ムガル帝国地方長官〕との交戦〔プラッシーの戦い〕ののち、東インド会社はイングランドの面積の三倍以上の領土を確保することになった。それから十年と経たぬうちに、同社はムガル帝国最大の地方政権アワドの支配者転覆のため、同じように政治的手練手管と軍事力を効果的にからめ合わせた。

その後、英国は東インドの大部分を支配し、容赦なく経済的搾取をしまくった。「インドに大英帝国の礎を築いた連中ほど力ずくで横暴な男たちを世界は知らなかった」と、ベンガルの小説家として草分けのバンキム・チャンドラ・チャタジー〔チャットーパディヤーイとも〕（一八三八―九四）は書く。「当時インドへやってきた英国人は、他人の富を盗んではばからぬ伝染病に侵されていた。彼らの辞書からモラルという言葉は消えてしまっていた[16]」。チャタジーはベンガルの英国行政組織で働いていたので、批判は手加減せざるを得なかった。だが、当時の英国議会の議員であったエドマンド・バークの義憤にそうした遠慮はない。「そこを治めているのは若造（むしろ小僧というべき）である」と、一七八八年のベンガル情勢について彼は書いた。

> 現地人との付き合いも彼らに対する思いやりもなく、一丁前の強欲と未熟者の性急さに気負い立ち、彼らは次々と怒濤のごとく押し寄せて来る。現地の人にしてみれば、猛禽類が新たに群れをなして飛来するという絶望的な未来図しか描けない[17]。

ムスリムの歴史家グラーム・フセイン・ハーン・タバータバーイー（一七二七―一八〇六）もベンガルで英国人のために働いていたが、上司たちの堕落と閉鎖性について同意見だった。彼は一七八一年に出版されたインド史の本にこう書いた。「支配する者とされる者とのあいだには愛も連帯も育たない[18]」。英国人はそんなことは意に介さない。イスラームに改宗したクレオール人〔西インド諸島のフランス系ないしは混血住民〕ハジ・ムスタファは一七八六年にタバータバーイーの著書を英訳した人物だが、その「訳者まえがき」のなかでこう指摘する。「インドにいる英国人にはインド人を（自治のできぬ国民として）徹底的に軽蔑する一般的傾向があるようだ。彼らは死んだ家畜同様に見なされ、何の思いやりも示されず、したい放題の扱いを受けた」[19]。インドでますます力をつけた英国は、中国でさらに攻撃的に出ることができた。交易を広州港のみに制限されていたヨーロッパ商人たちは、商品のはけ口として巨大な可能性を秘めた内国市場を長年夢見ていた。東インドの肥沃な農地を占領していたこともあって、とりわけ英国人はそこで採れた作物の、とくにアヘンの買手を求めることに熱心だったから、中国の皇帝の権限が恣意的で不明瞭なことにいら立っていた。インドでの成功体験で自信を得た英国人は、中国の支配者と対面するに際し、畏怖から侮蔑へとたやすく態度を転じることができた。

イスラームの大地に比べれば狭い国土ではあるが、二千年にわたってまとまりのある帝国を維持してきた中国は高度に自己中心的だった。ビルマなどの遠隔地から貢調使《こうちょうし》を迎えていた中国は、自分たちを「世界の中心国」と考えるようになっていた。確かにイスラーム文化といえども、中国の儒教文化の驚くべき継続性と持続力とは比較にならない。それは家族関係から政治、倫理の問題まですべての規範であり、朝鮮、日本、ベトナムには熱心な模倣者が生まれた。

一七九三年、英国使節のジョージ・マカートニー卿は国王ジョージ三世からの親書を携え、外交使節団を率いて北京へ赴き、乾隆帝（清朝六代目の皇帝）に通商条約の締結と英国商船に対する開港地の増加、そして宮廷内における英国大使の常置を求めた。先達のトーマス・ローと同じく、マカートニーも何度も体面を失いかけた。彼の随行員は、「英国より朝貢せし大使」と中国語で書いたのぼりの下を歩かされた。マカートニーはまた、皇帝の前で三跪九叩頭《さんききゅうこうとう》の礼を強いられることを回避しようと、のらりくらりの外交的駆け引きに出た。彼は皇帝の面前で叩頭の代わりに片膝をつき、英国の先進的専門技術と製造技術の粋を集めた贈り物、たとえば真鍮の曲射砲や天体観測器具などを捧げた。八十歳ではつらつとした清の皇帝は「壮麗な」晩餐会の折、英国王の健康をやさしく尋ね、マカートニーに酒を勧めてくれた。これにには彼も感銘を受け、「穏やかな威厳を帯び、アジア的高貴の落ち着いた華やぎがあった。これにはヨーロッパ的優雅など、まだ足もとにも及ばない[20]」と書き残している。

その後数日間、英国使節団はひと通り厚遇を受けたが、清の皇帝からの返書が授与されるや突然国外へ追い出された。返書の表現は曖昧で、皇帝は「精巧な物品にはとくに関心がなく」「英国製品を必要とすることもありえない」とあった。「西洋の人々が」わが帝国の文明を称賛し学ぼうとするのは当然である。しかし、言葉と服装があまりに違いすぎる英国使節は「大清帝国の儀礼」の枠組みにそぐわない。そして、と皇帝は書き添える。英国王は「忠誠を固め永遠の恭順を誓い、われわれの意向に素直に沿う[21]」のが望ましい。

この手紙の草稿は、マカートニーが北京に到着するはるか以前に作られていた。その高飛車な調子には、中国人エリートが自国の抜きん出た優秀性を鼻にかけた意識と、富豪と地主が教養豊かな官吏を行政機関に送り込むかたちで成り立っている由緒正しき政治機構を堅持しようとする決意とが現れていた。それに、交易は陸上・海上の往来によって近隣諸国とのあいだで行われていた。中国人は「野蛮人」たちがアジアにおいて勢力を増していることも知っていた。そこではヨーロッパ人が海上交易をリードし、インド沿岸から東南アジアにかけて軍隊の駐屯地や交易所を設置していた。「伝えられるところによれば」と、乾隆帝は部下の大臣に書き送っている。「英国人はほかの西洋の国々の商船を略奪したり搾取したりしているので、大西洋沿いの外国人は英国人の残虐行為に恐れをなしている[22]」。帝は、そのような攻撃的な冒険家たちは遠ざけておくに限ると考えていた。

英国側はあきらめず、一八一六年にもう少し簡素な使節団を清の宮廷へ派遣した。このとき、中国側は断固として三跪九叩頭の礼を要求したが、使節〔ウィリアム・ピット・アマースト〕は中国皇帝〔嘉慶帝〕の前で儀礼に従ってへりくだることを拒否したため、北京入りは許可されなかった。

しかし中国側のこけおどしも通用しなくなる。英領インドのマドラス（チェンナイ）総督を務めていたマカートニーは、中国を旅した際、「老いぼれて正気を逸した一級戦艦」のようなこの国は「その図体と風采で近隣諸国に凄みをきかせることはできようが」、たやすく風にもてあそばれ、「岸辺に打ち上げられて千々に砕けるであろう」(23)と記した。海事に模した表現は的を射ていた。なぜ中国が世界史から姿を消したのか、それを説明するときに、ヘーゲルは中国が海上活動に無関心であったことを指摘している。ヨーロッパの列強は海から中国の急所を探り、そこから傷口を広げにかかるだろうと。そしてムガル人やトルコ人と同様、満洲人たちも、国家支援を受けた商工業という西洋の新機軸を無視すれば、痛い目を見るだろう。

ごく最近も同じ現象が見られるように、中国の対欧米輸出（主に茶、絹、陶磁器類）が輸入を上回った結果、西側では貴重な銀が〔決済手段として〕中国側へ流出し、貿易収支問題が生じることになった。英国東インド会社は、東インドの肥沃な農地支配を増加させたのち、貿易決済の代替案を編み出した。それはアヘンである。豊かに生い茂り、喫煙用のペースト化は安価であり、即中国南方へ積み出すことができ、広州の仲買人経由で中国大衆に売りさばくことができる。

アヘン輸出のおかげで収入が幾何級数的に増加し、英国の対中貿易赤字はたちどころに減少した。こうして、中国人大衆のアヘン中毒が英国対外政策の目玉となったのである。しかし麻薬が容易に手に入るようになった中国国内では、たちまち中毒問題が発生した。一八〇〇年、中国はアヘンの輸入と製造を禁じ、一八一三年にはアヘン喫煙を全面的に禁止した。

　にもかかわらず英国は輸出を続ける。その結果、一八二〇年までには百万人の中毒者を出すに十分な量のアヘンが中国に流入し、銀の流れは逆転した。一八三〇年代、銀の急減に直面した道光帝はアヘンの合法化を考えた〔輸入関税の増加、国内栽培による対外支払回避等がねらい〕。だが彼はアヘン厳禁を訴える強硬派との激論に相対することになる。皇帝に対する異議申し立て人の一人によれば、アヘンは赤毛の西洋人によって仕組まれた危険な陰謀であり、「すでに鋭敏で勇武なジャワの人々をそそのかしてアヘンを吸わせて隷属させ、彼らの土地を収奪している」。ほかのアヘン厳禁派の言い分は、「アヘンを国内に流入させることで、英国は中華の帝国を弱体化させようとしている。いち早く危機意識に目覚めなければ、遠からずしてわれわれは滅亡の一歩手前にいることに気づくだろう[25]」というものだった。

　アヘン厳禁派は喫煙者を死刑にすることによって喫煙を抑止しようと提案したが、すでにごまんと存在するアヘン常用者の数を考えると大量処刑という不穏な話になる。一八三八年、道光帝はアヘンの売買と使用を全面的に禁止した。当初、中国のアヘンとの戦いは平和裏に進められた。清朝の役人たちは、多数の中毒患者に悪癖を捨てさせるため、そして中国人仲買人に取引をやめさせるため、節制と恭順に関する孔子の教えを引いて説得した。同趣旨の倫理的呼びかけは西洋人にも向けられ、そのひとつが皇帝の全権委任を受けた大臣〔欽差大臣〕として広州に派遣された林則徐《りんそくじょ》によるヴィクトリア女王宛の書簡である。

　儒教的官吏の鑑のような林則徐は、中国中部の地方総督時代に廉潔有能の士として名を馳せた。英国の君主に向けて、彼は英国商人が「大きな利益を上げることを目的として[26]」遠く離れた英国からはるばる中国までやってくることに驚きを示した。彼は愚直にも英国政府は広東に来る不道徳な密輸業者のことは知らぬのだろうと憶測し、中国皇帝が儒教の道徳律を尊重してきたように、彼もまた断固としてそれに忠実でありたいとする。「おお女王陛下よ」と彼は書き綴る。「貴国の悪者を阻止し邪悪な人々を排斥し、彼らの中国渡航を未然に妨げるよう御高配を賜りたし」[27]。彼は英国女王に対し、マドラス、ボンベイ、パトナ、ベナレスにあるアヘン生産地を根絶し、代わりにキビ、大麦、小麦の生産地とするように促した。

西欧商人を相手に林則徐は断固たる態度に出る。商人たちが抵抗すると、アヘン在庫が引き渡されるまで広東にある彼らの工場を閉鎖し、差し出されたアヘンはすぐさま海に投棄された。アヘン取引に従事せぬ旨を誓約した書類に署名しない者は即刻国外退去を命ぜられた。英国商人の一団が香港という岩がちの島に住み着いたのは、そのときの出来事である。

ただ、中国人たちはアヘン貿易が英国経済にもたらす意味合いを過小評価していた。さらには、ナポレオンを打ち負かし、かつインドにおける最高権力者となったあとの英国のプライドの昂揚について、中国人たちはさほど留意しなかった。たとえば、林則徐のヴィクトリア女王宛の手紙に対しては何の音沙汰もなかったのである。

一般的に、自分たちの技術力の発展と商業的成功のせいで、西洋人たちの中国の見方は変わりつつあった。ヴォルテールやライプニッツなどにとっては啓蒙思想の頂点と見えた中国も、今やそれどころではなく後進国と見なされた。対等に扱おうとしても、あるアメリカ人外交官が言ったように、「老化した子どもを扱うような[28]」ことになる。そのうえ、十九世紀初頭に英国経済が発展していくなかでは「自由貿易」の考え方が、軍事力によって強要されながらも、現代における「民主主義」の価値同様、普遍的な善として受け入れられていた。

広東にいた押しの強い民間商人の一団は、比較的保守的な東インド会社が一八三四年にアジアにおける貿易の独占権を失ったあと、中国でのさらなる市場を求めて運動を展開していた。これらのビジネスマンとその陳情工作員たちが中国側の動きに対して警鐘を鳴らしたため、英国政府としては中国へ向けて討伐艦隊を派遣せざるを得なくなる。一八四〇年六月に到着したあと、船団は広東を封鎖し中国の北方沿岸地域を北上して最終的には天津とその先、すなわち北京の皇帝御大の座をも脅かすに至った。みずからの軍事力の弱さを自覚していた清の朝廷は、英国に香港を割譲し、六百万ポンドの賠償金を払い、英国商人に広東を開放するなどして、平和的解決を求めた。

英国政府にとってこれだけでは物足りない。英国製品のはけ口としての巨大な中国市場という夢は、英国においてほしいままに膨らんでいた。積極果敢な帝国主義者であった首相のパーマストン卿は、彼の代理使節らが、打ち負かした中国からもっと厳しい条件を引き出せなかったことに激怒する。彼は一八四一年に再度艦隊を送り出し、上海を落としたあと長江河口の封鎖を行い、旧都南京の攻撃をちらつかせた。

さらなる軍事的敗北に呻吟する中国側は再び降伏し、一八四二年に屈辱的な南京条約に署名し、上海を含む五つの貿易港を外国人に開き、香港は英国に対し永久割譲された。インド商人ジャムセトジー・ジェジーボイは、英国企業ジャーディン・マセソン商会の商売仲間に宛てて、「本件をめぐって中国人たちはわれわれにうんざりしています。（…）この際は威嚇の矛先を収め、距離を置くのがずっと好ましいでしょう[29]」と警告している。中国人たちはというと、英国人のあからさまな底なしの強欲に途方に暮れたままだった。皇帝の代理人の一人が、英国側に宛てた手紙のなかでその状況を説明している。

私たちは畏れ多くも、偉大なる清国皇帝が外国人に示される温厚篤実な態度、およびあらゆる御処置に見られるこの上なき公正さについて、思いを凝らしているところです。皇帝はかくして全世界の人々を御自身の翼下へいざない、庇護の安寧を授けて文化的振興の一助とし、ひいては永続的な恩恵の十全なる享受を願っておられます。しかしながら英国の外国人たちは、アヘン取引に関する取り調べを理由に、この二年間、恭順的態度を捨て絶え間なく戦い続けております。（…）彼らの目的と彼らの行為を駆り立てているものはいったい何なのでしょうか？(30)

皇帝は、強硬な英国流の交渉スタイルを大いにやわらげた説明を受け取った。「外国人たちの要求は確かに貪欲ですが」と皇帝代理は書く。「せいぜいのところ、開港と商売特権を求めているだけなのです。陰謀があるわけではありません」

これが楽観的な解釈であったことはのちに判明する。投棄されたアヘンの補償金を要求するとともに、英国側は杭州など彼らが占拠したわけでもない諸都市開放の代償金などを含む追加賠償を求めた。ほかの西欧諸国、とりわけアメリカ合衆国などもこれに倣った。彼らは英国の支配下から自由になって以降ずっと広東に常駐していたのだ。アメリカ人は、中国側は条約港におけるプロテスタントの宣教活動を許可すべきだと強く主張した。フランス人もカトリックに対する権利のさらなる拡大を要求したものだから、中国人は西洋人とはキリスト教への改宗を迫る者、と思うようになった。

西欧列強はこれらの条約を通じ、二十世紀における中国の商業、社会、外交など諸政策に関する重要な側面を左右する権利を得ることになった。だが蓋を開けてみると、中国が意気地なく主権を放棄したにもかかわらず、自由貿易主義者たちを満足させるには至らなかった。無辺際のはずの中国市場では成果が出ず、相も変わらずアヘン取引が、条約文中には明言なきも関係当事者全員の暗黙の了解のもと、西欧人たちの主たる商売であり続けた。一九〇〇年までには中国人の一割がアヘンを吸い、その三分の一が中毒状態だった。(31)

中国市場を取り巻く欲求不満が募るにつれて、英国人ビジネスマンたちによる、貿易障壁の緩和を要求する勢いが激しくなる。一八五四年、勢いを増す太平天国の反乱軍に清朝が直面していたとき、英仏米の代表団は南京条約の改訂を求めた。中国全土への自由なアクセスの簡便化、長江航行の自由化、外交団の北京駐在、アヘンの合法化、中国人労働移民に関する規程などである（アヘン戦争終結時の無法状態の時期に、中国人は誘拐されたりだまされたりして遠くカリフォルニアやキューバまで連れ去られ、現地の安価な労働力需要を満たした）。

当然、中国側はこうした要求に抵抗した。香港船籍のアロー号に対する清側による立ち入り検査は違法であると、それを口実にして英国側は再び開戦する。このときは、力の誇示にはやるナポレオン三世麾下のフランス軍も合流した。パルテノン神殿の大理石のフリーズをイングランドへ持ち去ったエルギン伯爵の息子、エルギン卿〔一八一一―六三、第八代エルギン伯爵〕は艦隊司令官として一八五九年に到着し、ただちに広東を攻略すると天津へ向けて北上した。

哀れな中国側は天津の直隷総督を通じての交渉を打診してきた。だがエルギンは、地方総督ではなく朝廷との直談判に固執する。北京の皇帝はこれに屈し、条約〔天津条約〕締結のために皇帝代理を送り出す。同条約は、長江の自由航行権、パスポート携帯者への内地旅行権、追加六つの条約港の開港、キリスト教布教の自由化、外交団の北京駐在、外国人に対する治外法権の適用を含んでいた。エルギンはフランス勢を同伴してさらに要求を突きつけた。そして、戦争の混乱時にエルギンの交渉団が中国側によって逮捕され処刑されたことを口実に、エルギンは北京に攻め入った。

中国との交渉が行われている最中に、フランス軍はまず北京の東北郊外に達し、イエズス会の宣教師らが設計した円明園という離宮をめざして侵攻し、一気に略奪する。三日間にわたって、数々の建物、庭園、寺院を擁す四万五千余坪の地所で略奪の限りを尽くしたフランス軍兵士たちは、その僥倖を信じることができなかった。夢見心地の略奪兵はこう書く。「われわれの驚愕のまなこを射た豪華絢爛たるありさまを叙述しようとするならば、ありとあらゆる宝石を金に溶かしてインクとし、そこに東洋詩人の幻想をペン先にあしらったダイヤモンドのペンを浸さなければなるまい」(32)

エルギンが現場に到着すると、フランス軍は戦利品の山分けを申し出、伯爵は中国皇帝の翡翠《ひすい》の王《おう》笏《しゃく》を得た。中国へ来る前にインドの大反乱〔セポイの乱〕の鎮圧に手を貸してきたエルギンは、当時の基準からすると消極的な帝国主義者だった。彼は英国の中国政策大綱を「ばかげた」ものと見なしていた。「この件に関しては一切合切が腹に据えかねるので、冷静に書くことができない」と、麾下の英国戦艦が広東に砲撃を加え、二百人の市民の命を奪ったときの日記に書いている(33)。だが、中国側に監禁されたヨーロッパ人囚人が死に瀕しているというニュースを耳にすると、彼の良心のとがめは消え失せた。

中国を懲らしめてやらなければならない。フランス軍は報復戦には参加しなかったが、エルギンの条約締結に先だって英国軍は円明園に火を放った。同条約によって英国は追加賠償を得たほか、新たな条約港（天津）を得、西欧列強はすべて北京に公使館を設置できるようになった。円明園は二日間燃え続け、立ち込める黒煙で北京が覆われた。ある英国人がその様子を報告している。「猛火のはじける音と轟きはすさまじく、陽光は濛々たる煙を通してすべての草木に青白く注ぎ、紅蓮の炎は略奪に夢中な兵士たちの顔を照らし、取り返しのつかぬ破壊に狂喜する悪魔のように見えた(34)」

中国が、世界のなかでの自分たちのポジションの危うさに気づくまでには、かなり時間がかかった。英国の革新的な蒸気機関船が長江のはるか上流まで航行し中国内地の諸都市を脅かしていたかと思うと、次に英国はインド人兵士をすばやく動員して中国にぶつけてきた。だが、世界を股にかけた機略縦横の海洋国家という現実を前にしても、魏源《ぎげん》など儒教学者兼官吏はやはり世界の中心国意識に漬かったまま、こうした事例をかえりみて、「インドはわが国に近く、けっして世界の辺境にある不毛の地だと考えてはならない」[35]と所見を述べるにとどまっていた。日本が清朝中国の軍事的脆弱さを露骨に暴き出してから二年後の一八九七年に至ってもなお、梁啓超《りょうけいちょう》は「中国はインドやトルコとは違う」[36]と息巻いていた。太平天国の乱、朝鮮半島での日本軍に対する敗退、その結果としての西欧列強による中国領分捕り合戦、など国内外の政治的激震が度重なって初めて、世界の仕組みが変わりつつあるという新たな認識が中国のエリート層に浸透し始めたのである。

一八九八年の後半、宮廷におけるいわゆる「百日維新」〔戊戌の変法〕の失敗が明らかになった頃、梁啓超の見方によればトルコやインドと同じく西洋に対して無力な中国は、自分たちが直面している苦境が西洋の資本主義・帝国主義が引き起こした世界的難局の一部であるということをようやく直視し始めた。その後すぐ梁啓超は日本への亡命を余儀なくされるが、アメリカが民衆暴動を武力で抑えつつあるフィリピンの状況を中国に重ね合わせ、精査している。哲学者の厳復《げんふく》〔一八五四―一九二一、啓蒙思想家・翻訳家〕は、一八九〇年代後半までに急速に広まった、アヘン戦争に関する中国人の見方を次のように述べている。

> 西洋人が民衆を害する不道徳な物質〔すなわちアヘン〕を携えて初めて到来し、私たちに対して武器を向けたとき、その意味するところを熟知していた人々にとってそれが倒懸の苦であっただけでなく、当時そして現在もなお、主要都市の住民は屈辱にまみれたままなのである。代々賢明なる皇帝に庇護され、広大な支配権を有していた中国は、政治・文化両面において空前の隆盛を享受してきた。世界を見回したとき、われわれ以上に高潔な種族はいないと思っていたのである。[37]

一八九〇年代以降中国は、アヘン戦争と円明園の破壊を、十九世紀に西欧によって加えられた最大級の恥辱として克明に記憶している。一八八一年に書かれた「死の取引」という題のエッセイで、若きラビーンドラナート・タゴールは「中国という国全体が、単に商人の強欲を動機として、アヘンの受容を英国に強いられた」ことに、あきれ返っている。彼は自分の祖父ドゥワルカナート・タゴールが、中国向けアヘン輸出で金持ちになったインド人実業家であることを意識していた。「絶望的状態にあった中国は、」とタゴールは書く。「アヘンなどこれっぽっちも要りません、と哀れな声で告げるのだった。だが、イギリス商人は言う。そんなばかなことを言うもんじゃない。買わなければいかん」[38]。

世界中で勢いを増す欧州の優位性について述べる際、保守的なベンガルの作家ブデヴ・ムコパタイ〔一八二七－一八九四〕はこう嘆いた。「中国を舞台にしたこの戦争は、徳の常勝などは保証されておらぬことの明証であり続ける。いや実際のところ、勝利は往々にして邪悪な側にもたらされるのだ」[39]。多くのインド人は、一八五七年の大反乱についても同様の感慨を抱いた。幾世紀にもわたるムスリムによるインド支配に、終止符が打たれることになった反乱である。

ムスリムは、英国東インド会社が亜大陸における第一の軍事力となった結果、最大の敗者になった。中部と南部のムスリム支配者が敗北したことで、東インド会社は全インドにおける確固たる支配権を樹立する道を開き、英国はただちに野戦や協定を通じて内陸の飛び地を併合し、最終的に一八四八年、ムスリムが大半を占める広大なパンジャブ地方を征服することになったのである。

十九世紀前半を通して、北部インドのムスリム支配階級は英国人から屈辱を受けつつ権力の座から引きずり降ろされるか、権限の制約によって骨抜きにされた。こうした併合のなかでもはなはだしい例が一八五六年にアヴァド地方〔現ウッタル・プラデーシュ州東部〕で起きた。同地方は十八世紀後期から英国の商業上および政治的利害に従属してきており、英国人総督が形容したように、あたかも「すでに完熟したサクランボであり、いずれわれらが口中に落ちてくるのを待つだけ」[40]と見なされていた。代々シーア派のムスリム王たちは、ラクナウをアヴァドの首都と定めてきた。ラクナウはペルシア様式と西欧様式が混交した独特の建築物や、北部インド最高の詩人、芸術家、音楽家、学者たちを引き寄せた高度に文化的な宮廷で有名だった。ラクナウの最後の王、ワジド・アリ・シャーは歌曲と舞踏をよくし彼が書く詩歌は高い水準に達していたが、英国側はこうした素養も彼が支配者には不向きな証拠であるとしか受け取らなかった。アヴァド地方の地主階級のほとんどはワジド・アリ・シャーの支持者で、英国の意図について長らく懸念していたが、ついに英国人たちはサクランボの落下を待つような悠長なことはせず、もぎ取りの挙に出た。民衆に愛された王をカルカッタへ追放した英国人は、すぐさま地主や農民から限りなく法外な地代を搾取し始めた。

文化の領域も、英国人が引き起こした社会的・経済的大変動の前にはひとたまりもなかった。大反乱までの数十年のあいだに、ラクナウは北部インド第一の都市としての地位をデリーから奪取していた。しかしながらデリーは北部インドのムスリムにとって知的・文化的中心地であり続け、同地のマドラサ〔イスラーム教養の教育・研究施設〕には地方から才能のある人材が集まってきていた。領地と支配力を失ったため、早くも十八世紀半ばからデリーのムガル皇帝は代々名前だけの存在になってきていたが、彼らに対して英国は十分な年金を与え、定期的に豪華絢爛な式典を開催することも許していた。皇帝たちは無力になってしまったが、英国人の観点からすると、インド最古・最高位の統治王朝に属する象徴的価値を保持しているのだった。ムシャーエラーという詩の公開朗読会は大勢の聴衆を惹きつけ、ムガル宮廷の二大詩人、ゾウクとガーリブの張り合いが巷の下馬評に火をつけた。アルタフ・フセイン・ハーリー〔一八三七―一九一四〕という若い詩人が、デリーの名高い教育機関へ入るために故郷の田舎からはるばる徒歩でやってきた。彼は詩人や知識人たちと交遊したが、彼らが開く「集会や会議は」ムガル皇帝のなかでもっとも文化的に充溢していた。「アクバル〔ムガル帝国第三代皇帝〕やシャー・ジャハーン〔同第五代皇帝〕の治世を思い起こさせた」と彼はのちに書き記す[41]。

しかしながらそれは、ハーリーの記すところによれば、「デリーの学問界が落日前に見せたきらめく夕映え」でしかなかった。一八三八年にデリーに滞在した英国の日記作家エミリー・イーデン〔一七九七―一八六九、小説家でもある〕は、町が儲け第一の帝国主義者にからめとられていく様子を嘆いている。「かくもすばらしき権力と富の名残が風化し死に絶えようとしています。（…）私たち恐ろしき英国人が『これをしでかしてしまった』という感じがどうしてもぬぐえません。何もかも売り物にし、吸い上げ、台無しにしてしまった、という感じ」[42]。教育も司法も世俗化されたため、ウラマー、すなわちイスラーム神学の聖職者たちは、生計を立てるのが難しくなった。公用語としてペルシア語が英語になったことで、インド系ムスリムの伝統的文化世界も衰退を余儀なくされた。この点について、ハーリーの回想がある。

私は学問はすべてアラビア語とペルシア語の知識の上に成り立つことを前提とした社会で育った。（…）英語教育など誰も考えてみたことはない。それについて何か言うとしたら、政府の仕事に就くための方便と言うしかなく、知識を得るためのものとは見なされなかった[43]。

だがここでも、以前ムスリムの支配下にあったヒンドゥーたちのほうが新たな支配者に好まれたようで、彼らはすぐに西欧型の組織で自分たちを鍛え直し、割り当てられた下級管理者としての職務を引き受けた。英国人たちは、ベンガル地方に存在していたような収奪だけが目的の政治・経済体制を、海運、金融、保険、貿易に従事する独占大企業と行政機構によって置き換え始めていた。インド産アヘンを中国へ売るというぼろ儲けの輸出事業に加担していた仲買人などの現地協力者が募られたが、それはムスリムではなくヒンドゥー、シーク、パルシーに偏っていた。

インドの社会や文化に対する英国人の無関心は、すでに十八世紀のうちにエドマンド・バークやインド人歴史家のタバータバーイーによって注目されていたが、今度はこれが漸次激しさを増す文化侵略・人種攻撃に取って代わられた。トーマス・マコーレー卿〔英国の歴史家・政治家〕はインド式教育を笑止千万役立たずと無視し、インド国内で「血と肌の色はインド人だが、趣味、見解、道徳、知性は英国的であるような人々の集団」を作り出すように英国人を仕向けた。自分たちの優越性を信じて疑わぬ英国人たちは、インドのあらゆる場所で徹底的な社会的・文化的改革を進め、それを強固なものにしようとした。多くの場合キリスト教布教団によって運営されていたインド国内にある英国式の学校や大学は、間を置かずして、マコーレーが期待していたような英国人もどきを量産するようになった。

多くのムスリムは、こうした近代的教育を伝統から乖離するものという不安ゆえに拒絶した。彼らにできたのは、英国人がプランテーションを開き運河を開鑿し道路を敷設して、インドを英国産業向け原材料供給国にすると同時に英国産業の独占市場とするのを、じっと見ているだけだった。北部インドの町々に存在した職人社会はムスリムが多かったが、英国産品がインドの市場に押し寄せるようになると貧窮していった。地域産業の擁護者のうちでも名を知られていたガンディーは、その後一九三〇年に発表した「インド独立宣言」のなかで、英国支配下で被った多種多様の被害を要約する。

手紡ぎ手織りなどの村の産業は壊滅した。（…）しかし他国と同様、このように破壊された職業に取って代わるものはなかった。関税と通貨が恣意的にあやつられたので農民たちはいっそうの負担を課せられた。われわれの輸入品の大半は英国産品である。関税は英国製造業に甘く、そこからの税収も大衆の負担を緩和するのには使われず、無駄の多い官僚制度維持のために使われている。さらなる恣意性は為替レートの操作に現れ、そのせいで何百万という金が国外逃避することになった。（…）行政的手腕を有していた者は抹殺され、大衆は村の下級役人や事務職の仕事をもらって満足しなければならない。（…）教育システムはわれわれから精神的基盤を奪ってしまった。

ほかの地域でも、自分たちの暮らしや社会がこのように根本的に改変されれば、慣習と伝統に根ざして生きてきた人々の心が癒やしがたく傷つくことが明確になってきていた。エジプト、オスマン帝国、イランで産声を上げたばかりの地場産業は、英国がその引き下げを主張する関税障壁によっては保護されず、ヨーロッパから輸入される工業製品には太刀打ちできなかった。カイロやナジャフ〔現イラク中南部の都市〕のバザールで働く商人、織工、職人たち、すなわちヨーロッパの実業家と自由貿易がもたらす危機を直接肌身に感じ取った人々が、十九世紀後期の反西欧運動の最前線に立ったのは無理もない。

十九世紀のインドでもっとも有名な思想家スワミ・ヴィヴェーカーナンダ（一八六三―一九〇二）は、ヨーロッパ人支配者に対してアジア人が広く共有する道徳的嫌悪感を歯に衣着せずに表明している。

手に入れたばかりの権力という安酒に酩酊し、善悪の見分けもつかぬ野獣のごとき形相で、女色の奴隷となり、淫欲にとらわれて正気を失い、頭から爪先までアルコール漬けになり、礼儀作法の規範など何もなく、不潔で実利主義で、手で触れる物にしか頼ることができず、なりふり構わず他人の土地と富をひったくり（…）肉体のみが彼らの本質で、欲望だけが唯一彼らの関心事である、こんなところがインド人の目に映る西欧悪魔のイメージだ。(44)

アジアにいる西洋人は前にも増して、土着の生活様式をねらい澄ませて非難することに熱心なのではないかと見られてきた。現地の人々の欲求不満と不服は、必ずや宗教を通じて表明されることになる。マルクスが的確に指摘しているように、単なる信条体系を超えるのものとしての宗教である。彼は宗教を「この世界の一般的理論であり、それの唯心論的な、体面にかかわる問題（point d'honneur）であり、それの熱狂であり、それの道徳的承認であり、それの儀式張った補完であり、それの慰めと正当化との一般的根拠である」〔城塚登訳『ヘーゲル法哲学批判序説』〕(45)とした。現地の人々の怒りは静かにくすぶっていたが、暴力のかたちで噴出することもよくあった。中国の義和団の乱、十九世紀末にインド中東部で起きた部族紛争、スーダンで起きたマーディストの反乱、一八八二年にエジプトで起きたウラービーの反乱、そして一八九一年にイランで起きたタバコ・ボイコット運動などは、未組織の反西欧・外国人嫌悪の勢力の力を示すもので、消滅しつつある、あるいは失われてしまった社会文化的秩序を回復させようという悲願が込められているのが常である。

一八五七年のインド大反乱もそうした暴発のひとつだった。十九世紀初頭、無視されて怨恨を募らせたムスリムは、ワッハーブ派として知られる、当時アラビア半島で影響力を増しつつあった厳格な啓典本位主義のイスラーム改革者に耳を傾け始めた。ムスリムの神学者と運動家は、インドはダール・アル・ハルブ〔戦争の家、すなわち無法地帯〕の状態にあると主張し、一八〇三年と一八二六年に英国とインド人協力者に対してジハード〔聖戦〕を宣言した。ジハードの戦士たちはインド北東部の一部を侵略したものの、最終的には一八三一年のバラコットの戦いで鎮圧された。この敗北は、南アジアのイスラーム伝承のなかで、六八〇年のカルバラにおけるイマーム・フセイン〔ムハンマドの孫〕殉教に匹敵する悲劇の色合いを帯びることになる。

インド大反乱は、インドのムスリムが英国に対して仕掛けた散発的抵抗のいずれとも比較にならぬ規模の大暴発であった。きっかけは、英国側インド人傭兵が使用する新型薬莢に豚と牛の脂が塗られているという噂だった。だが、インドの旧エリート層の多くに言わせれば、英国がインドの社会・政治・経済図版を有無を言わせず描き変えたことで、大反乱の火種は何年も前からくすぶっていた。その状況の全貌はデリーの新聞『デリー・ウルドゥー・アクバル』に詳述された。同紙の編集者マウルヴィ・バカールはデリーの旧エリートに属していたが、一八五七年、無聊《ぶりょう》をかこつ裁判傍聴記者からすばやく熱烈な反帝国主義パンフレット執筆者に変身した。その彼がこう書く。「事実、イギリス人たちは神の怒りによって打ちのめされたのである。（…）そして彼らはその傲慢さゆえに神の報復を受けたのである」(46)。バカールは読者に対し、英国人の数々の罪（藩王たちと締結した協定破り、巻き上げ利益の英国送金）を思い出させ、今やヒンドゥーとムスリムによって彼らがいかに逆《さか》ねじを食わされつつあるかを説いた。「彼らは国と政府を管理が拙劣だとして召し上げ、表面上は国民の苦役を緩和してくれることになった。今日は同じ理屈を彼らにぶつけ、この国の運営者としてあなたたちは落第だと言うことになる」(47)。アワドで土地を失った地主の一人が、怒り狂う暴徒から助けてやった英国将校に対し、これと同じ理屈の返報を見舞った。

　閣下、貴方の同胞はこの国へやってきて私たちの王を追放しました。貴方はこの地域に役人を派遣して地所の所有権を調査させました。そしてあっと言う間に、先祖伝来の私の土地を奪い取りました。私はこれを甘受しました。ところが突然貴方は不運に見舞われました。この土地の人々が貴方に反発して立ち上がったのです。すると貴方は、かつて貴方が略奪した私のもとへやってきました。私は貴方を救って差し上げた。しかし私は今、貴方を審判にかけ、この国から追放するために、ラクナウでわが従僕の先頭に立つことにいたします(48)。

大反乱の暴徒は英国人なら女であろうと子どもであろうと容赦しなかった。反乱軍向けの過激な声明文のひとつは、インド人が「必ずしなければならぬ責務」の分業を提案している。

挺身して英国人を殺すべし。銃殺にて彼らを殺す者が必要だ。（…）剣、弓矢、短刀で刺し殺すもよし。（…）彼らを槍の先につるし上げる役目も要る。（…）組み討ちで敵をばらばらにする者、棍棒でぶちのめし、平手打ちを食らわせ、砂埃で目つぶしする者、靴で叩きのめす者も必要だ。（…）要するに敵を破壊し絶体絶命の状態に追い込むためには、全力を尽くさねばならぬ。[49]

反乱軍を率いた主力にはヒンドゥーが多かったが、ムスリムのなかでもとくに英国支配によって屈辱を受けた連中が大量に参加し、統制がとれなくなった革命勢力は一時デリーにいるムガル皇帝〔バハードゥル・シャー二世〕を担ぎ出したりしたが、容赦なく弾圧された。母国の世論や小説界の重鎮チャールズ・ディケンズなどに発破をかけられ、在インドの英国軍は反乱軍を蹴散らすにあたり、残忍な報復を加えた。復習に燃えた兵士たちは何万人もの反乱兵を大砲の筒先に縛りつけ、弾丸を発射させて木っ端微塵に吹き飛ばした。銃剣を振り回し放火しながら村や町を蹂躙していった英国軍は、インド北部一帯に破壊の爪跡を残したのである。

郊外に野営してデリー陥落を待っていた英国兵は、「金持ちの老いぼれ黒助から、素敵なダイヤモンドを一個か二個[50]」頂戴することを夢見ていた。彼らは殺戮三昧に浮かれ狂暴の限りを尽くして略奪し続けた。中国にいたエルギンは、インド大反乱の無残な鎮圧に関する報告を読んで思いを巡らす。「またしても東洋のかよわい民族に残虐行為を働いた英国が神の怒りを買わぬよう、私にできることはあるだろうか？ひょっとすると私のこれまでの骨折りというのは、文明とキリスト教の実践という両面で英国人がいかに空疎で表面的かを披露する舞台を、単に拡大してきただけではないのか？[51]」。エルギンは、自分に投じたこの問いかけに対する回答を出した。中国皇帝の離宮円明園を焼き払うことによって。結局その後、清帝国は半世紀ばかり生きながらえた。しかし、インド大反乱後の英国軍の猛威と蛮行の前には、ムガル帝国は象徴を擁護することすらかなわなかった。インドにおけるムスリム勢力の正式な終焉は、ある英国士官が反乱軍側の、結局は王朝最後の皇帝となる運命のムガル皇帝の息子たちを処刑し、その死骸をデリーの街頭にうち捨てて朽ちるにまかせた瞬間に訪れた。

新世界秩序

統一のなさと有能なリーダーの不在が、広範な大衆の支持と数のうえでは英国軍をはるかにしのぐ反乱軍を有していながら、大反乱が敗北する運命にあった理由である。一九二一年、大反乱に関する記述のなかで、ウルドゥー語小説家の草分けの一人でラクナウの寂れゆく壮麗さを書き留めたアブドゥル・ハリム・シャラーは、次のように嘆く。

> 戦争の戦い方に通じ、ばらばらの戦力を束ねて組織的攻撃力にすることのできる勇士は一人もいなかった。その一方で、英国軍は命がけで戦い、一歩も引かなかった。危機一髪の状態でも彼らは敵をかわし、最新戦術に長けたところを見せた。[52]

英国勢と彼らの敵インド勢の相違は単に軍事力の違いだけではなかった。この点についてシャラーの筆致は苦々しい。

> 彼ら外国勢の情報収集能力と優れた作戦、そして秩序正しさの前に、知性と存在感に欠けたイン

ド勢はひとたまりもなかった。その頃世界は、工業化文明がもたらす新しい行動様式を認めたところであり、その様式がすべての国々に対して高らかに宣言されていた。インドでは誰一人としてこの宣言を聞いた者はなく、そしてすべては破壊されたのである。[53]

大袈裟な言い方ではあるが、これは欧州の力の評価として現実離れしていたわけではない。新技術と優れた情報収集能力、有利な貿易条件などに助けられ、十九世紀半ばまでに、ヨーロッパ人たちは中国に挑戦し、コーカサス地方を勢力範囲としていたペルシアを追い出し、北アフリカを侵略し、オスマン帝国に市場開放を強要し、インドシナでキリスト教を布教し、長らく門を閉ざしていた日本にねらいをつけていた。ナポレオンのエジプト征服から八十年後、英国は同国の占領を成功裏に完遂した。

こうした瞬く間の躍進は、西側による月並みな解釈、すなわちアジアの「没落」とか「停滞」、あるいは「東洋の専制政治」という言葉では説明できない。こうした用語を使っての説明は、自己憐憫に耽る多くのアジア人も受け入れていた。早くも一九一八年には、インドの社会学者ベノイ・クマール・サルカールは、惰眠をむさぼるアジアを追い抜くエネルギッシュなヨーロッパ、という、彼が学究的「西洋型」神話と看破した概念を却下している。サルカールは、「勝利を得て支配的になった人種の側に自然と生じてくる歴史的定説」[54]には気をつけよと言った。現代の学識も、アジアは経済的・文化的に十八世紀もダイナミックであり続けたことを示し、彼の意見の正しさを立証している。ヨーロッパの競争力というのは「工業化した文明」に適合したヨーロッパ人たちの明らかに立ち勝った技術のたまものであり、あるいはもっと簡単に言えば、組織化の能力（アジア人たちが即座に羨望しまねをしようとしたもの）と一七〇〇年代を通じて積み上げてきた諸々の優位性ということになる。

一八八七年、徳富蘇峰はヨーロッパに瞠目してこう書いた。「軍事組織の精神は、軍事面のみにとどまってはいない」。その影響力は「社会の隅々まで行き渡っている」[55]。彼以外にも多くのアジア人が着目していたのは、ヨーロッパの政治的・軍事的動員方法（徴集兵制度、実効性のある徴税制度、体系的成文法）、金融革新（資本調達によって組成される株式会社）、そして豊かな情報に基づいて探求と討議がなされる公共文化、これらが相乗的効果をもたらし、ヨーロッパがアジアに進出した頃には、圧倒的かつ決定的な強みとなっていたことである。個人レベルでは、ヨーロッパ人とアジア人を比べてみると、勇敢さ、革新性、鋭敏さ、忠誠心において優劣はつけがたかったが、組織団体、教会、政府の構成員として、あるいは科学的知識の賢い利用者として一致団結した場合、彼らはアジアでもっとも裕福な帝国を凌駕する力を振るうことになった。

シャラーが指摘したように、ヨーロッパの威力の大部分は殺人能力ででき上がっており、それは十七世紀、アジア諸国がどちらかといえば平穏だった頃、欧州域内で繰り広げられた小国間の長期にわたる残酷な戦争によって研ぎ澄まされたのである。福沢諭吉は著述家、教育者、そして日本の近代化に関して多くの論評を残した人物だが、彼は一八九八年にこう嘆いた。「われわれにとって唯一の問題は、あまりに長く太平のときを過ごし、外国との交流がなかったことだ。そうしているあいだ、外国は、時折生じる戦争から刺激を受け、蒸気機関車、蒸気船、大砲、小銃などを考案していた」[56]。地上戦のみならず海戦をも余儀なくされ、カリブ海の奴隷制プランテーション防衛も必要となったため、たとえば英国は、世界一洗練された航海技術を編み出した。一八〇〇年にヨーロッパに旅したインド人ムスリムの旅行家ミルザ・アブー・ターリブは、英国の繁栄にとって英国海軍がいかに重要な役割を担っていたかを明らかにした最初のアジア人の一人である。十九世紀の大半の時期、英国船と英国商社はヨーロッパの他国に対してのみならず、アジアの生産業者や貿易業者に対しても、国際取引上、先駆者としての優越性を保っていた。

ヨーロッパ勢の優位性にはほかの理由もあった。一八五五年にアルチュール・ゴビノー（アーリア人種優越理論を最初に唱えた人物）に宛てた手紙で、アレクシス・ド・トクヴィルは次のように驚きを表明している。「数世紀前までヨーロッパの森や低湿地の、満足な住処もないような場所で暮らしていた何百万かの人々が、今後百年のうちに地球の姿を変え他人種を支配しているであろうとは、どういうことだろう[57]」。その一年後、ベンガルの作家ブデヴ・ムコパタイは同じ現象について考えを巡らせ、不穏な結論を導き出していた。


ヨーロッパ人が他人の土地を征服しようとする努力が高まり、時間とともにさらに激しくなっていく。彼らの物質的快楽の渇望には強烈なものがあり、その限度には際限がない。そこには道徳基準高揚の気配も見込みもなく（…）彼らの子孫たちも略奪好みの傾向を受け継ぐであろうことは論理的必然である。（…）このようにヨーロッパが自由勝手に振る舞うとき、誰が歯止めをかけられるだろう？[58]

少なくとも第一次世界大戦の惨禍まで、歯止めは利かなかった。アメリカ独立革命とフランス革命によって解き放たれた進取競奔のエネルギーを、西側内部に封じ込めておくことは不可能だった。そのエネルギーは行き場所を求めて地球全体に拡散するしかなく、ヨーロッパの小ぶりな国民国家をアジアの僻地へ駆り立てることになった。それは、近代化されずヨーロッパと経済的にも外交的にも互角に渡り合う手段のなかった人々にとって、ぬぐい去ることのできぬ恥辱であり、たとえようもない威嚇だった。

過去にはこれとは異なる帝国主義がいくつかあった。事実、ヨーロッパによる征服の犠牲になった者たち自身は、オスマン帝国や清帝国という強大な帝国に属していた。しかし近代ヨーロッパ帝国主義は、あからさまな征服ないしは自由貿易と不平等条約で囲い込んだ「非公式な」帝国を通じ、世界規模での経済的、物質的、文明的な力の序列を形成したという意味において、まったく前例のない帝国主義だったのである。福沢諭吉も一八九八年にその点を見抜いている。

商業において外国人は金もあれば利口でもあるが、日本人は貧しく拙《つたな》い。裁判となると、日本人は非難されることが多いのに、外国人は巧みに法律をのがれる。学問となると、われわれは彼らから学ぶよりない。財政面では彼らから資金を借りざるを得ない。外国人に対して、われわれは徐々に国を開き、文明化の進展はわれわれに適した速度で行いたいが、彼らは自由貿易の原則を主張し、わが国内部に即入国させよと言う。あらゆる事柄、あらゆる事業において、彼らが主導権を握り、われわれはそれに従うだけであり、到底平等ではありえない。[59]

一九〇〇年までには、ヨーロッパから四散したわずかな数の白人が、アジアの農業主体の社会に自分たちの商品経済と国際貿易を絶対的に不可避なものとして強制しつつ、世界の陸地のほとんどを支配することになる。ヨーロッパ人は駐屯部隊と戦艦に守られて、アジア諸国のいずれに対しても望むがまま干渉することができた。彼らは何百万というアジア人労働者を、遠く離れた植民地（インド人をマレー半島へ、中国人をトリニダードへ）へ自由に搬送することができた。自分たちの産業のために必要な原材料や産物を、アジア経済から取り立てることも自由だった。そして現地市場に自分たちの工業製品をあふれるほど送り込んだ。地元町村の農民や商人は、十字架上の奇妙な神を担いだ屈強な白人が世界を作り変えているという風説のなかで、宗教や家族や伝統によって輪郭を与えられてきた生活の放擲を余儀なくされつつあった。白人たちは、まとまりと整合性のある国民国家、利欲追求動機、圧倒的な兵器類に喧嘩腰の倫理を合体させ、アジア社会をあらゆる点でぶざまでまぬけな存在におとしめ、ヨーロッパの力と張り合うことを許さず、潜在的能力の発揮を邪魔だてした。

ヨーロッパ諸国が、現地に社会・経済・文化の面で複合的崩壊を引き起こしつつ、やすやすと征服に次ぐ征服を重ねる一方で、アジアの知識人の多くが、自分たちの社会の運命について深刻な懸念を抱き始めていた。多くのムスリムは、インド、アフリカ、中央アジアで自分たちの領土を失ったことを、宗教心のゆるみに対する神の怒りであると解釈した。日本の偉大な作家、夏目漱石(一八六七―一九一六)は次のように書いた。

西洋文明はその源泉をみずからの内部に持つものであるが、近代日本の文明はその源泉を国外に有している。新しい波は西洋から次々に押し寄せてくる。(…)あたかも食膳の上の料理を味わうどころか、その料理が何なのかわからないうちに、別の新しい料理が眼前に据えられるようなものである。(…)どうしようもない。私たちには何をすることもできない。[60]

急速な変化、それを前にしての無力感、これらは共通の体験だった。西洋がアジアの大地に少しでもかかわりを持つと、必然的に激変が生じた。いつも悪い方向へ。産業革命下のヨーロッパが自国の製造工業のために原材料を必要としたことで、単にアジアの工業化推進が妨げられただけでなく、伝統的に自給自足農家の多いアジアで、農民たちはゴム樹液採取者、錫鉱山労働者、コーヒー栽培者、茶摘み労働者などに転業することを強いられた。イスラーム社会では、西洋勢力に伍してヨーロッパ型中央集権国家を建設しなければならぬという課題が、官僚、テクノクラート、銀行家、都市労働者、知識人などの新たな階層を生み出し、彼らの存在は同業組合、バザール、隊商仲間、ウラマー、スーフィー教団などによって形成されていた古きイスラーム世界をむしばむ脅威となった。隆盛を誇る西洋に近代医学がもたらした純粋な恩恵も、アジアにあっては釣り合いのとれた経済成長なきままに人口増加を招くだけで、貧困問題をさらに悪化させることになるという、不吉な裏面を見せることになった。

ヨーロッパ優位性の文化的影響も同様にドラマチックであった。ヨーロッパの形式で表現された科学と歴史の知識、道義心、公共秩序、犯罪と刑罰、そして衣服のスタイル、それが文明だとされた。どの地域のアジア人も、ヨーロッパ人が新たにわがものとした理想的自己像を見せつけられたが、それは自分たちとは異質なものだった。たとえば、非専制的な政治体制、都市化と商業重視の推進、革新的、ダイナミックであること。ラビーンドラナート・タゴールはいら立ちを隠さず、次のように書いた。

> ヨーロッパ人の裁判所で常に被告となるアジア、ヨーロッパ人の評決を最終判断として押し戴くアジア、私たちにできる唯一の善行は社会の四分の三をその地盤も含めて掘り返し、英国人技師が設計したとおり英国製のレンガと漆喰で普請し直すことだと認めることくらいだった。[61]

そして、自分の社会を取り巻くこうした外部状況の劇的変化が、自分たちの内面生活と古くからの道徳概念に致命的に傷を負わせるのではないかと危惧していたのは、梁啓超だけではない。彼の西洋支持熱がもっとも高かった一九〇一年に、彼は次のような告白をした。「頭脳訓練がますます重要になる一方、道徳修養が荒廃し、西洋の物質文明が中国を侵し、四億の民が惚《ほう》けた挙げ句鳥獣に成り果てるのではないか、と危惧する[62]」

梁啓超や漱石やタゴールのような思想家にとって、西洋の挑戦は実存的問題であるばかりか地政学的問題でもあった。昔ながらの方法と西洋が提示する新しい方法の、長所短所は何なのか？　さらにはヨーロッパ近代文明というのは、その擁護者たちの主張どおり、本当に「普遍的」で「自由」なのか？　有色人種を差別するものではないのか？　わが国の存在と存続を脅かす西洋諸国から考え方を輸入しているわが国、われわれはそんな母国に忠実であることができるだろうか？　そしてわれわれは国家というものをどう定義したらよいのだろうか？

こうした問いに対するアジアの国々の反応とその発露の時期は、各国特有の地政学的条件と宗教的・政治的伝統によって、それぞれに異なる。長期間鎖国をしてきた日本だが、彼らはほかのアジアのどの国よりも早くより広範囲にわたって、近代化のための工具一式を借りることができた。ロシアや、エジプトのムスリム仲間を見習って、オスマン帝国はヨーロッパ人から身を守るためにヨーロッパの軍事技術・行政手法を取り入れた。中国は二十世紀に入ってからも、ヨーロッパと向かい合った場合の自分たちの「後進性」を嘆き続けていた。

高い知性を備えた多くの人々が、イスラーム、儒教、ヒンドゥー教の道徳的教えに則した伝統的世界観を見直し始めた。進取革新の気概に富む何人かのアジア人たちは、自分たちの宗教的伝統とヨーロッパ啓蒙主義の開かれた統合を試みた。たとえばイスラーム改革思想家は、コーランは現代性とまったく矛盾しないという主張のもと、ヨーロッパの科学、政治、文化からの取捨選択を呼びかけた。

だが、アジア人たちが何をどうしようと、近代世界における人間活動のほぼ全域で西洋支配が圧倒的であることを、彼らは認めていた。目標をはっきり見定めたヨーロッパの貿易商、宣教師、外交官、軍人たちの前に、アジアの広大な諸帝国と彼らの神聖な伝統や古式ゆかしき風習などはまるで無防備だった。一国そしてまた一国、エジプト、次に中国、そしてインドは、西洋が築きつつある新しい近代世界のなかで、自分たちがひ弱く、とても順応できないことをさらけ出した。彼らの選択はその世界構築に合流するか、朽ち果てるかのいずれしかなかった。ヨーロッパに対するアジアの従属が、ただ単に経済的、政治的、軍事的なものにとどまらなかった理由がそこにある。知的、道徳的、精神的にもかかわることだったのである。それまで目撃されてきた征服とは違う種類の征服だった。被害国は征服者に対して恨みを抱きはしたが、同時に羨望の念も抱き、ついには魔法としか言いようのない力の謎を伝授してもらおうと熱望した。

第二章

アフガーニーの風変わりなオデュッセイア

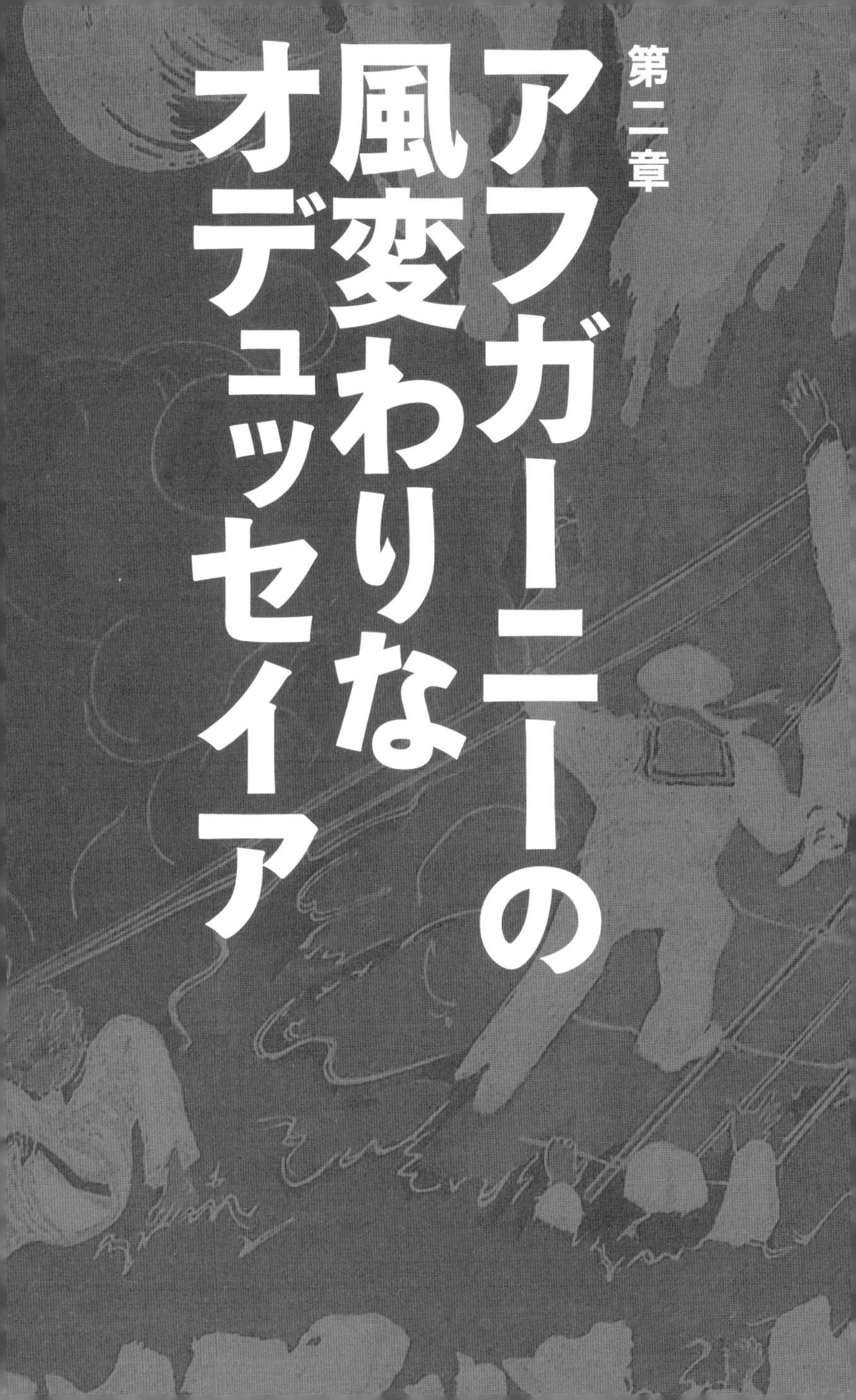

なぜこのような時代になったのか？　私たちをまったく眼中に置かず、すっかり変わってしまったあの人たちは、油田の機械を開発し、建設し、計画を実行し、私たちを尻目に大手を振っていた。彼らはどうしてあんなふうになったのか？　そして私たちは、目をさましてみると、油井やぐらが私たちの土地にスパイクのように突き刺さっているのに気がついた。

なぜ私たちは西洋かぶれになってしまったのだろう？

歴史を振り返ってみよう。

ジャラール・アーレ・アフマド『ガルブザデギ（西洋かぶれ）』（一九六二年）

ぼろを着た馬の骨

一九六〇年代初頭、パリに住まうイラン人亡命者たちは頻繁にサンジェルマン近くのカフェ「オ・デパール（出発）」で落ち合っていた。彼らの大半はイランからの政治亡命者だった。イランでは一九五三年に米国のCIAと英国のMI6が、モハンマド・モサッデク首相の民主的選挙によって選ばれた政府を転覆させるのに力を貸した。モサッデクがイランの石油産業を国営化したあとの出来事である。これら怒れる人々のなかに、アリー・シャリーアティー（一九三三―一九七七）がいた。その後、イランのイスラーム革命で知的指導者の筆頭となった男である。米英の介入行動から八年目の日に、彼はこう嘆いた。「西洋の略奪に対し、最初に非難の声を上げたことをとがめられ、一部の人たちは今も鎖につながれている」[1]。ほかの亡命仲間と同じく、シャリーアティーがパリにいる目的は、政治的・知的訓練を深め、その後同国人を啓蒙する、ということ以外ほとんどなかった。彼は、ジャン・ポール・サルトルの『文学とは何か』、フランツ・ファノンの『地に呪われたる者』などをペルシア語に翻訳した。彼は孫文について、アルジェリアの対仏抵抗運動について、そしてガンディーとネルー（シャリーアティーは彼をインドのモサッデクと見た）について、イラン亡命者が発行する雑誌（イランへよく密輸されていた）に書いた。コンゴで起きたパトリス・ルムンバ〔コンゴ独立後、最初の首相〕惨殺を弾劾するデモにも参加した。一九六三年にイランで起きた西側寄りの政府に対立する流血の暴動を、彼はつぶさに追いかけた。ルーホッラー・ホメイニーという名の指導者が、政界で一目置かれるようになったのはこのときである。シャリーアティーと友人らはサンジェルマンの根城に会しては、十九世紀の遊歴の思想家・運動家ジャマールッディーン・アフガーニーについて、前にも増して熱く語るようになった。

一八九二年の初め、アフガーニーはオスマン帝国皇帝アブデュルハミト二世に宛てた手紙のなかで、皇帝の人生を左右し、今ではアフガーニーの生き方をも脅かす、西洋列強に対する憂慮を明確に述べている。

彼らの願望は、私たちの国を跡形もなく消し去ることだけです。この点に関する限り、ロシア、英国、ドイツ、フランスはいずれも軌を一にします。とりわけ、彼らの画策に対して私たちが無力無能だと彼らが察した場合には。しかしもし私たちが団結し、もしムスリムが一人の男に化体したならば、危険な存在にも有益な存在にもなるでしょうし、そうなればその声を無視することはできなくなるでしょう(2)。

一九五五年にマシュハド〔イラン第二の都市〕の学生だったときに書いたごく初期の著作のなかで、シャリーアティーは、このアフガーニーというあまり知られていなかった人物を取り上げている。一九六〇年代のパリでも、彼は人間解放を説いた世俗的な西洋思想を長いあいだ学んだあと、再びアフガーニーに立ち戻り、一九七〇年には「彼を理解するということは、イスラームとムスリムを、そして私たちの現在と未来を、明確に理解することと同義である(3)」と確信するのだった。

ジャマールッディーン・アフガーニーは、イランではイスラーム革命の知的ゴッドファーザーとして崇められている。同革命について、一九七九年にテヘランを訪問したミシェル・フーコーは、西洋主導の「グローバル・システム」に対する「最初の重要な反抗」であると評した(4)。さらに注目すべきは、イスラーム原理主義者のみならず左派の世俗論者や、エジプト、トルコ、インド、パキスタン、アフガニスタン、マレーシアというそれぞれに異なるムスリム国家の汎アラブ主義者や汎イスラーム主義者も、アフガーニーを先駆的な反帝国主義リーダー・思想家と見なしていることである。十九世紀の二人の著名な政治的・思想的亡命者、カール・マルクスやアレクサンドル・ゲルツェンと比べると、今日アフガーニーの西側での知名度ははるかに低い。影響力においてゲルツェンをしのぎ、少なくともその影響力が今日まで存続しているという点でマルクスにほぼ匹敵するにもかかわらず。

その理由のひとつは、彼の伝記のあちこちに大きな空白があるからである。ムスリム世界を渡り歩いていた期間の彼の言行の大部分が、歴史に残っていない。彼の知的道程の再構築を以降のページで試みるわけだが、それは彼が旅したさまざまな国の社会的・政治的動乱の探求であり、まさしくその諸国遊行が彼の世界観形成を決定づけたのであった。いずれにしても、西洋思想家たちを知ろうとする場合と違って、彼の思想遍歴を理解するために論旨明快な刊行物や典拠明確な伝記に頼ることはできない。ここでいう思想遍歴とは、彼が繰り広げた論争の履歴であり、それは彼が生きた世界に調和するようなものではなく、しうるはずもなかった。

確かにムスリムの国々には、社会的にも政治的にも、モダニズム、ナショナリズム、汎イスラーム主義など一定の思潮がほとんどなく、そこにアフガーニーの広量大度で快活な感受性が着火したり、それを燃え立たせることはなかった。さらにまた、そうした国々には反帝国主義の謀議、教育改革、ジャーナリズム改革、憲法改正など、政治活動を展開する場所がなかったから、彼の思想が足跡を残す場もなかった。アリー・シャリーアティーは、アフガーニーを「惰眠をむさぼる東洋に、目覚めよ、と気合いを入れた最初の男」(5) と主張したが、そこには少しばかり誇張がある。

アフガーニー自身が認めているように、彼は「階級も低いし高い地位に就いたこともない、取るに足らぬ男」だった。とはいうものの、彼はこう警告した。「偉業は」彼のような男たち、「みすぼらしい服を着てさまよい歩き、暑寒を知り、酸いも甘いも噛み分けて、いくつもの山を越え砂漠を渡り、人の道を体験した男たちによって」成就されると。いま振り返ってみると、彼の功績は存外大きかった。とくに彼に先んずるムスリム思想家と比べた場合、その印象は大きい。(6)

ナポレオンによるエジプト侵略はまず、西洋人が経済と軍事力の新式のエネルギー源を発見し、その威力を母国から何千キロも離れた先まで持ち込めることを、多くのムスリムたちに見せつけた出来事だった。しかしずっとあとになっても、イスラーム諸国の支配階級と知識人の多くは、西洋風な生活への同化を、そして欧州列強に対する抵抗ではなく彼らとの和解を熱心に唱え続ける。ヨーロッパのことを、容赦なき破壊的威力と恐れたり、世界における自分たちの位置づけに関する堅固な自己認識を脅かすものととらえたりすることはまだなかった。エジプト人の年代記作者ジャバルティーは、ナポレオンの侵略に狼狽したけれども、大小便に関するフランス人の習慣を以て彼らを一笑に付した。彼はフランスがエジプトに遠征してきた動機を探ることをせず、ヨーロッパを混乱に陥れ、共和制、社会的平等と社会的地位の移動、公平で正義ある国家などの概念を生み出したフランス革命の思想については、まったくと言ってよいほど理解していなかった。その後、西洋の革新性に注目した人々は、とくにエジプトとオスマン帝国が西洋モデルに倣った近代的国家と軍隊の構築に着手したこともあって、不安感よりも好奇心を抱いていた。エジプト人の優れた学者タフターウィー(一八〇一―七三)にとって、ヨーロッパは良識ある手本と映った。彼は一八二六年から一八三一年にかけてパリに滞在している。フランス革命とフランス憲法について解き明かしながら、彼はアラビア語で初めて西洋の国が持つ政治体制の全貌を伝えた。彼は称賛を込めて次のように書いた。「フランス国民は、名声、地位、人望、富の有無にかかわらず法のもとに平等である」。(7)これに似たケースとして、チュニジア人のハイルッディーン・チュニジが、一八五〇年から一八六五年のあいだにヨーロッパへ頻繁に出かけ、ヴォルテール、コンディヤック、ルソー、モンテスキューの献身的崇拝者になった例がある。これら一連の哲学者が宗教に対して激しい攻撃を加えた点だけは、彼にとって残念だった。彼はヨーロッパ人たちの自発的な人と人のつながり、組織化の能力に着目する。「もし人々が共通目的のために連帯するならば、どんなに困難なことでもやり遂げることができる」。そうした「驚くべき例」が英国によるインド支配であった。「英国政府は東インド会社として知られる自国商社との連携を通じて、一億八千万以上の民が住む約三億五十万平方メートル〔引用原典の誤記か?〕の土地を手に入れたのである」(8)。

タフターウィーとハイルッディーンに加え、シリアの教育者ブトルス・ブスターニー(一八一九―八三、彼の編纂した辞書、百科事典、雑誌は近代アラビア語と文学の創生に寄与した)は、ムスリム世界内部から衰退と腐敗を駆逐するためには改革が必要だと確信していた最初の役人、教師、軍人に属する。十八世紀後半から十九世紀初頭にかけて、イスタンブールのオスマン朝廷を取り巻いていた多くの知識人たちも、同様の結論に達していた。つまり、彼らの社会・政治的秩序は老朽化し、外部世界を学ぶことで刷新しなければならない。彼ら知識人は、アフガーニーがすぐさま取りかかったように、自分たちの国内事情を国際関係の戦慄すべき大変化に関連づけてみることはしなかった。彼らにとっての刷新とは、概ねヨーロッパの知識と実用的技能を自分たちの社会に適用し、軍隊を近代化するだけのことだと考えていた。多くのヨーロッパのエリートたちはすでに、キリスト教と白人種を優秀無比であると見なし始めていた。しかし、一八三〇年代に西洋人の指導のもと近代化に着手していたトルコやエジプトのモンテスキュー、ギゾーの崇拝者たちは、ヨーロッパに芽生え始めていた人種を序列化する考え方にまだ完全には気づいていなかった。彼らは、ムスリム社会がいずれヨーロッパと肩を並べるくらいに進歩することを夢見ていたのだった。オスマン帝国の作家ナームク・ケマル〔一八四〇―一八八八、詩人・ジャーナリスト〕は一八六〇年代に、こう確信していた。

ヨーロッパがここに至るまで二世紀を要した。彼らは進歩のための手段を種々考案し、われわれはそのすべてをすぐ使える立場にある。（…）であるならばわれわれもまた、二世紀という時間を要するにせよ、文明国家の最上段に立ち並ぶことの可能性に、いささかも疑問を差し挟む必要はないだろう？[9]

特筆すべきは、まだヨーロッパの存在がもっぱらインドに限定されていた一八六〇年代に、アフガーニーがムスリム諸国の前途に迫る危機を察知していたことである。彼は、歴史の動きというものが、コーランの神とは無関係であることを理解していた。また彼は、歴史の主導権が不断に活動的で精力あふれる西洋人によって握られてしまったことも実感していた。彼らは文化的・政治的に長らく発展の遅れた地域から飛び出してきて未知の世界を見いだし、探査し、それ以前のムスリムやほかの非西洋人たちの帝国支配拡張の際には使用されなかった手段を用いて、これを征服したのである。

インドとアフガニスタンで目覚める

アフガーニーの若い頃については情報も少なく、行く先々の国で、自分はアフガニスタンから来たスンナ派だという主張を繰り返したりしていて曖昧な部分もあった。だが現在では、ペルシア北西部のハマダンに近いアサダバード〔アフガニスタンにも同じ地名あり〕の村で一八三八年に生まれ、テヘラン、そしてシーア派のいくつかの主要都市の神学校、とくにナジャフ〔バグダッドの南、シーア派の聖地〕の学校で、さらにはインドでも教育を受けたことがわかっている。彼がペルシアで少年時代を送っていた頃、たまたまバーブ教〔シーア派の分派〕の蜂起が起きた。これは、イスラームの伝統の急進的解釈と救世主の再臨を説く運動であった。バーブ教徒はペルシアで弾圧され、オスマン帝国領メソポタミア〔現イラクの一部〕に散在するシーア派の町へ逃れた。アフガーニーの大胆でときには異端とも思われるイスラーム解釈、そして革命的色彩を帯びた救世主信仰は、この一派の影響が多少なりともあったからではなかったか。しかし彼は基礎教育としてペルシア・イスラーム哲学の伝統にも接しており、スンナ派アラブよりも革新性に寛容なその思想は、アフガーニーの修正主義的イスラームの胚胎に明らかに力を貸した。

ペルシアにおいて、シーア派のイスラームは伝統にとらわれぬ傾向をより強く持ち、十九世紀になってからも偉大なイスラーム哲学者ムッラー・ハディを輩出している。ペルシアのシーア派には、ほかのアラブ語圏ではとうの昔に死滅した哲学的伝統、たとえば合理主義的な考えと啓示宗教とを調和させるような態度がまだ残っていた。非正統的教育を受けたアフガーニーは、スンナ派の同輩よりもいち早く刷新と変革を語ることができた。しかしシーア派に属する彼の呼びかけはスンナ派には届きにくい。そこで彼は、改革を促したい国でスンナ派ムスリムとして通すために、自分の家系はアフガン系だと言ったほうが無難であると判断したらしい。彼はまたエジプトで、短期間ではあったが、フリーメーソンに属していたこともある。浅薄な西欧派でも信心深い伝統主義者でもない彼は、反帝国主義の戦略として何が緊急要件か、そこをいちばん気にかけていた。彼は一八五〇年代末、勉強を続けるためにインドへ向かい、次の十年間のほとんどを、主にボンベイ（ペルシア人たちの大きなコミュニティがある）とカルカッタで過ごした。英国人に対するインド人たちのすさまじい襲撃と英国人の残虐な反撃があったその時期に、バーブ教徒から引き継いでいた彼の反逆思想は、地方規模から世界的規模の抵抗思想へと変化し始めたのである。

アフガーニーが歴史文書のなかに現れるのはその後まもなくしてからのことだが、端役ながらなかなか興味深い役割で、舞台としては申し分なきアフガニスタン。当時のアフガニスタンは、最近もそうであるように、さまざまな政治的・領土的野心がぶつかり合う油断ならぬ十字路だった。一八六八年にカンダハールとカブールで作成された英国政府の秘密レポートによると、アフガーニーは一八六六年にインドからやってきたとある。憎悪に燃える反英活動家でロシア側スパイの可能性が高く、痩身蒼白、額は広く、碧眼の眼光は鋭く、あごひげをたくわえ、始終茶を飲み、地理と歴史に通じ、アラビア語、トルコ語、ペルシア語を(ペルシア生まれの現地人のように)よく話し、信仰に凝り固まった感じはなく、ムスリム的というよりはヨーロッパ的な暮らしぶりである。[10]

カブールに着くとすぐ、アフガーニーはアフガニスタン国王の顧問になるが、国王は異母弟を相手にした複雑な内戦に突入する。強大な隣人、インドを支配していた英国は、国王がロシアと共謀しているのではないかと疑った。一八三九年、英国は自分たちに友好的な人物をカブールの支配者の座に据えようと画策した。アフガニスタンのゲリラは機が熟するのを待ち、カブールに派遣された英国の大遠征軍を襲撃し、その波状攻撃の結果、英国軍は生存者一名を残して全滅した。生き残った英国軍軍医が馬上にあえぐ姿は、「軍隊の生き残り(Remnants of An Army)」という題名のヴィクトリア朝の絵画に残されており、十九世紀英国軍最悪の惨事として象徴的なものになった。

一八六〇年代に入って英国は再度アフガニスタンを圧迫し始めていた。アフガーニーは好機到来と見た。彼は一八七八年に自分が書いたアフガニスタン史のなかで、外国人侵略者に対するアフガニスタン人の憎しみに全面的支持を表明している。「魂の気高さゆえに彼らは外国人支配下でみじめに生きるよりも名誉の死を選ぶのだ」[11]。アフガーニーにとって、炎のような誇りに満ちたアフガニスタン人を英国人にぶつけるチャンスだった。彼は国王にロシアとの提携を助言した。今やオスマン帝国からチベットまでの広域で英国の好敵手となったロシアである。彼は、英国よりもロシアを贔屓にする理由を、英国に内通していたアフガニスタン人にこう語った。「イギリス人というのは素性の怪しい泥棒だ。ぽっと出の成り上がりだ。手に入れたのは全部悪だくみで巻き上げたものではないか。そこへいくとロシアはアレクサンダー大王の御代から存在している」[12]

ともあれ、アフガーニーは自分の力量を過信していた。一八六八年、国王は異母弟シェール・アリに敗退し王位を失う。シェール・アリは英国と手を結んでアフガーニーをただちにカブールから追放したため、アフガーニーとしては、英国帝国主義が招く危難に関する自説に耳を傾けてくれる別のムスリム首長を求めてよそへ行くしかなかった。彼はアフガニスタンのリーダーについてことさら悪い印象を抱いて同国を去った。彼らは頼りにならず欧州列強と手を組みがちだ、と考えた(その後一八七八年にシェール・アリが、支援国だった英国に反旗をひるがえし、第二次アフガン戦争の火蓋が切られると、アフガーニーはそれまでの印象を変えることになる)。

カブールのバラ・ヒサール要塞に幽閉され国外追放の日を待つあいだ、彼はアフガニスタンで招いてしまった誤解(その後、ほかの国々でも招くことになるわけだが)についての皮肉なコメントを、押韻詩に託して書いた。

私のことを
イギリス人はロシア人だと思い込み
ムスリムはゾロアスターだと思い込み
スンニはシーアだと思い込み
シーアはアリの敵だと思い込み
四人の証人の友人は

私のことをワッハーブだと思っていた
有徳のイマームは私のことをバーブ教徒だと思い
有神論者は唯物論者だと思い
敬神の念を失った敬虔な罪人だと思い
学者は無知に気づかぬ無知だと思い
信心深い人たちは不信心な罪人だと思った
私のことを不信心な人たちはかまってくれず
ムスリムは同胞とは見なしてくれず
モスクからは追い払われ寺院には入れてもらえず
誰を頼っていいのやら誰と戦うべきなのか
私にはどうにもわからない
あちらを否定すればこちらを支持せざるを得ず
こちらを支持すれば友はあちらに対して強腰に出る
こちらの一団に捕まれば逃げる術はなく
あちらの一団と戦おうにも堅固な足場がない
カブールのバラ・ヒサール要塞で
両手をつながれ両脚を折られた私に
未知を閉ざす帳《とばり》が何を垣間見せてくださるか
頭上を旋回する不吉な天空が
どんな運命を私に課そうとしているのか

私は知りたくてたまらない[13]

その後の数十年、アフガーニーは敗者の側に立つことが多くなる。だが彼は、同時期のムスリムの誰よりも、イスラームが築き上げた文明に対して西洋がもたらす多方面からの脅威について、より雄弁に、より執拗に声を上げるのだった。そして彼はインドでの若き日の体験をひたすら語り続けた。インドは多数のムスリムが住む、英国に占領され部分的に統治された唯一の国だった。一八五七年の段階ですでに、『デリー・ウルドゥ・アクバル』の編集者マウルヴィ・バカールは、宗教的観点から植民地政策に対する反論を始めていた。彼はヒンドゥー叙事詩と神話、コーランからの寓話、トルコの歴史などを引用し、英国とはまったく異質で相反する立場にあるインド人国家を描き出した。アフガーニーも一八七八年にインド大反乱について振り返った際、社会の各層、諸宗派を超えた反英気運の高まりに強い印象を受けた、と書いている。「[英国に対する]彼らの憎悪の高まりは激しく、ロシア軍がインド国境に攻め入ってくれることを願わぬインド人は一人もいないほどだった」

アフガーニーが政治に関してインド大反乱とその後のとりわけ苦々しい結果から学んだことは、彼の残りの人生にとって良き資産となった。何年ものち、あるアフガニスタン人にそれを語ったとき、彼は反乱者たちの弱さと英国軍がいかにやすやすとアワドを併合したかを、残念そうに嘆いた。彼は英国を龍に喩えた。「二千万の民を平らげ、ガンジス川とインダス川を飲み干し、それでもまだ食い足りずに残りの世界をむさぼり食い、ナイル川とオクソス川〔アムダリヤ川。アフガニスタンと、タジキスタン・ウズベキスタンとの国境になっている〕も飲み干すつもりだ[14]」

アフガーニーの言葉遣いの激しさは、大反乱後に彼が目撃したムスリム社会と文化全体の破壊に対する憤慨を、少なくとも部分的に反映している。デリーでは英国軍が町の大部分を破壊し、ムスリムの大半を殺すか追放するかしていた。ムガル宮廷最後の大詩人ガーリブは友人にこう書いた。「怒れる獅子どもは、町へやってくると無力の人々を殺し家々を焼き払った。男も女も庶民も貴族もごちゃ混ぜの人の波が、デリーの三つの門から逃れ出て、町の外の小さな集落や墓場に身を潜めた」[15]。ガーリブは嘆く。「町は荒れ野になってしまった」[16]。英国軍は一八五九年までムスリムが町に戻ることを許さなかった。ガーリブは書く。「ムスリムたちの住居は長いあいだ空き家のままだったので、（…）壁はまるで雑草でできているようだった」[17]

ジャワハルラール・ネルーの祖先たちはムガル宮廷の役人をしていたが、彼らもまた、復讐心に燃えた英国の怒りを恐れて一八五七年にデリーから逃れた人々だった。だがカシミール出身ヒンドゥーの上流層に属すネルー家の人たちは、たとえば同家のムーンシー（秘書）のようなムスリムのエリートが被ったほど、ひどい目には遭わなかった。彼のことをネルーは自伝のなかで語っている。その秘書は一族が破産し、その一部が英国軍によって皆殺しにされた様子も目撃していた。インドが失ったものは、その種の喪失だけではなかった。インドを支配することに慣れていたインド人ムスリムにとって、大反乱後に受けた冷酷な鎮圧は、根深く広範囲にわたる精神的敗北であった。

共同体の基盤破壊と屈辱をもっとも雄弁に描いたのは詩人たちだった。大反乱を目の当たりにしたアクバル・イラーハーバーディーは、社会全体を串刺しにした苦痛を韻文で表現した。「その道を行けば、君は略奪された僕の村を見るだろう。イギリス兵のバラックが、破壊されたモスクのわきに立っている」[18]。また別の詩でイラーハーバーディーは、まったく異なった世界に順応しなければならない苦痛を書いている。

歌い手も、音楽も、メロディーも、すべてが変わってしまった。私たちの眠りさえ、変わってしまった。寝る前の物語も、もう話してもらえない。春も新奇な装いでやってくる。庭に来たナイチンゲールも違う歌を歌う。自然がもたらすすべての作用が、大変化を遂げた。見たこともない雨が降ってくる。見たこともない穀物が野に生える。[19]

地方から出てきた詩人アルタフ・フセイン・ハーリーも、広く流布した自作詩「ムサダス〔ウルドゥー語の詩の一ジャンル〕――イスラームの干潮と満潮」（一八七九年）のなかでムスリムの零落を歌っている。

落ちるに落ちた私たちの格好を見たならば
失墜したイスラームの再起不能を見たならば
引き潮のあとの満ち潮を
信じる人は一人もいまい
私たちの海が干上がる様子を見たあとは[20]

二十世紀の初め、ハーリーが書いた哀歌は、ムスリムたちの反植民地政治集会でいつも吟じられた。参加者の多くは、その後インド人ムスリムのための新しい国、パキスタン建国のために運動を始めることになる。

庭はもう秋の装いなのに
なぜ花咲く春を語るのか
敵影が忍びよる今日この日

昨日の栄華栄光を語るのか
そんなことは忘れろと言われても
夜明けのまぶたは昨夜の情景を思い出し
燃えつきた蝋燭からはまだ煙が立ち昇り
インドの砂原に残された足跡は
優雅な隊商のゆくえを指し示す(21)

英国は大反乱の責めをヒンドゥーにではなく、どちらかというとムスリムに着せたうえで、以前にも増してムスリムが公職に就く機会を奪った。一八八五年、英国のインド担当大臣の職にあったランドルフ・チャーチル〔ウィンストン・チャーチルの父親〕と個人的に面会したアフガーニーは、インド人ムスリムが英国を嫌う理由を突きつける。「あなた方はデリーの帝国を破壊しました。次にあなた方はイマーム〔導師〕、ムアッジン〔モスクの塔から礼拝開始を告げる勤行時報係〕、モスクの番人に給料を払いませんでした。そしてあなた方はワクフ〔公共目的で寄進された資産〕を勝手に処分し、神聖な建物をないがしろにしている」(22)。しかし、蹂躙されたこの国へ初めてやってきた一八五〇年代後半、アフガーニーは、帝国主義の被害者になるということの多岐にわたる意味合いを理解することのほうに興味を示していた。

大反乱のとき、東インド会社の職員だったインド人ムスリムのサイイド・アフマド・ハーン〔一八一七―一八九八〕は、近代世界で成功するためには科学に精通することが不可欠だと確信し、ムスリムにとって西洋式教育がいかに大切かを早くも強調し始めていた。一八五七年、英国勢と袂《たもと》を分かち反乱軍に合流するよう反乱軍側から乞われたとき、アフマド・ハーンは間違いのないほうに賭けた。「英国の統治権をインドから排除することは不可能である」(23)と彼は答えた（彼はその後、反乱軍に惨殺されそうになった英国人地方徴税官とその家族に安全な逃げ道を確保してやっている)。その効あって、もっとも著名なインド北部の町アリーガルの学校をはじめとし、彼は教育機関を設立しようと尽力していたときに英国の助力を得ることができた。彼はムスリムの同胞に対し、「イギリス人の生活様式と技術[24]」から学ぶように助言した。彼のモットーは「教育、教育、教育」となり、インド人ムスリムのなかには彼を支持する人たちも大勢いた。ウルドゥー語の著名な小説家・エッセイスト、ナジル・アフメドはこう主張した。

われわれがみな無駄な議論に時間を費やしているあいだ
ヨーロッパ人たちは神の創造物の空白部分に躍り込んだ
彼らの暮らしがわれわれよりも惨めな時代もあったのに
今では世界の富は彼らの頭上に雨あられと降り注ぎ
その国民に秘技を伝授しようと神自らが身を起こす
なぜならば彼らのほうが自然の理法を理解したからだ[25]

アフガーニーもまた、その後数十年にわたり、ムスリムの同胞に向けて警告し続ける。「嗚呼、東洋の息子たちよ」と彼は一八七九年に書いた。「諸君は知っているのか、西洋人の強さと諸君を圧倒する支配力は、彼らの学問と教育の進歩、そして同じ分野における諸君らの衰退ゆえであることを[26]」。これと同時に、彼は二枚舌のアルビオン〔英国の古名・雅名〕に対する嫌悪と疑念を常に持ち続けた。それは彼がインドで暮らしていた時期に高じてきた感情で、風刺詩人のアクバル・イラーハーバーディーによる次の詩にも簡潔に表されている。

イギリス人は冤罪捏造の名人で
マインドコントロールもお手のもの
切れ味抜群の刀を振り回す
くわばらくわばら!
神様だって三枚おろしにしてしまう[27]

アフガーニーがインドにおける英国の暴政について書き、それが一八七八年にエジプトで非難を浴びたとき、彼はその批判は英国人の書いた歴史書に感化されているとして一蹴した。そうした本は、「イギリス人の自己愛にまみれ、驕心のペンと欺瞞の鉛筆で綴られたもので、真実を伝えることも現実を報告することも土台無理な話だ[28]」。インドに関する英国人の書物は読者の前に「曖昧さという落とし穴と、二枚舌の罠を仕掛けている」ことを疑わぬアフガーニーは、英国人がインドにいるのはインド人の幸福のためであり、町を開発し鉄道を敷設し学校を建設したのもその目的のためである、とする大英帝国宣伝担当の言い分にはけっして耳を貸さなかった。笑止千万だ、と彼は言う。インド人の支配者も圧制的で腐敗していたかもしれないが、そこには限度があったし、不正利得といえどもそれは国内で消費されていた。英国はインド人全員を威嚇し搾取し、略奪した物をすべて英国へ送った。電信網とか鉄道網にしても、インド人に言わせればその目的は、と彼は続ける。

われわれの富の大半を横取りするため、英国諸島に住む人々が取引を容易にするため、彼らの富の源泉を拡大するためだけなのだ。われわれが貧困と窮乏に陥り、われわれの富が枯渇し、仲間から金持ちが消え、多くが死に絶え、飢餓で衰弱したことの原因がほかに考えられるだろうか?[29]

インド人のためを思って意見するアフガーニーだが、差し出がましい感じがしないでもない。しかし、ジャワハルラール・ネルーが数十年後に自伝を著したときも、彼は「工業主義の先触れ」すなわち鉄道、電報、無線は「何よりもまず英国によるインド支配強化のために私たちにもたらされたものであり」、挙げ句の果てに「生命線にも喩えられる鉄道が、私にはいつもインドを監禁する拘束の鉄帯のように思われてきた[30]」と書いた。

確かな情報に欠けるのではっきりしたことは言えないが、一八六〇年代の初めに英国支配下のインドで教育を終えたアフガーニーはイランへ向かい、そのあとおそらくメッカ、バグダッド、イスタンブールを転々としたと思われる。アフガニスタンで展開された「グレート・ゲーム」〔英露の中央アジアにおける覇権争い全般の呼び名。固有名詞化している〕のなかで彼が見せた端役としての活躍は、その後もあちこちの国際陰謀の舞台で見かけることになる。ただそこには一定のパターンがあった。それ以降の彼の行動を貫くものは、西洋、とりわけ英国の力とムスリム諸国内部に巣くう西側協力者に対する恐れと疑念であった。

確かに、インドはすでに隷属国家になっていたし、アフガニスタンは旧弊な小公国であってその治者たちは取るに足らぬ封建領主でしかなく、オスマン帝国の統治者や知識人とは比較にならなかった。一八六九年にアフガーニーが赴いたのは、そのオスマン帝国である。だが彼は、当時最強のムスリムの帝国でさえも、西洋からの軍事的脅威を受けているわけでもないのに西洋依存に陥ってしまっていること、そして新式の行政機構や近代的軍隊、効率的な課税システムなど、自主的改革の試みが、どのようにして国内の大激動を引き起こしたか、それらを目の当たりにすることになる。

ヨーロッパの「病人」と危険な素人療法

アフガーニーが到着した一八六九年の後半、イスタンブールはムスリム世界のなかでは最大の都市で、アラブ人とペルシア人にとっては政治の中心地であった。イスタンブールの西地区を馬車鉄道がゴトゴトと走り抜け、金角湾をまたぐガラタ橋ではブルガリア人、チェルケス人、アラブ人、ギリシア人、ペルシア人、カザフスタン人など、さまざまな国籍のモザイク模様が繰り広げられていた。イスタンブール市民の大部分はキリスト教徒で、ペラやガラタなど西の区域の一部には、少なくとも表面的には、ベルリンやサンクトペテルブルクをもっと国際的にしたような雰囲気があった。

町には、オスマン帝国が英国と自由貿易協定を結んで経済統制をゆるめた一八三八年以降、ぼろ儲けができると踏んだヨーロッパ人たちが蝟集してきていた。アフガーニーが住んでいたのは、いまだにターバンを巻き、ゆったりとした長衣をまとったムスリムたちがコーランとハディースを学んでいるような旧市街だった。しかしそれ以外の場所ではトルコ人たちはフェズ〔円錐台型のトルコ帽〕をかぶり、スタンブーリーン〔片前で詰め襟のフロックコート〕を着用していた。一八五六年発布の勅令（その日を一部のトルコ系ムスリムは「イスラームの民の涕涙と哀悼の日」と言う）によって、オスマン帝国によるコンスタンティノープル陥落の一四五三年以降初めてキリスト教々会の鐘を鳴らすことが許された。

そればかりでなく、教会、官邸、病院、工場、学校、公園などが金角湾とマルマラ海の岸辺へ向けて続々と建設され、伝統的な暮らしを送ってきたムスリム住民は追い出されることになった。ヨーロッパのどの国よりも豪華な宮廷を建設することを決意していたスルタン・アブデュルアズィズは、一八六七年、イスタンブールをもっとヨーロッパ的にする大計画を胸に、パリ、ロンドン、ウィーンを巡る大旅行から帰国する。一八六九年には、英国皇太子がイスタンブールを訪れた。皇太子と皇帝とともにオペラを鑑賞した英国のジャーナリスト、ウィリアム・ハワード・ラッセルは、聴衆の豊かさと華やぎに目を奪われた。「絶えず意識していないと今自分たちがいるのはコンスタンティノープルだということを忘れてしまいそうなくらい、舞台は見事にヨーロッパ風だった」[31]。オスマン帝国の欧化推進派の政治家はこうした評価を、自分たちの努力が大いに正当化されたものとして受け取った。しかしヨーロッパ化の努力は、オスマン帝国にとって政治的にも経済的にもたいへんに犠牲の多い仕事だった。

ヨーロッパの銀行が次々とやってきて暴利融資を始める。トルコ側がひたすら借金漬けになる一方で、ヨーロッパ側はわれ関せずと成長していった。英仏露およびほかのヨーロッパ諸国の外交使節はイスタンブールへ軍艦で赴任し、オスマン兵は彼ら一行が自分たちの持ち場を通過するたびに敬礼し、使節らはとがめ立てを受けることなくトルコの国内問題に干渉した。長い歴史を持つミレット制〔キリスト教、ユダヤ教などイスラーム以外の宗教自治を許容する〕のもとで、各宗教組織は相当程度の自治を許されていた。たとえば自分たち専用の法廷があったり、徴税も自分たちで行っていた。しかし、オスマン帝国内の外国人に対して法律上の特権を与える「特権合意（the Capitulations）」によって、欧州列強、すなわちフランス、ロシア、そしてとくに英国は、オスマン帝国に居住する少数民族の正式な擁護者になった。さらに特権合意によって、ヨーロッパ人たちはいくら深刻な罪を犯そうとも、ムスリムの法廷で裁判にかけられたり訴訟沙汰になったりすることはなかった。

アフガーニーがイスタンブールに到着する一年前、ズィヤー・パシャ〔一八二五―八〇、トルコの思想家・文学者〕という、「新オスマン人」〔後述されるタンジマート改革に反対して一八六五年に組成された結社〕の一員で一八六〇年代にヨーロッパの影響に抗議した人物は次のように書いている。「われわれの商業、貿易、そして半壊した小屋さえも外国人に差し出されるのを、われわれは単なる傍観者として眺めているだけだ。（…）そのうちわれわれは生計も立てられなくなる」[22]。多くのトルコ人たちは「異端者」に対する優越感を抱いてきたが、これまで自分たちが威嚇してきたはずのヨーロッパ人の前に、自分たちのほうが明らかに無力だという事実に愕然とした。オスマン帝国が十五世紀にコンスタンティノープルを陥落させたときの拠点となった要塞、ルメリ・ヒサルの傍らに腰を下ろして、作家でもあれば政治家でもあったアフメト・ヴェフィク・パシャ〔一八二三―一八九一〕は、ただ嘆息するだけだった。「たぶん私たちは罰せられた、それだけのことなのだろう。私たちが優勢であった時代に、私たちは外国との交渉において傲慢だったし不誠実だった。今こうして逆境にある私たちを、貴兄らは踏みつけにしているのだ(33)」

西洋がオスマン帝国を支配した方法は、インドで見せたような力のごり押しではなく、彼らに政治・経済・文化面での知識を大至急貸し与えるというかたちによってだった。そうした違いはあるが、アフガーニーが気づくことになるように、ムスリムの民衆を襲ったさまざまな変化は、インドが体験したのと同じく人々の方向感覚を奪うものだった。

イランのサファビー王朝やインドのムガル帝国などと横並びにして見ると、オスマン帝国は十九世紀に入ってもまだ元のまま、政治的にも独立を保っているように見える。ドナウ川からペルシア湾まで、そしてトリポリから黒海を臨むトレビゾンド〔トルコ北東部の町〕にまでまたがる、世界でもっともコスモポリタンな国であり、周縁地域での支配はゆるやかで、多くの場所で完全自治ないしは部分的自治が認められていた。巨大で洗練された政治機構を持ち、多くの人種的・宗教的多様性を受容する懐の深さがあり、異なる地域間あるいは共同体間の紛争を裁定する能力を備えた国であることは、過去何世紀ものあいだに実証されてきていた。文化的・宗教的多元主義をある程度まで助成したミレット制は、この点において近代以前の世界に存在した好例である。ヨーロッパ人は、一六八三年にオスマン帝国がウィーン包囲に失敗してから、帝国は衰退の一途をたどっているものと考えていたが、実際には政治・経済・文化すべての面で栄えてきていたのだった。とはいえ、西欧列強が世界を股にかけて勢力を拡張するのを見て、オスマン帝国の十八世紀の政治家は、ヨーロッパ大陸のライバルたちと互角に渡り合う強さを備えた国家を構築できるかどうか、次第に心配になってきた。この懸念を、皇帝ムスタファ三世（在位一七五七―七四）は死の直前、次のような四行詩に託している。

世界は天地転覆し、わが治世中の復興は期待できない
不当な運命が、わが国を下劣な輩の手中に突き落とし
悪党官僚は、獲物を求めてイスタンブールを徘徊する
われわれにできることは、神の御慈悲を請い願うだけ(34)

お涙ちょうだいの詩ではある。だが、啓蒙主義の時代を経たヨーロッパが、驚くべき進歩の道を上り出していたのは事実だった。そしてヨーロッパ大陸に隣接していたトルコ人は、ロシア人と同じく、損をせぬよう周到果敢に振る舞い、ヨーロッパが率いる進歩の行進に参加することにした。名目的にはオスマン帝国の一地方でしかなかったエジプトも、一七九八年にナポレオンにまみえてからは、急進的国内改革計画を実行し始めていた。その結果、十九世紀前半に受けたショックに次ぐショックのせいで、才智あるトルコ人たちは改革が喫緊の責務であることを自覚し始める。

一八一二年にナポレオンに負けてからいっそう侵略的になったロシアは、オスマン帝国の大きな部分を切り取ってわがものとした。マフムト二世（在位一八〇八―三九）は、西洋の保護者から力を得たバルカン半島のキリスト教徒の民族自決運動を、容認させざるを得なかった。一八二九年、欧州列強と連合して成功裏に終わったギリシアの反乱独立は、オスマン帝国内のほかの少数民族に、自分たちの不満を

国際問題化する知勇を吹き込むことになる。

そうこうするあいだにも、ヨーロッパ勢はオスマン帝国の領土を少しずつ蚕食していった。一八三〇年、フランスはアルジェリアを占領するが、イスタンブールからは公式な抗議表明があっただけで終わった。ワッハーブ原理主義は冷酷なほど禁欲的なイスラームへの回帰を信条とし、敗走するまでの一時期はアラビア半島を部分的に席捲した。エジプトを含む北アフリカ・ムスリムの大部分は、事実上オスマン支配から独立していた。独立不羈のエジプト総督ムハンマド・アリーは、一八三二年から一八三九年にかけてオスマン帝国の中心部を脅かすまでの存在となり、オスマン帝国はロシアと英国の軍事力を仰いでこれを食い止めざるを得なかった。錯綜した状況が慌ただしく展開するなか、欧州列強とロシアの猛烈な敵対関係、そして欧州大戦の勃発を危惧する気運が、帝国の消滅をせき止めたともいえる。ウェリントン公爵が公言したように、「オスマン帝国はトルコ人のためというよりも、キリスト教ヨーロッパの利益のためにある」[35]。これはいろいろな意味において真実だった。ヨーロッパ域内での紛争に対する保証として以外に、五体満足なオスマン帝国はヨーロッパ製商品を引き受けてくれる実入りのいい単一市場として、ヨーロッパ勢に好都合な低減関税を定めた通商協定が締結されてからは、とりわけ魅力的だった。

軍事的敗北を喫したトルコ人にとって軍隊の近代化は不可欠だったが、そのためには文民行政組織のさらなる強化と中央集権化を要し、ひいては国民の社会的・経済的習慣の変更も余儀なくされた。だがマフムト二世は、ときには力尽くで、ある程度の中央集権化をなんとかやり遂げた。インドのムスリム支配者がやったように、トルコ人たちも十八世紀末には自分たちの軍隊をヨーロッパ方式で訓練しようとしていた。陸海軍の学校が創設され、正規歩兵部隊への給与支払いのために国家財政も改革されていく。これに加えて今、トルコ人支配層は徴兵制度、税制、選抜官僚制（それまでの官選官僚ではなく）、近代的教育などを制定したのである。

皇帝マフムト二世の近代国家構築の努力は、後継者である皇帝アブデュルメジト（一八三九―六一）によってさらに補完された。彼に仕える官僚たちは、タンジマート（再編成）という名の改革プログラムを高らかにぶち上げた。コーランとシャリーア〔イスラーム法〕との関連を謳う前口上付きではあるが（ウラマーやほかの保守勢力への目配せ）、タンジマートの勅令は西洋流の、より厳密に言えばフランス流の法制度・行政制度の創設をあからさまにめざしたものである。少数民族に対してはミレット制の枠内での位置づけではなく法律上の平等を保証し、宗教色を帯びぬ大学の設立を試み、農民に対しては生まれ育った村からの自由な移動を許しさえした。政府内の近代改革派は行政組織の中央集権化を図り、地方にいる権力者の力を弱め、トルコ「市民」という世俗的概念の普及に努めた。大蔵省を設置し、世俗的教育を奨励した。

タンジマートの効果はすぐに目に見えるかたちで現れる。ジャーナリズムと文芸が脚光を浴び始め、ヨーロッパ風の生活様式がもてはやされるようになった。マコーレーなどが称賛しそうな西洋流私立学校が富裕層のために設置された。そうした創成期の学校のひとつがペラ地区〔現在のベイオール地区〕にあるガラタサライ帝国高校である。同地区はイスタンブールのヨーロッパ地区にあり、同校は、西ヨーロッパやロシアの同種の高校と比較してもより国際的だという評判を得ていた（こうした世俗教育の拠点は教養のあるトルコ人エリート輩出をめざしていた）。準ヨーロッパ風の豪勢なドルマバフチェ宮殿が、皇帝の伝統的住居であったトプカプ宮殿に代えて、ボスポラス海峡の岸辺に建設された。

タンジマートの推進役であるパシャ（高官）の多くはパリで教育を受けていて、トルコに西洋風の社会生活、文化的生活、知的生活を根づかせることが可能だと信じ込んでいた。古き良き物を敬う時間など、彼らにはなかった。ファド・パシャ〔一八一四―六九〕はスュブリム・ポルト〔仏語 Sublime Porte「崇高なる門」。オスマン帝国政府を意味する雅称〕、すなわちオスマン帝国政府の改革派、専制的閣僚の一人だったが、彼は次のように表明した。「イスラームは幾世紀ものあいだ、それが置かれた状況において、進歩のためのすばらしい道具だった。しかし今日それは遅れた時計になってしまい、失った時間は取り戻されなければならない[36]」

個人的にはヨーロッパ的センスを身につけた改革派の人たちだったが、近代化の尖兵として自分たちの勢力と特権維持のためには容赦なく、旧弊なエリートたちを踏みにじることもためらわなかった。まさしく彼らにとってこの改革は、トルコ社会の頂点に立場を確保するための一手段だったのだ。タンジマートには、トルコが文明国であることをヨーロッパ人に納得させようという、アピール目的もあった（トルコ近代化を熱狂的に支持する人々もいたのである。実証主義者のオーギュスト・コントは、みずからが唱える人類教〔倫理的新宗教〕の実験室としてトルコは格好の場所だと考えた）。

果たせるかな、オスマン帝国は自国の国際的地位を向上させることに成功した。クリミア戦争（一八五三―六）ではロシアを相手にフランス、英国とともに戦い、キリスト教勢力と同等に格上げされたのである。オスマン帝国にはヨーロッパ協調体制（The Concert of Europe）の一角を占めたいという願望があった。現在のトルコが欧州連合に加盟申請していることに通じる願望だが、それもクリミア戦争が終結した一八五六年にパリ条約によって実現する。絶えずつきまとうロシアの脅威の前に、英国とは事実上味方同士となり、その結果としてオスマン帝国は、インド大反乱の際にインドのムスリムに対し、あなたがたの御主人たる英国には忠実であれ、と呼びかけることで英国に恩返しをした。

しかしオスマン帝国の多民族・多宗教という特色は、ナショナリズム勃興の時代にはどう見てもそぐわなかった。皇帝はアルメニア、ギリシア、セルビア、ブルガリア、そしてアラブのキリスト教徒を統治し、アラブのムスリムとクルドをも統治していた。キリスト教徒はオスマン帝国人口の三五パーセントを占めていたので、国のすることに西側の干渉を招きがちだった。事実パリ条約締結後、同国の振舞いは以前にも増して耳目を引き始めていた。オスマンの地に住まうキリスト教徒とユダヤ教徒というマイノリティーの保護者を気取り、トルコ人政治家からちやほやされ、イスタンブール駐在のヨーロッパ外国使節たちは、並はずれて尊大であった。オスマン帝国の官僚は重要案件については外国人との事前相談なくして結論を出すことはなく、オスマン帝国臣民に対する罪責を問われた外国人は領事裁判管轄権によって法的に保護された。

一八六〇年、フランス軍がレバノンに住むキリスト教徒保護のために乗り出してきたので、オスマン帝国側はそこにキリスト教信者の総督を任命せざるを得なかった。バルカン半島のナショナリストたちは、イスタンブールからさらなる特権をむしり取った。そうするうちに、官僚制肥大化のせいもあって汚職が蔓延してゆく。村から都市部へ移住できる自由など、ほとんどの農民にはありがたくも何ともない。法の下の平等を付与された非ムスリムたちは、中央の裁判管轄圏に入るよりも自分たちのコミュニティの管轄圏のほうを好んだ。ギリシア人やブルガリア人のようなキリスト教徒少数派は、近代化にともなって開放された就職機会を享受することができたが、トルコのムスリムは孤立感を深めていた。驚くには当たらないが、一般庶民のあいだではヨーロッパ風の服装は嘲笑の対象になっていた。西欧化に対する最強の敵はウラマー陣営にいた。彼らは世俗的教育施設の蔓延とそこで授けられる非イスラーム教育を、直接の脅威と見なしていたのである。

ムスリムたちは、法律上の平等などという明らかに冒涜的な権利を非ムスリムに与えることに深い憤りを覚えていた。非ムスリムは徴兵義務を免れていただけでなく、彼らを擁護するヨーロッパのキリスト教徒たちにオスマン帝国へ圧力をかけるよう、何のとがめを受けることなく依頼することができたのである（これとは反対に、ヨーロッパ植民地保有国の支配下にあったアジア、アフリカの国々にいるムスリムたちは何の権利もないままだった）。トルコに対するヨーロッパの態度を振り返って、二十世紀初頭のトルコで傑出していたジャーナリスト、フセイン・カヒト〔一八七五―一九五七〕は、自分や「新オスマン人」のメンバーたちがなぜ熱狂的ナショナリストになり反帝国主義者になったかを説明している。

　トルコ人は横暴で他人を虐げ、正義や公平とは何なのか、まったくわかっていなかった。トルコ人には良心がなく、文明を敵視し、何も理解できず、彼の心は人間の感情には無関心だった。トルコは文明的な西洋の至極当然な所有物であり、西洋は好き勝手に利用することができた。そこの住人は、ヨーロッパ人の観点からすれば自由自在に搾取可能であり、徹底的に使役されてしかるべき存在でしかなかった。そうなのだ、市民諸君、われわれトルコ人はこうした状況に屈服せざるを得なかった。われわれの唯一の過ちは、われわれの祖先が外国からの客人を温かくもてなしたことだったのだが。われわれはこうした災難に呻吟しながらも、折に触れて慈悲を乞おうとしたが、名誉と尊厳を自覚し始めたわれわれの意志を込めた嘆願は、しかしながら新たな弾圧にさらされたのである。頭を上げようとすると殴られた。まっすぐに立とうとすると蹴飛ばされた。それがトルコ人の運命だった！　彼らの祖国では市民が兄弟のパンをくすねようとし、貧しい者たちは金持ち連中の富の大部分を押さえるために革命を起こしたのに、われわれはわが国から盗まれた富の一部ですらも取り戻そうとすることは許されずにいる。彼らの祖国では、王も御者も法の前には平等であるのに、ここではオスマン帝国の大臣といえども外国人の召使いより下等なのだ。われわれの国へ来た西洋人を助けるためにわれわれはできる限りのことをしてきた。貧しき国民から徴収されたすべての税収入は、彼ら外国人の幸福維持のために費やされた。外国人はというと、彼らにとってこの国はどうでもよく、税金も払わずにわれわれの法廷に文句ばかりつけていた。ときに彼らはわれわれ

われ市民や役人を攻撃した。その攻撃にわれわれの血は煮えくり返った。しかしわれわれには何もできなかったのだ。(37)

カヒトのような「新オスマン人」メンバーは十九世紀末、この国の悲惨な状況に抗議するために立ち上がった。だが一八六〇年代までには、何人かの「新オスマン人」の知識人も、ヨーロッパ人たち（彼らはフランクと呼ばれた〔地中海東岸の住民は西欧人をこう呼ぶ〕）の図に乗って攻撃的な要求をイスタンブールが唯々諾々と呑む様子を歯がゆく思い始めていて、もっと民主的・立憲的な政治形態を主張していた。タンジマートの改革派が反イスラーム主義者かつヨーロッパ盲従者であることに気づいていたのは、多くの場合オスマン帝国政府の官僚だった。「新オスマン人」という呼称で知られることになる秘密結社のなかで、いちばん理路整然とした論客はナームク・ケマルだった。彼は、西洋化によって「物質的にも精神的にも途方に暮れたまま(38)」放っておかれる一般民衆のうろたえを、わが身のこととして感じ取った。ケマルはまたタンジマートを実行する人たちが好む、見かけばかりでだいたいが安っぽい西洋化を痛烈に非難した。「劇場を建て、ダンスホールに通い、妻の不倫を許す自由な心を持ち、ヨーロッパ式の便所を使う(39)」程度の西洋化だ、とケマルは言った。もう一人の「新オスマン人」メンバー、ズィヤー・パシャも苦々しげだ。

イスラームは、と彼らは言う。国家の進歩を妨げる障害だ、と。
そんな話はこれまで誰も知らなかったが、それが今やおおはやり。
物事に対処するときは宗教的誠実さを忘れずに、てなことは忘れ、
ヨーロッパ風の考えをまねること、それが今やおおはやり。(40)

総括すれば、タンジマートの時代になされたトップダウンの近代化政策は、まだら模様の遺産を残した。エリートと一般民衆の隔たりが広がった。想定とは違って、古いトルコは新しいトルコの前に消滅することはなく、宗教もその魅力を失うことはなかった。平等概念の訴えはナショナリストたちの心を突き動かし、上からの中央集権化はより強烈なアイデンティティの主張を惹起した。さらに重要なのは、ヨーロッパとのより深い経済的なつながりが、深々とした傷跡を残すことになる社会的変化をもたらしたことである。「新オスマン人」が繰り返し指摘したように、トルコ経済に洪水のように押し寄せたヨーロッパの工業製品は、地元産業や同業者組合を破壊し、都市生活の中心基盤を根こそぎ押し流した。[41]

トルコはそのとき、アフガーニーが訪問しようとしていたエジプトやイラン、あるいはほかのアジア諸国でも認識されるようになるパターンを描きつつあった。近代化によって社会権力の座が多くの場合激しく移動し、無視されたり軽視されたと感じる旧体制のエリートの抵抗を招くという図式である。たとえばオスマンの改革派は政府の全職員に教義を問わずおそろいのウール帽、フェズという帽子をかぶることを強制したが、伝統志向型のエリート、とくにウラマーは強い反感を抱いた。フェズが選ばれたのは西洋の帽子に似ていたからだが、礼拝時の平伏の姿勢に適したかぶり物ではないと言うのだった（とはいうものの、トルコ国外ではフェズがムスリム・アイデンティティのシンボルになっていく）。

アジアの多くの場所で進められた近代化がもたらした二つの永続的な帰結のうちのひとつは、非宗教的な西洋化を進める新しい一派の台頭であり、そこには軍人、政府官僚、新しい専門職などが含まれていた。二つ目は、納税義務を課せられた一般市民、西洋化によって影響力を削がれたと感じる宗教社会のエリート、そして権力の中央集権化によって独自の民族的ないしは宗教的アイデンティティに目覚めた少数民族、これら三者による巻き返しの動きであった。
たとえば国民が民族的に均一であり国が非宗教的であった日本、あるいはピョートル大帝下のロシアのように近代化推進のための有利な前提条件を備えていた場合以外には、近代化は混乱と分裂を招く可能性があった。結果的にわかったのは、あまりに広がりすぎた領土、膨大なキリスト教徒人口、社会制度化したウラマーを抱えたオスマン帝国は、西洋流の急速な社会改革・政治改革には準備不足だということだった。亀裂を広げることになったのは、一八七六年に皇帝アブデュルハミト二世が、西洋化運動に抗議してますます勢いをつけてきた民衆の側につき、ムスリム世界を脅かす西洋の侵食を阻む堡塁として汎イスラーム主義を頼みの綱としたことだった。

なぜアフガーニーは一八六〇年代の終わりにイスタンブールへ出かけたのだろう? 英国に苦しめられたインドのムスリムとロシアに冷遇されたタタール人ムスリムたちは、オスマン帝国皇帝に、ムスリム世界のリーダーとして異教徒に対するジハード（聖戦）の布告をしてくれるよう呼びかけ始めていた。しかしながら、十九世紀最後の四半世紀のムスリムにとってイスタンブールは汎イスラーム主義の磁場の中心になったが、一八六九年の段階ではまだ亡命者たちの内輪話でしかなかった。私たちが知る限り、「ムスリムの団結」[12]という表現を最初に使ったのは、一八七二年のナームク・ケマルである。

だが、イスタンブールは保守的近代化の本拠として有名だった。保守的近代化は、アフガーニーがムスリムの同胞に力説したテーマであり、一八七〇年にイスタンブールで行われた、記録に残る最初の演説のなかでも強調されている。彼がイスタンブールに到着したのと同じ年に、オスマン帝国の前首相フアド・パシャ〔一八一四－六九、二度にわたって首相を務めた〕は当時の皇帝に警告を発した。「帝国は危機的状況にあります。政体も軍事制度も変えなければなりません。そして、ヨーロッパが考案した新しい法律とその運用をわれわれも取り入れなければなりません」(43)。しかしアフガーニーは、市民の大半がキリスト教徒で、すでに西洋化の模範都市になってしまったイスタンブールで、そのような総花的西洋化を提唱する気にはなれなかった。彼にはむしろ多くの点で「新オスマン人」と共通する部分があった。西洋を盲目的にまねるのではなく自力増強を説き、トルコ政府の高官が「西洋」ならではと称賛する諸価値、すなわち個人の自由と尊厳、正義、理性の優先、そして愛国精神ということさえ、実はコーランのほうでも是認しているのだと主張した。

その後エジプトで、アフガーニーの周りに集ったのは、近代化改革によって社会の周辺に追いやられ、無防備になった人々だった。「新オスマン人」の典型的メンバーであったアリ・スアヴィ〔一八三八－七八〕のような人物、つまりアーリム〔聖職者層ウラマーの単数形〕や学者で、タンジマート型の近代化から取り残されたことを根に持つイスタンブールの保守的中流階級を出自とする者たちが、アフガーニーに引き寄せられていく。しかしアフガーニーがイスタンブールに到着したのは、「新オスマン人」が解散処分を受けメンバーが追放された一八六七年から二年が経過したあとのトルコであって、彼の協力者となる人々の顔ぶれはだいぶ変わっていた。

アフガーニーは、欧化推進派の政治家のなかでは最強の一人、アリー・パシャ〔一八一五－七一、外務大臣や首相を勤める〕に出会った。彼は教育改革のリーダーでもあり、タンジマート推進者であった。アフガニスタンでもそうだったように、アフガーニーは支配層のトップに難なく取り入っている。到着後わずか数カ月のうちに、彼は教育評議会のメンバーに任命され、「オスマンのダリュルフュヌン〔学問館〕」という近代的大学〔現在のイスタンブール大学の前身〕の開校式には、教育大臣をはじめ政府高官がするなか、講演者として招待されている。

アフガーニーは、この大学の自由思想家であり、保守的なウラマーからは頻繁に攻撃されていた学長と懇意にしていた。近代化をめざすタンジマート推進者たちは、おそらくアフガーニーを使い勝手のいい盟友と見なし、形式的ではあれ彼をアーリムとして押し出し、世俗教育に対する宗教的指導者の矛先をやわらげようとした。アフガーニー自身が、近代的な教育によってムスリムの力を復興させようと専心していたことは間違いないらしい。ペルシア仕込みの非正統的思想のおかげで、アフガーニーは、スンナ派オスマンのウラマーよりも、理性と科学の重要性について理解を示した。一八七〇年、非宗教性を掲げる「オスマンのダリュルフュヌン」校で行った、記録に残る最初のスピーチで、アフガーニーは、マドラサやイスラーム教徒たちの「修道場」で醸成される無知と、その帰結として科学的な西洋に服従せざるを得なくなったことを嘆いた。

兄弟たちよ、惰眠から立ち上がれ。イスラームの民はかつて最強の力を誇り、豊かさにおいて随一であった。(…)同じ民がその後安易と怠惰に溺れ、(…)イスラームの国のいくつかは外国の支配下に落ちた。屈辱の衣をまとわされた。光栄ある神の道は恥辱を受けた。すべては、油断と怠惰と職務怠慢と愚かさのせいである。(…)文明国を見習おうではないか。他者の偉業を見てみようではないか。彼らは努力を重ねて究極の知識を得、絶頂をきわめた。われわれの目前にもそれらの手段は揃っている。進歩を志すわれわれの前に障害は何もない。前進を妨げる障害があるとすれば、それは怠惰と愚かさと無知なのだ。[44]

アフガーニーの言葉の選択は示唆に富む。「文明国」という言葉は十九世紀の政治用語で、西欧の政治家が他国を見くびり自国を称揚するときに使われた。「文明」を定義する言い回しは、すぐれてヨーロッパ的・キリスト教的である。タンジマート推進派は、こうした定義をトルコの文明度向上をめざす上での課題としてきていた。アフガーニーの言葉の使い方を見ると、ムスリムのうつろな自負とひとりよがりをいかに強烈に拒否していたかが窺える。ムスリムはもはや選民にあらずということを、手ひどく諷している。ムスリムの歴史はすでに神の計画から乖離している。もはやマドラサは、ムスリムを教育する場としては役立たずである、と。

　明らかに、アフガニスタンとインドでの体験が、アフガーニーの心のなかで明確なかたちをとりつつあった。とりわけムスリムが過去の栄光を取り戻すのは不可能だ、という確信。ムスリムは未来を志向して西洋に追いつかねばならない。また、当時オスマン帝国とインドがそうしていたように、避けては通れぬ近代化を軍隊だけに限定してはいけない。ティプー・スルタンはインド南部の英国軍にとって最強のムスリム側の敵で、フランスから習得した戦略を展開したが、それでも英国には負けてしまった〔一七九九年五月、第四次マイソール戦争〕。インド大反乱の反乱軍兵士はヨーロッパ式の近代的軍隊に属していたが、中核となる組織を欠き、戦闘目的の設定も、不運なムガル皇帝をデリーの王座に復位させたいという悲願にとどまっていた。アフガーニーが看破したように、何よりもはるかに規模の大きな精神の変革が必要だったのである。

　だが、アフガーニーはタンジマート時代〔一八三九―一八七六〕の最終期、近代化に対するウラマーによる反発が膨れ上がるさなかにやってきた。自身の意向とは関係なく、彼は近代化陣営の人物であると認定され、保守派の敵意にさらされた。彼が保守派からの全面的非難を感じ取るのに、時間はかからなかった。彼は同じ大学で十四回の連続公開講演を始めたが、その第一回目で彼は大胆にも預言者たちと哲学者を比較し、どちらかというと哲学者のほうを支持する発言をした。「哲学者の教えは普遍的であり、ある時代の特殊性を考慮に入れたりはしないが、預言者の教えはその特殊性に制約されている。預言者の定める規範が首尾一貫していないのは、そのせいである[45]」

現代人の耳にはどうということもない発言だ。しかしアフガーニーがここで言っているのは、預言者ムハンマドのシャリーアは不易ではなく、哲学者によって改訂される余地を残している、ということだ。それより前の数世紀、ペルシアやインドのイスラーム思想家の多くは、さらにそれ以前ではアラブ社会の思想家も、この考え方を受け入れていた。理知的な人間は、預言の逐語的遵守ではなく、それを超えることが可能だ、と彼らは信じていた。預言というのは、厳密に言えば教養のない大衆向けのものだから、と。だが、近代化に偏執的な敵意を抱くトルコ人たちは、アフガーニーは背教者も同然であり即刻処刑されてしかるべきと考えた。

アフガーニーはそれから十五年後、ムスリムが科学的精神を持てないのはイスラームのせいだと信じるフランス人歴史家エルネスト・ルナン〔一八二三―一八九二〕に宛てた反論〔一八八三年三月二十九日付『*Journal de debats*』紙に掲載されたルナンのソルボンヌ講義録に対する反論〕のなかで、さらに議論を深化させている。それはさておき、タンジマート改革派は保守的なウラマーに対して慎重な態度をとってきていたが、アフガーニーは古くからの教養論争に世俗的な考え方を結びつけることで両者間にあったデリケートな不文律を破壊し、ひいてはムハマンドの権威に楯突くかのようであった。歴史、法律、経済、哲学の世俗的教育を広めようとしていたその新大学は、伝統的なマドラサにとって恐るべきライバルだった。そして今、アフガーニーはイスラームの神学理論そのものを疑問視していると見なされた。その後わき起こった抗議の嵐のなかで学長は解雇される。大学自体も開校からわずか一年間で閉鎖された。アフガーニーは教育評議会から除名され、彼の連続講義もキャンセルされた。一八七一年の初めに彼はイスタンブールから追放される。わずか二年未満の滞在であった。

アフガーニーの今日まで残る数少ない所持品のひとつに、イスタンブール再訪のために取得した、カイロのイラン領事館発行のパスポートがある。カイロ到着後すぐに取得したらしい。だが、そのときのイスタンブール再訪は実現しなかった。しかし彼は別のとき、それも前よりも厄介な時期にイスタンブールに戻っていくことになる。彼が畏敬の対象として広く知れ渡り、オスマン帝国自体がさまざまな難題に悩まされていた時期に。

イスタンブールでの最初の滞在が、彼の自己研鑽にとって重要な意味を持っていたことは間違いがない。挫折はあったが、アフガーニーはムスリムの国々において、自分の意見をその国の支配層だけではなく、より広い支持層に耳を傾けさせるにはどうすべきか、それを学んでいた。彼と同時代のムスリム改革者の多くは西洋に学べと言ったが、一般的ムスリムにとって、恐怖と嫌悪の対象であると同時にその実態について何も知らない異教徒から学ぶことは容易な話ではなかった。「新オスマン人」と同じく、アフガーニーも新しい考え方や可能性ということを、イスラームの語り口を使って語ることができ、改革は恐れる必要がないどころか魅力的であり、政治的独立と団結をもたらす第一歩なのだと感じさせるすべを知っていた（彼がスンナ派ムスリムを自称していたことも、密かな利点だった）。エジプトにいたとき、彼のこの知的柔軟性とコーランを近代的に鋳直す能力は、伝統的なウラマーの不興を再度買うことになったとしても、最初から彼の強みであった。

アフガーニーがエジプトに着いたとき、エジプトはオスマン帝国と同様、自主的欧化の限界まで来ていた。全国的に政治意識が高まっていたが、インド大反乱のニュースに刺激された部分もある。その情報は、インド人の行商と巡礼者によってエジプトの端から端へと中継されていた。一八五八年、英国領事は、エジプトの現地人がインドの叛徒に寄せる強い「共感」を報告している。そして、「インドやペルシアの支持者たちがその共感を、あおり立てたとは言わぬまでも流布するに尽力したと推定される根拠がある」[46]と彼は付言した。一八六五年、アシュート市〔エジプト中部ナイル川沿岸の町〕の周辺地域が、一八五七年のインド大反乱で英国を相手に戦った一人のインド人スーフィーを信奉するエジプト人たちによる大規模な暴動の舞台となった。非イスラーム・親帝国主義への抗議を掲げた反乱を鎮圧するために、ヘディーヴ

（副王）みずからが軍隊を率いてナイルをさかのぼる事態となった。

エジプト――論客あらわる

西洋の破壊的前進から隔離され、ムガル朝インドやペルシアと比べれば文化的後進国だったエジプトは、ナポレオンの一七九八年の遠征によって突如歴史の舞台に引き戻された。国の近代化が急務となるも、ヨーロッパが近代化する際に手元にあった前提材料、すなわち、長年の科学知識の蓄積、工業技術、知的自由と政治的自由などが、エジプトには欠けていた。その結果として、経済と政治の面で西洋に大きく依存することになり、より顕著な専制君主制が敷かれ、ますます失望と憤懣に駆られた上昇志向のエジプト人を生み出すことになる。

トラキア〔バルカン半島の南東部〕出身のオスマン帝国兵士ムハンマド・アリー（一七六九―一八四九）は、イスタンブールに迫ってエジプト副王の地位を認めさせ、強力な軍隊の組成と彼自身の専制権力の強化をねらっていた。この目的を達成するために、彼はフランス軍から兵士を雇い入れ、そのうちの何人かにはベイとかパシャ〔いずれもオスマン帝国の高官に対する敬称〕という肩書きを与えた（「フランス人のごろつきでも、外国ではたいしたものだ」と、一八四九年にフロベールは友だちへ書き送っている。「それだけじゃなく、そういうのが大勢いるんだ」[47]）。彼はヨーロッパの有力者たちの支援を得ようと努め、たとえば現在パリのコンコルド広場にそびえるラムセス二世のオベリスク〔方尖塔〕とか、ロンドンのエンバンクメントに立つ「クレオパトラの針」〔これもオベリスク〕など、とてつもない贈り物攻勢を仕掛けた。ヨーロッパ人の前では阿諛追従の彼も、エジプトの臣民に対しては冷酷だった。彼は古い封建領主の資産を没収し、イスラーム関連施設からは実入りのいい所有地を奪い取った。伝統的な農村の暮らしに高圧的に介入し、農民に対しては、ヨーロッパの工場向けの換金作物としてはそれしかない綿花の栽培を強制し、強固な自給自足経済を基本原則としていた生活様式を根本的に変えてしまった。

　エジプトは一八四〇年までに英国ならびにフランス向けの最大の木綿輸出国となり、利鞘の大きな輸出経済のおかげで、ムハンマド・アリーは職業的志願兵と実力主義による官僚制を敷くことができた。彼の急進的な改革はムハンマド・アリー朝の後継者によって継承されることになる。後継者たちはヘディーヴ〔副王〕というタイトルを選んだ。まもなくして、西洋におだてられ金の面倒を見てもらいながら進めていたエジプトの近代化は、広範囲で収拾のつかぬ変化を引き起こす。

　エジプトの農民はけっして故郷の村を離れたことがなかったが、軍隊の一員としてエジプト領土をスーダンまで拡大したり、アラビア半島ではワッハーブ原理主義者を、ギリシアに出かけては独立派を鎮圧したりした。近代的な学校と工場が設立され、教師、官僚、エンジニアを生み出した。何人かの学生はヨーロッパまで旅に出た。エジプトに電信網と鉄道網が敷かれたのは、日本や中国よりも先だった。アメリカの南北戦争のせいでアメリカ南部からの輸出が途絶え、エジプトの木綿収入が増加した。ますます豊かになっていくカイロは、アラブ世界のなかで文化と金融の中心地になり、そのステータスは二十世紀中盤まで不変であった。

　エジプトの首都は幅の広い街路や水道・ガスの設備など、ヨーロッパ式の利便性を備え、オペラハウスすら建てられた（一八七一年十二月にはヴェルディの「アイーダ」を初演）。エジプト副王イスマイル（一八三〇―九五）は、名目上彼の大王であるオスマン帝国の皇帝がそうだったように、一八六七年のパリ万国博覧会から帰国したとき、自分の首都を第二帝政下の壮麗なパリに似せようという決意を抱いていた。早速、居ても立ってもいられず混淆雑居も意に介さぬ副王は、主にヨーロッパ人、そしてシリア人、セファルディ〔スペイン、ポルトガル系〕ユダヤ人ビジネスマンなどの金持ちを、カイロ旧市街の西側に据える一方、ぱっとしない貧民は別の指定地へ移した。彼の都市計画がもたらした結果のひとつは、ナイル近辺一帯に目障りな建物が林立したことで、カイロの年代記作家スタンレー・レイン・プール〔一八五四―一九二一、英国人、大英博物館に勤務〕はこう書いている。「見苦しい安普請の館の林立は、副王の驕奢と虚飾の披瀝の場である」[48]

　イスタンブールと同様、カイロもそれなりの数の不良外国人を引き寄せた。一八五八年に完成したアレクサンドリアに至る鉄道のおかげで、それまでの地中海世界との隔絶を解かれた。一八六八年には英国の旅行会社トーマスクック社が、ヨーロッパ大旅行の行き先をカイロまで延長し、魅力的な「古き東洋とパリの新機軸の合体」[49]として紹介している。一八七〇年代までに、カイロとアレクサンドリアには二十万人以上のヨーロッパ人が住んでいた。副王はみずからヨーロッパの支配者に取り入り、お返しにちやほやされた。ヴィクトリア女王からはバルモラル〔スコットランドにある英国王室私邸〕にお茶に招かれ、フランス皇帝〔ナポレオン三世〕からは、一八六七年にオスマン帝国皇帝が受けたのよりも華麗、豪華なもてなしを受けた。（副王は西洋の芸術様式に対して非寛容的で、ユダヤ人作家ジェイムズ・サヌア〔一八三九―一九一二〕が一夫多妻制を非難し英国を嘲笑したとき、彼を朝廷劇作家の地位から追い落としている。〔彼の芝居が西洋的批判精神に富んだ辛辣なものであったことを示す〕）一八六九年のスエズ運河開通式にはヨーロッパの王族が招かれ、エジプトが近代世界の一員になった瞬間であるように見えた。オーストリア皇帝フランツ・ヨゼフは妻に宛てた手紙のなかで、副王主催の舞踏会の様子を当惑気味に伝えている。インドのマハラージャ〔藩王〕やレヴァント地方の商人、ヨーロッパの外交官、砂漠の族長、そして「とても多くの野卑な人たち」[50]を含む数千人が招待されていた。「わが国はもはやアフリカではない」と副王イスマイルは言ったと伝えられている。「ヨーロッパに属しているのだ」[51]

　ヨーロッパ人はオスマン帝国が主張した統治権について大して感心していなかったが、エジプト人が誇負した洗練文化に至っては、それ以下の関心しか示さなかった。一八七〇年代の終わりにエジプトを歩き回った英国人旅行者が携えたベデカー〔ドイツの出版社〕の旅行案内書には、エジプトは「文化の度合いを計る尺度のうえで、西洋諸国よりもはるかに低い位置づけになり、貪欲さが彼らの短所のひとつである」[52]と書かれていた。一八六三年、英国人旅行者のレディ・ダフ・ゴードン〔一八六三―一九三五、ファッションデザイナー、タイタニック号の生存者としても有名〕が彼女の同国人についてこう書いている。「今年、私が何度か目にしたイギリス人の熱中ぶりに、私はずっと驚愕しています。どうしてみんな強い『嫌悪を腹に抱えたまま』わざわざムスリムの国に来るのでしょうか？」[53]一八五七年のインド大反乱が、少なくとも部分的な回答になる。それを機に、英国植民地主義エリートのなかにムスリムとイスラームに対する深い不信感と激しい憎悪が浸透していたのだ。現地駐在ビジネスマンがエジプト人労働者を鞭打つことは、日常化していた。レディ・ダフ・ゴードンは書く。「彼ら〔英国人〕は、インドでの『本番前の予行演習として』アラブ人で試してみるのです」[54]

粗野なヨーロッパ人の恩義を受け、個人的にふしだらな副王に、国民の圧倒的過半数はまるで関心を示さなかった。エジプト人の詩人サーリフ・マグディ〔?―一八八一〕は次の詩で、皆が抱いていた嫌悪感を表現している。

あなたのお金はぽん引きと売春婦に使われてしまった
まともな男なら妻は一人
彼には百万人の妻が要る
普通の男なら家は一軒
なのに彼には九十軒
嗚呼エジプト人、辺り一帯恥辱だらけ
覚醒せよ、覚醒せよ！[55]

オスマン人たちが身をもって示していたように、自分たちの運命をヨーロッパに結びつけると、予測不可能かつ致命的なコストを負うことになる。綿花収入は近代化のための費用をまかなうには足りず、アメリカ南北戦争の終結とその結果としての綿花の値崩れは、エジプト経済にダメージを与えた。その頃までに、エジプトはヨーロッパの銀行からの巨額の高利ローンにどっぷりと依存していたが、銀行は副王イスマイルの乱費の後押しをしていた。エジプトの債務は増え続け、エジプトはたちまちヨーロッパの金融家に頭が上がらなくなり（一八七八年にはヨーロッパ人の大臣を内閣に参画させた）、その一方で副王は、新式の教育を受け自信に満ちたたくさんのエジプト人の高まる野心を満足させうる諸施設・諸機関を作らずにいた。彼のヨーロッパ人後援者たちは彼以上に、国民向け施設の必要性など認めなかった。徹底的な近代化を推進していたアラブ人地主や官僚、軍人たちは、自分たちの努力が徒労に終わったように感じ、母国の西洋依存を嫌悪した。

　綿花によって個人資産は大いに増えたが、国際経済へのリンクはエジプトの立場を不安定にし、遠い市場で頻繁に起きる恐慌や不景気に左右されることになる。ヨーロッパ製の工業製品がエジプト市場に氾濫し、昔ながらの手工業経済だけでなく、同業者仲間の社会生活や文化までも破壊してしまった。エジプトのジャーナリスト・政治家だったイブラヒム・ムワイリヒ〔一八六八―一九三〇〕はアフガーニーの弟子の一人だったが、地元商人の状況について怒りを込めて書いている。「市場が冷え込んで一文無しの商人は、庇護を求めて外国人の上着の裾にすがりつく。彼を破滅させることも裾にぶらさがったままにしておくことも、外国人の思いのまま[56]」。

　副王が課した法外な税金も、都市の外に住むエジプト人の生活をみじめなものにした。エジプトの田舎で長い期間を過ごした稀なヨーロッパ人、レディ・ダフ・ゴードンは、スエズ運河開通の翌年、運河掘削に尽くしたファッラヒーン（小作農）たちの搾取について報告している。「今ここで起きている悲惨なありさまについて描写することはできません――毎日何かしら新しい税金が課せられます。家畜の一頭ずつ、ラクダ、牛、羊、ロバ、馬について税金を払わなければならないのです。もはやファッラヒーンはパンを食べることができなくなりました。大麦のあら粉を水で溶いたもの、生の野菜、カラスノエンドウなどで生きながらえている状態なのです[57]」。芽生え始めた知識階級に加え、小作農階級もまた反乱主体として一触即発の状態にあった。一八七〇年代の反乱が起きるまで、英国政府役人は、エジプトの小作農は疲弊しきっているので「どんなにみじめであろうと酷い虐待を受けようと、それに抵抗して立ち上がる気力はもうあるまい[58]」と考えていた。

一八七八年という政治的危機の年、アフガーニーの姿がアレクサンドリアで目撃される。彼は小作農の群れを煽動しようとしていた。「おお、哀れな農民諸君！　君たちは大地の心臓にくわを入れて暮らしの糧を得、家族を支えている。ならばなぜ、君たちを迫害する者たちの心臓にくわを突き立てぬ？　君たちの労働の果実を食らう者たちの心臓に一撃を食らわせぬ？[59]」

このような積極的な行動は、アフガーニーとしては驚くべき様変わりだった。彼が初めてカイロにやってきたとき、彼は昔からの町の伝統であるカフェ談義に熱中する一人の客でしかなかった。ナイル河畔にパリを再現しようとした副王の妄想の意外な副産物は、ファーティマ朝〔九〇九―一一七一〕から残る歴史地区が、破壊されることなくそのまま放置されたことだった。そこには立派なモスク、神殿、マドラサがあり、富裕商人の家々には通行人の覗き見から住居内の女性を隠す複雑な木彫りの衝立がしつらえられていた。一八四九年にフロベールはこう書いた。

なんたることか、このめくるめく色彩の混乱は。白いコウノトリが蝟集する尖塔の林立や、家々のテラスで身体を伸ばす疲れ切った奴隷たちを見つめるたび、とめどなき花火の炸裂に魅せられるがごとく、貧相な想像力はめまいを起こす。（…）耳を打つラクダの鈴、馬やロバや行商人が行き交う通りのあちこちでメエメエとやかましい黒山羊の大群。[60]

アフガーニーが徘徊したのはこの旧市街の色鮮やかな混沌であった。アフガーニーとその弟子たちは、町のヨーロッパ地区を歩いて、国が何を間違えたか、その全貌を見て取ることになった。そして彼は再び地元の高官、リヤド・パシャ〔一八三五―一九一一、三度首相を務めた〕を後ろ盾につけることになった。前にイスタンブールで会ったことのある有力政治家だ。彼はアル・アズハル・モスクでの仕事を提供されたがこれを断り、自宅やカフェで人々を教育するほうを選んだ（ただし、リヤド・パシャからの御給金だけは受け取った）。彼が傾注したのは合理的科学を教えることと、古いイスラームの文献について機械的な暗記ではなく新たな解釈を教えることだった。

彼はイスタンブールを去ったときの続きから始めた。保守的ムスリムが「異端」と見なす知識を生徒たちに教え初めたのである。確かに、彼はイスラームの信仰にあまり重きを置かなかった。「彼が格別に優れていた点は」と、シリア人キリスト教徒の著者・編集者アディブ・イシャク（一八五六―一八八五）は当時を振り返る。「彼がヨーロッパの学識と科学的発見の動向を追い、科学者が何を発見したか、最近発明したことは何か、に精通していたことだった」[61]。彼はまた、当時のカイロでは一般的ではなかったイスラームの古典、たとえばイブン・ハルドゥーンの歴史哲学『ムカッディマ（歴史序説）』などを教えた。アフガーニーの数学、哲学、神学の授業はたちまち保守的な聖職者たち、とくに当時も今もエジプトの神学の最重要な中心地、アル・アズハル・モスクの指導者たちの怒りを買った。彼らはアフガーニーを無神論を説く者として糾弾した。アフガーニー糾弾キャンペーンがあまりにも敵意に満ちたものだったので、サアド・ザグルール（いろいろな意味で近代エジプト建国の父）〔一八五九―一九二七〕を含む何人かの生徒たちは、彼との関係を隠さざるを得なかった。

くじけることなくアフガーニーはわが道を行った。彼は市内の古いユダヤ人地区に住んでいた。現在ではハーン・ハリーリとして知られるトルコ市場の近くであり、アッタバ広場のマタティヤ・カフェで茶を飲みタバコを吸い、イブン・スィーナー〔九八〇―一〇三七、ペルシアの哲学者・医者〕と十三世紀のペルシアの哲学者ナスィールッディーン・トゥースィー〔一二〇一―七四〕について意見を述べる彼の姿がよく見受けられた。

不満の穴ぐらともいうべきカイロのその界隈は、将来のエジプトのナショナリスト、革命家、知識人を生み出すことになる。一八七九年の夏、ロンドンの『タイムズ』紙の特派員がアフガーニーに面会したのはそこだった。「ミステリアスなその人物の名前は」と、特派員は後日報告している。「無視はできぬがまだ未知で、あるエジプトの国内勢力に結びつけて言及されることが多く、近頃よく耳にするようになった」

> 彼は下層階級ならびに教育程度の低い階層にとって、メディアの法〔旧約ダニエル書で言及される金剛堅固の法の喩え〕と同じ重みがあった。（…）彼の考察に驚くような独創性があるわけではなく、また彼の名を高めることになった熱狂的運動についての意見表明もなかった。だが彼は確かに明確な自分の意見を持ち、説得力をもってそれを表明する仕方を知っていた。[62]

『タイムズ』紙の特派員はこれに続けて、「現地の人々にも意見がある。（…）そしてこれを頭から無視するわけにはいかない」と語りかける。これは驚くほど寛大な認識だった。というのも、同紙の現地報告は英国によるエジプト支配に至るまで、これとは反対に、見るからに過熱気味のムスリムの暴徒がヨーロッパ人の生活と財産に及ぼす危険、ということへの被害妄想なり強迫観念にとりつかれたものばかりだったからである。だが、ロンドンの新聞の、「下層階級ならびに教育程度の低い階層」に対するアフガーニーの影響力の認識は正しく、確かに彼らは数十年に及ぶ西欧の特別待遇に不満を抱き始めていた。

とはいえ、簡単に鎮圧された地方でのいくつかの反乱を別として、副王と彼をあやつるヨーロッパ人たちに対する組織的抵抗は存在しなかった。海外からの情報は少ししかなかったし、政界や経済界について理路整然と異議申し立てをしたり代替案を提示するような新聞もほとんどなかった。西欧式の学校が開校されたが、学生たちは古い暗記学習で訓練されてきていたので、化学やエンジニアリングとなるとお手上げだった。やがてそれらの学校でも、学生の再教育が可能になり、当初の目的を果たすことができた。しかしその一方で、アル・アズハルのような伝統的教育の中枢が衰退してしまっていた。その結果、西欧化された世代はイスラームとエジプトに関する正統な知識を欠き、旧式の教育を受けた学生たちは近代世界について無知であった。アディブ・イシャクと、その後「エジプトのモリエール」と名づけられることになる劇作家ジェイムズ・サヌアは、自宅で文化的サロンを開き、教育的サークルを組織した。一八八一年から翌年にかけて王政に対する革命を企てたアフマド・ウラービー〔一八四一―一九一一、軍人・革命家〕や、近代教育を受ける機会のなかった人たちが、こうした内輪の集まりに出席していた。この手の集会が副王によって禁じられると、サヌアは活動の場所をフリーメーソンの集会所に移した。孤立しながらも好奇心旺盛なエジプト人にとって、海外の情報を教えてくれるアフガーニーは、ある世代の学生にとって大事な存在だった。小作農家に生まれイスラームの書物の厳密な解釈を軸に教育されたムハンマド・アブドゥのような者にとって、アフガーニーは自由の息吹を与えてくれたのだ。アブドゥはのちにアフガーニーの、やや追従気味の伝記を著し、ムスリム世界有数の近代的思想家になるが、この点について次のように書き残している。

> 一八七七年以前、エジプト人は公務と私事を問わずすべて支配者とその役人の言うなりになっていた。（…）誰も国の運営について意見するような危険は冒さなかった。ほかのムスリム諸国やヨーロッパの国々について何も知らなかった。（…）そもそも、自分の意見を言おうとする者がいたろうか？ 誰もいなかった。なぜなら、ひとことでも言おうものなら祖国からの追放、財産の没収、そして死刑が待ち構えていたから。そうした暗闇のなかに現れたのがジャマールッディーン〔アフガーニーの名前〕だったのだ。(63)

アブドゥは「暗闇」と書いたが、それは必ずしも誇張ではない。エジプトは国際的資本主義経済に適応すべく近代化をめざしたが、そのルールはヨーロッパ帝国主義者によって定められ、通常新入りがカモになる。エジプトはそこで自分たちの弱みと問題を、オスマン帝国よりもずっと露わにさらけ出してしまっていた。かの『タイムズ』紙の特派員がアフガーニーに会ったのは、彼のエジプト滞在の終盤だった。実際に国を運営しているのはヨーロッパの公債所有者や高利貸しという状況のなかで、アフガーニーは西欧による侵略の危険性について、前よりも遠慮せずに語り始めた。エジプト滞在期間中の大半、彼は断片的な改革の助言に甘んじていた。彼に会った人はほとんど皆、彼の教えが基本的には伝統的なものではなかったと証言している。彼は無宗教だと思う人たちすらいた。確かに彼はほとんどの場合、実際的かつ世俗的目的に有効な範囲内でしか宗教を語らなかった。

しかし滞在期間終盤になって、彼はエジプト政界で活発な運動を始めた。彼はまた、アラブ世界における行動的ジャーナリストの元祖の一人でもあり、公論の場を開き、それがやがて中東諸国の一般大衆が政治問題を展開する場になっていった。彼の弟子たちのなかには、世論の形成と民族意識の高揚のために積極的に活動している者もいた。そのうちの二人、アブドゥッラー・ナディーム〔一八四三―一八九六〕とサリム・ナクシュ〔生没年不詳〕は「エジプト人のためのエジプト」という、今日も使われているスローガンを案出した。

エジプトで芽生えたナショナリズムは、トルコ人とトルコ語をますます特別扱いし始めたオスマン帝国とヨーロッパに対する、アラブ人たちの広範囲にわたる独自性の主張の一角を形成することになる。イスラームはアラブの土地で生まれ、古典期イスラームの栄光もそこで達成された。しかし何世紀にもわたって本当のイスラーム文化は、ペルシア、インド、トルコというよその地域で開花していた。アラブの民は、現代世界全域においてだけでなく、ムスリム諸国のなかでも下層民に位置づけられることを意識していた。劣等感の緩和をめざしたアラブ・アイデンティティの主張は、非ムスリムのアラブ人たち、すなわちシリア人キリスト教徒やアフガーニーの仲間のユダヤ人たちが指導した。また、彼らはアラビア語による最初の独立系新聞を創刊した。このようにして、ベイルート、アレクサンドリア、ダマスカスというアラブ人キリスト教徒の多く住む都市が、近代的なアラブ・ジャーナリズムと文芸の中心地になった。これにまもなくムスリムも加わるが、彼らはイスラームの過去の栄光を取り戻すことと、近代的コミュニケーションの道具としてアラビア語を洗練し復興させることに重きを置いていた。アフガーニーがエジプトにやってきた一八七一年というのは、まさにこうした知的・政治的な興奮が渦巻き始めたときで、彼はすぐにその中心的人物になる。

エジプトでもっとも有名な新聞『アフラーム』は、アフガーニーの関与なしで一八七五年に創刊された。しかし一八七九年までには、エジプトのほぼ全部の新聞がアフガーニーの弟子たちによって発行されていた。アブドゥに言わせれば、それまで「たいした意味もない事実を印刷するだけ[64]」だった御用新聞が形成していた地味な世界が、在エジプトのヨーロッパ人金融業者からのさまざまな要請によって揺り動かされた。「人々は、活気に満ちた新しい新聞の魅力に抗しきれず、専制政治が振るう力よりも大きな力に衝き動かされて[65]」その購読に走った。「やがて新聞は、外国の政治問題や社会問題に言及するようになり、ひいてはエジプトの財政問題という政府を狼狽させるような案件についても、大胆にチャレンジし始めた[66]」

一八七七年にジェイムズ・サヌアは、アフガーニーの助けを借りて風刺新聞『アブ・ナッダラ・ザルカ（青眼鏡の男）』を創刊する。談話、寸劇、エッセイを載せ、オスマン帝国に仕えるエジプト人とムスリムの国で略奪を行うヨーロッパの「異教徒」を弾劾した。サヌアはユダヤ人だったが、ヨーロッパ帝国主義者を非難するのにイスラーム論法でやり込めることも躊躇しなかった。堅苦しい学者のアラビア語ではなく、口語体による初めてのその新聞は、丸二年続いたのち当局によって発禁となる。サヌアは一八七八年にパリに追放されたが、そこで雑誌出版を再開した（同誌廃刊の一九一〇年まで、毎回数千部がエジプトへ密輸され、片田舎の村々でも熱心に読まれた）。これにもめげず、アフガーニーは弟子の一人であるレヴァント〔シリア〕出身のキリスト教徒、アディブ・イシャクを励まして次の新聞を準備させた。その結果、一八七七年に『ミスル（エジプト）』紙がカイロで創刊され（その後アレクサンドリアへ本拠を移す）、たちまち好評を博すことになる。

イシャクは、エジプトの君主と外国人後援者に対する間断なき攻撃を紙上で展開した。在留外国人を政府要職につける特別扱いを非難した。母国では自由と平等を唱えながら、外国では憲法改正を邪魔しようとするヨーロッパ人の性癖をからかった。彼がいちばん強く反意を表明したのは、特権合意によってヨーロッパ人が享受している法的特権だった。

明らかな犯罪行為を許すから、図に乗って勝手なことをする下地ができ、彼らは乱暴行為を働き思いのままに危害を加え、某イタリア人が、あるいは某マルタ人がエジプト人を短剣で刺したという話を聞かぬ日はなくなった。刺された被害者は病院に担ぎ込まれる一方、加害者は領事館へ引き渡されて豪華な部屋で御馳走に舌鼓を打つ。[67]

レディ・ダフ・ゴードンの手記は痛烈だ。「胸がつぶれる思いがするのは、イギリス人たちが『アラブ人に言うことを聞かせるにはこれしかない』と折檻用のむちについて語るのを聞くときです。おとがめを受けないなら、人を思いのままにするにはそのやり方がいちばん簡単だということに議論の余地はあるまい、とでも言うように[68]」

一八七〇年代の終盤ずっと、エジプトとトルコは政治危機と財政危機に向かって驀進していた。一八七七年から翌年にかけての露土戦争ののち開催されたベルリン会議で、オスマン帝国は自領バルカン半島の大部分を失い、帝国の崩壊を食いとどめその安全を保証できるのは西欧列強のみであることが明らかになった。オスマン帝国は、厳密に言うと依然としてエジプトを統治していることになっていた。アフガーニーはほかの多くのエジプト人と同じように、政治討論を行うためにフリーメーソンに加入する。ペルシアでもそうだったように、フリーメーソンの理念はある程度の秘密保全を保証してくれるものだったので、エジプトにはない社会活動・政治活動組織の代替物となった。彼はその後潮時を見て偽装を解き、大胆な思想家として世間の前に姿を現した。彼の読書の対象は広範にわたり、ヨーロッパの書物の翻訳も多かった。『ミスル』紙はアフガーニーが読書によって深めた思索の公表の場となり、本名と匿名を使い分けて掲載された。彼はフランスの歴史家フランソワ・ギゾーを勉強した。ギゾーは、文明は連帯と理性のたまものだとし、プロテスタント主義はヨーロッパ史のなかでは決定的な事象であったと考えた。勉強の結果アフガーニーは、イスラーム世界も改革を必要としており、その主導者は新たなルターである自分がふさわしい、という自説を確信した。

ヨーロッパ人がエジプトの政治に介入していたこともまた、アフガーニーの歯に衣を着せぬ政治的著述に拍車をかけた。エジプト人ナショナリストとも緊密なコンタクトを保っていたが、その多くは一八八二年に短期間政権を握ったウラービー大佐〔アフマド・ウラービー〕の部下の軍人たちを支持、支援していた。フリーメーソン支部を通して知り合った、副王イスマイルの息子である皇太子タウフィークとも友好的な関係を結んでいた。彼はエジプト人に向けて直接、弁舌と文字とで語りかけ、彼らの過去、古典期の栄光を思い出し、現在の政治的苦境を直視せよと鼓舞した。第二次アフガン戦争が一八七八年秋に勃発すると、彼は以前「頼りにならぬ」と非難していたアフガニスタン人の反帝国主義を称賛する記事を書き、一八五七年のインド大反乱のときにヒンドゥーとムスリムが協調したことを讃える。

一八七九年当初に発行した『人間が幸福であるための本当の根拠』というエッセイのなかでアフガーニーは、鉄道や運河や学校といった近代的恩恵をもたらしてインドを文明国にしてやったという英国の主張を非難した。インドを擁護する彼の宗教観は鷹揚で、ヒンドゥーもムスリムも分け隔てなく評価していた。インド人は「長い歴史を通じて文明的で洗練された人々だった。われわれがまだ森のなかに住んでいた頃、彼らは優雅な暮らし方によって磨かれていた」と主張したエドマンド・バークに呼応して、アフガーニーも、「長いあいだ困苦を嘗め、森や未開の谷をさまよい歩いていた」英国人が、「人間の生き方を定めたシャリーアの始祖であり、文明的な法律の制定者であるブラフマーやマハーデーヴァ〔シバの別称〕の輝かしき息子たちの欠陥[69]」を、おこがましくも語る権利があると思っているのはなぜなのか、と嘲り問うた。
さらにアフガーニーは、英国が交通・通信システムを進歩させたのはインドの富をイギリスへ持ち去るためであり、英国商人が商売をしやすくするためだ、と論じた。また彼は、西欧式の学校には、インド人を英国行政組織のなかの英語が話せる歯車に仕立て上げる目的しかない、と主張した。インド人ナショナリストたちがそういうことをうまく表明できていなかった当時、この見解は卓見であった。アフガーニーがインドで得た帝国主義体験は、長期間エジプトと接するうちにさらに煮詰まる。エジプトでは鉄道や商品作物といったいくつかの近代化の目玉が持続可能な経済を興せず失敗する一方で、古くからの家内工業の息の根を止めてしまった。しかし彼はムスリムの仲間たちにも手厳しかった。彼は一八七九年の『ミスル』紙上でブトルス・ブスターニーのアラビア語百科事典を評しつつ、次のように書いた。「嗚呼、東洋の子らよ、西欧人の強さと諸君を支配する彼らの力が、彼らの学習・教育の進歩のたまもの、かつ諸君の同分野における退歩に起因することを知らぬのか？[70]」幅広い知的領域をざっと閲《けみ》して、アフガーニーはムスリムの後進性の原因を突き止めようとした。

彼によると、そのうち主たるものは専制である。「専制的政府」と題した論説のなかで、彼は共和制と立憲制の政府を高く評価し、エジプトの議会制度の強化を呼びかけた。オスマン帝国の代々の皇帝については、彼らがイスラームの自己流保守的解釈を押しつけ、新しい学問の習得を妨げた点を酷評した。その結果、ヨーロッパ人はムスリムを出し抜いて制覇することになったのだ。記録に残された彼の唯一の講演、一八七九年後半アレクサンドリアでなされた講演で、彼は聴衆に対し、彼らが創造性豊かな古代エジプト人、フェニキア人の子孫であり、エンジニアリングと数学において大躍進を遂げ、ギリシア人に筆記と農業と哲学を教えたカルデア人の子孫であることを想起させた。

次いでアフガーニーは、かつて偉大なる文明を創造したアジア人たちの後進性について考えを巡らせる。西洋が東洋を支配することになったのは、東洋に特徴的な狂信と圧制という二つの害悪のせいである。唯一ムスリムにとって力となるのは「情熱」である、と彼は断言する。情熱は「みずからの血統を誇りとし、共同体〔ウンマ〕なくして威力なし、祖国なくして栄光なし、ということを知る」者だけに備わったものであると。

こうした言い回しは「新オスマン人」の語法である。ナームク・ケマルは、ワタン主義〔祖国主義、アラビア語ではワタニーヤ〕を軸として反帝国主義ムスリムを組織化しようと考えていた最初のムスリムの一人であるが、そうした彼の初期論説を、アフガーニーは自論展開のために採用した気配がある。彼は聴衆が、外国人の手を借りずに、エジプト国内で国民の政党を立ち上げ議会規則の制定のために奮起することを期待する、と述べた。

アフガーニーは潜在的ないくつかの障害も指摘した。「当然諸君は承知していると思うが、国民が共通の言葉、それも良きスタイルを備えて発達した言葉を持たぬ限り、国民の政党といえども無力であり永続性も保証されぬ」[71]。彼はその後も、ムスリムの外国語借用に対する警告を述べた論説のなかでこの問題を再提起した。そこでの彼の論調には、ヨーロッパの文化的国粋主義者に似た響きがいっそう強く感じられるが、当時はまだヨーロッパ人たちですら国語と国民文学の構築途上にあったのである。

> 国民性なくして幸福なく国語なくして国民性なし。（…）団結を知らぬ国民、文学を知らぬ国民は国語を持たぬ国民である。歴史を知らぬ国民は栄光を知らず、国民が追随し模範とすべき歴史的英雄の記憶を愛護せず今に蘇らせようとせぬ権力のもとでは、国民は歴史を有することができない。これらすべてが愛国的〔ワタニー〕教育にかかってくる。教育の第一歩に祖国〔ワタン〕あり、教育を取り巻く環境が祖国であり、教育の目的も祖国である。

アレクサンドリアで行われた同じ講演のなかで、アフガーニーは女性の権利の重要性についても力説している。彼は次のように表明した。

女性たちが権利を剥奪され、自分たちの義務を知らぬままでいる限り、われわれが愚かさから、屈辱と苦悩の牢獄から、暗黒と不名誉の深淵から脱却することは不可能である。というのも、彼女たち母親こそが初等教育と初期倫理の担い手であるからだ。（…）女性の教育がおろそかにされると、国の男性全員が教育を受けて高い意識を身につけたとしても、その国は所与の水準で存続しうるがその世代以降は続かない。彼らが死に絶えて子どもたちの世代になったとき、母親の人格面・教育面での欠陥を受け継いだ子どもたちは、親の期待に添えず、彼らの国は無知と苦悩の状態へと舞い戻る。(72)

こうした講演や論説を別として、アフガーニーが複雑な陰謀に直接加担した証拠はほとんどない。陰謀とは、ナショナリストの軍人による反乱、あるいはウラービー大佐の副王政府への入閣のことで、一八七〇年代末のエジプトの政界に不意に襲いかかった出来事のことである。だが彼は、副王の暗殺についてムハンマド・アブドゥとさりげなく語るなど、ムスリム支配者に対する敵意を募らせた結果、暴力的解決を志向していたことも窺わせる。皇太子タウフィークが一八七九年六月に副王になったとき、アフガーニーは祝辞を送り、エジプトの新支配者に対し政府内の外国人を一掃するように促した。欧州列強に支援された新副王が異議申し立てをする人々を弾圧しても（さらにはエジプト大蔵省はヨーロッパ人会計士に委ねられた）、アル・アフガーニーは正々堂々、反帝国主義的言辞を変えなかった。

フランス人ジャーナリストのエルネスト・ヴォークランは、アフガーニーの講演を聴講した際の記録を残している。

ある日の夕刻、それはその出来事［英国のエジプト占領］が起きる三年前であったが、カイロのハサン・モスクに集まった四千人の聴衆を前に、彼は神秘的な預言者の洞察力をもって、英国のナイル河畔に関する政策の究極的目的を糾弾する、強烈なスピーチを放った。彼はまた副王タウフィークが、意識的にかどうか、英国の野望への奉仕を余儀なくされている事実をあからさまにし、外国人に対する宣戦布告の雄叫びと、エジプトの独立および自由の獲得をめざす革命への呼びかけをもって、講演を終えた。(73)

こうした講演をするたびに、アフガーニーは厄介な問題に巻き込まれた。ヨーロッパ各国の領事も、長期間にわたって彼を追跡していた。カイロの英国領事、フランク・ラセルズは、ロンドンの上司に宛てて次のように報告している。

アフガーニーは弁士としてたいへんな才能と力量を持った男で、徐々に聴衆に対してかなりの影響力を及ぼし始めており、それは危険なレベルに達しつつあります。昨年［一八七八年］、彼はヨーロッパ人、とりわけ英国人に対する敵意をあおる挑発的行動に積極的に参加しています。彼の英国人に対する憎しみには、相当深いものがありそうです。(74)

アフガーニーの望みは体制の転覆と代議制政府の樹立にあるとの噂に接し、新副王は彼を毛嫌いし始めた。あとは英国が背中を押すだけで足りた。かつてカイロにおけるアフガーニーの影響力について報道した『タイムズ』紙の同じ特派員が、今度は一八七九年八月に起きた彼の国外追放について報じ、タウフィークの信条（アフガーニーのとは正反対）、すなわち「エジプト復興の鍵は西洋にあり」を詳説している。同特派員はアフガーニーの追放が「意見表明の自由という英国の理念とは相容れぬであろうこと」を認めないではないが、「同国特有の諸事情を勘案する必要はある[75]」と書き添えた。アフガーニーはカイロで逮捕され、スエズでの二日間食事を与えられず、インドへ追放される前に警察によってわずかな所持品を取り上げられた。ウラービー大佐が率いた反乱は一八八二年、あっけなく鎮圧された。同じ年、英国はアレクサンドリアを猛爆し、ここに英国の長いエジプト占領が始まったのである。

こうしてアフガーニーの最初で最後のエジプト滞在は幕を閉じた。政治的理由によって彼が否応なしに退去させられた事実は、少なくとも英国人の目からすると、彼の煽動者としての名声を裏書きするものだったが、広範囲のエジプト人思想家・活動家に与えたはるかに息の長い知的影響は見落とされた。イギリスの詩人でアラブ贔屓のウィルフリッド・スコーウェン・ブラント〔一八四〇―一九二二〕はその後アフガーニーの知遇を得ることになるが、彼は一八八〇年末エジプトにいたとき、考え方がたいへんに自由でモダンな物言いをするアル・アズハル・モスクの指導者に出会った。これまでのエジプトのイスラーム社会にはなかったこの喜ばしい傾向についてさらに問い質した彼は、カイロのウラマー内部に生じていた自由主義的宗教改革運動の、その指導者の言葉を借りれば「本当の創始者」は、奇妙なことにアラブ人でもなければエジプト人でもトルコ人でもなく、とある「自由奔放な天才的人物」であり、その人物は「イスラーム社会全体が置かれている状況をもう一度よく吟味し、過去にしがみつくのではなく、近代的知識と調和したかたちでの進歩的な知的展開を進めるべき[76]」と唱道していたことを知った。アル・

アズハル・モスクの指導者はこのようにも述べた。「コーランとイスラームの伝統に通暁していたアフガーニーだからこそ、イスラームの規範は正しい解釈と比較考量がなされれば高度に自由な発展が可能なこと、有益な修正であれば規範に反することなど実際にはありえない、そういうことを説明できたのである」

アフガーニー自身はエジプト体験後、西欧帝国主義とそれに与する現地の支持者に対して、よりいっそう強硬で厳格な態度をとり始めた。彼が熟知している国々のいたるところで生じた失敗に次ぐ失敗が、彼の態度を硬化させた。オスマン帝国の信用バブルは一八七五年にはじけ、大蔵省はヨーロッパの公債債権者に対する利子支払い不履行を余儀なくされた。その翌年イスタンブールでは、対外債務支払い不履行というエジプト式破産に危機感を抱いた改革論者たちが、新しい自由主義的憲法の導入を試みた。だが、新皇帝アブデュルハミト二世〔在位一八七六―一九〇九〕は新憲法〔ミドハト憲法〕を停止する〔一八七八年〕。その後ほかのムスリム諸国の専制君主がこれをまねることになるのだが、彼は西欧の後援者たちの目前で弾圧的な専制政治を確立するために、中央集権化した警察機構とスパイ組織を含むオスマン帝国の近代的機構を活用した。

エジプトでも、ウラービー大佐のような政府に対する不満分子から憲法制定の要求が出された。小地主やアブドゥのような若いウラマーの支持を得て、ウラービーは副王政府の大臣のポストを得るなど短期的にはある程度の成果を収めた。だが、ウラービーがエジプト問題に対するヨーロッパ勢の介入中止を求め出した瞬間、こうした動きの最終的結末は見えたも同然であった。一八五〇年一月にカイロを訪れたギュスターヴ・フロベールは、次のようなコメントを残している。「イギリスがエジプトの飼い主になるのは時間の問題だ」[77]。この間インドにあって、英国官憲により常時監視されていたアフガーニーは、フロベールと負けず劣らず強烈な自分の予言がそのとおりになったことに、おそらく満足はしていなかった。〔ウラービーの反乱が鎮圧された一八八二年の〕前年の一八八一年には、英国がエジプトを占領したのとまったく同じやり口で、フランスがチュニジアを占領していた。このときも、チュニジアのエリートは近代化のために必死の努力をしていたのだが。

自強運動を超えて──汎イスラーム主義とナショナリズムの起源

一八七〇年代の末期、アフガーニーがまだエジプトに滞在していた頃、彼は西欧列強によってムスリム諸国が被った屈辱に対する苦痛と激怒を、アブデュルハミト二世に宛てた書簡のなかに書き綴っている。

イスラームの国民〔ミッラ〕が置かれた状況を思うとき、私の忍耐というシャツは千々に引き裂かれ、どのように見方を変えたところで、恐ろしい考えと見通ししかないことに打ちのめされました。昼となく夜となく始終恐怖に駆られた男のように、私はこの事態を考え続け、このミッラの改革と救済を私の仕事とし、私の祈りとすることに決めたのです[78]。

アフガーニーはオスマン帝国の皇帝に対し、反西欧・汎イスラーム戦線を張るために彼の権力とカリフ〔イスラーム国家支配者の称号〕としての威信を活用してほしいと要請し、自分自身はインド、アフガニスタン、中央アジアで皇帝の代表者になることを申し出た。エジプトからの追放と、エジプトでの自由主義的希望の挫折から、アフガーニーは新しいやり方が必要だと確信した。ヨーロッパ諸国の対立関係を利用することをしきりに考え、その後も抵抗の方法をいろいろと工夫するのだが、そのとき彼はナショナリズム、といっても民族的・非宗教的なものではなく、それぞれに異なるムスリム諸国の宗教に基づいたナショナリズムを提唱し、汎イスラーム主義や聖戦への呼びかけといった強烈なアピールも有効利用していく。

断片的な改革や立憲主義から脱し、侵略しかかる西欧を撃退する力を備えたイスラームの強力な中核組織の必要性に力点を置き始めたのはアフガーニーだけではない。十九世紀の最後の四半世紀には、いやましに攻撃的になる西欧の前に手も足も出ない自分たちを直視したムスリム世界のいたるところで、こうした潮流の変化が起きていた。近代化を進めたとしてもオスマンを異教徒から守れぬことが明らかになったどころか、それによってオスマンがますます異教徒に依存する事態になっていた。近代化はエジプトにおいても英国の強圧に抗する有効な力とはなり得ず、むしろ自国を世界経済にリンクさせたことで従属国になってしまった。

ヨーロッパの後押しを受けて進められた改革の試みが出だしで頓挫したことから、地主・小規模事業主・バザール商人たちは憤懣やるかたなき思いで新たな同盟を結び、地域固有の主体性という新しい価値を生み出すことになった。この考え方がまずは多くのムスリム思想家を、十九世紀のヨーロッパ諸国対立のなかから生まれてきたナショナリズム思想に向かわせることになった。

革命後のフランスが鮮明に示したのは、個人に依拠せぬ国家組織が、古臭く偏狭な帰属意識や忠誠心を叩きつぶし、それが国民を粘り強い集団に束ねることに寄与するということだった。ヨーロッパ諸国は次々と、ある意味ではフランスの帝国主義的野心から身を守るために、このモデルを模範にした。日本はすでにアジアで最初に国家統合に踏み出した国になっていた。ムスリムの思想家たちもまた、効率よく組織化された社会ならば、社会に蓄積された力を国民国家という形態を通して十二分に利用できること――たとえば他国のこうした国家総動員に対しても太刀打ちできるという考えに、ますます惹かれていく。

それぞれに特殊性を有する社会を率いるアジアのリーダーたちにとっての難問は、千差万別の住民をいかにして共通の価値観、共通目的のもとに団結させるかだった。あらゆる宗教的・民族的帰属意識を超越したエジプト的、トルコ的アイデンティティなるものがあるのだろうか? 認知しうるものはない。だが当座は、消極的ナショナリズムの気概、すなわち共通の旗印を掲げて外国人侵略者に敵対するというあり方だけで十分だった。

さらにはナショナリズムが、アフガーニーが志向したとおり、容易に汎イスラーム主義と融合ないしはそれを補完することになった。両者の対立が露わになるのは、二十世紀に入ってからのことである。その権威あるカリフの擁立という着想がインドやインドネシアといった遠隔地からわき上がってきた。その地域のムスリムはヨーロッパ人に迫害されているという意識を持ち、自分たちの普遍的文明を渇望していたのだ。これを批判する者として、英国贔屓の教育者サイイド・アフマド・ハーンなどがいて、彼は「トルコにいるカリフの権威はわれわれには及ばない。われわれはインドの住民であり英国政府の臣民なのだ」[79]と主張した。しかし、カリフ制再興の気運には、強く感情に訴えかけるものがあった。

イスタンブールの支配層は一八七〇年代になってようやく、ムスリムの意識が国境を越えてわき起こりつつあることに気がついた。「新オスマン人」のナームク・ケマルは、トルコの民衆がにわかに新疆《しんきょう》のムスリムに興味を持ち始めたことを皮肉っている。「二十年前にはカシュガル〔新疆ウイグル自治区西部の都市〕にムスリムがいる事実を誰も知らなかった。しかし今、世論は彼らとの団結を求めようとしている。この時流はまさに鉄砲水であり、いかなる障害物を以てしても止めることはできない」[80]

国を超えた連帯ということで苦い経験をしていたこともあり、トルコ人たちはムスリムからの呼びかけに耳を傾けるに慎重であった。彼らは、ロシア人主導によるバルカン半島での汎スラヴ主義やヨーロッパの他地域で起きた民族や宗教を軸にした連帯を目の当たりにし、それによる痛手を被りもした。

ナームク・ケマルはこう指摘した。「この種のヨーロッパ人たちの同盟団結に対するわれわれの責務は、わが国の政治的・軍事的団結を確固たるものにすることである」[81]。財政破綻と軍事的敗北という二重苦に直面したアブデュルハミト二世にとって、死にかけていたカリフ制の復興ほどうれしいことはない。改革は順調に進み、ヨーロッパ的価値との色恋沙汰は終わった。統治のイデオロギーとして、イスラームが主役になるときが来た。

アブデュルハミト二世は、ムスリム界全体を統率する指導者の地位（西欧の観点からするとローマ教皇の地位に比肩しうる）を本腰を据えて引き受け、たとえばアラビア半島のメディナ巡礼のための鉄道を敷設したりもした。彼は自分の専制的権力を正当化するためのイデオロギーと、植民地化された国々で不安を託《かこ》つムスリムを支配中の欧州列強に対抗する何らかの力添えを必要とした。汎イスラーム主義は両者を同時に満たす格好の道具だ。世界中のムスリムたちは、今イスラームを救済しうるのは、偉大なムスリムの権威たるオスマン帝国最後のスルタンをカリフとして擁立し、イスタンブールを中核に強化された汎イスラーム主義である、という考えにたちまち賛同した。

こうした動きの一方、ヨーロッパの拡張主義は、それまで西欧との接点を持たなかったり、ワッハーブ派のように自国の近代化推進支配者を完全に拒否していたイスラームの人々からの猛烈な反発を受けたりしていた。一八七〇年代のスーダンでは、みずからマフディー〔イスラームの救世主〕を名乗るカリスマ的リーダー〔ムハンマド・アフマドのこと〕が、エジプトの副王のみならずそれを支持する英国を撃退するために、千年王国運動の首領として現れた。鮮やかな勝利を重ねた彼は、全世界のイスラーム化を誓った。

アフガーニーは後日、おそらくは作り話と思われるが、マフディーとは知り合いだと言っている。世界中の大勢のムスリムと同様に彼もまた、それまで無名だったこのスーダン人が一八八〇年代初期、英国軍を相手に偉業を成し遂げたこと、とりわけハルトゥームの英国・エジプト連合軍要塞において全軍虐殺で幕を閉じた長期包囲戦には大いに興奮した。多くのムスリムは、オスマン帝国のスルタンよりもこのスーダン人のマフディーのほうが、カリフの地位にふさわしいと考える始末であった。

一八七〇年代のアフガーニーが、ムスリムに対して電光石火の革命を約束したこの凶暴な戦士のことをどう考えていたか、それは定かではないが、インドでの二度目の滞在を終える一八八二年までには、ムスリムのエリートたちが以前主張していたような西欧の権力と庇護に順応しようとする態度に、彼は明確に反対していた。以前よりも信仰心が厚くなったわけではなかったが、アフガーニーは正統派ムスリム、西欧の侵略を微塵も許さぬイスラームの守護神を装った。インドを去ってまもない一八八三年、彼はフランスの新聞に意見を述べている。

> すべてのムスリムはマフディーを待ち望み、彼の到来は絶対的必然であると考えている。（…）とくにインド人ムスリムは、英国の支配下で際限なき苦悩と過酷なる責め苦を堪え忍んでいるがゆえに、彼らのマフディーを待ち焦がれる思いははなはだしい。（…）英国はマフディーの声をもみ消そうとするのだろうか？ 群を抜いて畏れ多きその声を。全ムスリムが唱和する聖戦の宣言よりも力強いその声が（…）ヒマラヤ山脈はダウラギリの高みから全東洋に、さらには北から南へ響きわたる前に、アフガニスタンとシンド〔現パキスタン南東部〕とインドのムスリムたちの耳に届く前に、英国はこの声をもみ消すことができるとでも思っているのだろうか。[82]

インド滞在中のアフガーニーは一八七九年から一八八二年にかけてカラチとボンベイを訪れているが、大半の期間をハイデラバードとカルカッタで過ごしている。どこへ行くにも英国のスパイにつきまとわれた彼は、政治的な積極行動からは距離を置いていた。とはいえ、連載記事のなかで思想を磨くことは怠らなかった。多くの記事の矛先は、インド随一のムスリムのリーダー、サイイド・アフマド・ハーンに向けられていた。アフマド・ハーンは、インド大反乱が英国軍によって鎮圧されて以降、インド人ムスリムはあらためて外国人支配者にとって役に立ち、信頼される存在になるべきだというキャンペーンを張った。アフマド・ハーンは、ヒンドゥーに比べてインド人ムスリムは近代教育を受ける機会をみすみす取り逃がした、と考えていた。そこで彼は、インドの北部にアリーガル・カレッジ〔現アリーガル・ムスリム大学の前身〕を創設し、二つのコミュニティのあいだにある歴然とした格差を埋めようとした。

ムスリム・コミュニティには教育が必要だというアフマド・ハーンの信念に、アフガーニーは大賛成だった。この点については彼自身もインドの新聞紙上で意見を述べている。「私が悔やんでも悔やみきれぬのは、インド人ムスリムが彼らの信じる正統を追求するあまり、否、狂信に駆られるあまり、科学と技術と製造業に対して不快感と反感を抱き、それらに背を向けるという至悪の極みに陥ったことである」(83)。別の論説で、アフガーニーは度量の狭いインド人のウラマーを叱りつけている。

そんな欠陥だらけの本を読むのはやめて、この広々とした世界に目を向けたらどうだ。(……)君たちはたいへんに重要なこの問題、知性ある人物にとっては責務ともいえるこの問題を考えてみようともしない。すなわち、ムスリムの貧困と窮乏と無力と苦悩、それらは何によってもたらされたのか、そしてこの由々しき症状とたいへんな不幸に対する治癒はあるのか、という問題である(84)。

アフガーニーが考えていたとおり、アフマド・ハーンには治癒の手立てなどまったくなかった。それどころか、アフガーニーは彼のことをペテンにかかってこせこせした西洋かぶれであると見なしていた。宗旨を同じくする他国の人々の運命と、ムスリムの土地に巣くう英国人の邪心に盲目なのである。

アフマド・ハーンはとても危険な人物である、とアフガーニーはカルカッタで発行されていた雑誌上で断言した。彼は「ムスリムの信仰を弱め、外国人のねらいに迎合し、外国人の流儀と信条という鋳型にムスリムをはめようとしている」[85]。

この見解は公平を欠いていた。アフマド・ハーンは実利的な対処をしたのであり、二十世紀の初めには、彼が創設したアリーガル・カレッジはインドのムスリム・コミュニティで大いに影響力を及ぼすことになるリーダーを何人か輩出している。それに、彼は英国寄りではあったが、十九世紀の多くのヒンドゥー改革派、たとえばラビーンドラナート・タゴールの祖父なども同様なのだった。だがアフガーニーの言い分には部分的に正しいところもある。インド大反乱にムスリムが参加したことを、アフマド・ハーンはあきれた愚行だと考え、大半のムスリムは英国に忠実であったとまで主張した。一八六九年にヨーロッパ旅行をした際、彼は一連の手紙を母国に書き送り、そのなかで英国がインド人を「低脳のけだもの」と見なすには一理ある、と述べている。「ここまで私が見てきたものは」と、アフマド・ハーンは上ずった口調で語る。「そして毎日目にするものは、インドの土民の想像力をはるかに超えている(…)精神的なことであれ物質的なものであれ、人間に由来するあらゆる良き物事が、全能の神によってヨーロッパに、とくにイングランドに授けられたのだ」[86]。シチリア島に立ち寄った折には、ムスリムによる長い支配があったにもかかわらず、彼らが残した不朽の建造物が存在しないことを不思議に思うのだった。一八七六年に彼は断言する。「英国によるインド支配は、世界史上もっともすばらしい出来事である」[87]

アフマド・ハーンのへつらいを非難するインド人たちはいた。詩人のアクバル・イラーハーバーディー(一八四六—一九二一)は、アフマド・ハーンのような英国贔屓のムスリムに対する言い分を残している。

君たちの文学など放り出せ、歴史なんかも忘れてしまえ。
長老やモスクとの関係は断ち切れ、何の意味もないのだから
学校へ行くがいい。人生は短い。あまり悩まぬほうがいい。
イギリス風のパンを食べ、万年筆を走らせ、幸せいっぱいになりたまえ。[88]

イラーハーバーディーの考えでは、サイイド・アフマド・ハーンが建てたアリーガル・カレッジをムスリムたちが支持するのは、善意ではあるけれども、本質的には英国に対する追従でしかない。

われわれが尊敬するサイイドの言うことは正しい。
道理にかなって公平であると、アクバルも同意する。
だがこの近代的な学校の指導者の大半は
神を信じることもなければ祈ったこともない。
信心深く祈りも深いと彼らは主張するけれど
彼らが信じているものは明々白々、その筋のお偉いさん。[89]

彼は西欧式の教育の実施は、植民地政策のすぐれて狡猾なやり方だと見ていた。「東洋のわれらは敵の首をへし折ったが／西洋の彼らは敵の気質を変える／今や銃はすたれ、代わりに教授がやってくる」[90]。そして彼は、若いムスリムたちを伝統から引きはがすやり口を痛烈に非難した。

僕たちは学ぶべきことを学ばない
そしてせっかく大事にしていたものを失ってしまう
知識不足の僕たちは、あと先を考えずに突っ走る
ああ哀れなるかな僕たちは目が見えないだけでなく熟睡中なのだ[91]

アフガーニーも同じ意見だった。彼はインドの雑誌に相次いで著した論説で、西欧式教育と政府の仕事という餌でムスリムを釣り、英国人のために尽くす現地官吏を生み出そうとするアフマド・ハーンの努力を攻撃した。彼は、ムスリム諸国の西欧化推進派の専制君主に向けて投じられることの多い表現方法を駆使する。「われわれの生活の息吹を破壊する者のことを、われわれの幸福を祈願する者などと、どうして言えようか。自分自身の信仰を堕落へ導く者のことを、どうして賢者と見なせようか。そんな判断ができぬとは、いったいどうしたことか？[92]」

一八八〇年代中葉にインドを訪れたウィルフリッド・ブラントは、アフガーニーによるアフマド・ハーン批判に共感を示す多くのインド人ムスリムに出会った。何にもまして彼らムスリムとその英雄アフガーニーを立腹させたのは、森羅万象の裁き手は人間であるべしと考える新しい唯物論的なイスラームを、アフマド・ハーンが唱道したことだ。宗教的原理主義者とは見なされていないアフガーニーは、イスラームのテキストに新しい解釈を施すことを奨励し歓迎した。彼と彼のもっとも有力な弟子であるムハンマド・アブドゥは、こうした「本物のイスラーム」を、道を踏みはずし輝かしい起源からはるかに乖離してしまったイスラームと対比させて、元来イスラームというものが合理的な宗教であることを示し、弱体化したムスリムのウンマを復興させようとした。アフガーニーは超越的な神への信仰を堅持し、「この俗世や人間を崇拝にふさわしい対象」とする教義を頑なに拒絶した。彼の手になる最大の出

版物『唯物論の論破』はアフマド・ハーンのイスラーム論に対する反論だが、そこでアフガーニーはデモクリトスからダーウィンまで、人間を賛美し世界は他力によらず自己形成されたと説明する人々に、片っ端から食ってかかっている。彼の見解では、宗教の攻撃は社会全体を支えている倫理的基盤を損なうことになりかねず、共同体を結びつけているきずなを弱めることになり、まさにこの弱体化があらゆるムスリムを危機に陥れることになったのである。

アフガーニーは次第に、西欧に対しては武力闘争と武力抵抗を以てするしかないと考え始めた。彼は明らかにスーダンのマフディーの手柄に勇気づけられていた。彼は一八七九年、インドへ到着する直前に、オスマン帝国のスルタン宛の長い手紙のなかで、中央アジアとインドのムスリムたちを覚醒させて団結に導き、ロシアと大英帝国を衝突させてスルタンの汎イスラーム主義を結実させる手腕を備えた流浪の革命家として自分を売り込んだ。同書簡は次のようなくだりに満ち満ちている。「インドでのひと仕事が終わったあとは、アフガニスタンへ出向いて現地の人々を集めたいと思います。彼らは獰猛なライオンのように流血を恐れず、戦場においては、とりわけそれが聖戦となれば、宗教的目的や国家の名誉のために怯むことはありません」[93]。これに対しアブデュルハミト二世がどう答えたかは明らかでない。スルタンの汎イスラーム主義はそこまで大胆なものではなく、むしろ御都合主義的なものだった。それに彼はアフガーニーよりも、ヨーロッパの列強の侮りがたき力を生々しく実感していた。だがアブデュルハミト二世はアフガーニーの知性と政治的情熱には着目したらしく、十年後、自分の目的のためにアフガーニーを活用しようと試みることになる。

インド人ムスリムの知識人たちは、世界のムスリム圏に与える自分たちの影響について自覚を深めていたが、興味深いことにアフガーニーは、彼らに汎イスラーム主義を説き勧めることはしていない。インドにおける膨大な非ムスリム人口も、反帝国主義という彼が掲げる大義を押し進める力として利用できると踏んでいたようなのである。抜け目のない戦略だった。結果的に、サイイド・アフマド・ハーンのインド人ムスリムに及ぼす政治的影響は陰り始め、オスマン帝国のカリフの地位を支援するより活発なキャンペーンが、一九二〇年代の初期に全国的運動として盛り上がりを見せる。それはインド人ムスリムによる史上初の大規模大衆運動で、ヒンドゥーの偉大なる指導者、マハートマー・ガンディーが支援するものだった。アクバル・イラーハーバーディーは、ガンディーとインド人ムスリムのリーダー、マウラナ・ムハンマド・アリーによるカリフ制支持の共同キャンペーンについて解説する。「マウラナが道を迷ったのでも／ガンディーが陰謀をたくらんだわけでもない／二人を同じ軌道に吹き寄せたのは、西欧の政治という疾風なのだ」[94]。アフガーニーがインドにおけるヒンドゥーとムスリムの団結の必要性を強調していたのは、こうした民族主義の気運を察知していたからと思われる。言語による結びつきのほうが宗教的結びつきよりも強力だとする彼の説も、同じ趣旨による（東パキスタンのベンガル語を話すムスリムが、一九七一年に分離独立してバングラデシュを形成したときに、パキスタンが学ぶことになる教訓である〔西のパキスタンはウルドゥー語圏〕）。

エジプトにいたときの彼は、イスラームの影響を受ける前のエジプトの偉大さを想起させていたが、インドでは古典期ヒンドゥーによる科学と数学の発見を称賛した。カルカッタで大部分がムスリムで構成された聴衆を前に講演した際、彼はそこに来ていた若い学生たちを指し示して次のように言った。

> 彼らのようなインドの世継ぎを目にすることができるのは幸福です。彼らは、ヒューマニティ揺籃の地インドの子孫なのですから。人間の諸価値はインドから全世界に拡散していきました。この若者たちは世界で最初に子午線を定めた国の子どもたちであります。また世界で最初に黄道帯を理

解した国の子どもたちであります。この二つの環の定義は、幾何学が完成の域に達していなければ不可能であることは言うまでもありません。それゆえに、インド人は算数と幾何学を考案した人々であると言うことができるのです。インド人の数字の表記法がここからアラブ人にもたらされ、そこからヨーロッパに伝播していったことにも注目してください。(…)インド人は哲学的思考においても最高水準に達していました。

ヴェーダやシャーストラなど、インド古典期の聖典・法典を引用し、アフガーニーは言い添える。「この若者たちは世界を統べるすべての法と規則を生み出した国の子どもたちでもあるのです」[95]

翌世紀になってからも、インドのヒンドゥー民族主義者たちは頻繁に、インドの科学的・哲学的遺産について誇らしげに語ることになる。アフガーニーは自分のメッセージを実に効果的にあやつった。だが彼は、ほかの国のムスリムと同じくインドのムスリムも覚醒して同国内のほかのムスリムや非ムスリムと団結し、英国に対する共同戦線を張らなければならぬ、という反植民地主義においては終始一貫していた。同時に、ムスリムにとってイスラームは、力と価値の主たる源泉であり続けるべきで、サイイド・アフマド・ハーンの英国追随計画にだまされてはいけない。そして、ヒンドゥーにしてもムスリムにしても、彼ら独自の伝統に背を向けてはいけない。アクバル・イラーハーバーディーも自戒の声を上げた。「アクバルよ、お前の手になる詩歌のなかに/次のことを繰り返し書きたまえ/ムスリムよ、数珠を手に取れ/そしてブラーマン、聖なる衣を身につけよ」[96]。アフガーニーは当初、インド滞在を通じて西洋の科学と知識の優位性に対する警戒心を抱いた。同じインドが今度は、根本的かつ全面的な西洋化を主張する連中に対し、警鐘を鳴らしたのである。

ヨーロッパでのエピソード

アフガーニーは一八八三年一月にパリに到着するが、その直前、ロンドンでの短い滞在期間にウィルフリッド・ブラントに会い、ギリシア正教徒のレバノン人が主宰する新聞に反英記事を寄稿している。彼のパリ到着は、英国がエジプトの蜂起を鎮圧し同国を占領した直後のことであった。フランスの首都は、十九世紀ほぼ全般を通じてそうであったように、さまざまな政治的不平分子が集うメッカだった。北アフリカからの多数の亡命者のなかに、エジプトからやってきたアフガーニーの昔の弟子、ジェイムズ・サヌアがいた。彼はアフガーニーのパリ到着を、自身が主宰する雑誌『アブ・ナッダラ・ザルカ』に、アフガーニーの石版画肖像を載せて報道した。アフガーニーはただちにサヌアのために寄稿し始める。

ヨーロッパへ向かうためにインドを出発する直前、アフガーニーはカルカッタで英国当局から尋問を受け、短期間、自宅監禁されていた。こうした嫌がらせや、サイイド・アフマド・ハーンのようなムスリムたちの露骨な屈従に、彼は憤りを募らせていたようだ。なぜインドのあとパリへ行くことにしたのか、その理由を、彼は以前の後援者、エジプトのリヤド・パシャに書いた。

健全な精神に恵まれ、注意深い耳を持ち、同情心に満ちた心を持つ人たちが住んでいる国に行きたかったのです。そういう人たちになら、東洋で人間がどのように取り扱われているか、じっくりと話して聞かせることができると思ったのです。そうすれば、多くの人々の苦難が私の心にたきつけた炎を消すこともできるでしょう。私の心を粉々にした苦悩のくびきから、私の肉体を解放することもできるでしょう[97]。

ダール・アル・ハルブで長期間活動したあと、アフガーニーは、国内の内部改革は後回しにして、ムスリムの自己強化を優先することにした。この新たな防戦的基調はある程度、パリのアラビア語雑誌に掲載された初期論説のなかに窺うことができる。それは同誌の編集長に対する公開書簡のかたちで掲載された。同編集長はマロン派教徒〔東方キリスト教の一派〕のレバノン人で彼の弟子でもあった。彼はそこで、編集長による「東洋人たち」とオスマン帝国に対する行きすぎた批評を論した。東洋人は外国の帝国主義者から辛い目に遭わされているのであり、オスマン帝国は世界中のムスリムの守護者なのである。東洋人たちの内部団結のみが、外国人の餌食になることを避ける唯一の方法なのだ、と彼は主張した。同様にトルコ人たちも彼らの君主のもとで結束し続けなければならない。アフガーニーはこうした自説を支援してくれる人たちを、フランスとオスマン帝国のなかに探していく。

オスマン帝国のスルタンをイスラームの潜在的統一者として讃えた彼のいくつかの論説は、英国によるエジプト占領後ベイルートへ亡命した彼のエジプト人弟子や同輩からとくに感謝の念を以て歓迎された。なかでもムハンマド・アブドゥは、エジプトの覚醒におけるアフガーニーの役割を惜しみなく讃える記事を書いた。その数カ月後、アブドゥはパリで彼と合流し、二人はイスラームの統一と改革に打ち込むムスリムの秘密結社を組成した。

ある裕福なチュニジア人の政治改革者やその他金持ちの支持者を資金源とし、アレクサンドリア生まれで女性の権利の擁護者であるカシム・アミン（一八六三―一九〇八）のような有志を得て、アフガーニーとアブドゥは『ウルワ・ウスカー〔固ききずな〕』（逐語訳すると「最強のきずな」）という、ムスリム世界で無料配布される雑誌を創刊した。マドレーヌ広場近くの小部屋で印刷された全部で十八号の同誌は、英国帝国主義がもたらした荒廃、ムスリム団結の必要性とムスリムの文化的自負、イスラームの根本思想の正しい新解釈、について論じている。ヨーロッパ勢のコントロール下にある地域での配布はできなかったが、地下出版《サミズダート》のかたちをとった同誌は、ムスリム世界の内外を問わず、非常に大きな影響力を持つようになった。『ウルワ・ウスカー』の創刊号は「東洋人全般に、そしてとくにムスリムに」向けられ、彼らの衰退の理由とその治療法を解説することによって、同誌は彼らにとって有用なものになるだろう宣言した。さらには、ヨーロッパ帝国主義はついにその正体を暴かれ、長期間迫害を受けてきたムスリムは今、自国を占領している外国人に対峙するために団結が必要であることに気づき始めた、と断言するのであった。

こうした説法口調のせいで、同誌は『共産党宣言』のような響きを帯びている。だが、侵略的西欧の眼前で正面切ってイスラーム団結の復興を説いた最初の国際的雑誌として、同誌の価値を過小評価してはならない。アラビア語の世界で、否、イスラーム世界のいかなる言語によっても、この種の印刷物が存在したことはかつてなかったのである。エジプトでリベラル・ジャーナリズムを生み出したアフガーニーとアブドゥは今、内部改革と国内団結を旨とするそれまでのムスリムの課題をきっぱりと拒否する急進的論争の始祖になりつつあった。英国のエジプト占領が始まる前に、アブドゥは『ペルメル・ガゼット』紙〔ロンドンで一八六五年に創刊された夕刊〕のインタビューを受けてこう説明している。

> 私たちは支配者たちの暴虐を打ち破りたかったのです。私たちはトルコ人に対する不平を、外国人たちに訴えてきました。自分たちの政治的向上をめざし、ヨーロッパの国々が自由解放の方向で進んできたように、われわれも同様の進歩をめざしたのです。ところがいま私たちは、専制政治よりも悪質なものがあること、トルコ人よりもあくどい敵のいることを理解しています。[98]

聖戦の定義として、共同体の義務ではなくむしろ個々人が引き受けるべき義務であるという解釈を初めて打ち出したのは、アブドゥのペンになる『ウルワ・ウスカー』誌上の記事だった。ムスリムの土地をムスリムの支配下に置く責務は、ムスリム全員に課されたものであって支配者だけが負うものではない、という趣旨である。アブドゥとアフガーニーの両者は、ムスリム大衆を覚醒させるための政治的手順にぴったり当てはまるメッセージをコーランのなかに見いだそうと、精魂を傾けた。二人は遠くはトリポリからマレー半島まで、同誌を送付した。シリア人の作家、ラシード・リダーは、『ウルワ・ウスカー』誌の記事で「汎イスラーム主義の呼びかけ、イスラームの栄光と力と威光の復興、イスラームが所有していたものの回復、外国人支配からイスラームの民を解放すること」を読み、「あまりにも感動し、私の人生が新たな局面に入った」ほどだった、と書き記している。リダーはその後ムハンマド・アブドゥを恩師として仰ぐことになるが、『マナール（灯台）』という雑誌を通じて、アフガーニーの仕事を継承していく。同誌は、反帝国主義戦略とイスラームの復興を結びつけ、一八九八年から一九三五年にかけて発行され有力雑誌で、これによってアフガーニーの名声は、中央アジアの奥深くから、さらには遠く東方の中国やマレー半島のムスリムにまで伝わることになった。

アフガーニーの著作が広範囲で流通することになった結果、ロンドンの英国外務省は彼を要注意人物と見なし始めた。ハイデラバードにいた英国政府スパイの一人は、ジェイムズ・サヌアの雑誌について「インドでの頒布許容は好ましからず」、また「エジプトにおいてはさらに不適当」という報告書を送っている。同報告書には雑誌記事の翻訳も含まれていた。「裏切り者の手引きでわれわれを買い取ったヨーロッパ人が権力を握り、今やわれわれはやつらに引きずられるロバのようなものだ」。同記事は、アフガーニーに対する賛辞で締めくくられ、労作をもっと読ませてくれと懇願している。「それはわれわれに新たな魂を吹き込んでくれる。国家の名誉と愛国心に目覚めさせてくれ、自由の旗をひるがえせと鼓舞してくれるので(100)」

英国当局は不安に駆られ、フランス警察にアフガーニーの活動について調査を依頼した。心穏やかならぬレポートが返ってきた。そこには、この反英活動家がジェイムズ・サヌアと親密な関係にあることが記されていた。レポートによれば、アフガーニーは「たいへんに教養のある人物として知られており、フランス語で自説を述べるのは思うに任せぬが、八カ国語をあやつることができる」とあり、「たくさんの客の訪問を受け、何不自由ない環境にいる」けれども、「日常の挙動や彼の徳性について、好ましからぬ評価は何もない(101)」ことが確認されている。

このレポートはある程度正しい。アフガーニーはパリで、政治的亡命者ならではの勝手気ままなコスモポリタニズムを満喫していたようである。セズ通り〔パリ九区マドレーヌ寺院裏手〕の屋根裏部屋のアフガーニーとアブドゥの事務所に二人を訪ねたウィルフリッド・ブラントは、次のように報告している。「その部屋をほぼ埋めた興味深い異邦人たち、すなわちロシア婦人、アメリカ人慈善家、神智学徒と自称する二人の若いベンガル人は、偉大なる指導者の助言を求めに来たのだと言った(102)」

ベンガルからの訪問者らは、マフディーのことを非常に知りたがった。当時の西欧人にとってマフディーは、その後ウサマ・ビン・ラディンがそうなっていくように、ある種脅威的な存在であった。以前はこのスーダン人について多くを語らなかったアフガーニーだったがここへ来て、彼のことを、西欧に対するムスリムによる世界的規模の反抗の先駆者であると讃えた。彼はフランスの新聞にこう書いた。「マフディーがまた大勝利を収めれば、トルコの支配下にあるイスラーム諸国のみならず、バルーチスターン、アフガニスタン、シンド、インド、ブハラ、コーカンド、ヒバにおいても反乱を誘発するという重大な結果をもたらすだろうが、それだけでは済まずトリポリ、チュニス、アルジェリア、さらには遠くモロッコでも暴動を引き起こすことになるだろう」[103]

こうした宗教・政治的使命感を自分の思想にしっかりと根づかせたアフガーニーは、衣服のイメージチェンジを図った。それまではゆったりしたローブとターバンをまとっていたのだが、糊のきいた窮屈な襟のシャツにネクタイ、そしてジャケットを着用するようになる。彼は魅力的なドイツ人女性の関心を引くことになる。彼女とは短期間関係を持ち、それが記録に残された唯一ロマンチックな親交ではあったが、彼女からの手紙などは無視した。彼はヨーロッパ知識人たちの好奇心も駆り立てた。特筆すべきはエルネスト・ルナンのケースである。

エルネスト・ルナンは一八八三年三月、『ジュルナル・デ・デバ』という新聞によく寄稿していたパリ在住アラブ人亡命者の紹介で、アフガーニーに会った。のちにルナンはこう書いている。「かくも強烈な印象を残した人物というのはめったにいない」。二人の対談を踏まえ、ルナンは『イスラームと科学』と題する論文を発表し、ソルボンヌで講演した。アフガーニーはこれに応じて長い論説を書いた。ルナンはこれに返答する。これが、ムスリムとヨーロッパ知識人とのあいだで交わされた最初の本格的な公開論争であり、後年、近代世界におけるイスラームに関して西欧側でなされる多くの議論の原型となった。

この論争の口火を切ることになった論文で、ルナンはヘレニズム文化を褒めたたえ、イスラームを、専制主義とテロリズムを懐胎させたものであると弾劾した。彼は人種による上下関係の有効性を唱え、理性・経験主義・勤勉・克己・適応性が西欧人の特徴であり、西欧人によって支配される者というのは、そうした諸特質をほぼ完全に欠いた人種であるとした。「イスラームを弁護する進歩主義者たちは、こういうことを知らないのだ」と、彼は論文のなかで断言する。「イスラームとは（…）独断的信念が君臨するところであり、人間性を永遠に拘束する重い鎖に等しい」[104]。ルナンは、彼自身やほかのヨーロッパの無神論者がカトリックに対して論戦を張るときの用語に似た言葉遣いで、イスラームを攻撃した。超自然的啓示を謳うイスラームは、理性の侮辱であり思想の自由を踏みにじるものである、と。彼はまた、社会の進歩というのは白人とキリスト教にのみ与えられた特権であると声高に決めつけ、イスラームと近代科学は水と油だと言うのだった。哲学と科学におけるアラブ人の功績というのは、イスラームに反旗をひるがえしギリシア人とペルシア人から多くを借用した転向者同然の連中の仕事にすぎぬ、とあしらった。

アフガーニーは、ペルシアのイスラーム哲学者たちはムスリムでありアラビア語で仕事をしていたことを指摘し、ルナンの人種差別的議論をたやすく論破した。しかし彼は、近代イスラーム思想家が誰も越えなかった一線を越えて、宗教にありがちな知的欠陥というルナンの見解に同意する。無論、彼はイスラームばかりをその典型のように扱うことには異議を唱えた。すべての宗教は最初、理性と科学に対する偏狭な面を示しがちだが、こうした偏見から解放されるには時間がかかる、と彼は言う。長い学習曲線の上で、イスラームはキリスト教から何世紀も遅れたところにいる。イスラームは「科学を抑圧しようとし、その進歩を妨げてきた」が、知的探求の伝統と両立してきたし、今後もそれは引き続き可能である。その可能性を信じることは重要だ。さもないと「何億もの民が、無知と野蛮のまま生きるべく運命づけられるだろう」[105]

ルナンはこれに対する返答を、見下した調子で始める。「蒙昧から目覚めたアジア人の思想を、原初的で純粋な状態において検討してみることほど有益なことはなかろうと思う」。彼は、アフガーニーのような知的なムスリムは「イスラームの偏見からはまったく無縁な人々」であり、さらには、ペルシアやインドという「表面的には公式イスラームの衣をまとっているが、ひと皮めくればアーリア人種の精神が依然活発に息づいている」国から来た人々なのだ、と力説する。さらに彼は、アフガーニーに対してある程度同情を示し、「アベロエスがイスラームから受けたのと同じように、ガリレオにしてもカトリックからひどい仕打ちを受けたのだ」[106]と認めた。

論争はここで幕を閉じた。興味深いことに、アブドゥはルナンに対するアフガーニーの反論をアラビア語に訳していない。イスラームに批判的な言葉が、信心深い人々のあいだに広まるのを嫌ったのである。「宗教問題に対処するためには、宗教論で武装しなければならない」というアブドゥの説明に、アフガーニーは同意したらしい。当時、アブドゥとアフガーニーにとって、とりあえずイスラームは政治的に人々を動員するための倫理的根拠であり発奮の動因なのであった。そしてアフガーニーは、完全に世俗的な社会というのは、十九世紀理性主義が夢見たものではあったけれど、西欧における夢物語にとどまるしかなく、それはムスリム世界においても同じだ、という卓見を示していた。ルナンに宛てた返答のなかで、彼はこの点について結論づけている。

大衆は理性を嫌います。教えたところで理解するのはわずかな人だけです。科学はたいへんすばらしいものかも知れませんが、人類の理想に対する渇望、あるいは哲学者や古典学者が見ることも探求することもできぬ暗く遠い彼方への飛翔を、完全に満足させることはできません。[107]

ルナンに対して、多くのムスリム知識人から類似の反応が寄せられた。「新オスマン人」ナームク・ケマルからの返答がいちばん知られるようになった。けれども内容はもっぱら防御的で、アラブの科学的・哲学的業績を持ち上げて西欧を酷評するものだった。けれどもアフガーニーはイスラームにおける当時の学習方法に、欠落したものがあることを認めている。

ルナンとアフガーニーの意見のやりとりを見ても、アフガーニーの知的柔軟性、イスラーム解釈の能力、新たな状況に適応してみせる能力などを再度確認することができる。ルナンとの議論のさなか、彼は次のような議論を展開した。イスラームのそもそもの教えは近代的合理性と軌を一にするものだったが、その後ムスリム社会の内部が衰弱し偏狭になってしまった。彼らが現代世界と折り合いをつけるためには、マルティン・ルター的な人物が必要なのだ。

自分自身を第二のルターと位置づけたうえで、イスラームは宗教改革を必要としているという考えは、次第にアフガーニーのお気に入りのテーマになってきた。だがとりあえず彼は、西欧に対抗してムスリムを団結させることのできる強力な統治者を見いだすことでよしとした。その有望な候補の一人にスルタン・アブデュルハミト二世がいた。アフガーニーはいくつかの論文のなかで、このスルタンを入念に褒めたたえた。もう一人の候補者はマフディーだった。フランスの左派系新聞に書いた記事のなかで、アフガーニーはロシアとフランスとトルコが共同で英国を攻撃する可能性を訴えた。そうなれば、世界中で大規模なムスリム蜂起が引き起こされるだろう、と主張するのだった。単なる夢物語とは言い切れぬ彼の計画のなかで、マフディーは英国を威嚇するために欠くべからざる存在だった。パリ滞在中、彼はさまざまな陰謀に加担したが、そのなかには、マフディーを説得してエジプトの独立と引き替えに英国人攻撃をやめさせる、というウィルフリッド・ブラントが提言してきた計画もあった。

この計画でアフガーニーが中心的な役割を担ったのは、マフディーに対する自分の影響力を誇張してアピールしたがためだった。それに納得した人たちが少なくとも何人かはいた。英国政府高官からは有能な仲介人であると信を置かれ、一八八五年七月、彼はブラントに招かれ、インド担当国務大臣のランドルフ・チャーチルに面会するためについにロンドンへ渡ることになった。ブラントはチャーチルに対してあらかじめ、アフガーニーという客人について警告しておいた。「当地で彼を快く思う者はおりません。そして、彼は英国の敵なのです。しかし」と彼は続ける。「嫌われ者でもなくわれわれの敵でもないとしたら、われわれにとって何の役にも立ちますまい[108]」。アフガーニーはチャーチルに対し、インドのムスリムたちは「グレート・ゲーム」の強敵ロシアを嫌う以上に英国を嫌っていると、単刀直入に告げた。ただし、英国が信頼を取り戻す方策はある。それはエジプトから立ち退き、「イスラーム、アフガニスタン人、ペルシア人、トルコ人、エジプト人、アラブ人と同盟関係に入ること。(…)そうすればムッラー〔イスラーム法・教義に通暁した者たち〕は、あなたがた英国人と組んでロシア人と戦うべく聖戦を説き勧めるでしょう[109]」

だが、この怪しげな奇策からは何も結実しなかった(ほぼ一世紀ののち、アフガニスタンで英米がロシアに対して挑んだ聖戦の予兆ではある)。マフディーは一八八五年に突然死し〔死因はチフス〕、期待に沿うことなく終わった。そして融通無碍なアフガーニーはその後しばらくしてロシア人をたきつけ、ムスリムとの反英国同盟を結ばせることになる。英国を巻き込んでのたくらみに成果なきまま三カ月を過ごし、二人のムスリムの友人との激しく言い争いをしたのち、アフガーニーはロンドンのブラント邸を去らなければならなくなった。その後、ブラントは次のように書き残した。

> ジャマールッディーン〔アフガーニーの名前〕は天才であり、彼の教えが過去三十年間のイスラーム改革運動に与えた影響はどんなに評価してもあまりある。私はイングランドのわが家に彼に逗留してもらえたことをはなはだ光栄に思うが、彼は野人であった。徹頭徹尾アジア的であり、ヨーロッパ流に慣らすことは至難の業であった[110]。

確かにヨーロッパ、そして亡命者の安閑とした境地は、アフガーニーには似合わぬものだった。おおよそこの時期に、彼はアブドゥと関係を断っている。その理由はつまびらかにされていないが、二人がそれぞれの政治的道程をたどっていたことは明らかであり、その目的地はまったく異なっていた。

ほぼ二十年間、アフガーニーは母国に帰っていなかった。パリで暮らし始めるまでは、家族との連絡も途絶えていた。一八八六年に彼はペルシアへ旅し、ブーシェフル〔イラン南西部ペルシア湾岸に面する〕に数カ月滞在する。その頃までに、彼の名前は各地で知られるようになっていた。そしてここでもまた新環境に適した人物像を打ち出すべく、彼は自分の祖先がペルシア系であることを強調した。ペルシアで彼を迎え入れてくれたのは、宮廷の有力者や商人、地主、そしてミルツァ・ナスラッラー・イスファハーニーのような新進活動家たちであった。イスファハーニーは後日、ウラマー内の急進的メンバーとしてマリーク・ムタカッリミンの名前で知られることになり、一九〇六年に起きたイラン立憲革命ではリーダーの一人となる。

マリーク・ムタカッリミンは、英国の手でインドから追放されてきたばかりだった。彼は、汎イスラーム主義について滔々と説くアフガーニーのなかに父親像を見いだした。ペルシアの知識階級に属するほかの者たちもアフガーニーと懇意になり、そのうちの何人かは、一八九〇年代にアフガーニーがイスタンブールへ亡命した折にも彼の取り巻きとなった。ナーセロッディーン・シャー〔ガージャール朝第四代シャー〕ですら彼の噂を聞き、テヘランに彼を招いた。最初の面会の際アフガーニーは、自分はシャーの手中に委ねられた「鋭利な剣」のようなものだから、閑など与えないでくれ、とシャーに頼んだ。この挑発的な言葉に、保守的なシャーは距離を置こうと決めたようだった。アフガーニーの政治演説や著述に関する報告に、すでに不安を感じてもいた。彼は密かに、いつ何時もめごとを起こすかもしれぬこの男をペルシアから放逐した。

その後、アフガーニーはモスクワへ行く。この時点で英国は彼の動きを厳しく監視しており、ロシア駐在の英国大使はロシアの外務大臣に、「女王陛下の政府に対してはなはだしい攻撃を加えようとし」、かつまた「インドで反政府運動をあおったこの男」(111)に関する懸念を注進した。それは正しい指摘だった。アフガーニー自身、ムスリム世界における英国の不当な干渉に対し、ロシア皇帝が何らかの行動をとるよう働きかけるつもりであることを公言していた。一八八七年七月、著名な保守的ナショナリストでアフガーニーのモスクワ滞在中の世話人でもあったミハイル・ニキフォロヴィッチ・カトコフ〔一八一八―八七、政治家・ジャーナリスト〕が編集長を務める『モスクワ・ニュース』という新聞は、こう主張した。「アフガーニーのロシア訪問の目的は、六千万のインド人ムスリムが唯一の頼みの綱とし、自分たちを保護してくれる余裕があり、かつ忌々しい英国のくびきから自分たちを解放してくれるだろうと期待を寄せる国と、実践レベルで親交を結ぶことである」(112)

不幸にしてカトコフは、アフガーニー到着後まもなくして死んでしまった。だが、彼は皇帝の宮廷で説得活動を続けた。『ノヴォエ・ブレミヤ』紙のインタビューに答えてアフガーニーは、ロシアがロシアとアフガニスタンの国境の線引きを快く英国に任せてしまったことに驚きを示した。彼は英国によるアフガニスタン干渉を懸念している旨を打ち明けた。英国はいつもアドバイザーと称して外国に入り込み、いつのまにか支配者になってしまう、と彼は述べている。同じことがペルシアでも起きるだろう、と彼は付け加えた。シャーはロシアを犠牲にして、英国に対し大幅な譲歩をし始めている、と。

アフガーニーはモスクワで何人か、気脈の通じそうな共謀者候補に出会っている。その一人が、パンジャブ最後のシーク教君主〔ランジット・シン〕の息子で華やかな経歴を持つダリープ・シンであった。彼は英国から受けた扱いに激しい屈辱を感じていた。二人は手を組んで、インドの解放だけではなく、東洋全域におけるヨーロッパ人の存在の根絶に寄与するであろう露英戦争を画策した。アフガーニーが反帝国主義に与するときの宗教を超越した普遍主義、それがロシア生まれのムスリム、アブデュルレシト・イブラヒムに由来していたことも明らかになっている。当時イブラヒムは、国際行動主義の輝かしい経歴のとば口に立ったばかりだった。彼は、サンクトペテルブルクでのアフガーニーとロシア人イスラーム法学者《アーリム》の対話に臨席したことがあったが、後日、アフガーニーがイスラームの法理学（フィクフ）に関する質問を受けたとき、笑いながら「まだフィクフの問題などにかかずらっておられるのか？　矛盾だらけの大海で溺れるのが関の山ですぞ(113)」と言い、相手のロシア人を憤慨させたことを報告している。

抽象的な理論のもてあそびに甘んじることができぬアフガーニーは、今では何よりも政治的行動主義者であり、目的達成のためにさまざまな手段を弄しはしたが、まずはイスラームを主要な手段として活用した。アブデュルレシト・イブラヒムは、ロシア皇帝との謁見がかなわなかったアフガーニーがローブとターバン姿でオペラハウスに現れ、皇帝の近くのボックス席に陣取った様子を伝えている。舞台の幕が上がるとすぐさま、彼は席から立ち上がった。そしてメッカの方角を向き、大声で告げた。「夜の礼拝を捧げようと思います。神は偉大なり《アッラーフ・アクバル》！」

アフガーニーが吟唱を始めるや、全聴衆が彼を凝視した。ロシア人将軍がアフガーニーたちのボックス席に踏み入り、何のまねごとかと問い詰めた。気が気でないイブラヒムは、連れの礼拝が終わるまで待ってくれ、と将軍に頼んだ。困惑した皇帝とその家族が見守るなか、アフガーニーは礼拝を続行。勤めを終えて立ち上がった彼はそこにいた将軍に、皇帝への伝言を頼んだ。「私が神とともに過ごす時間、そこに王や預言者が入り込む余地はないのです(114)」。その場で殺されるかと恐怖にすくんでいたイブラヒムに向かってアフガーニーは、私はロシアの皇帝と皇后陛下、そして大臣閣下にイスラームの教えをもたらしたのです、と言い切った。

イスラーム教徒の献身的信仰の様子を目の当たりにし、ともかくもアフガーニーとイブラヒムを即座に逮捕しようなどという考えは浮かばぬほどに感銘を受けたらしい皇帝ではあったが、反英の陰謀に乗るまでには至らなかった。アフガーニーの命運がそこで尽きてもおかしくなかった。頭角を現し始める革命家というのは、通常成功の機会を一度は持つ。アフガーニーには何度もそうした機会があったが、三大陸にまたがった友人、支持者、共謀者仲間がかたち作る広範囲にわたるネットワークを得たこと以外に、努力にふさわしい成果には恵まれなかった。だが、彼にとっての偉大な政治的勝利はこのあとに控えていた。そして、それは彼の生まれ故郷のペルシアで成就する。

ペルシアでの神格化

ロシアでアフガーニーがネットワークを作り上げる手際に感銘を受けたらしいペルシアのシャー〔ガージャール朝第四代シャー、ナーセロッディーン〕は、彼に対する嫌悪は押し殺してもう一度彼をテヘランに招待した。シャーには、自国内でのし上がりつつある英国に対するアフガーニーの強烈な非難をやめさせたいという気持ちもあったのだろう。彼はこの運動家につまらぬ閑職を与えた。ある新聞の編集者のポストだったが、アフガーニーの最初の寄稿は、ムスリム世界に及ぶヨーロッパの影響を激しく弾劾するものだった。テヘラン駐在のフランス大使によると、シャーはアフガーニーが論説のなかで、「ムスリムがその数を伸ばし世界中で影響力を増すためには異教徒の血が流されなければならない、云々」[115] と書いているのを読んで、肝をつぶした。これはおそらく誇張した話だろう。というのもアフガーニーは活字になった論説では、けっしてそのような言葉遣いをしたことがなかったから。いずれにせよ、シャーはすぐさまアフガーニーをペルシアへ招いたのは重大な失敗であったと気づく。

主義を唱えるムスリム運動家がはびこりやすい土地であり、国内の世論はエジプトにおけるよりもアフガーニーに好意を示していた。

ペルシアは隣国トルコやエジプトと違って、西欧からの侵略被害をほとんど受けていなかった。その理由のひとつとして、同国には外国人投資家を惹きつけたりインフラ整備を必要とする綿花のような輸出による外貨獲得が可能な産品がなかったことが挙げられる。その結果、国防軍や官僚組織を設立したり、ぜいたくな建設工事をするに十分な財源はなかった。都市や町は依然として人々の助け合いの基盤の上に成り立っていたし、社会や経済の仕組みが、海外貿易と個人の所有権を重視する西欧式経済によって崩されていなかった。西欧的近代に脅かされることなく、イスラームは独自の倫理的訴え、文化的威信、結合力を保持し続け、さらにはアフガーニーが望んだとおり、政治的武器になることすら可能であった。

オスマン帝国のスルタンやエジプトの副王と同じく、ペルシアのシャーも贅を尽くした欧州漫遊に出かけた。彼は目にしたものを感嘆を込めて書き記している（モスクワのバレエ、それからペルシアには対応する語彙のない「トンネル」など。彼はそれを「山に開けられた穴」と訳している）。彼は何人かの留学生をパリに送り、キリスト教の伝道師にペルシア内で学校を立ち上げることを許しもしている。しかし彼は、国内で広範な改革を手がけたエジプトやトルコの二の舞になることは慎重に避けた。ほかの多くの専制君主と同様、彼は監視・管理組織を強化することができる範囲において、あるいは海外投資家たちから進歩的と見てもらえる限りにおいてのみ、近代化に興味を示すのだった。

一八八〇年にペルシアを訪れた二人の日本人外交使節〔外務省理事官吉田正春と陸軍工兵大尉古川宣誉〕は、シャーの近代化について懐疑的な見解を述べている。「もし支配者が社会の基礎固めをおろそかにしうわべの体裁を繕うことにのみ尽瘁するならば、帝国の運命は糸の切れた凧も同然であろう[116]」。シャーがアフガーニーをテヘランへ呼び戻した頃には、自由化政策を何ひとつ考慮してこなかった彼に対し、改革を求めるペルシアの若き知識人たちはすでに背を向け始めていた。ペルシアに対する覇権をめぐって角突き合わせていた対抗勢力、すなわち英国とロシアのしのぎの削り合いはますます激しくなってきていた。両国はペルシアの貿易を牛耳っていたが、とくに英国はイスファハンで栽培したアヘンを莫大な利潤をもたらす中国市場へ搬送したり、インドまでの電信回線確保のためペルシア領土を利用していた。

シャー自身に対し、また彼の外国勢との付き合い方に対し、人々は不信感を抱いていた。異教徒らが自国経済に割り込んでくることに保守的聖職者たちは憤慨した。一般的に言って、ペルシアのシーア派聖職者の力のほうが、エジプトのスンナ派ウラマーが持つ力よりも大きい。ともあれ、英国は強引に有利な取引を進め、ロシアはロシアで彼らなりの要求を強く迫った。シャーは貿易に代わるものとして、ヨーロッパのビジネスマンたちに対して利権を供与し始め、鉄道の新規敷設、油田の発見、国営宝くじなどから上がる収益の取り分を期待した。

一八七二年、シャーは、鉄道・道路・工場・ダム・鉱山に関するすべての独占的建設利権を英国の一市民、ポール・ロイター男爵（ロイター通信社の創設者）に与えた〔いわゆるロイター利権〕。この利権供与については、頑強な帝国主義者ジョージ・カーゾンですら、「一王国の全資産を外国人の手に委ねるというが、ごく一部の譲渡ならともかく、歴史的には誰も夢想だにしなかった完全放棄である」[117]と、後日述べたほどだった。ロシアからの抗議によってこの取り決めは頓挫したが、ロイターは別途有利な利権を獲得、シャーは巨額の財政赤字を埋めるために種々の利権をヨーロッパに売ることに汲々としていた。

これはまさにエジプトの副王が自分の国をヨーロッパ金融に依存させてしまったやり口であり、それが結局は英国によるエジプト支配を容易にした。西欧から人畜無害の商人がやってきたあとには、略奪兵が続くのが普通である。いろいろなムスリムの国で帝国主義について学んだアフガーニーが、ペルシア当局に宛てた手紙のなかで警告したように、ペルシアの外敵たちは手を変え品を変え狡猾な口実を作っては国内に侵入してきた。

ある者は警察署長を名乗り「モンテフォー伯爵のこと」、ある者は税関所長という口実のもとに「キタブギ氏」、あるいは自称教官だという連中がいたり「ロシア人士官たち」、聖職者だという者「トレンス博士や米国人宣教師」、または鉱山を賃借するという口実を使ったり「英国の鉱山会社」、銀行を設立するという理由のもと「ペルシア帝国銀行」、そしてさらにはタバコ取引の独占権を持っているという口実のもとに「トールボット将軍」、この国の富を取り上げ、やがて彼らはこの国そのものを占領するまでになる、そのときがあなた方の不幸の始まりなのです[118]。

アフガーニーはペルシア到着のほぼ直後にシャーとの関係を断ち、テヘラン郊外の聖堂に避難した。この避難所から、彼はペルシア人に対し、祖国が売り飛ばされる危険が迫っていることを警告する演説を放ち続けた。「あなたたちは、インド人のように外国人の奴隷となってしまう前に、何らかの救済手段を見いださなければならない[119]」。彼をいちばん熱烈に支持したのは、シーア派ナショナリストの知識人たちのなかでも彼の思想に奮い立った者たちだった。とくに、イスラームの基本原理は民主主義と法の支配をもたらすのに必要な条件をすべて含んでいる、という考えが彼らを発奮させた。彼らのスローガンは、今でいうならば「イスラーム民主主義」であり、彼らはアフガーニーの演説のなかにその趣意を繰り返し聞き取ったと確信した。最終的には、アフガーニーのキャンペーンを支持したのは改革意識の高いナショナリスト知識人や外国人排除を望むバザール商人だけではなく、保守的なウラマーも含まれた（エジプトやトルコのウラマーは、アフガーニーに疑義の視線を向けがちだった）。

七カ月経過後、シャーはついにアフガーニーのアジプロに堪忍袋の緒を切らす。彼の兵士たちはアフガーニーが隠遁していた聖堂の避難所を襲い、彼を逮捕して厳しい真冬の大地を歩かせ、オスマン帝国が支配していたメソポタミアへの国境越えを強いた。屈辱を受けたアフガーニーは、追放の地でこれまで以上に声を荒らげた。そして今彼は、偶然の事情が重なり合った結果、ついに外国人略奪者および彼らと謀《たばか》る現地人を相手取った大規模な大衆運動のリーダーになった。

一八九一年にシャーは英国人ビジネスマンにタバコ利権を譲渡したが、これはペルシア人にとって国家的作物にも等しい農産物の売買と輸出を独占させたも同然の行為であった。アフガーニーは歓呼共鳴する聴衆に向かい、これで異教徒たちはタバコ栽培者を思いのままにするばかりか、厳格なシーア派がたしなむ喫煙を穢したその手で小規模のタバコ商の暮らしを破壊することになる、と指摘した。テヘランでは彼の指導によって秘密結社（ペルシアにあっては革新的な政治的道具だった）が組成され、そこから政府筋に宛てて匿名の手紙が送り出され、ペルシア人の蜂起を促すビラや貼り紙を配った。これらの文書上の言葉遣いは、彼がエジプトでファッラヒーン〔小作農〕に向かってなした演説のときの言葉遣いに驚くほどよく似ている。

この数ポンドばかりのタバコ、それは身を粉にして生産され、困窮に悩む何人かの男たちが一片のパンを得るために輸出を図ったものだったが、国外からは垂涎の的であり続け今や異教徒に与えられてしまい、預言者ムハンマドを信奉する者たちの手には届かなくなってしまった。ああ、偉大なる人々よ、あなた方は自分たちが誰なのか知らぬのか？ いつになったら目を覚ますのか？(120)

この呼びかけに対し、一八九一年の春、ペルシア人はいくつかの主要都市で怒りの抗議行動を炸裂させた。これには電信の実用化がひと役買い、ビラや貼り紙を配布した秘密結社も力添えしている。このときの民衆デモは、一九七八―九年のホメイニー革命のときのいわゆるカセット革命〔ホメイニー師の説教を録音したカセットテープの頒布によって大衆を動かしたことから〕同様、入念に連携が図られたようであり、また女性も多数参加した。

アフガーニーは、当時メソポタミア各地の聖都に住んでいたシーア派の聖職者たちに怒りの手紙を書いている。政治的無関心から脱してシャーに対する反対運動を起こせ、というのであった。たいへんな尊敬を集めていたシーア派聖職者、ミールザー・ハサン・シーラーズィーに宛てられた手紙のなかの一通は、ロシアと英国によるペルシア支配のみならずシャー自身をも激しく弾劾するものだったが、これがペルシアとヨーロッパに広くばらまかれた。アフガーニーはこのノンポリの聖職者に、西欧の資本家が貧しい国々に押しつけた「構造調整」というものが何なのか、根気よく説明している。

> イングランド銀行とかかわることの意味を、どうすればあなたに理解してもらうことができるでしょう？ イスラームの敵に対して政府の統制権を引き渡すことであり、その同じ敵に人々を奴隷としてくれてやることであり、すべての主権と権威を外国の敵の手中に委ねてしまうことなのです。(121)

シーラーズィーはアフガーニーの教えを吸収したらしい。数カ月後、バスラ経由で脱出したアフガーニーがロンドンに滞在しているあいだに、シーラーズィーはシャーに宛てて初めて政治問題を扱った手紙を書き、外国人が銀行や商業利権を通してムスリムの民を支配することを糾弾した。どうしてもウラマーたちを自分の側につけておきたかったシャーは、何人もの仲介者を送ってシーラーズィーの説得工作を図った。シーラーズィーは折れなかったどころかファトワー〔イスラーム指導者による法的裁定〕を発し、タバコの独占が撤回されるまでは喫煙を事実上イスラームに抵触するものとした。この禁止命令は驚くべき成功を収め、シャーの宮廷までが禁煙になるほどだった。とうとうシャーは知識人・聖職者・商人たちの連携の前に屈服し、タバコ利権の譲渡を撤回した。

アフガーニーは、この勝利をもたらした協力関係のために力を尽くした。この関係はその後も持続し、ひいてはイランの歴史を方向付けることになる（モハンマド・モサッデク〔首相時代の一九五一年に石油国有化〕が最初に外国企業に対する宿命的な不信感を抱いたのは一八九一年、彼が九歳のときである）。それはアフガーニーにとって最高の瞬間であり、それを皆に告げた。シャーの怒りを買いつつも、彼はロンドンで公開演説を続け英国の出版物に論説を書き続け、テヘランの腐敗した傲慢な体制を引きずり降ろすべく、シーア派のウラマーたちに呼びかけた。これらの論説の多くは英国人読者に宛てたもので、専制的なシャーを支持する彼らの政府が悪い、と読者を責めた。怒りに満ちた小論文のなかには、今日でもそのまま通用する洞察が見いだされる。『コンテンポラリー・レビュー』誌への寄稿で、彼はなぜムスリムたちが西欧で支持される専制君主を嫌うようになったかだけでなく、西欧そのものを嫌い始めた理由を説明している。

とても奇異に思われるだろうが、事実なのだから仕方がない。それは、シャーがヨーロッパを訪問して帰ってくるたびに、人民に対する暴虐ぶりがひどくなったことだ。おそらく、彼がヨーロッパで歓待されることに多少なりとも原因がある。その結果として、ペルシアの民衆はひどさを増す苦難の原因はヨーロッパにあると考え、それゆえにヨーロッパ人に対する嫌悪がますます激しくなった。それも、双方の友好関係が容易に築かれてもおかしくない矢先にである。[122]

アフガーニーは英国の報道陣が、イラン国内のデモ隊を、改革と法規制定を純粋に欲しているだけなのに、狂信者扱いすることを批判した。ロイター通信社（いうまでもなく、銀行業と鉱山業の権利を依然として有していた英国人がオーナーの）による偏向報道も指摘した。英国に対するムスリムの敵意をやわらげるため、彼はあらためて英国のエジプトとインドからの撤退を呼びかけ、ペルシアのシャーに対する支援をやめるよう要請した。引き続きシャーの転覆を訴えることもやめなかった。英国に対してペルシア当局は、アフガーニーの著作に関する抗議を繰り返したが、ロンドン側はいかんともしがたいと応えるのみであった。一八九一年十二月の『ペルメル・ガゼット』紙によるインタビューのなかで、アフガーニーはペルシア人のことをほかのアジア人に比して、より進歩と改革に適した国民だとし、自分にふさわしい役柄はムスリム諸国における変化を触発することだと強調している。「コーランの神髄は」と彼は主張する。「近代の自由の概念と完璧に一致する。（…）ヨーロッパにおける自由の原則によく通じた学のあるイスラーム教徒ならば、その原則をコーランの威光の枠内で、ルターが直面したような困難なしに、容易に信徒たちに伝えることができるだろう[123]」

黄金の檻のなかで――イスタンブールにおけるアフガーニーの最期

アフガーニーにはアジテーター以上の力はなかった。それに、彼の影響力も尽きかけていた。彼はオスマン帝国のスルタン、アブデュルハミト二世の顧問就任という誉れある要請を受けてイスタンブールへ赴くことに決めたが、それは彼が変革を企ててきた政治の舞台から事実上退くことを意味した。

一八九二年の夏、アフガーニーはイスタンブールに着く。トルコの招待者側は彼のわずかな手荷物に驚いた。彼はイルディスにあるスルタンの大きなゲストハウスのひとつに落ち着いた。そこはアブデュルハミト二世がボスポラス川のほとりに自分のために建設した宮殿で、アフガーニーは月極めの顧問料を受け取ることになった。スルタンは、アフガーニーがオスマン帝国に対するアラブ人たちの不満をあおろうとしているのではないかと、長いこと彼を不信の目で見ていた。しかし同時に、アブデュルハミト二世はこの遊歴の活動家に魅せられていたこともあり、自分の目的のために彼を雇用することに熱心であった。彼はアフガーニーを、オスマン帝国のカリフの地位をプロモートするための宣伝役として協力させながら、イスタンブールに留め置いて監視しようと考えた。

タンジマート改革はしばらく前から暗礁に乗り上げていた。保守的なウラマーたちの評価だけでなく世間の評価も、ムスリムのためにはほとんど利点がなく非ムスリムの分離主義者たちを勇気づけるだけ、というものだった。スルタンは、スパイや情報提供者の近代的なネットワークと拷問に熟達した警察隊を最大限に活用し、自分の権力を大いに高めてきていた。彼は、アジアにおいて欧州列強と互角に渡り合い始めた日本に夢中だった。滑稽なほどに猜疑心の深いアブデュルハミト二世は（たとえば日本の天皇がイスラームに改宗し、自分の政敵になるのではないか、などと懸念）、世界中のムスリムからの支援を得ることを切望していた。アブデュルハミト二世はインドとシリアからイスラームの貴人を多士済々招待し、自分の宮廷に彩りを添えると同時にカリフを名乗る自分の主張の宣伝を図ったが、どちらかといえば独立不羈のアフガーニーのような存在をそばに置いておく必要もあった。

しかし結果的には、アフガーニーの打算が正しかったことがわかる。彼自身はスルタンのことをそれほど気に入っていなかったし信頼もしていなかったが、ムスリムを奮い立たせるのに必要であれば、この支配者の威光を利用するつもりでいた。それに彼としても、世界でもっとも影響力があり、今まさに自分の統治権の範囲を拡大しようと目論みつつあるムスリムのリーダーから顧問就任の要請を受けたことに、悪い気はしなかっただろう。何はともあれ、アフガーニーは、汎イスラーム主義を格上げするために、こうしたお墨付きを長いあいだ求めていたのだった。

スルタンは、アフガーニーのイスタンブール到着直後、彼に引見している。この会見に臨席した人々は、全ムスリムの頂点に立つ最高権力の前で見せたさまよえる煽動者の天衣無縫ぶりに、仰天した。アブデュルハミト二世の厚遇は、アフガーニーに後宮の女性との婚姻を勧めるほど、いたれり尽くせりだった。流浪の思想家による辞退の言葉は哲学的だ。「この世に生きる人間はあたかも旅人のごとく、素裸で、四方を障害物に囲まれながらもそこから逃れるべく、自由になるべく戦うのです。そんな旅人を契《ちぎ》りでつなぎ留めたらどうなりましょう？[124]」

女性の伴侶の代わりに、アフガーニーは自分の周りにはいつもどおり多国籍の支持者と学生からなるお伴を従えていた。シリアの学生だったアブドゥルカーディル・マグリビーは、多くのムスリム思想家と同じく、自分自身の知的成長と感性の発育にはアフガーニーとムハンマド・アブドゥがパリで出版していた雑誌が与《あずか》って力があったとし、その頃には熱烈な弟子になっていた。マグリビーはその後、アフガーニー回想録を一冊の本にまとめた。そしてアフガニスタン随一の作家・思想家であるマフムード・タルズィー（一八六五—一九三三）は、イスタンブールでアフガーニーとその弟子たちとともに過ごした七カ月のあいだに、政治教育の手ほどきを受けた。

オスマン帝国の首都にはペルシア人亡命者があふれており、そのなかにはイスラームの放棄を提唱する急進的な自由思想家が何人かいた。だが彼らでさえも、アフガーニーの汎イスラーム主義には魅了され、内部改革をする前にムスリムは一致団結して西欧に対峙しなければならないという信念を受け入れた。こうした自由思想家の一人に詩人のシャイフ・アフマド・ルヒがおり、彼は自分の印章に「吾はイスラーム統一の伝道師なり[125]」という言葉を刻んでいる。

エジプト・ナショナリストのリーダー、サアド・ザグルールはイスタンブールにアフガーニーを訪ね、アブドゥの弟子でその後ムスリム同胞団に思想的刺激を与えたラシード・リダーも彼に会いに行った。アブドゥ自身は距離を置いていた。ヨーロッパの帝国主義者と事を構えるのは無益だと確信していた彼はエジプトへ帰り、英国と手を携える道を選んでいた。

アフガーニーの談話は彼の弟子たちによって忠実に記録されているが、孤独な政治的亡命者の常にもれず、彼もまた世界の出来事にかかわった自分の役割をかなり誇張している。ロシアのツァーやマフディーと親密な関係だったと主張し、イランのシャーからの交渉の申し出を一蹴したと自慢している。鋭い歴史的洞察を披露したこともある。たとえば、ルター以降のヨーロッパで起きた数えきれぬ戦争は多くのヨーロッパ諸国の組織化能力を高め、長期的に見ると、これが近代文化を導くことにつながった、などという見解である。お気に入りのテーマに立ち返ることも多かった。ムスリムはヨーロッパを模倣することでヨーロッパに支配されやすくなる、というのは彼の自説だった。「こうした模倣は、そのなりゆきとしてわれわれを外国人崇拝に向かわせるものである。そしてまた、彼らによる支配に甘んじることになる[126]」。改革と科学のために必要な条件は、現代の科学・政治・経済と完璧に調和しているコーランのなかにすでにある、という主張もそうだ。彼はコーランの明瞭かつ現代的な読み方に力を入れた。彼は、この聖なる書物を伝統墨守の方法で読んでいてはムスリムの団結を妨害するばかりだ、と主張していたように思われる。

イスラーム内部でのシーア派とスンナ派の対立も彼は認めず、それは支配下の民を無知蒙昧の状態にとどめておくために反目を利用する利己的な支配者のせいである、とした。彼は憲法改正の必要性についても語っている。専制君主とヨーロッパの植民地主義者に支配されていたすべての国々の改革論者と政治活動家が、当時力を入れていた課題である。さらに驚くべきことは、すべての一神論の宗教は根本的に同じだという説を語っていたことで、それによって彼は自分の西欧に対する敵愾心というのはキリスト教の価値観に向けたものではなく、帝国主義に向けたものなのだ、という点を強調している。

しかしながら、露骨な政治活動は自制するという暗黙の了解があった。たとえばイラン人に対してシャーへの反乱を呼びかけるような行為である。イスタンブール駐在のイラン人外交官は、アフガーニーを警察の監視下に置くよう、強く要請していた。スルタンも、アフガーニーによる印刷物の出版を一切禁止していた。彼がシーア派のウラマーに対し、カリフたることを自任自称しているスルタンの支持を要請した手紙を書いたのは、一八九四年になってからのことである。そして彼は、オスマン帝国の首都でますます孤独を募らせていった。

イラン政府はイスタンブールにおけるアフガーニーの存在について、強硬な抗議書を次から次へ提出していた。強迫観念にとりつかれたシャーのスパイも、彼とその支持者に目を光らせていた。宮廷内部には、アフガーニーと彼のイスラームに関する自由奔放な対応を警戒する伝統主義者に事欠かなかった。彼らは、エジプトの新しい副王がイスタンブールへやってきて、アフガーニーとの面会を求めたことを知り、さらに警戒心を強めた（この要求は拒否された）。

首都イスタンブールではさまざまな風評が流れた。アフガーニーは無宗教者だといわれたり、それ以上にありそうにないのは、彼がビールを愛飲するだとか、いかがわしい宿屋に足繁く通っているという噂だった。サンクトペテルブルクにおいて、アフガーニーがツァーの面前でイスラームの礼拝をこれ見よがしに披露するのを目撃したアブデュルレシト・イブラヒムは、今度はイスタンブールで、敬虔な一人のムスリムがアフガーニー流の集会をやめて礼拝に代えたいと要請したところ、アフガーニーがこれを拒否するのを見た。一八九五年、アフガーニーは英国の旅券を入手してイスタンブールを去ろうとした。だが、彼の宿敵英国は彼に手を貸すことをけんもほろろに拒絶した。
彼の世界観は次第にどす黒くなっていった。一八九六年、彼はムスリムの状況を芝居がかった筆致で総括した。

今日のイスラーム諸国は、不幸にして略奪の限りを尽くされ資産を奪われた。領土は外国人に占領され、富は他人の手に渡ってしまった。外国人がイスラームの土地を横取りせぬ日は一日としてなく、イスラームの一団を自分たちの規則に服従させぬ夜は一夜としてない。彼らはムスリムを凌侮し、ムスリムの誇りを蹴散らした。［ムスリムの］命令に従う者はなく、その言葉に耳を傾ける者はいなくなった。［外国人は］ムスリムを鎖でつなぎ、首には奴隷のくびきをはめ、人格を無視し、血統をばかにし、名前で呼ばずに侮辱をもって呼びかけに代える。あるときはムスリムを野蛮人と呼び、またあるときは薄情で残忍だと見なし、しまいには気の狂ったけだものと見なす始末。なんたるわざわい！　なんたる悲しみ！　何事か、この事態は？　何事か、この不幸は？　英国はイスラーム諸国の大部分を占めるエジプトとスーダンとインド亜大陸を占領した。フランスはモロッコとチュニジアとアルジェリアを手中に収めた。オランダはジャワといくつかの島々の支配者になった。ロシアは西トルキスタンを攻略しトランスソクシアナ、コーカサス、ダゲスタンの大都市を落とした。中国は東トルキスタンを奪った。危機と背中合わせながらもなんとか独立を保ちつつあるイスラーム諸国は、わずかしか残っていない。

ヨーロッパ人と西欧主義者に対する恐怖に駆られ、彼ら［ムスリム］は夜の安眠と昼の安らぎを奪われた。外国人からの圧力は彼らの血管に［至るまで］悪影響を及ぼし、ロシアや英国ということばを耳にしただけで恐怖のあまり血の気が失せる。フランスやドイツということばを聞いただけで畏怖のあまり麻痺してしまう。昔はこの同じ国民が、歴代の偉大な国王からも人頭税を徴収し、各国の代表は国王に最高の恭順をもって敬意を表したものだが、今や全世界は、自国内でみじめに打ちひしがれているムスリムのありさまを見て、ムスリムの存在に何ら希望を寄せぬところまで来てしまった。外国人は永遠にこれら無力な人々をペテンにかけて脅し、詐欺を働いて不幸に陥れ、彼らの生活を破壊する。その一方でムスリム自身はどうかといえば、走り逃れる脚もなければ喧嘩のための手も出せぬ。ムスリムの王は、数日でも長く生き延びるために、異教の王の前で小さくなる。［ムスリムの］王の臣民はあちらこちらの隠れ家に身を隠して心の平安を得ようとする。ああ！ああ！計り知れぬ悲劇！なんと恐ろしい破局に見舞われたことか！なんたる事態が生じてしまったのか！権威と威厳はどこに消えた？全能で偉大なはずではなかったか？気高さや栄光はどこへ行った？この限りなき退廃の原因は何なのか？この困窮と無力はなにゆえに生じたか？神の約束を疑うことが可能だとでも？めっそうもない！神の御慈悲を期待しても仕方がないと？神の御加護のあらんことを！それならば、われわれは何をすべきなのか？根本原因はどこにあるのだろう？こうなったことの説明をどこに求めたら、誰に尋ねたらいいのだろう？「こうした一連の疑問に対する答はなく」ただこう言うしかない。「神は人間のなかにあるものを変えたりはしない、人間がみずからそれを変えるまでは」(127)

一八六八年にカブールで投獄されていたとき、アフガーニーはこう書いた。「未知を閉ざす帳《とばり》が何を垣間見せてくださるか、頭上を旋回する不吉な天空がどんな運命を私に課そうとしているのか、私は知りたくてたまらない」。一八九五年十二月にイスタンブールを訪れたウィルフリッド・ブラントは、スルタンはもはやアフガーニーに接見せず、と報告している。彼のペルシア人の弟子ミールザー・レザー・ケルマーニーが一八九六年にシャーを暗殺して以降、アフガーニーの立場を擁護することはついに不可能になった。そのときシャーは、アフガーニーが一八八九年に活動拠点にしていたテヘラン郊外の聖堂で、自分の在位五十年を祝おうとしていたのである。イランの取調官に動機を説明した際、ケルマーニーはアフガーニー流の言い回しを巧みに使っている。

五十年もの長きにわたって君臨した王であるにもかかわらず、彼はいまだに虚偽の報告を受け取り、何が真実なのか突き止めることができずにいる。かくも長き統治の挙げ句に彼という果樹に実った果実はといえば、何の役にも立たぬ尊大なろくでなしと悪党ばかりで、ムスリム全体の暮らしに害悪をもたらすだけだ。であるならば、そうした果実を実らせぬためにも、そんな果樹は切り倒さなければいけない。魚が腐るときには、頭から腐っていくものだ。(128)

ペルシア人たちはすぐさまアフガーニーを、暗殺の教唆犯だと名指しした。確かにアフガーニーは病的なまでにシャーを嫌っていた。暗殺事件のひと月前、イスタンブールにいたアフガーニーのペルシア人弟子の一人は、彼が自分の部屋のなかで怒り狂いながら行きつ戻りつし、わめき散らしているのを見た。「殺すしか救いの道はない、殺すしか出口はない!」。さらにその前の年、シャーの暗殺者は多くの時間をアフガーニーと過ごしていた。ペルシアの警察に尋問されたケルマーニーは、暗殺の主たる動機として、一八九一年、シャーがアフガーニーを非情にも国外追放したことを引き合いに出した。

一方アフガーニー自身は暗殺犯とのつながりを一切否定し、イスタンブールでインタビューを受けたドイツ人記者を含め、ヨーロッパのジャーナリストたちとの何度かのインタビューでは無実を主張している。そのドイツ人記者によると、アフガーニーの住居は質素だが、大部分の時間をさまざまな国籍のムスリムに囲まれ、ヨーロッパの調度品がしつらえられた大きなサロンで過ごしていた。彼の黒い眼は相変わらず鋭かったが、今ではそこに苦渋が満ちていた。「私は戦い抜いてきた。そして今でも戦っている」と、アフガーニーはそのドイツ人に語った。「それは腐りきった東洋で改革運動を起こすためだ。恣意的な裁きではなく法律を、独裁ではなく正義を、狂信ではなく寛容を根づかせたいのだ」[129]。

ペルシア政府はこれまで以上に強硬に、彼の身柄の引き渡しを要求した。スルタンによって一時的に投獄されていたアフガーニーは、生涯吸い続けたタバコのせいで健康を害していなければ、世間から身を隠し苦々しさを抱きつつ、もうしばらくは鬱々と暮らせたことだろう。一八九六年が終わろうとする頃、彼は口腔癌と診断される。このニュースをペルシアの外交官たちは大いに歓喜して受け止めた。「もはや彼に希望は残されておりません」と、イスタンブール在のペルシア大使はテヘランへ報告している。「外科医によってあごの片方が一連の歯とともに切除され、あとは死ぬばかりです」[130]

アフガーニーは一八九七年三月九日、ただ一人キリスト教徒の使用人をはべらせ、五十九歳という若さで死ぬまでに、苦痛にあえぐ数カ月を過ごした。故郷と親族と友人から遠く離れ、みずからに課した仕事も道半ばのまま、あご半分を癌がむごたらしくむしばんだように彼は苦渋に食い崩され、人知れず潰えていく世紀末の政治的亡命者の一人となった。彼の墓には何の標識も付されなかった。その後およそ半世紀のあいだ、墓は放置されたままとなる。この間、専制君主たちではなく一般人が熱心に彼の思想を吸収しようとした。ところが、政治的亡命者の運命にありがちな風向きの変更のおかげで彼は再び名声を高め、彼が好んだコーランの掟、「神が人間の状況を変えることはない。人間がそれを自分たちで変えぬ限りは」を胸に刻んだ政治意識の高い新世代のムスリムから尊敬を受けることになる。

その後の影響

オスマン帝国滅亡のあと、トルコがきわめて大がかりな近代化プログラムに取りかかった一九二四年、チャールズ・クレーンというアメリカ人の大富豪でアラブ贔屓の男が「真に偉大なムスリムを世界中探しまわって」いたところ、当時サン・レモに亡命していたオスマン帝国最後のスルタン、メフメト六世からアフガーニーの話を聞いた。クレーンはその後外交官としてウッドロウ・ウィルソンに仕えることになるが、回想録のなかで、時間をかけてイスタンブールのあちこちの墓地を訪ね、アフガーニーの遺体を探したことを書き留めている。そしてある日、緑色のターバンを巻いた品格のあるムスリムが彼の前に現れ、当の墓所へ案内しようと申し出た。

「アフガーニーの墓には何の墓標もありません」と男は言った。「ですが、二本の木を結んだ線上からその場所がわかるのです。その二本の木には、最初に墓を見つけたときに目星をつけておきました」。クレーンの述べるところによれば、「われわれはその二本の木を見つけた。そして、自分たちの位置を確かめながら地面の上の小さな一画にたどり着いた。完全に平たくて何の印もなかったが、そこがこの男、古今を通じてもっとも優れたムスリムが埋葬された場所なのだった」[131]

ターバンを巻いたトルコ人がアフガーニーの墓だと確認してくれた場所に、クレーンは墓碑を建てた。一九四四年にアフガニスタン政府は墓所を掘り返し、アフガニスタン人の聖職者がアフガーニーのものと思われる遺体とともにカラチへ飛び、そこから遺体は鉄路ペシャーワルへ運ばれ、カブールまでは陸路を行った。カラチ、ラホール、ペシャーワル、ジャララバードと、葬列が通過する先々で、畏敬の念に打たれた群衆が列をなした。葬儀にはアフガニスタンの指導者たちとカブール駐在の外国人外交官が参列し、アフガーニーはカブール大学の地下にあらためて埋葬された。このムスリムのリーダーを、有力者や詩人たちは競うようにして、アフガニスタンが生んだもっとも優れた人物であると褒めたたえた（アフガーニーの生まれはペルシア人であるというテヘランの異論を巧みに避けながら）。英国、米国、ロシアの代表が墓に花輪を捧げた。ドイツ大使はナチス式敬礼をした。

アフガーニーの墓（それが本当に彼のものだとして）は、黒大理石の柱石の影を受けて今もカブール大学にある。西側の人々がこの近代的ムスリム活動家に抱く畏敬の念、それは皮肉ななりゆきではあるけれども強まりつつある。タリバンがアメリカ合衆国によって権力の座から追われてほぼ一年後の二〇〇二年十月、当時のアフガニスタン駐在米国大使だったロバート・フィンは、戦争に明け暮れるアフガニスタンで損傷を免れ得なかった霊廟の改修費として、二万五千ドルの寄贈を約束した。そのときの彼のスピーチは次のようなものだった。

これはある意味で、二つの意味合いを込めたわが国からの称賛であります。この寄贈によって、われわれは十九世紀に生きた一人のアフガニスタン人、ムスリムの偉大な知的巨人、学者でありジャーナリストであり政治思想家であり、また諸王の顧問を務め、エジプトからインドに至るムスリムたちを鼓舞した革命家であった人物の功績を讃えたいと思います。彼はコーランの学習に没頭し、自由と理性と科学的探求の必要性を呼びかけました。彼は学識豊かで、優れた著述家であり論客でありました。強い信念を曲げぬ倫理的勇気を備えた人物で、西欧の物質主義を批判する一方、当時のムスリムの支配者たちに対しても自分たちの宗教の自滅的傾向に対しても、遠慮することなく批判しました。（…）この寄贈はまた、いずれ再びアフガニスタンから、世界を震撼させ希望と改革を鼓舞するような偉大なリーダーや思想家が輩出される日が来るであろうことの確信の証《あかし》でもあります[132]。

予定よりも長い月日を要したが、霊廟の修復は二〇一〇年の初頭に完成した。しかし今その黒い建造物は、厳しすぎる歴史の皮肉を放っている。というのは、ごく最近欧米の「価値」を押しつけにやってきた武装使節らが遭遇した強敵というのが、かつてアフガーニーが外国人に対する非妥協的態度を称賛したパシュトゥン族だったからである。こうしてアフガニスタンは、またしても帝国の墓場となっていく。

米国大使のスピーチは、希望的観測に満ちていた（アフガーニーがアフガニスタンの出身だという、論駁されて久しい主張は論外として）。彼の称賛によって墓のなかの男は、あたかも九・一一後のヨーロッパとアメリカで、皆が探し求めた穏健で進歩的なムスリム、つまり彼の同宗信徒たちが近代の西洋と折り合いをつけるのに手を貸してくれそうなタイプのムスリムであるかのように潤色された。機知に富み才気縦横のアフガーニーは、このような楽観的思い込みの薄っぺらな作りごとからは程遠い存在であったのに。

十九世紀の後半に多くのムスリムは、世界が神と疎遠になってしまったという意識、あるいは輝かしい歴史がひどくおかしくなってしまったという意識、そして、イスラームの「誠」の道からはずれたことが彼らの政治的挫折の原因だったのではないか、という似たような疑念を強く抱くようになった。それ以来、こうした意識はムスリム諸国近代史に繰り返しついてまわる特色となった。この不吉な状況を、それがもっとも痛切に感じられたムスリム世界それぞれの要衝の地において、彼ほど敏感に察知し、鋭く意見した者はいなかったという点は、アフガーニーならではの功績である。

彼は自分の思想を体系立てるタイプではなく、走りながら考えていたようなところがある。彼に首尾一貫したところがあるとするならば、それは反帝国主義という点のみであり、その主義のためにあの手この手の機略をかき集めた。ナショナリズムと汎イスラーム主義を同時に唱道し、イスラームの偏狭さを嘆き、イスラームの過去の偉大なる栄誉を喚起し、ムスリムの団結を呼びかけ、ムスリムはヒンドゥー教徒、キリスト教徒、ユダヤ教徒と協働すべしと要請し、みずからそれを実践した。彼は科学の分野における西欧の業績を高く評価したが、合理性はイスラームにも本来備わっているものだと主張した。彼の人生を振り返ってみると、そこには思慮深さというよりは途方もないエネルギーと情熱があった、という印象が残る。効果的な使い方ができずじまいの活力ではあった。

とはいえアフガーニーは、西欧諸国の圧倒的な力の前でムスリムは受動的・従属的な態度をとるべきではないと最初に主張した一人である。彼は、そうした力を得るための鍵は科学と教育と軍事力にあることを理解し、ムスリムも習得可能であると確信していた。彼はコーランの一節を絶えず引用していた。「神は人々の状況を変えることはない、人々がみずからの状況を変えるまでは」。そして、もしムスリムの人々が百年のあいだに、歴史に従属する民という立場から歴史を作る側に立ったとするならば、それは少なからず三大陸を股にかけたアフガーニーのたゆまぬ唱道と努力のたまものであり、ひいては彼の有力な弟子たちがそれを継承流布したおかげである。たとえば最近のアラブ世界における抗議運動や革命にしても、アフガーニーによる西欧思想の同化とムスリムの伝統的考え方の鋳直しを礎とする政治的基盤なくして起こりえたかどうか、想像することはできない。

彼は、教育を受けた新世代の一般人のなかで、イスラーム神学の伝統的世界には属さずに、ムスリムの見るからに堕落した状態をなんとかしようとした最初の人々に属す。インドのムハンマド・イクバール、エジプトのサイイド・クトゥブ、そしてサウジアラビアのウサマ・ビン・ラディンなどの先達といえる。彼が考案した解決策は、現代の西欧に対するムスリムの、相互に関連する二つの主要な対応を先取りしてもいた。モダニズムとイスラミズムである。前者は、西欧の知識と威力のチャレンジに対して自分たちの啓示宗教を強化しようとするものであり、後者は空想社会主義的・革命的イスラーム解釈に沿って西洋に支配された世界を作り直そうとする試みである。

　この二つのうち、私たちは近年ますます後者のアプローチに接する機会が増え、多くの国々でアフガーニーは、彼の一番弟子であり協力者のムハンマド・アブドゥとともに、現代の政治的イスラームの始祖と見なされている。そして、アブドゥの弟子たちは二十世紀初頭のムスリム世界で著名な指導者になっていた。アフガーニーのこのような位置づけを一見したとき、彼自身のイスラームとの関係が方便に近いものであったことを考えると、その評価としてはあまり正確ではないように思われる。さらに、エジプト占領中の英国から大ムフティー〔ファトワーを出す法学者の最高位を指す称号〕に任命されたアブドゥは、彼独自の合理的で柔軟な現代的解釈をコーランに施し続け、西欧化した多くの弟子たちはエジプト国内で重要な政治的・行政的ポストを占めていった。そのなかでもっとも有名なのはサアド・ザグルールという、アフガーニーの弟子でもあった男で、彼は第一次世界大戦のあと、「ワフド党」の旗印のもと英国に対する民族主義運動を指揮した。同党は、若手専門職と労働者階級が連携し幅広い層から支持を得た。イスラームが反西欧陣営としての団結基盤になるという考えは、詩人〔社会学者、思想家〕のズィヤ・ギョカルプ（一八七六―一九二四）のようなトルコの文化民族主義者たちによっていっそう押し進められた。彼自身は世俗論者であったが、次のような名高い一句も書いている。「ミナレットはわれらのバヨネット、ドームはわれらのヘルメット、モスクはわれらの兵舎、イスラーム教徒はわれらの軍隊」

　しかしアフガーニーとアブドゥを信奉したほかの一団は、サラフィズムと呼ばれるピューリタン的な信仰運動を支持するようになった。サラフィズムはムスリム世界全体に伝播し、マレーシアやジャワにまで広まった。彼らもまた、アフガーニーの混淆した遺産を継承する者の一部なのである。その運動はイスラームの高潔な祖先たちサラフ〔ムスリム初期世代の先祖、という意味〕に連なる道徳と行為の規範を強調し、各地各様の体裁をとったが、一定の特質だけは共有していた。当初サラフィスト〔サラフ信奉者〕は、欧州列強とその国内協力者（過度に西欧化した腐敗分子と見なしていた）に対抗するための自衛策として、アラブ中心主義かつシャリーア遵守型イスラームを方針とした。彼らはイスラームを、社会経済・政治を変える原動力と考えていた。そして、自分たちの考えを広めるために近代的な道具、すなわち出版物や政治組織を使うことを恐れなかった。彼らのリーダーはラシード・リダーといい、もともとはアブドゥとアフガーニーを崇拝していたが、アブドゥが英国の支持を受けて公的聖職者となりムスリムとヨーロッパ帝国主義との協力を主張し始めてからは、彼との距離を置いた。アフガーニーの持論だった、より保守的な汎イスラーム主義を広く解き明かして、リダーはその後アル・イフワーン・アル・ムスリムーン（ムスリム同胞団）というイスラーム原理主義のグループに、霊感を与えることになる。ムスリム同胞団は一九二八年に設立され、アジアからアフリカにかけて類似した多くの運動を生んだ。リダーは一九三〇年に行った演説で、イスラーム共同体《ウンマ》は「日本がそうしたように、経済、軍事、政党を活性化し、農業、工業、そして商業資源を発展させるために」自律的改革が必要であることを強調した。とはいえ、トルコとエジプトが無残にも試みた「西欧文明のまね」をする必要はさらさらない(133)。

当初、サラフィー・イスラーム〔イスラーム復古主義〕は小規模なひとつの政治的風潮を代表していただけで、リダーなども一九一九年にエジプトで起きた反英暴動には関与していなかったが、その若根は二十世紀後半、近代化を進める専制君主が誰も彼もイスラーム原理主義者グループを過酷に弾圧するにつれ、地下組織のなかでますます勢いを増していくことになる。このイデオロギーは他地域へも伝播し、とりわけ宿命的な到達地アフガニスタンでは、エジプト大統領アンワール・サダト暗殺の共謀者アイマン・ザワヒリという人物に化体し、ウサマ・ビン・ラディンに代表されるアラブ世界でもっとも厳格なワッハーブ派イスラームと結びついた。西欧化し専制体制になったエジプト、チュニジア、シリア、アルジェリアから逃れたイスラーム原理主義者たちは、アフガニスタンに集結し、西側贔屓で欧米化を進める各国政府の転覆をたくらみ始めた。彼らはまた、アフガーニーの反帝国主義を旨とする国際主義と少なからず理想憧憬的なイスラーム復興主義を、世界的聖戦《グローバルジハード》という文脈内での言葉に置き換えつつ、こうした体制の主たる後援者であるアメリカ合衆国とヨーロッパも攻撃目標に定めるようになった。

アフガーニーが唱えたイスラームの団結と反西欧主義のための力強く革命的な教義は、また別な場所でも取り入れられた。

植民地主義はわれわれの祖国を分断し、ムスリムを個別のグループに分離してしまった。(…)ムスリムを結束してひとつの国家となし、植民地主義者の手から祖国を奪回し、植民地主義に屈服した傀儡政権を転覆させるためにわれわれが持つ唯一の手段は、われわれ自身のイスラーム政府を樹立すべく努めることである。この政府の努力は、裏切りの首領、偶像、人物像、そして地上に不正と堕落をまき散らす偽りの神々を破壊することができたとき、成功をもって報いられるであろう[134]。

イスラームに没頭しているときのアフガーニーが放ちそうな言葉だ。実はこれはアーヤトッラー・ホメイニーの文章なのである。アフガーニーは、九・一一直後の時期にアメリカ合衆国が探し求めた、彼らの側についてくれそうなタイプのムスリムに近かったかもしれない。アメリカ大使が二〇〇二年にカブールで行ったスピーチが含意していたのは、そういうことなのである。実を言うと、彼は「イスラーム」と「西洋」という概念を激しく対立する二元論的に使った最初の重要なイスラーム思想家なのである。[135]ほかにもいろいろな面で彼は時代を先行していて、大衆運動に参加したり、まだムスリム大衆の政治意識が未成熟であったときにムスリムの団結や抵抗を説いていた。イスラームに立脚した彼の反帝国主義が、その後一世紀以上を経たのち、西洋的近代のまさに中心都市に対する大規模攻撃というかたちでクライマックスを迎えた政治活動と革命を遂行する者たちの起点であったことが、今見えてくる。

ビン・ラディンもまた諸国を経回《へめぐ》りムスリムの弱体化を見つめていた男だが、彼と違ってアフガーニーは暴力テロを説くことはしなかった。エジプトにいるヨーロッパ人債券保有者の狡猾な脅しやイランのタバコ業者たちを目の当たりにしてきた彼は、西欧の強さは軍事力にのみあるのではなく、軍事的な対処だけで済む問題ではないことを理解していた。彼は先見の明をもって、西欧人が示す地政学的・経済的関心に便宜を図ったりしないようムスリムの支配層に警告を発した。そうした警告に同時代のムスリムの有力者たちの注意を向けることができず、晩年の彼は、無視された預言者としての悲哀を託った。「東洋世界全体が」と彼は、イスタンブールに彼を訪ねてきたドイツ人ジャーナリストに語っている。「真実に耳を傾けることも、真実を求めることもできぬほどに腐りきっているので、私は洪水か地震によって東洋が壊滅し埋葬されしてしまうことを念じるべきか、とさえ思うのです」

数十年後、イラン・イスラーム共和国最初の首相に就任したメフディー・バーザルカーン（一九〇七―一九九五）など、ムスリムの主導者たちは、アフガーニーが政治的情熱を支配者層とのかかわりに浪費し、一般大衆に注がなかったことを非難する。アフガーニー自身もこの間違いには気づいていたようだ。晩年には、大衆民主主義の理念を考えることに慰めを得ていたらしい。おそらくは最後のものとなった書簡のなかで（ペルシア人の弟子宛）、彼は、東洋がもう少しで覚醒するのに、それを自分の目で見ることができるほど長くは生きられないと嘆いている。自分の思想の種子を、王政が支配する「塩をまかれ殺菌された土地」にまいた骨折り損を、ひどく後悔していた。

私があの土地にまいた種はけっして育たなかった。あの塩辛い大地に植えたものは朽ち果ててしまった。そうこうしていた全期間を通して、よかれと思って与えた助言は東洋の支配者たちの耳には届かなかった。彼らの利己主義と無知は私の言葉を受けつけなかった。(…)私はすべての着想の種子を、思考の受容力に富む大地にまくべきだった![136]

イスタンブールでアブデュルハミト二世に幽閉されたアフガーニーは、自分が求めてきた種類の政治動員は、進歩的な人物であるか否かにかかわらず専制君主によっては導かれ得ないことをようやく認めた。もっと思い切った大衆主導の、下からの革命が必要なのだった。そして弾圧を可能にする社会の上部構造のみならず、基盤をも粉砕する必要があった。そのことを彼は次のように表現した。「革新の流れはたちまちにして東洋に向かう。専制政治の基礎になっている土台を徹底的に破壊せよ。そこに属する個々人を引きずり降ろしたり追い払ったりしているだけではだめなのだ[137]」

アラブの春によって、ついに大衆運動が中東にもたらされた。だが専制体制側に属していた個人が、ときどき放逐されてはまた別の姿で返り咲くようだったらどうだろう? 外部からの干渉ないしは国内の脆弱さのせいで、民族主義的大衆動員によって勝ち取られた地歩が帳消しにされたり、あるいは親欧米派の圧制者がぐずぐずと居残っていたり、またしばらくして権力の座に復帰したりすることがあったらどうだろう? アフガーニーがみずからに課した任務がどれほど巨大なものであったのか、それは彼が取り組んだ諸問題が今もって絶望的な硬直状態にあること、また、そこから派生した問題が、今度は彼が足跡を残したムスリム諸国を越え、ほかの世界にも飛び火している現実に現れている。

第三章

梁啓超の中国とアジアの運命

ヨーロッパは、自分たちの服を着ることにしたこの若者たち全員を征服したつもりでいます。しかし、彼らはヨーロッパを嫌っているのです。彼らは世間の人たちがいう『秘技』を手に入れようと待ちかまえているのです。

アンドレ・マルロー『西洋の誘惑』（一九二六年）のなかの中国知識人の言葉

日本の興隆――うらやましくてもまねはできず

一八八九年、アフガーニーがペルシアで外国排斥をあおっていた頃、エルトゥールル号というオスマン帝国のフリゲート艦が、親善使節として日本へ向けて旅立った。同艦には数人のオスマン帝国上級武官と文官が乗船していた。船旅は、南アジアと東南アジアの多くの港を経由して、九カ月を要した。東アジアでは昔からオスマン帝国に関する神話が語り継がれてきていたので、同艦が寄港するいずれの港でも大勢のムスリムが群れをなし、「イスタンブール皇帝の戦艦」[1]をひと目見ようとした。若干老朽化した船ではあったが、同フリゲート艦は、偉大なる最後のムスリムの支配者、オスマン帝国スルタンの権威を体現した証《あかし》として人々の目に映ったのである。

見物人の蝟集は、徳富蘇峰がさかのぼること三年前に記述した「耐えがたき状況」のなかでもがくアジアの人々が日本に対して抱いていた増大する一方の関心を、物語るものでもあった。蘇峰の記述はこうだ。

現代世界というのは文明化した民族が野蛮な民族を残虐に撲殺するところである。(…)欧州諸国は暴力行使の絶頂をきわめ力の原則の上に立脚している。インドは哀れなるかな破壊されてしまった。次の犠牲者はビルマであろう。その他の国々にしても独立性は名目上だけのこと。ペルシアの前途如何! 中国の前途は? 朝鮮の前途は?[2]

少なくとも日本の前途だけは冴《さ》えわたっていた。短期間西洋の指導を受けたのち、日本は指導者のくびきを逃れつつあったが、トルコ人、エジプト人、ペルシア人は近代化を図りながらも、政治的・経済的には西欧列強への依存状態に陥っていた。オスマン帝国のフリゲート艦が親善訪日使節団として派遣されたこと、それはアジアの全域が、日本の急速かつ前例無比の興隆に心を奪われ始めたことを如実に示す証拠なのだった。

オスマン帝国の公人たちは、日本のエリート政治家から手厚いもてなしを受けた。そこには天皇と首相も含まれていた。彼らは閲兵式に招かれ、いろいろな工場に案内された。西洋と対等たらんとする熱意に燃えて着実に進歩を重ねていた日本には、ともすると哀れなアジアの同胞を見下す傾向があった。一八八五年、福沢諭吉はアジア諸国の絶望的な後進性と脆弱性に鑑み、日本は「アジアから脱し」て「西洋の文明諸国」と運命をともにすべきだと提案した。(3) こうした考え方は、当時の日本人エリートに顕著な傾向だった。

しかし、「西洋の文明諸国」のアジアにおける真の意図については異議を唱える声もあったし、日本でトルコ人とは奇妙な光景だったろうが、彼らは多少なりとも仲間意識の萌芽を引き起こす契機になった。それは、そののち本格的な汎アジア主義として開花することになる熱き思いである。トルコからの賓客に歓迎の意を表し、発行部数最大の日本の新聞、東京日日新聞はヨーロッパ人のはなはだしき暴行にさらされた国に対する同情を表明した。

不公平で横暴な治外法権が最初に彼らを縛った。彼らの国はいまだにこの束縛から自由になれずにいる。その後ヨーロッパはこうした悪習を東洋のほかの国へと展開した。わが国もまたこの恥辱に苦しんでいる。トルコ人はわれわれと同じアジア人だ。(…)そしてそれゆえに彼らは今わが国を訪れ友誼を交わした[4]。

帰国の途についたエルトゥールル号が座礁して沈没し、四百名以上のトルコ人乗組員が死んだとき、同情の波が日本国中に広がった。生存者のための募金には多くの日本人が惜しみなく応じ、国のいたるところで追悼の儀式が執り行われた。そして日本の軍艦二隻が、六十九名のトルコ人生存者をはるかマルマラ海まで送還した。アブデュルハミト二世みずからが日本海軍の士官たちをイスタンブールに迎え、彼らの胸に勲章をつけた。

イスタンブールでの日本の評判は、一八九〇年代から次の十年にかけて高まるばかりだった。とくに、トルコ人たちが何十年にもわたって苦心しながら成就できなかった英国との軍事同盟を、日本が一九〇二年に締結してからは。それは、ヨーロッパが牛耳る国際関係の舞台に、日本が対等の立場で登場したことを告げる出来事だった。汎イスラーム主義を盛り上げることに熱心なアブデュルハミト二世は、アジアにおいて天皇の威信が高まることに気が気ではなかった。ムスリムの説教師を日本へ派遣してくれという天皇からの要請を、彼はアフガーニーの助言を受けて丁重に断っている。しかし彼は、日本人が近代化を進めながらどうやって天皇への忠誠心を維持できたのか、その点に関心を抱いていた。アフガーニーの死の直後、一八九七年に、イルディス〔イスタンブールの一地区〕で発行されていたスルタンの御用新聞の社説が次のように論じた。

> 優れた知性と進歩に対する揺るがぬ信念を備えた日本政府は、自国内においてヨーロッパ式の商業と産業を構築し助成し、日本全体を進歩の製造装置に変えたのである。これには多数の教育機関が貢献している。政府は社会の要求を満たす諸手段、すなわちさまざまな公益団体や鉄道など、要

するにあらゆる文明的便宜を活用することによって、日本が進歩するための能力の確保・拡充に努めてきた。[5]

オスマン帝国が西洋列強と互角に渡り合えぬことに憤怒し、旧態依然とした君主制がその理由であると非難していた青年トルコ党は、日本が英国と締結した同盟と、その後一九〇五年のロシアに対する日本の勝利から、別の教訓を得た。「われわれは日本に着目しなければならない」と、パリに亡命していたアフメト・ルザは一九〇五年に書いた。「愛国精神と祖国の利益が日々の暮らしから乖離していない国は、苦痛を堪え忍び、存在を脅かすあらゆる種類の危険に立ち向かわなければならぬとしても、国家としての独立性を確実に保持することができる。日本の成功とは（…）この愛国心に燃えた情熱の産物なのである」[6]

その後すぐに権力を握って国民国家の構築に着手することになる青年トルコ党は、日本から明確な励ましを得た。日本の発展を外側から羨望をもって眺める彼らは、日本の改造にともなった激しい力の行使を見過ごしていた。そしてまた、その後日本をヨーロッパの帝国主義国家にとって不気味な隆盛を遂げるライバル国に仕立て上げることに寄与した、画一主義、軍国主義、人種的優越感という流れも見落としていた。事実日本は一九四二年までに、北東のアリューシャン列島からインド国境まで、それまで邪魔な存在だったヨーロッパ人支配者のほぼ全員を追い出したあと、アジアの幅広い一画を占領ないしは支配することになる。十九世紀末の多くのアジア人にとって、日本の成功の証明とは、西洋との対等性をどの程度要求できるかにあった。そしてここに提示された証明は、同じことに挑戦しながら無残に失敗してきた国民にとって、ただひたすら圧倒的だった。

直前までの鎖国を考えると、一八六八年から一八九五年にかけて日本が成し遂げた変貌はとりわけ驚異的である。トルコ人は十八世紀のあいだずっと、啓蒙運動やフランス革命など、ヨーロッパの知的興奮を固唾を飲んで見守ってきた。だが日本人がフランス革命やアメリカの独立戦争を知ったのはやっと一八〇八年になってから、すべての外国人が日本から追放されたのち、唯一長崎の出島に逗留することを許された数人のオランダ人から克明に事情聴取したあとのことである。

一八四〇年代に英国は、西欧列強が定めた「自由貿易」体制にインドを従属させたのと同じ従属化をねらって、中国に対し、その後数を増すことになる合意協定の第一陣を押しつけ始めた。しかし彼らの巨大な隣人が被った悲哀のニュースが日本に届くのも遅かった。一八四四年、オランダ国王〔ウィレム二世〕は日本の将軍に宛てて正式な開港提案書を送り、そのなかで自由貿易の普遍的長所を称揚し、「否応なしの」世界の潮流に頑固な抵抗をした国の見せしめとして、やんわりと中国の屈辱を指し示した。国王は日本側から、二度とこのような手紙を書く面倒はせぬように、という素っ気ない返書を受け取った[7]。

しかしながら、日本という非常に高度な自給自足の世界は終わりに近づきつつあった。インドと中国沿岸にでんと構えた英国は、長いあいだ日本に目をつけていた。英国船は威嚇するように、しきりに日本の海岸沿いを北上した。しかし開港を強制する役回りは、西洋列強の新顔、アメリカに委ねられることになる。

一八四四年にカリフォルニア征服を完了したアメリカは、新規事業の機会をねらって太平洋の向こう岸に目をやった。一八五三年、海軍提督マシュー・ペリーは東京湾（当時は江戸）へ四隻の船艦とともに乗り入れ、アメリカ大統領から日本の天皇に宛てた親書を手渡した。同書簡は不穏な言葉で始まっていた。「ご存じのとおり今やアメリカ合衆国は海から海へと勢力を伸ばし（…）[8]」。天皇との謁見を拒否されたペリーは、日本が対米貿易のための開港に合意しないならば、火力を増強して再来するという油断のならぬ含みを残して撤退した。日本側はこれに応じなかった。彼は予告どおりに再来日し、日本は屈服する。

国全体が門戸を閉ざしていた長い年月のあいだ、たくさんの日本人が、出島に逗留していたオランダ人商人や船員から学んでいた。彼らは西洋の野蛮人の力強さについて十分な知識を得ることになる。いずれにせよ、日本の国内強化をしないうちは、対外的抵抗をしても無益に終わるだろうことを理解するに十分であった。アメリカは通商権を得、領事の駐在を許され、日本の貴族や武士は憤懣を募らせた。すぐさま英国、ロシア、オランダも同様の権利を求め始める。

夷狄の前に屈したこと、そして日本が長きにわたって保持してきた主権を繰り返し侵されたことで激しい敵愾心をあおられ、結果的に将軍に対する全面的な反乱が引き起こされた。そうこうするあいだも、アメリカは治外法権による裁判管轄権など追加的特権を要求し、命運にますます陰りが出てきた旧体制からそれらを獲得した。外国人に宥和政策をとる一方で国内の外国人嫌悪を懐柔するという緊張下、とうとう将軍が死去し、明治維新が始まるのだった。

アメリカの西進とそれに対する欧州列強の対抗意識によって、突如日本の政策が具体的なかたちをとり始める。西洋の兵士、外交官、貿易業者の目に日本人は、エジプト、トルコ、インド、中国の人々がそう見えたのと同じく、みすぼらしく映った。しかしその後の展開は、ほかのアジア諸国が轍《わだち》をつけた従属のパターンを根本的に断ち切った。

西洋社会に接した経験を持つ者を含む、一定世代の教養ある日本人が、明治維新下の有力な地位を占めるようになった。彼らは漠然とした外国人嫌悪が不毛であることを認知し、科学的・技術的後進性といった西洋に比較した場合の自分たちの弱点を鋭く分析、日本を近代的国民国家に構築する作業にすみやかに着手する。

この目標達成のため、舞台裏にいた天皇を前面に押し出して、独自の神社・神官を有する、愛国を旨とした新宗教の象徴として称揚した。仏教は排斥され、信心と儀式を束ねた神道が国家宗教となり、国家建設のためのもうひとつの結束材となった。福沢諭吉など、将来の日本のリーダーや思想家となる多くの人材を乗せた使節団は米欧に向かった。留学生たちも海外に送られた。外国人専門家たちは、教育から軍事まで、あらゆる分野で歓迎された。西洋風の衣服や髪型が取り入れられ、キリスト教宣教師の活動も許容された。こうした一連の骨身を惜しまぬ努力の結晶である一八八九年の憲法は、天皇の神格化はあるが、その他の細目においては西洋的規範に習うべく努めていた。

日本を西洋の弟子とするにあたって、明治時代の政治家が直面した障害は、近代化をめざしたトルコやエジプトの同輩が対処せざるを得なかったもの（そしてその後、中国が体験することになるもの）よりはるかに少なく、幸運だった。また、小国日本が民族的に均質だったという事実は、彼らの組織力の助けになった。武士や富裕な商人のグループは近代化に対して、ムスリム世界の伝統的エリートが示したような抵抗はしなかった。それどころか、位を失ったエリートである武士たちの力を、国家統合の仕事に転用することができたのである。

日本の経済力は衰えなかった。いわゆる「蘭学」という実用的な西洋の知識は、提督ペリーの到来よりもはるか以前から日本国内に流布していた。国内の金融商人の強い伝統と効率的な徴税システムのおかげで、日本経済は、エジプトが国際経済の舞台で永遠の敗者の地位に追い落とされる原因となった海外債務によって機能不全に陥るということがなかった。

さらに、明治国家は主たる目標をけっして見失わなかった。すなわち、日本が西洋とかかわる場合の条件を根本的に見直すことである。それが西洋文明の優越性を受け入れることを意味するとしても、福沢諭吉やその他の者が主張したように、国家の革新のため、そして強大な西洋の国民国家によって構成される会員制クラブの一員となるためならば、わずかな代償のように思われた。しかしそれを達成するためには、武力に威嚇された日本が締結を余儀なくされた不平等条約は改定されなければならない。日本の外交官たちは嘆願を続けた。とくに、日本に居留する西欧列強のなかでも、自分たちの特権を手放すことにもっとも強硬に反対した英国に対しては。日本人は、自分たちは英国贔屓で、「文明化」された東洋の英国人なのだと、こびへつらいまでした。一八八六年には条約改正の試みが失敗し、愛国的な日本人による反政府運動を招いたが、一八九四年に日本は英国を説得し、治外法権の撤廃が五年後に発効するよう合意させた〔日英通商航海条約〕。

その同じ年、日本は清に対して開戦する。原因は日清両国が支配権を争っていた朝鮮であった。これは日本の近代化の最初のテストであり、徳富蘇峰が率直に言ったように「極東における国家拡張の基盤を構築するための（…）そして世界の領土拡張を旨とする列強と比肩するための[9]」日本にとってはまたとない機会でもあった。清国海軍と陸軍を小気味よく打ち負かしたことは、日本の軍隊および工業力と軍事基盤が堅固であることを証明しただけでなく、蘇峰の弁を借りれば、「文明は白人の独占物ではない」ことの呈示でもあった。

日本の農民は酷使され、日本の西欧式近代化のためにすでに大きな代価を払わされてきたが、これはどこの社会でも最弱者が逃れることのできない残酷な過程なのである。そして今、同じ運命が中国人の上にふりかかってきた。「新しい日本の本当の誕生は」と、当時日本に住んでいた作家、ラフカディオ・ハーンは書いた。「清の征服とともに始まった[10]」。徳富蘇峰は「日本史の新紀元」と歓呼した。白人は日本人のことを「ほとんど猿」のように見なしてきた、と不満をもらす[11]。

だがもはやわれわれは、世界を前に日本人として名乗り出ることに恥じることはない。(…)以前のわれわれはわれわれ自身のことを知らず、世界もわれわれが何者なのかまだ知らなかった。しかし自分たちの力を試してみた今、われわれはわれわれ自身を知り、世界もわれわれを知るようになった。何よりも、世界がわれわれを認知したことを、われわれは知っている。(12)

「文明化」された国々のやり口をしっかりとまねることによって、日本は清に巨額の賠償金を払わせ、内陸部の川沿いの町を条約港として開港させ、台湾島(当時、欧米ではフォルモサと呼ばれていた)を割譲させた。下関条約で得た取り分として日本は中国本土の一部、遼東半島をも得たが、ロシア、フランス、ドイツが日本に対して制裁の緩和求めて説き伏せ、清へ返還させた。西欧の圧力を受けて遼東半島を返したことで、日本の愛国者たちの不服に火がついた(ロシアが清の皇帝に迫り、遼東半島のポートアーサー(当時の旅順、現在は大連市)をロシア海軍に租借させたことでさらに激化し、これが日本との亀裂を生んで一九〇四年の日露戦争へとつながる)。今や日本が自国領において西洋列強の圧力に屈したままでいるなどということは、問題外であった。諸条約が無効にされ、その後一九〇二年、オスマン帝国が欧州の列強国のあとから国際舞台によじ登ろうとした最初の試みからおよそ半世紀ののち、日本人は大英帝国との同盟を締結したのである。

日本ではすでに高く評価されていたジャーナリスト、徳富蘇峰が下関条約のことを知ったのは、ポートアーサーにある日本軍の根拠地へ向かう船上だった。近代化を進めるための資源が乏しい小国日本は領土拡大の必要があり、それは「喫緊の課題」であるから、「国民を海外進出の大事業に誘導する政策を練り上げ」、かくして「国家拡張問題をすみやかに解決」しなければならない、というのが蘇峰の長きにわたる信念だった。それが今、一八九五年の四月、現実になりかけている。その知らせに、彼は空にも昇るような気持ちになった。

彼が日本を離れたのはそれが初めてだった。そのときのことを、彼はのちに回想している。

当時四月の下旬で、遼東半島には初めて春が訪れ、大木の柳はようやく芽をふき、北方特有の花たる杏花は、今を盛りと咲きつつあった。広き野原に何物も目をさえぎるものなく、悠々として春風に吹かれながら、吾が新領土とも思う、大陸の土を踏みつつ旅行したことは、予にとつては実に大なる愉快でもあり、満足でもあった。[13]

新領土の所有権者としての蘇峰の歓喜は、西欧列強によって領土放棄を無理強いされたというニュースに接し、たちまちしおれてしまう。のちに彼は書く。「そこで予は一刻も他国に返還したる土地に居るをいさぎよしとせず、最近の御用船を見つけて帰る事とした」

そこで味わった苦痛と屈辱を忘れぬため、蘇峰はひと握りの小石を日本へ持ち帰った。彼が嘆いたのは次の明確な点だった。「東洋でもっとも進歩的で発展を遂げ、文明的で最強の国家であっても、白人たちの侮蔑から逃れることはできない[14]」。そして、個人の権利と自由の擁護者であった蘇峰は、「力の福音の洗礼を受けた」と苦々しく書き、アジアにおける日本の帝国主義的領土拡張を声高に提唱する立場をとることになる。それによって彼は、「白人種による世界独占を打破し、彼らの特権を破壊し、白人種が力を振るう特殊な勢力圏と世界中に広がる権威の乱用を排除することになる[15]」ことを期待した。

西欧の圧力を受けて日本が戦利品を返したこと、それは中国人にとって何の慰めにもならなかった。

彼らの自尊心はすでに傷ついていた。彼らにとっての疑問は、その痛みが、清の自己強化のための有意義な努力に拍車をかけることになるだろうか、ということだった。

一八九五年初頭の清の敗戦直後、中国北部の海上で日本軍が清国の汽船を拿捕し立ち入り検査をした。その当時、こうした清国主権の侵害は当たり前のことになっていたが、歴史の奇妙な巡り合わせというべきは、乗り合わせていた多くの学生のなかに、二十一歳の梁啓超《りょうけいちょう》という青年と彼の恩師、当時三十七歳だった康有為《こうゆうい》がいたことである。二人は科挙の会試を受けるために北京へ向かう途中だった。

梁啓超は中国の近代的思想家として、最初の偶像的存在になっていく。彼の明晰かつ豊穣な著作は、彼が生きた時代のあらゆる問題を扱い、将来のさまざまな問題を先取りし、ずっと年若の毛沢東を含む幾世代にもまたがる思想家に希望を与えた。けっして満足することのない知的探求者である梁啓超は、中国古典の知識を卓越した感性をもって西洋の思想・思潮に結びつけた。彼の人生とそのときどきの知的発展段階は、より大胆だが浅才なほかの中国人思想家が直面した悩みよりはるかに深い苦悩を紡ぎ出した。その後三十年間にわたり、彼の人生は中国のすべての大きな事件と社会的運動のなかに密接に織り込まれていく。

科挙は儒教古典が要請する、社会秩序の維持にふさわしい有徳の男たちを選抜した。試験への合格は、中国社会で地位と名声を得る手段である。合格者の数は政府の就職口を上回る状態だったが、それでもなお、梁啓超と康有為はエリート文化会員権を得て、政府の高位職に就けなくとも教育界ないしは実業界でいい職に就くことを期待していた。だが彼らは、個人的出世よりも大事なものを心の内に秘めていた。

中国のなかでも西欧の侵略にもっともさらされていた広東州広州市近くの士大夫層の出身である二人は、憂国の士として中国の運命を案じ、西欧に挑みかかられた祖国の無知無力に断腸の思いを抱いていた。十九世紀初頭に、インドの知識人はルソー、ヒューム、ベンサム、カント、ヘーゲルたちの思想を取り入れ、自分たちなりの解釈を始めていた。十九世紀半ばまで、彼らはマッツィーニやガリバルディの盛衰を見守っていた。しかし十九世紀の大半の中国人は西欧諸国の存在を知らず、ましてやそれらの国内で起きた革命など知るよしもなかった。

中国の西洋との接点は広州湾に限られており、それも厳密な管理のもと、商業上の関係に限定されていたので、日本人にとっての出島のような西洋の知識の発信点にはならなかった。問題の大部分は、梁啓超が一九〇二年に書いたように、あまりにも長いあいだ中国が「わが国是すなわち世界なり」と自認し、ほかの民族を野蛮人と見なしてきたところにあった[16]。梁啓超自身、世界のなかで中国の位置づけが低いことを初めて知ったのは、一八九〇年の春、中国語で書かれた西洋に関する本を北京で見つけたときである。

康有為も一八七九年に香港を訪れたとき、同じように衝撃を受けた。畏敬の念に打たれたのは、英国の管理下にある町の効率性と清潔さだった。そして、自分のような教育を受けた中国人が外国人を野蛮人扱いしてはならないと気づくのだった。西洋の書物を次々に読み進めていった彼は、中国の現状維持は不可能だと確信するようになり、一時仏教に惹かれたあと、儒教の社会理念の活性化に取りかかることを決意する。

科挙の受験準備だけでなく、社会と教育の改革という使命を果たすために儒教古典の再解釈をしようと、康有為が広東の私塾に集めた若い聡明な生徒の一人が梁啓超だった。康有為はそれに先立つ十年間、書簡や覚書によって、緊急の改革が必要なことを北京の清朝廷に上奏していた。北京へ向かう途上の船上で日本の傲慢さを体験してからは、この確信をさらに強め、遠慮せずに物を言い始めた。大逆罪のリスクを冒して康有為は今、仲間としての生徒たちに、中国はあまりにも退廃してしまい、かつては自信満々だったが今や虚弱な国に成り果て、生かさぬよう殺さぬよう蛭《ひる》のような外国人に面倒を見てもらっているトルコに似てきた、と語った。

それは、どちらかといえば楽観的な見通しだった。イスタンブールにいたヨーロッパの大使たちはトルコの国内問題に図々しく口を挟んできたかもしれないが、彼らは北京にいる同僚のような手荒なことはしなかった。オスマン帝国のスルタンは、ヨーロッパ人大使の怒りから逃れるためにうろたえて走り回ったりはしなかった。イスタンブールが包囲されたことはなかったし、豪華な宮殿が丸焼けになることもなかった。

一八三〇年代の末期（ちょうどイスタンブールではタンジマート改革が動き始めた頃）から第二次世界大戦にかけて、中国は大々的に虐待され屈辱を受け続けた。中国人はオスマン帝国よりもはるかに長いあいだ、強大にして独立独行という妄想のなかで生きてきただけ、余計にショックを受けたのである。「わが国の文明は」と、梁啓超は一九〇二年に指摘している。「世界最古の文明である。三千年前にヨーロッパ人が獣のごとく原野に住んでいた頃、われわれの文明はすでにヨーロッパ中世の水準に達していた[17]」

自国文明を弁護しただけのコメントではない。中国文明は起源を四千年前に求めることができ、政治的統合は紀元前三世紀までさかのぼる。漢と唐の王朝で中国の歴史的古典と優れた詩歌の編纂が行われるならば、宋朝では中国を横断する道路網と運河が築かれた。中国は科学と芸術において世界をリードし、競争試験によって選抜された人材による高度な政府官僚制度の発達においても抜きん出ていた。儒教の古典で教育された地方の士人層から官僚を登用していた中国の王朝国家の基盤は、専制権力の発揮というよりは、中国全土に広がる地方のエリートの忠誠心に頼るところが大きかった。

イスラーム諸国においてそうだったように、諸教典に由来する文学的教養と倫理性が、中国文化に高度の一貫性を与え、日本、朝鮮、ベトナムなどの近隣諸国にもっとも影響を与える文明規範となった。西洋人の往訪者、その大部分はイエズス会の宣教師だったが、彼らは孔子の信奉者たちの落ち着きと洗練と倫理性の高さについてかなり誇張した報告を持ち帰り、そのためにヴォルテールやライプニッツなどの啓蒙主義哲学者が熱狂的な中国贔屓になり、台頭し始めたヨーロッパの消費者は中国産品の通になった。

一般的なアジアの没落と西洋の興隆というイメージとは反対に、十八世紀の中国経済には、独自の土着経済の発展と東南アジアにまたがる取引網のおかげで活気があった。一七六〇年に中国はすべての西洋の貿易業者を広州の港に封じ込めたが、中国の絹、陶磁器、茶はヨーロッパ（および植民地だったアメリカ）で大いに需要があった。朝貢国である隣国のビルマ、ネパール、ベトナムは（さらには遠くジャワまでも）、世界の中心に位置する王国を統轄する中国皇帝が「天下の万物」を支配する権利を有する、という北京の唯我独尊的見解を支持していた。中国東北部、すなわち満洲出身の遊牧戦士が一六四四年に中国支配を開始した清帝国は、十八世紀に入ってからも領土拡張を続けていた。清朝最盛期の最後の皇帝、乾隆帝は、新疆と蒙古の一部の併合と、チベットの鎮圧をみずから指揮した。

満洲民族は外国人だったが、彼らは中国の伝統的な社会政治的秩序の継続性を根本的に断つことはしなかった。それは世界に無比の秩序であり、紀元前六世紀の賢人、孔子の教えを採用しつつ諸王朝が数世紀にわたって磨き上げてきたものである。イスラームなどよりはるかに長い永続性を持ち、儒教は二千年の長きにわたり中国政府と社会の土台となってきていた。そこで倫理価値とされる、仁・礼・孝・忠は、それぞれ「慈悲」「礼儀」「孝行」「忠節」という意味になり、公私両面における行動の正しいあり方を規定した。

モンゴル人がムスリム諸国に対して自分たちの流儀を押しつけなかった前例があるように、満洲民族も被征服民族の漢民族に対して同じ態度をとった。むしろ満洲民族は漢民族に対し、自分たちが北からやってきた粗野な成り上がりではないことを納得させようとした。彼らは儒教を社会と個人が備えるべき徳の源泉として支持し、康熙帝と乾隆帝は儒教古典の大規模な再解釈を主宰した。儒教思想は中国のほかの宗教伝統と交じり合ったり、それを覆ったりしている。しかし儒教思想は、国家の巨大な官僚組織のなかに職を求める多くの中国人を惹きつけた科挙の基本であり続け、中国の驚くべき政治的統合と思想的合意が長らく維持されたのもこれによる。

乾隆帝の長い統治期間中、中国の人口は急速に増加し、土地問題が深刻になった。彼の統治期間の末期に向けて起きた地方での相次ぐ反乱と経済危機は、清朝も安泰ならざることの露呈であった。満洲貴族の汚職が蔓延し、部分的にはそれに対する反感の意思表示としての反乱、それも往々にして末法思想的な傾向を帯びた反乱が、中国北部一帯で勃発した。十九世紀になると、さらなるショックが待ち構えていた。特筆すべきは太平天国の乱で、これはキリスト教の千年王国思想に奮い立った風変わりな教団によって率いられていた。だが、こうした相次ぐ危機のあいだ中も、無限権力の偉観は注意深く維持されていた。中国が宇宙の中心であり続け、その他諸々は取るに足らぬ辺境の浮き草だった。だがそれは、永らえることなき迷妄であった。

アヘン戦争以前からすでに西洋列強は、満洲族が冊封体制に組み入れていた地域を併合することによって、清帝国の周辺部を蚕食し始めていた。一八二四年に始まったいくつかの激戦ののち、英国はビルマを制圧すると、一八九七年に英領インド帝国の一州として組み込んだ。一八六二年には、清朝が太平天国軍との戦いで忙殺されているあいだに、フランスがベトナム南部を侵略し割譲を得る。フランスは一八七四年、ベトナム北部を侵略し、一八八三年にはベトナム中部の安南をフランスの保護領にした。中国はこれに抵抗したが、その後の戦争〔清仏戦争、一八八四―八五〕でフランスは中国海軍のほとんどの船を破壊した。

オスマン帝国で見たように、西洋列強に対する軍事的損失を機に、中国官僚は大至急「自強」が必要だと訴えた。近代化とは相容れぬ儒教気質を西洋は戯画化したが、それとは反対に、中国人は相次ぐ挫折からすみやかに教訓を学んだ。第一次アヘン戦争の際に中国沿岸の都市がまったく無防備であることを目撃してから二年後に、以前、欽差大臣として広州に派遣されたことのある林則徐は友人宛の私書で、近代兵器技術を取り入れる必要性を強調している。「船、銃、水軍は絶対に必要だ。不逞の野蛮人たちが逃げ去って海の彼方に帰って行ったとしても、わが国の沿岸の常備防衛を図るためには、こうしたものを備える計画を緊急に作成しなければならない」[18]。

もう一人の士大夫、李鴻章《りこうしょう》は太平天国軍に勝利した清軍の一団を率いた人物だが、彼は保守的な朝廷をなんとか説得して近代兵器の製産と戦艦の建造のための工場・造船所を建設させ、海外列強との関係を調整し、欧米日それぞれの首都に公使館を設置した。李鴻章は一八七〇年代に、中国初の炭鉱開山、電信網敷設、鉄道開設などにも力を貸した。

中国のよちよち歩きの産業は、自由貿易主義の英国がエジプトとオスマン帝国に押しつけたのと同じ種類の乗り越えられぬハードルに直面した。彼らは欧米日の製造業者には太刀打ちできなかった。欧州列強が直接占領した国々と違って、中国は「半植民地」状態にあり、それは一八九六年に梁啓超が指摘したように、「西洋との貿易は、西洋の兵力にやられるよりも百倍中国を衰弱させた」[19]。それでも李鴻章の力添えにより、ほどなくして工業製造業の成果がわずかではあれ、中国で最初の紡績工場と製鉄所に見て取ることができるようになった。

脆弱な満洲民族をできうる限り支えたがっていた英国の実業家たちは、援助を惜しまなかった。一八八九年の香港で、そうした英国人たちと食事をしたラドヤード・キプリングは、近代化された中国というのは好ましくないと考えた。彼は、「この大帝国に西洋産の興奮剤、つまり鉄道や路面電車などを次々と押しつけようと」全力を尽くしている彼らを非難する。「中国が本当に目を覚ましてしまったらどういうことになるだろう?」[20]キプリングの懸念は当然だった。しかし中国はさらに一世紀そのままだった。差し当たり、トルコ人が学んだように、断片的な近代化は何の役にも立たぬことが明らかになっていた。一八八四年、フランス人が、李鴻章がその建設に助力した福州の清国海軍兵器工場を破壊するのに、たった一時間しかかからなかったのだ。

国にとって敵である西洋をまねようとする動きは、それがたとえ小さなものであっても、国内の最強保守勢力からの反発をくらった。それは郷紳《きょうしん》という層で、民衆がヨーロッパ流の思想・行動にさらされてしまったら、そこで司法・道徳上の権威を振るうことができなくなると心配したのである。中国のように広大で歴史の長い国では、西洋がもたらしたショックが深く浸透し、変化を強いるようになるには、十九世紀最後の十年まで待たなければならなかった。儒教の徳と皇帝に対する絶対の忠節とを基本的枠組みとする郷紳たちの知的世界は、ほぼ無傷のまま存続していた。孫文のような地方出身の叩き上げの若者は満洲族の転覆を夢見始めたが、ほとんどの郷紳にとって、政治的には反動的で金遣いも荒く、国家予算のほぼ全額を頤和園《いわえん》に注いだ慈禧太后《ツーシー》〔欧米での通称で、西太后のこと。以下、西太后とする〕が支配する帝国秩序をわずかでも変えることは考えられなかった。

中国の十九世紀当初の貿易収支は黒字だったが、世紀末には巨額の対外債務を抱える。政府収入の四分の一が対外債務返済と賠償金支払いに充てられた。十六都市の内部で、外国人たちが事実上のミニ植民地を統治していたが、その状況はトルコやエジプトと同じく、外国人が重大な罪を犯しても彼らは地元警察官と裁判所によって保護されてた。

国際関係の厳しい洗礼から逃れることは、もはや不可能になってきた。とくに、ほとんどの中国人が自分たちより劣ると見なしてきた隣国日本が、一八九五年の戦いで中国を打ち負かしてからは。威海衛の港で、日本軍は陸路港の後背地へ侵攻して清軍砲台を攻略、清軍の大砲の筒先を港内にいた清の艦隊に向けた。その後の下関条約で日本が選り抜きの戦利品を確保してからは、ほかの地域の帝国主義者たちもいっそう図に乗った。アフリカと東南アジアをめぐっての西洋の争奪戦はすでに始まっていた。清帝国はずっと簡単な獲物のように思われたのである。

英国は中国に対し、威海衛と香港島の北側の諸島を含む新界の租借を強要。フランスは海南島に軍事基地を設け、中国の南部に広がる各省に鉱山開発権を得た。ドイツは山東省の一部を租借。中国問題への関与にしても一般的な領土拡張の動きにしても、新参者であるイタリアまでもが租借を要求した（中国は首尾よく拒絶したが）。チャイニーズ・メロンの切り分けと呼ばれるようになったこの中華帝国の解体に、アメリカは参加しなかった。だが、西方拡張が行き着くところまで行き着いたあと、急いで海外市場を探していたアメリカは、一九〇〇年に「門戸開放」政策を宣言、これによって外国人は抜け目なく非公式帝国《インフォーマルエンパイア》内での自由貿易権益を享受する一方、管理のための経費・責任だけが中国人に押しつけられるかたちになった。

改革を促した一撃

日本との下関条約の諸条件が公表された一八九五年四月十五日までに、梁啓超は康有為とほかの数百人の科挙受験者とともに二百の学位を競うべく北京に到着していた。条約の内容は沿岸都市から内地までたちまちのうちに伝わり、中国人はアヘン戦争では体験しなかったような傷つき方をした。「それ以前、中国の若者は時事問題に興味を持たなかった」と地方の新聞読者が後日、回顧している。「だが、さすがに私たちもうろたえ（…）大半の教養ある人たちはそれまで国政について議論したことなどなかったが、急に議論好きになった。どうしてほかの国は私たちより強いのか、なぜ私たちは弱いのか？[21]」。清が二十年間かけて取り組んだ、武器製造や鉄道敷設などを含む「自強運動」による改革が何の役にも立たなかったことは、無残なまでに明らかだった。前代未聞の巨額な賠償金、中国にとっては最後の重要な朝貢国、朝鮮に対する宗主権の放棄などに加え、史上初めて中国は、台湾というひとつの省全体を外国勢力に手放すことを余儀なくされたのである。

活動家、孫文は中国がおとしめられたことに激怒し、華僑からの資金援助をもとに広州での蜂起を組織した。だが彼の策略は露見し、清の官憲により阻止される。孫文は日本亡命を余儀なくされ、次いでロンドンへ渡り、そこでインド、エジプト、アイルランドなどから来た何人もの民族主義者や急進主義者に会うことになる。

康有為も一八八四年にフランスに対する中国の屈辱的敗北を目撃していたが、清帝国を転覆させようというほど極端な考えは抱いていなかった。だが、腹立たしいことに、中国が高度文明を授けた日本から耐えがたき屈辱を受けたことで、康有為は清国の政治史に前例のないことをしでかすことになる。彼は、次世代のエリートたらんとする若い受験生を集め、伯母の西太后の言いなりだった若くひ弱な皇帝、光緒帝に条約拒絶を上奏した。

ここにある劇的な要素は見落とされがちだ。文官になりたがっていた地味な男、康有為には告訴権などなかった。彼の長文の上奏文は経済・教育システムの完全なる変革を提唱したもので、そのねらいは上からの革命にほかならなかった。タンジマート型の大制度改革である。驚くべきことに彼の上奏文は皇帝に届き、皇帝はそれを読んで写しを西太后に回した。何の反応もなきまま、朝廷の保守派が康有為を北京から追放する。だが彼は、集会の組織と大衆請願という、そのようなことは前代未聞の土地で先例を作ったのである。彼が引き起こしたものはまさしく、その後、梁啓超が中国史上初の大衆運動と称することになる出来事なのだった。[22]

康有為はただちに、中国全土の士大夫を啓発するための学会として「強学会」などと名づけた組織を起こし、宣伝活動と組織化に傾注した。多くの場合、政治的に共鳴してくれる地方総督たちから援助を受け、中国の「民衆」（とはそれまで聞いたためしのない分類だったが）がもっと皇帝の言動に敏感になり、公的生活へ積極的に参加するようになることをねらって、こうした自治組織は図書館や学校の設立、出版企画などを手がけた。

皇帝に宛てた康有為の長い上奏文の複写を手間をかけて何通も作った梁啓超は、新たな刺激を受けていた。一八九〇年（広東で康有為に出会った年でもある）に上海を訪れた梁啓超は、世界地理の概要とヨーロッパの書物の翻訳を見いだした。一八九四年に一人の英国人宣教師〔ティモシー・リチャード〕の中国語秘書を務めたとき、彼の視界はさらに広がった。その宣教師は、当時評判だった威勢のいいヨーロッパ進歩史を翻訳していた。

その翌年、梁啓超はある学会の北京支部の秘書を務めることになり、民間人からの寄付を受けて新聞を創刊する。皇帝の官憲がそれを廃刊に追いやったとき、彼は上海へ行き新たな雑誌『時務報』を創刊した。それは二年しか続かなかった。しかし、工業化と近代的教育が早急に必要なことを説いた数々の論説は広く読まれ、その多くを執筆した梁啓超は、中国でもっとも影響力のあるジャーナリストとなった。

アフガーニーの尽力を受け、アラブ世界で新聞が希望に燃える近代化主義者のツールとなってから二十年近くが経過していた。およそ百年前に、インドでは公的領域での討論と議論が普通になっていた。それらに比べると中国は出遅れ、梁啓超は失われた時間を取り戻そうとした。彼は次から次に繰り出す論説で、政治改革には一刻の猶予もならぬことを強調し、それは生産技術革新よりも重要だと確信していた。同改革の肝は、科挙の廃止と新生中国を支える自信にあふれた愛国的市民育成のための全土一貫した学校制度である。その理由を彼は次のように述べた。

学校に徳育教育と愛国教育が備わっていなければ、学生たちは西洋の下層民のごとき悪の道に染まるのみで、祖国の存在すら忘れてしまうだろう。（…）そうなると有徳の人は、生計を立てるために外国人の使用人になっていく。こうして堕落した人は、次に祖国の基盤を転覆させるために国賊的中国人になる。（…）中国の軍事力がなおざりにされているとき、われわれは衰弱へ至るひとつの道を見る。しかし精神文化がよどんできたとき、衰弱へ至る道は百になる。[23]

既存制度の容赦なき改変を呼びかける梁啓超は、儒教の訴求力を無視していたわけではなかった。各個人が家族に忠誠を尽くし、エリート層の士大夫が宮中と民衆のあいだの仲介役を務めるという中国社会と国家の伝統的構造が持つよい点も、度外視していたわけではない。国家建設の任には、やはり最初は士大夫に立ち上がってもらいたいと彼は期待していた。一八九六年に湖南で士大夫を前にして行った演説で、彼はこう述べた。「士大夫の服に身を包み賢人の著作を読むあなたがた紳士諸君、わが国がここまで無能になり、わが人種がこうも衰弱し、われわれの宗教がこんなに弱体化したのは誰のせいなのか、諸君はそれを見きわめなければならない[24]」。実際には彼は康有為と同様、支配者清朝の秩序に当初は忠実だった。その転覆を謀ろうという構想は、すでに孫文を鼓舞するものではあったが、梁啓超の将来へ向けての政治構想には含まれていなかった。しかし、もともとは康有為の考え方に忠実だった梁啓超だが、彼の知性・思考の方向は軌道から逸脱する兆候を示していた。

梁啓超が認識し始めたように、王政という中国の古い体制が、現状固定化と知的・政治的画一性を保つ力になっていた。今その体制にできるのは、現王朝を権力の座につなぎ留めることだけだ。国家は被支配者たちからの好意的な承認を必要とし、私利私欲に駆られた国際地政学の世界で中国が生き延びるために役に立つ、集団としての活力・国家としての団結を作り出せるのは、十分に教育を受けた政治意識の高い市民だけなのだった。

そういう名詞をあからさまに使うことはなかったが、主権在民と国家主義という観念が、『時務報』に書いた文章の表面下と湖南（経営陣との意見の相違で『時務報』を去ったあと、一八九七年に赴任）にある改革派の学校〔時務学堂〕で行った講義の背後に滾《たぎ》っていた。最初の頃、梁啓超はそうした考え方を中国の伝統を引き合いに出しながら表現している。「孟子は、人の尊厳は維持されなければいけない、他人のことだからといって無視してはいけない、と言っている。現代の西洋諸国政府はこの原則の遵守へ近づいてきているのに、なんたることか、中国は孟子の教えからわが身を切り離している[25]」

古き中国の体制自体は立派かもしれないが、西洋の国民国家群が牛耳る情け容赦のない国際秩序のなかで生き延びるための、組織力・工業力を生み出す能力がないことに、梁啓超は気づき始めた。彼は伝統的な教育を受けていたが、すでに中国の学問と朝廷奉公の狭い世界からは徐々に距離を置き始めていた。さらに彼は、優れた恩師であり指導者である人の思想からも遠く身を離すことになる。康有為は自分自身を、中国を復活させるという道徳的使命を帯びた儒者であると見なしていた。そう腹を決めたうえで、彼は儒教そのものの再解釈もためらわなかった。梁啓超は、若き日の理想へ部分的に回帰する前に、生涯の大半を康有為とは異なった道を歩むことになる。

振り返ってみると、とくに外部者の目で見た場合、儒教とは国家が民衆に押しつけた抽象的な哲学か一連の信念のように見える。容易に、そしてその気がありさえすれば、放棄できそうなもののように。しかし中国においてその根は深く、一般的総意のもと、中国の政治体制の宗教的・思想的土台となった。それは王権原理の根拠になっていた。儒教が想定する政治組織には宇宙原理に基づく帝国しかなく、西洋の伝統の中核にある都市国家とか国民国家というものは無視された。かつ、それが国家の責務と規定するものは儒教の道徳教育であって、政治・経済の発展ではなかった。

ということで康有為にとって、また清朝末期の改革論者にとって、儒教の教えは非の打ちどころのないものだったのである。恩師とはきっぱり袂《たもと》を分かつことになる梁啓超でさえ自分自身を、類いなき文明の理想と信念を入れた器が二本脚で歩いているようなものだと、ずっと見なしていた。キリスト教が西洋の輪郭を決めているように、ひょっとするとそれ以上に、儒教は中国の輪郭を際立たせていた。儒教の驚くべき継続性が、儒教に対するこうした畏敬の念を部分的に支えていた。社会規範と倫理規範が支配者と被支配者の両者を対象としていたことが、秩序維持のためには必須であったと思われる。過去に起きた農民の反乱は儒教体制とその主な代表者である士大夫に対する反抗だったが、それを儒教の教えにそむいた中国皇帝と宮廷官吏に対する反乱である、とする解釈も成り立つのである。

だが、西洋資本主義とキリスト教がもたらした新たな外圧をどう解釈したらいいか、それは容易ではなかった。こうした外圧が一八五〇年代になって強まりを見せたとき、多くの宮廷官吏は懸命になって、儒教信仰と実践にかかわる超保守的な見解を前面に押し出した。それこそが彼らの道徳と司法の権威を保つものなのだった（これと同じように、宗教的・倫理的な信念体系が硬化していく状況は、インド、セイロン（スリランカ）、そしてムスリム世界で進行中だった）。

こうした事情だったから、康有為と梁啓超が政府に対して政治改革と大衆参加を求めたというのは革命的以外の何物でもなかったのである。彼らが身を置いていた環境では、儒教古典書への精通と科挙試験に合格することが、知識人階級が力と尊敬を得る道だった。儒教の道徳原理を支持することが彼らの責務であり、その原理は人間相互間の道徳的義務によってつなぎ留められる階層社会に重きを置いていた。社会的責任感と上品な礼儀作法を高度に研ぎ澄ましたエリートたちは、中国全土の町や村で至極当然に指導者になっていった。儒教の教えは、たとえば官吏登用試験の問題にもなった。いわゆる「八股文」という文体で書かれた答案が、何世紀にもわたって試験の合否を決定してきたが、儒教の経典《けいてん》「四書」から選ばれた題目について書くことになっていた。

このような画一化された教育は、明らかに近代にはふさわしくなく、儒教が強調する個人の道徳は、新しい国家の建設に必要な公徳心の育成には不適当だった。著述家・翻訳家の厳復《げんふく》が一八九五年に中国と西洋の差異を明確に書いている。

> 中国では「三綱」〔君臣・父子・夫婦間の上下関係〕をもっとも重んじるが、西洋ではまず平等を明らかにする。中国では親族を重んじるが、西洋では有徳が尊ばれる。中国では王国を孝心にて治めるが、西洋では公平をもって治める。中国では君主を尊ぶが、西洋では人民を尊ぶ。中国ではひとつの「道」を評価するが、西洋は多様性を好む。（…）物事の習得において中国は知識の広範なることを評価するが、西洋では人力を頼みにする。[26]

西洋の長所を吸収することによってのみ中国の生き残りが可能だということは、康有為には明らかだった。と同時に、中国の政治と社会の基盤を維持するために儒教は維持されるべきだった。換言すれば、儒教を救うために儒教を再生しなければならない。

西洋の圧力が清帝国の脆弱さをむき出しにするにつれ、多くの士大夫が同じ懸念に悩まされ、十九世紀も末になる頃には康有為の支持者は相当な数にのぼった。それにしても、儒教のように中国の大地に深く根づき畏怖されているものと縁を切るには、どうすればよかったろう？　秩序と継続性の権化のようなものを、社会変化の哲学として解釈するなどということが可能だったろうか？

康有為はいわば、ムスリム世界における保守的改革派のような存在だった。彼らにとって、イスラームの真理が根本的に揺らぐことはありえなかった。あるいは、新しい国家のために、インドの伝統は必要にして十分な源泉であると考えたガンディーにも似ている。彼らは皆、由緒正しき伝統を尊重しながら、近代世界を確実に生き延びるための新式の価値観を生み出さなければならぬという責務、西洋が進歩できた秘密のあれこれを拝借しつつ、祖国に対する揺るぎなき忠誠を装うという課題を背負っていた。

幸いにして、国家と国民の意味を新たに問う過渡期としてとらえられた知的乱戦状態のなかで、伝統を大胆に解釈し直す自由は大いにあった。とくに儒教は、相反する学派からねらわれた。康有為は儒学者のあいだで昔から繰り広げられていた議論を蒸し返すかたちで、孔子の正統なる教えは前漢時代に主流だった「近文派」にありと主張し、当時主流だった学派をニセの儒教だと非難した。

康有為は自分の思想を二冊の本のなかで明らかにする。これを梁啓超は、儒学者の世界における「大噴火」であり「大地震」であると評した[27]。梁啓超はその後、康有為を儒教界の「マルティン・ルター」と呼んだ。だが康有為自身は、ほかの儒学者との衒学的・神学的議論にとどまらず、それを超えた領域へ踏み入ったと自覚していた。ガンディーがバガヴァッドギーターを独自に解釈したように、あるいはアフガーニーがコーランを読み替えたように、康有為は、孔子自身の関心の中心に政治改革と大衆動員があったことにしようとしていた。そうすることによって、孔子の思想を中国の現代と未来において有意義たらしめ、科学と社会の進歩を念ずる改革派の後押しをしようとしたのである。かくして、康有為による儒教古典の読み直しにより、女性解放、大衆教育、普通選挙などが、紀元前六世紀の賢者の中核的関心事であるかのごとく見えてきた。

康有為はさらに勢いに乗り、ユートピア社会の未来像として全宇宙につながる道徳的社会を呈示する。そこでは利己主義も、階級差別を生み出す習慣もなくなり、孔子の教えである「仁」が具現化されるとした。しかしそれは未来の話で、中国国民が団結し立ち直ってからのこと。康有為はとりあえず今、国内の制度改革の必要性を強調することに甘んじた。というのも、彼の見るところ中国が西洋から受けているチャレンジは、政治的なものに限らず文化的・宗教的なものでもあるからだった。西洋は単に中国という国を危機に陥れているだけでなく、儒教をも脅かしている。この不安が、中国全土を網羅する学校制度の構築、立憲君主制の樹立、陸軍士官学校の創設など、彼のすべてのキャンペーンの原動力になっていた。日本の国家宗教、神道の威勢の良さに影響を受けたものと思われるが、康有為は、キリスト教の影響に立ち向かうために、各地の祠をこの「大賢人」の聖廟に変えることも含めて、儒教を国教とすべく提案までした。

一八九〇年代までには中国沿岸部の自発的組織が、このように儒教を新たに解釈し直した宗教を「孔教」と称して広めており、康有為は、西洋の政治価値基準があたかも儒教的伝統の一部に見えるように工夫しながら、多くの士大夫をそちらへ転向させた。伝統的政治理論で武装した彼が伝統的政治秩序に突きつけた挑戦は、ただならぬ事態を引き起こすことになる。それは中国史上、新たな革命的局面の始まりであり、そこではかつて真理であったものがすべて問い直され、覆されることになる。

確かに一八九〇年代の中国には、知的るつぼのなかから噴出したさまざまな改革派の考え方があった。梁啓超が上海で雑誌を出していた頃、厳復は、彼が海軍学校の総教習を務めていた天津で、大衆紙・雑誌を創刊していた。二年間英国に留学していた厳復は、じかに西洋を体験した数少ない中国人の一人だった。彼が翻訳したハーバート・スペンサー、ジョン・スチュアート・ミル、アダム・スミス、T・H・ハクスリーは、梁啓超を含む多くの近代中国人思想家に初めて紹介された西洋の哲学者であり、とくに重要な点は、歴史を適者生存ととらえるダーウィン的な解釈を紹介したことである。

　多くのアジアの知識人の例にもれず、厳復は西洋の帝国主義の脅威から受けたショックで目を覚ました。「彼らの手で私たちは奴隷にされてしまい、私たちの精神と肉体の発達が阻害される」と、彼は一八九五年に書いている。「褐色と黒色の人種は生と死の境界をたゆたっている。四億の黄色人種の運命とて同じではないか?」。大勢のアジア人の同輩と同じく、厳復も社会進化論者になり、競争を勝ち抜くためにどうしたら中国は富と権力を蓄積することができるか、という疑問が頭から離れなかった。彼はこう書いた。「ある人種がほかの人種と戦う。そして集団を形成し国家を樹立する。それはこうした集団や国家が互いに競い合うためだ。弱者は強い者に食われる。愚者は賢い者の奴隷になる。(…)動物と違って人間は歯を剥いたり牙を立てたりせずに武器を取って戦う[28]」。彼はさらに付け加える。「これこそが自然淘汰と適者生存へと向かう生存競争なのだ。(…)人間界に限って言うならば、人の能力を最大限に開花させるための戦いなのである[29]」

　西洋は個人の活力と積極性を国力へ転換注入する技術をマスターしていたのだと、厳復は信じていた。英国とフランスでは国民が、中国がそうであるように、古い規範の上に成り立った帝国の被統治者としてではなく、活力に満ちた国民国家に積極的に参加する市民であると自分たちを位置づけていた。西洋人のように中国人も「手を携えて暮らし、相互に意志を通じ合わせ、互助の精神を発揮し、そうした目的のために法と制度、儀式と作法を定めることを学ばなければならない。(…)この国家が自分たちのものだと実感できるような方法を考えなければならない[30]」と、厳復は主張した。儒教が考える宇宙秩序とは相容れないように思われたこの厳復の思想は、「国家」とか「近代」という言葉を一八九〇年代における中国の語彙のなかへ自然に浸透させる一助にもなったわけだが、有名なところでは梁啓超を含む中国の広い世代の知識階級から、さしたる抵抗を受けることもなかった。むしろ、厳復の考え方は中国が置かれた危うい状況を見事に描いたものだったので、たちまち受け入れられることになった。

　厳復と比べると、譚嗣同《たんしどう》のような人物は伝統的な哲学者だと言える。一八九五年、高官を父に持つ理想主義的な青年、譚嗣同は北京にいて、康有為を探し求めていた。そのとき康有為は広東にいた。譚嗣同に仏教の手引きをしたほか、彼を康有為の世界観に転向させたのは、康有為の一番弟子の梁啓超であった。同世代のなかでもっとも独創的精神を備えた譚嗣同は恩師たちを超え、改良君主制どころではなく共和制を、満洲族に対する忠誠の代わりに国家主義を提唱した。ガンディーに通ずるところも多々あり、譚嗣同は儒教の徳の概念を、現在と将来の社会倫理についての感受性を自己改善をめざす個人的努力に結びつけるものと拡大解釈して、常に道徳的行為をなし、道徳的意識を保ち続ける必要性を前面に押し出した。

　だがこうした議論は、北京のうらぶれた茶房で交わされた机上の理論立てを超え、短期間ではあったけれども現実化する。一八九八年の初め、西太后は二十三歳の光緒帝に対し、皇帝として本式に統治権を振るうことを許した。突如として、康有為と梁啓超が主宰してきた数多くの勉学会、新聞雑誌、学校、そして宮廷内の改革派と密かに進められていた議論が、実を結んだかに見えた。新たに実権を握った皇帝は、すでに一八九五年に康有為の上奏文に目を留めており、改革のための協力を彼に求めた。康有為は意気に燃えたいくつもの小論を書いてこれに応えた。そこには日本の明治維新の成功をテーマにしたものもあれば、英国支配下のインドの無力について語ったものもあった。「変革してみずからを強靭にするか、古い制度を擁護して死ぬか[31]」と彼は書いた。

康有為は紫禁城へ招かれる。直後、皇帝との五時間にも及ぶ異例の面談が執り行われる。次いで六月には、大胆な改革を命じる勅令が連発され、その適用範囲はほとんどすべての領域、地方行政から国際文化交流、さらには北京の美化まで含まれていた。およそ百日のあいだ、康有為、梁啓超、譚嗣同は、変革志向の知識人集団としてフランス革命以来最強の権力を握ることになった〔戊戌の変法、あるいは百日維新〕。

勅令により、まだ科挙に合格していなかった梁啓超が翻訳局の局長となる。さらに驚くべきことに、彼の雑誌『時務報』が政府の機関紙となった。梁啓超と譚嗣同は、皇帝と面会する康有為に同道して宮廷へ出かけ、そこでは皆儀式も作法も捨て去り、椅子を寄せて改革を語り合った。

だが、康有為と梁啓超は実力以上に自信過剰だった。変革の速度が急すぎた。たとえば八股文の廃止のような急進的な動きは、強硬な反対意見を引き起こした。頤和園に隠居した西太后に前と変わらぬ忠誠を誓う宮廷内の保守派は、この動きを警戒し距離を置いた。皇帝は次に西太后の弾劾に出るだろう、と彼らから言い聞かされた西太后は、穏やかな改革には耳を傾けるつもりでいたが、いとけなき甥をつぶす役目を買って出ることにした。

譚嗣同が先駆けとなって画策した西太后に対する先制攻撃は未遂に終わったが、これが西太后の動きに拍車をかけることになる。一八九八年九月二十一日、最初の宣布から百三日後、彼女は皇帝が重い病で倒れたと布告し（実際には宮廷内庭園の小島に幽閉された）、帝国統治の任に返り咲いた。改革の勅令の大部分を反故にしたうえに、彼女は改革派知識人のなかからとくに康有為、梁啓超、譚嗣同の逮捕を命じた。康有為は一日早く上海に去り、そこから香港へ逃れることができた。梁啓超はまだ北京の城壁内にいたが、なんとか日本公使館に保護してもらえた。譚嗣同もそこで彼と合流したが、それはただ別れを告げるためだけだった。

梁啓超は譚嗣同にいっしょに日本へ行こうと懇願したが、譚嗣同は、その後中国で世代を超えて言い伝えられることになる、命を捧げる者がいなければ中国が変わることはない、という言葉を残したのみだった。日本公使館の建物を立ち去るとすぐ、彼は逮捕された。彼と、康有為の弟を含む梁啓超の五人の仲間は死刑の宣告を受ける。判決文は紫禁城の門で読み上げられた。死刑囚は菜市口という、科挙のために北京を訪れていた大勢の受験生たちがよく宿泊していた地区まで荷車で運ばれた。茶店の前で死刑囚たちに一杯の酒が与えられた。群衆が見守るなか、杯が割られる。男たちは地面にひざまずくように命じられ、即座に首が落とされていった。

康有為の家族の墓は、西太后の命令によって破壊された。梁啓超は、自分の逮捕と暗殺に懸賞金がかかったのを知り、日本人の助けを得て天津へ逃避、そこから長期かつ波瀾に富む亡命生活へ向けて日本へ出航した。彼はまだ二十五歳だった。かくして、トルコとエジプトが試みたのと同じトップダウン型の近代化は、中国において実地の機会を得ずして終焉を迎えたのである。

日本と亡命の危険

梁啓超の逮捕に懸賞金をかけたことを報じた『京報』は、彼を「狼の背に乗った、短足の小柄なけだもの」[32]と描写した。そのイメージには、彼の知的世界は康有為に依存している、ということを揶揄する意図が込められていたが、それは正確ではなかった。梁啓超の政治観は恩師よりはるかに実践的だったし、そもそも康有為からはすでに距離を置きつつあったのだから。

常に知識に飢えていた梁啓超は、日本へ向かう船中で日本語の勉強を始めていたが、日本到着後は主に横浜の華僑から金銭的援助を受けてすぐさま新聞を創刊し、士大夫ばかりでなく今や学生をも含む読者に対して、日本語の書物から吸収したばかりの新知識を伝え始めた。湖南で教えていた学生たちの多くは、彼を慕って日本へやってきた。梁啓超は、彼らが一八九九年に華僑から財政的援助を受けて始めた学校にねぐらを得るまで、自分の居所に住まわせた。

康有為がインドから西洋へと旅しているあいだ日本にいた梁啓超は、もっとも有名な中国人知識人としてその本領を発揮し始めることになる。彼は、世界の序列が社会進化論の理屈で決定してしまうという持論に基づく危機感を抱いて、ナショナリズムの問題に取り組んでいた。一九〇一年に日本で書いた文章のなかで、彼は暗い結論を出している。

> 世界のすべての人たちは、生存をかけて戦わなければならない。生存をかけた戦いのなかには、優秀な者と劣等な者がいる。優秀と劣等という区別のあるところには、必ずや成功と失敗がある。劣等なるがゆえに失敗した者は、優秀なるがゆえに勝ち誇る者に、権利も特権も根こそぎ奪われる。これがつまりは国家消滅の原理なのである。[33]

中国の知識人は今、康有為や梁啓超のような改革派と、孫文に代表される反満洲族の革命派に分かれていた。だが梁啓超の著作は往々にしてその相違を超越し、その点が中国の幅広くさまざまなイデオロギーを超えて読者を惹きつけた。自由思想家で梁啓超については手厳しい批評を加えた胡適《こてき》も、次のように評価した（そこにはアフガーニーを讃えるムハンマド・アブドゥを想起させる響きがある）。「彼はわれわれのあふれんばかりの好奇心を引き寄せ、未知の世界を指し示し、われわれ自身の問題究明を命じたのだ[34]」

梁啓超は彼を取り巻く当時の環境に大いに助けられた。教養のある中国人にとって日本は、西欧化したロシア人にとってのパリ、植民地化されたインド人にとってのロンドンと同様、文明と教育の中心地だった。一九〇〇年以降、何千人もの中国人学生が東京へ渡航し、祖国に帰ってからは指導的立場についた。日本人は明治維新以来西洋思想を大量に吸収し、梁啓超のような多くの中国人にとって来日は、近代なるものの最初の体験であり、ほぼ全員が、世界について抱いていた認識の再評価を余儀なくされたのである。「民主主義」、「革命」、「資本主義」などという言葉も、日本語を介して中国語に浸透していった。

中国が西洋の侵略を受けてから、中華思想は粉々に打ち砕かれてしまっていた。そして梁啓超は、中国が甘受せざるを得ない厳しい政治的現実について、みずから筆を執る。

われわれの自己満足と怠惰のせいで、盲目的に擁護されていた古い体制は、われわれの時代に至るまでの三千年を生きながらえてきた。人種、国家、社会、習慣、儀式、芸術と科学、思想、道徳、法律、宗教、それらの秩序は、何の成長もなく、すべてが静止したままで三千年前と変わらない[35]。

これは誇張だが、梁啓超が突きつけられた難問の途方もない大きさを考慮すれば、その気持ちはわかる。中国は世界最古の国のひとつだ。しかしそこに住む人々は、それを国家として認識しているだろうか？ 儒教思想の自己研鑽を捨てて、市民の連帯を実感することができるだろうか？ さらに言えば、国際政治の世界からの挑戦に対処すべく、国家制度を十分に整備することが可能だろうか？ そして中国は近代国家として、誇りとする文化的独自性を損なうことなく成立しうるのだろうか？ 梁啓超はこれらの広範囲にわたる複雑な問題を提起したが、明快な回答は与えていない。とはいうものの、彼はこれらの問題についてほかの中国人知識人の誰よりも激しく言い立てた。彼はすでに自分が主宰する新聞、学校、勉学会によって清朝終焉後の中国のために下準備をしていた。それによって中国の士大夫層のなかのまったく世情に疎い連中に、早急な変革の必要性を告げ知らせたのである。彼の著作は日本から中国へ密輸され、次世代の思想家と活動家を鼓舞することになる。

けれども、梁啓超が最初にしなければならなかったのは、彼を受け入れてくれた日本人後援者との、そして日本に滞在していた中国人同胞との、政治的駆け引きをうまく乗り切ることだった。彼が向かった一八九八年の日本はまだ、その後ロシアを負かし朝鮮を併合することになる一九一〇年以降の自信満々の大日本帝国からは程遠かった。だがその後日本は、日清戦争後の戦利品から分け前を欲しがった帝国主義列強の前例を手本にした。一九〇〇年、日本は義和団の乱を鎮圧せんとする連合軍に参加することになる。

そうしながらも日本は、欧州列強がオスマン帝国の崩壊を恐れたのと同じように、中国が分裂してしまうことを恐れていた。「アジアの病人たち」には死なれるよりも生きていてもらったほうがいい。というのは、両国ともなんとか混沌を収めていたし、こちらがその気になれば嬲《なぶ》りものにすることもできたからである。日本の政治家は、改革後の満洲族の朝廷が中国の全面的崩壊をうまく回避できそうな見込みに関心を抱き、百日維新のなりゆきを見守っていた。皇帝廃位を望まぬ康有為と梁啓超の保守性も、彼らの評価するところだった。四たび首相となり明治憲法の中心的起草者であった伊藤博文は、西太后が改革派を弾圧したときに中国にいた。伊藤は日本人外交官を呼び、康有為と梁啓超の身柄の安全確保を密かに指示した。一八九八年に康有為が香港経由で東京に到着したとき、彼は亡命政府首班としての扱いを受け、日本の有力政治家たちに引き合わされた。

康有為と梁啓超は非公式筋からさらに強力な援助を得た。日本の政治体制は権威主義的だったが、知的潮流の多様性には驚くべきものがあった。世界の列強としてのし上がった結果、日本は国際秩序の基盤にある人種差別と直面することになった。快挙に次ぐ快挙にもかかわらず日本は西洋の列強から依然として「黄禍」と見なされていた。一八九八年に、アメリカは足腰の弱ったスペイン帝国からフィリピンをもぎ取ることで、日本近海での自分たちの存在を誇示した(同じ理由で、日本も中国の支配圏から朝鮮を取り去った——手を伸ばせばすぐに取れる状態にあった)。

新興列強国の例にもれず、日本もまた天然地勢の国境をはるかに越えた「国益」についての意識を高めつつあった。徳富蘇峰が要約してこう言う。「極東の国々が欧州列強の餌食になるような事態をわが国は座視するわけにはゆかぬ。(…)われわれには東亜の平和を維持する義務がある」[36]。一八八五年、福沢諭吉が日本は「脱亜」して西洋の仲間入りをすべきだと提唱すると、読者は大いに共鳴した。だが人種差別的な西洋帝国主義に対する懸念があり、それが日本の広い分野の知識人・政治家に、日本の文化的独自性、ひいては中国やほかのアジアとの昔からのつながりを、新たな観点で熟思させる動機になった。

これが汎アジア主義の始まりであり、その後半世紀にわたる日本の自己像と一連の行動を貫く縦糸となるのである。多くの日本人にとって、アジア諸国が衰弱し西洋に恥をかかされ搾取されるがままというイメージが、汎アジア主義をとるに至る明白な根拠となった。人種的平等の要求もまた然り、日本はこれを国際関係の根本原理として尊重させるべく奮闘していく。アジアの人口の多さは強みだったし、自力で近代化を成し遂げた最初の国日本が西洋列強にアジアの威厳を認めさせる、という考えには迫力があった。国威増強の快挙という追い風に乗って、日本がヨーロッパ人支配者からアジアを解放する聖戦のリーダーになってくれるかもしれなかった。

日本における汎アジア主義は、きわめて初期の段階から、広範囲なイデオロギー集団の支持を得ていた。たとえばそのなかには、永井柳太郎（一八八一―一九四四）という敬虔なクリスチャンで普通選挙権や女性の権利など多くの自由主義的目標のために尽くした人物がいて、彼は社会主義を大いに評価したほか、「白禍」について警告を発しようとした。「一人種だけがすべての富を使う権利を得たならば」と彼は疑問を投じる。「ほかのすべての人種が、虐待されていると感じて抗議するのは当然ではないか？　もし黄色人種が白人から迫害を受け、身動きのとれぬ状態を回避し生存維持のために反抗しなければならないとしたら、それは迫害者の過失でなくして誰の過失であろうか？[37]」確かに、日本の威光の守護人を自称する多くの人たちは、「白禍」に対してアジア的諸価値を守る者と自分たちを見ていた。蘇峰によれば、西洋よりはむしろ日本のほうが「真に普遍的な平等と進歩を構築する[38]」にはうってつけだった。こうした汎アジア主義者の一部には、中国も朝鮮も日本に支配されるべきだと考える軍国主義者がいた。だがその他の者たちは隣国の利害に細やかな配慮をし、中国、朝鮮、ほかの東南アジアの国々からの政治亡命者を温かくもてなした。自由主義的ナショナリストたちは、西洋と同等の地位を得るために日本の近代化を切望したわけだが、海外の帝国主義者に対抗するために中国の強化をしてやらなければならないと感じていた。それ以上に先見の明を備え、野望を抱く汎アジア主義者たちは、未来の日本は帝国主義的征服者となり、アジアのリーダーになると見ていた。この部類には理想主義者の大川周明などが含まれるが、彼は日本におけるインド文化・イスラーム文化の一流の学者であり、一九一三年、英国支配下でのインドの惨状を描いた本を読んだあと、汎アジア主義者になった。

日本がさらに強大になってくると、拡張と支配という課題と、汎アジア主義者としてアジア諸国との連帯を表明したい願望とのあいだに、矛盾が出てくることになる。黒龍会、玄洋社などの組織はアジアにおける日本の権利主張において、ますます戦闘的になり勢力を増していった。だが少なくとも最初の頃、汎アジア主義者たち内輪での政治的立場の違いは、あまり問題にならなかった。社会の変換期に出現した汎アジア主義者の多くは、人生に新たな目的を求めていた。明治維新はあらゆる種類の、またその多くはかつて武士であった政治的・知的冒険家を解き放ったが、彼ら自身はみずからを高潔な無私無欲な理想家であると位置づけていた。これら浮浪の男たちは、中国を窮地から助け出すことを夢見て、圧力団体として、あるいは陳情工作員として活動した。彼らは、十九世紀末にかけて来日し始めていた中国や東南アジアのナショナリストと結びつくことが多かった。これらのナショナリストは、西洋から立て続けに屈辱を被ったことによって、自分たちのアイデンティティを定義するため、そして矜持を表明するための新たな道を探ることを余儀なくされていた。新たに国家、人種、階級の意識を持ち始めた者、あるいは汎イスラーム主義や汎アジア主義を標榜する超国家的な筋に属する者としては不可避の事態であった。

こうした日本人思想家の一人がプロの汎アジア主義者・革命家だった宮崎滔天（一八七一―一九二二）で、彼は早くも一八九一年に中国で清朝廷に対する反対運動を引き起こすべく画策し、九〇年代後半にはフィリピンの反米ゲリラのために銃を密輸した。一八九七年に孫文に出会ったとき、彼は中国の救世主を見いだしたと確信する。こうして中国での反乱工作に失敗した孫文は日本に身を落ち着け、中国人商人や学生で構成される華僑コミュニティで知己に恵まれた。それは梁啓超が日本へ来た一八九八年の秋のことで、康有為はその直後に来日する。横浜にはすでに多くの中国人学生がいて、これら著名人をそれぞれに慕う者たちも日本で合流し始める。彼らを支援する日本人後援者たちは、資金と助言を提供してそれぞれのグループがひとつの亡命政党としてまとまるべく奨励し、中国再生をめざす共通の土俵の上に彼らを一元化しようと努めた。だが、中国人たちは、マルクスやヘルツェンなどの追随者を含む十九世紀の政治亡命者にありがちだった一種の内輪喧嘩を始めてしまう。

康有為や梁啓超と違い、孫文は広州の農家の出身だった。貧困のせいで彼の兄は移民となってハワイへ行った。孫文は十代の初めにそこで兄と合流した。ミッション・スクールで教育を受けた孫文は英語を上手に話したが、古典的中国語を書くのは下手だった。西洋風の衣服を着て金銭的に華僑の恩義を受けていた孫文は、康有為や梁啓超が属する儒教的士大夫の伝統世界とは縁もゆかりもなかった。広く西洋を旅した孫文は、中国の欠点を見逃さなかった。一八九四年に朝廷に宛てた大胆な提案が拒否されると、孫文は、中国は満洲族の君主体制を打倒して共和制に体制変化すべきであると確信する。この考え方自体、保皇派の康有為にとっては問題だった。にもかかわらず、融通無碍の天才的な孫文は、康有為、梁啓超と活動をともにすることを望んだ。しかし結局、康有為の目に孫文は役立たずで粗野な冒険家としか映らず、大目に見てやることができなかった。こうして拒絶された孫文は、もともとキリスト教への改宗者だったのだが、近代の諸状況に照らし合わせて儒教を再解釈しようとする康有為の試みは、無意味な机上の空論だと思うようになった。

西太后が中国三大犯罪人と呼んだ孫文、梁啓超、康有為の日本亡命に関する中国側からの抗議に、ただでさえ神経をとがらせていた日本人のなかで、徹底したエリート主義を標榜する康有為は評判が悪かった。康有為に対する圧力が高まったため、一八九九年の夏、彼はカナダへ発ち、華僑の助けを借りて「保救大清皇帝会」を設立する。一人になった梁啓超は、孫文、そして梁啓超を頼って中国からやってきた昔の教え子たちとの活動に専念することになる。

日本側は孫文と梁啓超を協働させようとした。その結果、ある程度の協力関係、とりわけ金銭にかかわる協調が成立する。梁啓超は、当時自分自身からは思うがままに表明できない分、孫文の掲げる反君主制の立場に好意的だった。しかし、二人が今までになく親密な協働関係にあった一八九九年の末、梁啓超は康有為からハワイとアメリカへ資金調達の旅に出ることを命じられる。

梁啓超はこの命令に従った。彼にとって康有為は、儒教的伝統に則せば依然として恩師であった。だが彼は、日本での体験によって道徳的束縛から解放されつつあった。それは二世代にわたる中国人思想家に共通する日本体験である。彼の読書と思想の幅が広がり始めていた。それまで厳復の翻訳に頼っていた彼は、ホッブズ、スピノザ、ルソー、ギリシア哲学者について知識を広げ、クロムウェル、カブール、マッツィーニらの伝記的研究を書いたりもした。中国国外に関する彼の知識は深まっていった。

彼が日本へ着いてすぐ創刊した雑誌『清議報《せいぎほう》』には、アメリカに対するフィリピンの抵抗や、南アフリカのボーア人に苦しむ英国についての報道が掲載された。イタリアの統一について、あるいはフランスのベトナム併合について書くとき、梁啓超はとりわけ領土と資源の近代的争奪戦という側面に傾注した。日本ではインド、インドネシア、ベトナム、フィリピンからやってきた大勢の革命的思想家や活動家に出会った。彼らの多くは、日本がロシアを打ち破った一九〇五年以降、群れをなして日本へやってきた。一九〇七年の春、何人かの日本人社会主義者、インド人、フィリピン人、ベトナム人たちが亜洲和親会を発起したとき、梁啓超は日本にいた。彼の見解は、もう一人の在日中国人亡命者で仏教学者でもあった章炳麟《しょうへいりん》（一八六九―一九三六。章太炎《しょうたいえん》としても知られている）と一致していたはずだ。章炳麟はアジア人亡命者たちが抱いていた文化的矜持、政治的憤懣、自己憐憫を総括し、亜洲和親会の宣言書のなかで次のような主張をした。

アジア諸国は互いに侵略することも稀で、儒教的徳である慈愛を以て互いを遇してきた。およそ百年前にヨーロッパ人が東進し、アジアの力は日に日に弱まっていった。政治・軍事の両面で力強さを欠いていただけでなく、彼らは劣等感を抱いていた。学問は堕落し、民衆は物質的利益のみを追い求めた。[39]

無政府主義者で亜洲和親会のメンバーでもあった劉師培《りゅうしばい》は、何をなすべきか明確な信念を持っていた。彼は「アジアの最近の潮流について」と題した論説で、「現代世界は暴力の世界である」と書いた。「そしてアジアの地は白人たちが暴力を振るう場となった。われわれは彼らのアジアへの介入を排撃しなければならない」[40]。梁啓超の仲間だった欧榘甲《おうきょこう》は、国を失ったにもかかわらずアメリカを向こうに回して勇敢に戦ったフィリピン人から学べと、中国人に対して檄を飛ばした。フィリピン人たちの状況は、日本に亡命してきた中国人たちにとくに強い印象を残した。梁啓超のサークルに属していたもう一人の知識人、馬君武《ばくんぶ》は、一八九六年にスペイン人によって処刑された反帝国主義の詩人ホセ・リサールをアジアの愛国主義者の神髄であると称賛した。梁啓超自身も、フィリピン人を「アジアに独立をもたらす先駆者」と見なしていた。フィリピン人たちが成功すれば、と梁啓超は一八九九年に書く。「東洋に二つ目の新国家が誕生することになり」（第一が日本で、第二がフィリピン）、この二国は「東進するヨーロッパの攻勢に対抗するアジア勢力連合」[41]をかたち作ることができるだろう、と。

章炳麟は、東京に亡命していたインド人革命家たちとの交友について、そして英国支配下にあるインドの救いがたき状況を知って胸つぶれる思いを書き記した。彼はシバージー〔インドのマラータ王国国王〕の追悼集会にも参加した。シバージーは十七世紀のインドでムガル帝国を悩ませた反逆王だが、章炳麟はインドから英国人を駆逐するには同王が駆使したゲリラ戦術が必要だと確信していた。彼ら中国人論評者たちはボーア戦争（一八九九―一九〇二）について、これもまた西洋から自由になるための弱者の戦いであると位置づけ、注視していた。アメリカがフィリピンの反帝国主義による抵抗をむごたらしく鎮圧したとき、もう一人の日本亡命者、湯爾和《とうじわ》はこの事件を悲痛な筆致で描き、「白人主体の歴史」を弾劾することで締めくくる。

　白人たちは、現地住民の原始的慣習や無知がどの程度はびこっているか議論の余地のない証拠を山ほど呈示し、こういう民族は支配されて当然だという根拠に使う。この種の自画自賛と他者の非難は、歴史の最終判断を横目で意識しつつ周到になされる。エジプト、ポーランド、キューバ、インド、南アフリカ、こうしたすべての地域。その亡国史を読みたまえ！（…）やむを得ぬ状況があってこれらの国々は崩壊するしかなかったのだ、と私は思いがちだった。（…）しかし今の私は、これらすべての書物が白人によって書かれたことを知っている。そこでは真実と虚偽がごちゃ混ぜになっている。（…）ひとつ確実なのは、スペイン人が書いた歴史書のなかにフィリピンに関する真実を探そうとすると、フィリピンという国が無知で愚劣なことを露疑わず、もっと早く崩壊していてもよかったのではあるまいか、などと思ってしまうことなのだ。（…）わが国の博学な人たちよ！　あなた方のなかに、私たちの歴史をすぐにでも書ける人はおりますまいか？　私たちの背後であざ笑い、大喜びで両手を打ち鳴らすような白人の小僧っ子に紙とペンを持たせ、私たちの歴史を書かせてはなりません。[42]

当然のことながら、梁啓超に、白人小僧が書いたアジア史をのさばらせるつもりは毛頭なかった。彼はしばしば自筆の序文を付して、中国的表現でいうところの「失われた」国（亡国）の歴史書を出版した。一九〇一年、義和団蜂起の翌年、西洋列強がまたしても中国に新たな条約を課すと、彼は西洋が弱体国を服従させるさまざまなやり口を総括した怒りの論文を著した。「滅国新法論」という辛辣な題名のその論文は、アフガーニーが書いたとしてもおかしくない内容だった。梁啓超は、ヨーロッパの商人や鉱山業者たちが多くの社会と文化を次第に侵食し衰弱させていく、とめどなき狡猾な手の内を書き表した。同論文はそうした方法を詳しく記述し、甘言を弄して多重債務を負わせる方法（エジプト）、領土分割（ポーランド）、国内分裂の利用（インド）、単純に軍事的優位性で敵を圧倒する方法（フィリピンやトランスヴァール）などを含んでいた。「鉱山採掘権、鉄道敷設権、その他の利権を外国人に譲渡することは、国全体の主権を害することにはならぬと主張する人々には」と彼は書く。「ボーア戦争の歴史を読むことを勧めたい」[43]

梁啓超は、ヨーロッパとアメリカの国力は「近代的な民族間闘争の場で彼らが攻撃した相手の強さに比例して増大していった」[44]と結論づけた。その後すぐ彼は、中国民族という考え方を捨て、不可欠なまとまりとしての国家、それこそが民族を擁護するもの、という考え方を選ぶ。彼がボーア人の例に見たのは、人民が強靭であっても脆弱な政府が足手まといになり、結局は英国人に圧倒されてしまった、という事実だった。

レーニンが帝国主義を資本主義の最終段階と位置づけることに先立つ数年前、梁啓超は、西洋の空前絶後の経済的発展が、その自然な延長としてどのようにアジアの征服に至ったかを説明している。植民地主義を個人の経済的私利私欲に結びつけることにより、西洋諸国は植民地主義について自国民のなかに広い支持を得た。支配者側の政治的野心によって上から押しつけたものではなく、被支配者側からの一定の支持もあった。

こうした側面が、近代帝国主義とアレクサンダー大王やチンギス・ハーンのような専制君主の拡張主義を大いに分かつものである一方、平和を脅かす無類の危険をはらんでもいる。

近代の国際競争を駆り立てる原動力は一般民衆の生存競争に由来するが、それは自然淘汰と適者生存の法則によれば制御不可能な競争である。したがって、現在の国際競争は国政レベルにとどまるものではなく、民衆全体にかかわるものなのである。民衆全員が自分たちの生命と財産をかけて参加する（かつしのぎを削る）現在の国家間の紛争において、人々は一丸となって結束する。過去の国際競争は、統治者とその臣下のみがかかわるものであり、一定期間が経過すれば収まるものだった。ところが現在の国家間の争いとなると、民衆の生命と財産が絶えず問題となるために、永遠に終結を見ない。なんと危険なことか！　こうした国家間の争いの矢面に立つわれわれは、いかにすればこれを食い止めることができるだろうか？(45)

とくにインドの例は、国際的な争いでみじめに負けた「亡国」のゆくえに関する恐怖の物語だった。英国から来た「小資本主義者ら」が、インド人を自分たちの兵隊に仕立て上げ、インド亜大陸全体を乗っ取ってしまった。インド人が同胞を犠牲にして英国の政策を執行したのである。ヨーロッパの支配力と繁栄の基礎にある企業の利害、あるいは国家としての一体化ということを知らずに来た中国は、インドの体験を繰り返す恐れがあった。

こうなった理由のひとつは、中国に隣接する国々があまりに劣っていたために、自分たちイコール全世界、と中国人が思ってしまっていたところにある。一時期は梁啓超自身も染まっていたうぬぼれも、他国家との抗争と競合という現実の認識、あるいは衰亡の道のいずれかを迫られる国際世界の体制のなかでは、もはや通用しなくなっていた。なぜならば、「世のなかで通用するのは強権のみであり、ほかの力に意味はない。強者が弱者を支配するのは進化の普遍原則である。したがって、自由権を欲するならばほかに道はなく、強者になるしかないのである(46)」。

義和団の乱――挫折から得たさらなる教訓

中国情勢は、梁啓超の不安を裏づけ、かついっそうあおることになった。一九〇〇年の春、彼がハワイで華僑たちから支援金調達をしている最中に義和団の乱が勃発する。伝統武術に励み、シャーマニズム的性格も有する秘密結社に率いられたこの反乱の対象は、とりわけキリスト教宣教師ら外国人であった。宣教師たちは中国内陸の奥深くまで入り込んでおり、中国の信仰と習慣を害するものと見なされていた。一八五七年に起きたインド大反乱が自然発生的だったのと同じく、この反乱も、農民、退役兵、密輸業者のほか、官吏や地方の名士をも含む憤懣やるかたなき雑多な中国人の共感を呼んだ。

義和団の乱でわかったのは、中国にいる外国人の存在を人々がいかに苦々しく思っているか、外国人が地方官吏にいかに強圧をかけているかということのみならず、一般民衆の抵抗が機略縦横であることだった。白人を見たことのある中国人はわずかしかいなかったが、彼らの生活は中国在の外国人が作り出した新たな状況によって深刻な影響を受けた。たとえば世界経済の好不況の波をもろに受けるようになり、人々は職を失った。

一八〇〇年以前にはヨーロッパよりも高い生活水準を誇っていた国なのに、西洋の宣教者、実業家、外交官、兵士たちの目からすると、十九世紀に入ってからはひたすら堕ちゆく無能な巨人になってしまった。対外債務と賠償金は国庫にとって莫大な負担となった。政府は近代化のほんの一歩を踏み出すために、莫大な借金を負わざるを得なかった。よその地域では進歩の象徴だった鉄道も、それによって外国軍が中国内陸の大部分へ進軍しやすくなる一方、中国をさらに深い債務の沼へ引きずり込むことになった。

義和団は鉄道線路をずたずたにすることで、長いあいだふつふつと滾っていた民衆の憤怒を代弁した。一九〇〇年六月、西洋人とキリスト教に改宗した中国人に対する義和団の攻撃が北京に飛び火すると、西欧列強は、義和団を西欧人にぶつけて両者もろとも中国から放逐することができるとたくらんでいた西太后に抗議した。彼女の判断は、世界の現実的な勢力均衡に関する根本的な無知を示している。外国公使館員が義和団に包囲されているあいだ、彼女は列強に対して時局に便乗した宣戦布告をするが、これを受けて世界の強国は軍隊を動員することになった。二万七千の兵力が日本を含めた各国から派遣され、包囲解放のために北京へ侵攻し、北京は略奪を受けた。

英国分遣隊のなかに一人のインド兵士、ガダダール・シンがいた。彼は義和団の拙劣な戦略が「彼らの国と政治組織をすべて灰燼まみれにしてしまった」と考えていたが、義和団の反西洋運動については同情的であった。彼が見た最初の中国は北京近郊の風景だった。うち捨てられ、破壊されたままの村に残された骨と皮だけの飢餓状態の中国人たち。崩れ落ちた建物の上には、略奪連合国、フランス、ロシア、日本の国旗がひるがえっている。川の水は「血と肉と骨と脂肪のカクテル」と化していた。シンは、中国人に対してなされた大虐殺と放火と強姦に関し、とくにロシア兵とフランス兵を責めた。兵士のなかには手慰みに犠牲者を虐待する者もいた。(47)「このスポーツマンたちは」とシンは強調する。「われわれが『文明国』と呼ぶ国々に属しているのである」

シンは書く。「石の心ですら落涙し、同情を禁じえぬであろう」。彼はさらに書く。「私は中国人と戦うためにやってきたのだから、私の心が憐憫に動かされるなど余計なこと。しかし(…)任務とは無関係に、胸中に感情の高まりを覚えたのである」。なぜ自分が中国人に同情するのか、それを理解しようとしてシンが得た結論は、中国人は多くのインド人と同じく仏教徒である、ゆえに「両国民は隣人であり、アジアに同居する仲間(48)」だから、というものだった。

中国人に対してこのような思いやりのある態度をとった兵士は、ひと握りしかいなかった。一九〇〇年に中国へドイツ討伐軍を送り込むに際し、ドイツ皇帝は彼らに、この「野蛮な人種」にはフン族の王アッチラのように情け容赦なく当たれ、と呼びかけた。「中国人の誰一人としてドイツ人に対して今後二度と表を向けることができなくなるように！」と。フランス人作家のピエール・ロティは、西側の軍隊が首都に加えた壊滅的打撃を目撃している。「小ぶりの灰色レンガ――北京はこの素材だけでこしらえられていた。町は、金塗りの透かし彫りで飾られた小さくて背の低い家々で成り立っていた。火災と砲弾によってもろい素材が無に帰したあと、この奇妙な残骸の山だけが残った[49]」

夷狄に包囲された首都から脱出した一八六〇年の再演のごとく、西太后は青い野良着に身をやつして北京から逃げた。彼女の代理人はまたしても西側列強とのあいだに議定書を結ぶことになる。種々の罰則のほか、政府収入のほぼ倍に相当する賠償金の支払いを課す規定があった。中国側は、義和団に殺されたキリスト教宣教師の鎮魂碑の建設を約束させられ、軍の規模制限を承諾する一方で、中国本土に駐留する外国軍の増加を容認しなければならなかった。

事態の展開に泡を食った西太后はようやく、何らかの根本的改革をしなければと考える。着手には時間がかかったが、一九〇八年の逝去までに、彼女は近代国家建設を軌道に乗せるための十分な手立てを尽くしていた。一九〇五年に日本がロシアを打ち破った直後、彼女は、千年以上の長きに渡って帝国の根幹として機能してきた官吏登用のための伝統的な試験〔科挙〕を廃止した。その代わりとして、清朝廷は西洋式の教科課程を備えた近代的な学校を創設し、中国人学生を日本のみならずヨーロッパとアメリカへ送り出した。このニュースは遠くインドの、当時激烈なナショナリストだったオーロビンド・ゴーシュ（一八七二―一九五〇）のもとに届き、彼は前進しつつあるらしい隣国を熱狂的に褒めたたえた。

中国は、外部世界には想像もつかぬスピードでみずからを教育し、訓練し、軍備を整えてきた。彼らは使節団を西洋に派遣し、向こう十年以内に立憲政治を根づかせる決断をした。教育制度を大きく変革するための仕事も推進してきた。(50)

こうして、何千人もの中国の若者が近代的な科学、工学、医学、法律、経済学、教育、そして軍事技術に初めて接することになった。内陸部の湖南省にいた十六歳の毛沢東は、いわゆる「新知識」を授ける学校の初代学生の一人だった。十代の毛沢東はアメリカとフランスの革命、ルソーとワシントンについて学び、日本に留学していた教師から、中国が西側の手によって徹底的な屈辱を受けたことを教わった。数十年後、彼はアメリカ人作家、エドガー・スノーを相手に過去を振り返ってこう語る。

私はある程度政治意識に目覚め始めたわけですが、それはとくに中国が解体されつつあることを告げる小冊子を読んでからでした。今でも、それを開いたときに「嗚呼、隷属の道を行く中国！」という見出しが目に入ったことを覚えています。それは日本による朝鮮と台湾の占領や、インドシナ、ビルマ、その他が宗主権を失ったことを報じたものでした。これを読んだあと、私は祖国の未来について憂鬱になりましたが、救国のために働くのは人民の義務であると自覚し始めたのです。(51)

多方面で改革がなされたが、特筆すべきは軍隊の近代化である。新鋭のエリート職業軍人が、とくに袁世凱《えんせいがい》（一八五九―一九一六）という昔の清帝国軍の将軍の配下から台頭してきた。袁世凱によって北京の南に創設された軍官学校で教育された者のなかに、未来の民族主義者でもあり毛沢東のライバルにもなる蔣介石《しょうかいせき》（一八八八―一九七五）がいた。中国の都市生活の舞台では、詩作と書の才能に恵まれた絹衣の儒教紳士が高く評価されていたが、そこへ華麗な軍国主義者という種族が現れた。中国の近代化と強化への献身を目的とした自発的組織が、中国国内および華僑によって次々と出現した。

これらの改革は、従来の清改革派〔変法派〕には予見できなかった結果ももたらした。日本留学中に政治意識を大いに高めていた学生たちは帰国後、志を同じくする新設校や軍官学校の卒業生と、堅固な反清〔満洲族排除〕同盟を組む。彼らの多くは、ヨーロッパ発の社会進化論で武装した急進的民族主義者で、ドイツと日本の例に倣い、漢民族の「国体」概念を、外国人である満洲族にぶつけるかたちで措定した。

急進的民族主義者にとって、満洲族という「夷狄」による中国支配は西洋の帝国主義者よりもはるかに害悪をもたらすものだった。彼らのなかでももっとも有名なのが四川から来た十八歳の学生、鄒容《すうよう》で、彼は一九〇三年に「革命軍」という小冊子を出版している。その内容は、漢民族の奴隷根性の非難と、満洲族を徹底追放して中国を奪還しようという議論である。フランツ・ファノンの暴力革命を先取りするがごとく、鄒容は次のように書いた。

> 革命は進化のための普遍原則である。革命は世界の公理である。革命は過渡期における、生存か破滅かを賭けた闘争の本質である。革命は天命であり人類の要求に対する応答である。革命は不正を排斥し善を維持する。革命とは野蛮から文明への前進である。革命によって奴隷は主人に転ずる。[52]

同じ年、古典学者で鄒容の親しい仲間だった章炳麟《しょうへいりん》が、康有為に宛てて公開書簡を書き、康有為がいまだに「豆とソバの区別すらつけられぬ軽蔑に値するちっぽけな卑劣漢である」満洲族の皇帝を支持していることを嘲った。また康有為が、中国で革命が起きれば恐ろしい流血沙汰と独裁主義と外国からの侵略を招く、と危惧していることをもばかにしている。章炳麟は問いかける。「流血なくして立憲主義が確立されたことなどあったろうか？」[53]。章炳麟は、人種的・民族的報復を目的とした暴力は、革命が人権のためであるのと同様、徳義上正当化されると主張した。「邪悪な［アメリカ大統領］マッキンリーのやり口をまね、援助の手を差し伸べるふりをして拡張主義をとる連中については、容赦なく殺すことをわれわれの原則としたい」[54]

また章炳麟は、康有為のインド文学・哲学礼賛を酷評した。「インド人は自分たちの領土を失おうと、自分たちの種族が滅びようと、およそ気にかけぬ。（…）中国人の決意はインド人よりも堅固であり、中国人が達成するであろう成果が、インド人らが得るものを確実に凌駕することは目に見えている」[55]。章炳麟は皇帝に関する発言をとがめられて投獄される。獄中、彼は人生転換のきっかけとなる仏教研究を始めるのだが、さらに熱烈な書状を書く。

わが民族と文明をしかるべき位置に置いて、その偉功を煌々と照らし出すべく努めなければならない。だが、私の願望はまだその目的を達成できずにいる。私は依然としてこの敵対的な国家に拘束されている。黄金の炎を再び燃え上がらせるために、私のあとを継いでくれる者もいるだろう。わが国の古代からの風習とわが民族の歴史記録が私の手中で途絶えるならば、そして中国の崇高壮大な学問の永続が断たれるとするならば、その罪を私は甘んじて受けよう[56]。

梁啓超はハワイにいて、中国がこれまでに被ったなかで最大の屈辱に関するニュースを追っていたが、かろうじて保っていた昔からの信念がしおれ始めていた。康有為に宛てた手紙のなかで、彼は中国人の「奴隷根性」を非難した[57]。今中国が置かれているこの荒涼たる世界、そこでは「闘争が進歩の母」

であり、儒教が唯一無二の指針である時代は終わった[58]。一刻も早く人民を、国民国家を軸として教育し動員しなければならぬ事態にあっては、立憲君主体制も適当ではない。

現状維持には我慢がならなかった。永遠にあぐらをかいた専制体制が人民を奴隷として扱い、公益のなんたるかを考える余裕など与えぬのが現状、ということだったのだ。彼の有名な一連のエッセイのなかに「新国民論」というのがあるが、そこで梁啓超は、満洲族体制の徹底的破壊のみが中国を救うことができる、と論じている。「私は何度も何度も考えた」と彼は書く。「今日の中国で一般に支持されている体制について。すべての要素はことごとく破壊され一掃されるべきである。枝も根もすべて」。梁啓超は再び社会進化論を引き合いに出して警告する。「ある人種が時代の要請に応えられなければ、彼らは永らえることができない[59]」。自由はどうしても中国に必要だ、と彼は書いた。パトリック・ヘンリーの有名な言葉を引用して。「自由を与えよ。しからずんば死を」

梁啓超は康有為と袂を分かつところまできた。後者は依然として、賢明で家父長的な君主政体によって中国の近代化推進を開始することができると信じていた。康有為は義和団の乱の際、武装蜂起をたきつけようとした。だがその失敗でペナンへの亡命を余儀なくされ、そこで孫文と反目することになる。その後、一九〇一年十二月に彼はインドへ渡った。彼はヒマラヤの避暑地ダージリンで一年を過ごし、そのあいだに『大同書』という題名の、民族主義を超越したあとの空想的未来像を示す論文を書き上げた。同世代の多くの中国人思想家同様、康有為は民族主義者というよりは、ユートピアを夢見る国際主義者なのだった。彼の目には、未来の普遍的道徳共同体は人種、民族、言葉の違いをすべて超越するものなので、家族関係すら解消してしまうものだった。家族関係の解消とは、毛沢東指導下の中国で復活してくることになる考え方である。

汎アジア主義――コスモポリタニズムの魅力

康有為がインドへ移った頃、さらに多くのアジア人たちが日本へ引き寄せられていった。エジプト、ペルシア、トルコのムスリム知識人たちは、彼らの中国人やインド人同輩たちがそうであったように、長らく日本に魅せられていた。二十世紀の初頭、東京はアジア中からやってきた民族主義者のメッカとなり、拡大アジア公共空間の中心地となっていた。この変貌は一九〇五年に日露戦争での日本の勝利によって加速されたのである。植民地化された社会のほとんどすべてからやってきた世界を股にかけた知識人たち、すなわちシンハラ仏教徒、イスラーム近代派、ヒンドゥー復興主義者たちは、東京から遠く離れたシカゴ、ベルリン、ヨハネスブルグ、そして横浜にも知的文化のるつぼを形成していくことになる。こうした動きは探求と省察と議論の幅を広げることに寄与し、多くの男女を絶え間なき流浪へといざない、自己と世界の不断の検討と分析へ導いた。

多くの場合、(カルカッタや広東のような)沿岸部の都心にあった西洋風の学校や大学、そしてジャーナリズムや活字媒体が、新式の教育を受けたエリートたちが自己認識と自己分析のための新たな語彙を学ぶ、世俗的空間となった。彼らの多くが西洋やアジアの他国へ出かけ、それまでは年季契約労働者、水夫、メイドといった帝国のしもべのみに経験することが許され、祖先たちにはまったく手の届かなかった物理的ないしは精神的な旅をした。職業訓練の必要があってガンディーはロンドンへ、魯迅《ろじん》は日本へ、そして孫文はホノルルへ行った。こうして諸帝国の中心地へ身を置いた彼らは、植民地警察の悪意からは自由となったのである。さらに彼らが綴った炎のような文章は、小部数の雑誌に印刷されたり、それを旅行者が祖国に持ち帰ったりして、野火のように広まった。ベトナム人の民族主義者、ダン・タイ・マイは、海外での同胞の活動が祖国に及ぼした影響について書いている。

海外にいて祖国を思う多くの人々とわが国民、母国にいる青年たちとのきずなが断たれることはなかった。時折、シャムや中国や日本など遠く離れた足溜まりから、「根無し草」が一人がふらりと帰ってくる。真夜中、遠くから近づいてきた人影が建物のなかへ足を踏み入れ、そこにいた親族や友人の顔色を慎重に見極め、敵の権力側がいたるところに送り込んだスパイの影に目をこらす。彼はそのとき一晩だけの滞在で、命からがらの生きざま、死に瀕しながらも勇敢な人々、けっしてへこたれぬ人々の雄々しさを、声を潜めて語っていく。遠方の国々から、ときには手紙や本が届き、「世界情勢」について教えてくれたり、ほかの国の革命家たちの勇敢な精神を語ってくれる。こうして、若者たちの貪欲なまなざしの前に、これまで知らなかった展望が開かれたのである[60]。

「根無し草」のアジア人の多くは、故郷から遠く離れたところで人生の分水嶺となる自己啓発の機会を得ている。魯迅は一九〇五年の日露戦争時に学生として日本に滞在中、日本人によって処刑される中国人スパイ容疑者をわれ関せずと見物する中国人群衆の映像を見て、政治的に開眼した。「その中国人たちは、肉体的には誰もがうらやむほど強く健康そうだった」と彼は振り返る。「しかし彼らの顔つきからは、精神的に無感覚・無気力になってしまっていることが明らかだった[61]」。魯迅は医学の勉強をやめ、文学的・道徳的警鐘家としての多忙なキャリアにつくことになる。

いたるところへ進出してきた帝国主義のせいで、アジアのエリートたちは自己評価にはやるだけでなく、隣人たちの動向にも気づかわしげな視線を送ることになった。二十世紀の開幕とともに即座に多国間の知識人ネットワークが拡大し、アジアの知識人たちが相互に対話を持てるようになった。それより過去にさかのぼると、一八三三年に英国のブリストルで客死したインド人の改革者、ラム・モフン・ロイのように、一八一〇年代のイタリアとスペインの革命家たちの運命について同情的な文章を残し、アイルランドの反英運動を支持していたような例もある。さらにジャマールッディーン・アフガーニーの生涯には、奇妙なほどに現代的なところがある。イランの小さな町に生を受けたあと、デリー、カブール、イスタンブール、カイロ、テヘラン、ロンドン、モスクワ、パリと移り住んだ。一九〇一年までには、康有為がインドの高原避暑地ダージリンで中国改革の火急的要請について書く、などということも、自然な流れと映るようになっていた。ロシア生まれのムスリム知識人、アブデュルレシト・イブラヒムが、モンゴル仏教の精神的指導者とモンゴル人とチベット人の運命について語り合う、などという流れと同種なのだった。

イブラヒムは『イスラーム世界』という名著を書き、そのなかでシベリア、満洲、日本、朝鮮、中国、東南アジア、インド、アラビア、イスタンブールに生きるムスリム往訪の旅と彼らに対する激励の記録を残しているが、ロシアにいるムスリムの運命、といったような民族問題と民族の独自性がますます重要になってきたことを肌で感じていたコスモポリタンの一人である。また彼らは、汎アジア主義や反イスラーム主義といった広範囲な連帯とも重なっていた。イブラヒムは一九〇九年に日本で結成した「亜細亜義会」の趣意書のなかにこう書いた。「アジア人内部での敵対関係こそが、西洋列強に東洋の侵略を可能ならしめたのである。この欠点に気づかずしては、内部対立に終止符を打たずしては、アジア人に未来はない」[62]

シベリアに生まれ、教育の一部分をメディナで受けたイブラヒムは、アフガーニーと一八九〇年代にサンクトペテルブルクとイスタンブールで会っており、オペラ公演の場でアフガーニーがロシア皇帝の視線を引こうと、尋常ならざる振る舞いをしたのを目撃している。一九〇九年までに、彼はもっとも有名な汎イスラーム主義の知識人となり、遊歴の踏破距離においては師匠をもしのいだ。ロシアにいるムスリム追放のあおりを受けて亡命を余儀なくされた彼は、一九〇九年に日本へ渡り、すぐさま大物揃いの政界に誘われることになる。彼は壮士集団「黒龍会」の親しい仲間になった。すでに孫文などアジアにおける民族主義運動を支援していた団体である。イブラヒムは雑誌『外交時報』に寄せて「全体として、アジア人はヨーロッパ人から嫌われている」と書き、「ヨーロッパに対抗してアジア諸国が結束することはわれわれの合法的な正当防衛だ」と主張した。(63)

エジプトの陸軍将校だったが同国を統治し始めた英国によって追放され東京に亡命していた国家主義者アフマド・ファッズリ・ベグや、東京外国語専門学校でウルドゥー語を教えていたインド人亡命者マウルヴィ・バルカトゥッラー〔ムハンマド・バルカトゥッラー〕とともに、イブラヒムは英字紙『*Islamic Fraternity*(イスラーム同胞愛)』を発行した。彼はまた、妻と義父といっしょにイスラームに改宗しムスリム名を名乗った著名な日本人汎アジア主義者、ハサン波多野烏峰《うほう》(一八八二―一九三六)の小冊子を『*Asia in Danger*(危機に瀕するアジア)』として訳した。同書は、西洋人によるアジア人の斬首や虐殺の写真を載せ、ムスリム世界で広く配布された。

黒龍会の支援を受け、イブラヒムは一九〇九年にイスタンブールへ旅し、日本がアジアの救世主となる旨の予言的メッセージを、中国、そして英国とオランダの植民地内のムスリム共同体に広めた。(その後、第一次世界大戦中に彼は、ドイツ国内で捕虜になっていたロシア兵を集めて「アジア大隊」を編成することになる。同隊はメソポタミアで英軍と戦うために派遣された。)

ベトナム人の潘佩珠《ファン・ボイ・チャウ》(一八六七―一九四〇)も、日本にいながら民族主義者と国際主義者の感情を巧みに利用した亡命者の一人である。梁啓超と同じく士大夫の家庭に生まれた潘佩珠は、フランスの継続的な安南攻撃のせいで急進主義に走ることがなかったら、儒教の伝統に沿って政府高官になっていたはずだ。彼のフランス統治に対する弾劾には、聞き覚えのある当惑と怒りと羞恥が混じり込んでいる。

保護権を手にしてから、フランス人たちはわれわれから何もかも奪い取り、生殺与奪の権すらも彼らの手中にある。一万人の安南人の命はフランスの犬一匹の命より軽い。わが百人の役人の名声は一人のフランス女の名声にも劣る。青い目をして黄色いひげを生やしたあいつらは、われわれの父でも兄でもないのに、どうしてわれわれの頭に腰を下ろして糞を垂れるのだ？(64)

ほかの多くの人々と同じように、潘佩珠も一九〇五年の日露戦争における日本の勝利に興奮した。「われわれの心は今日以降、これまで存在しなかったすばらしい世界を思い描くことができるだろう」。その同じ年、彼は香港と上海の政治活動家たちとの交流のあと、日本へ渡航した。二十世紀の初頭、彼のようなベトナム民族主義者の第一世代は、康有為と梁啓超の努力によって志を堅固にすることができたのである。梁啓超の著作はベトナム全域で容易に入手できた。日本に到着した潘佩珠はただちに梁啓超を探し出し、国際事情について幾度も語り合った。梁啓超はフランスが雲南に敷設した鉄道について「中国の胃袋に巣くった癌」と評したが、日本から援助を求める点について、潘佩珠が自国民を啓蒙して彼らが世界秩序のもたらす難題に気づくまで、その要請は控えるべきだと助言した。(65)梁啓超から刺激を受けた潘佩珠は夢中になって執筆を開始し、それが『ベトナム亡国史』として結実する。梁啓超はこれを自分の新聞に連載したのち本として出版し、ベトナムの僻地の村々でも読まれるようになり、ホー・チ・ミンのようなベトナム反植民地主義者第二世代に影響を与えた教科書となった。

康有為がインドへ渡り、個人的な夢想の世界にはまり込んでますます政治的に見当違いの方向へ進んでいた頃、梁啓超は資金調達のためにカナダとアメリカへ旅立った。アジアの外へ踏み出したこの大旅行は、彼の知的航路の分岐点になった。

彼は西海岸から旅を始めて再び振り出しに戻った。行程はバンクーバー、オタワ、モンタナ、ボストン、ニューヨーク、ワシントン、ニューオリンズ、ピッツバーグ、シカゴ、シアトル、ロサンジェルス、サンフランシスコ。一八六〇年代から七〇年代にかけての集団大移民以降、十万人以上の中国人がアメリカに定住し、ニューヨークやサンフランシスコの狭苦しいチャイナタウンに暮らすだけでなく、遠隔地の鉄道会社や鉱山町で洗濯屋や料理屋として働いていた。アメリカの奨学金を得て、ハーバード大学やイェール大学に入学した中国人学生も何人かいた。

当時のアメリカは開拓社会からヨーロッパ風の工業国への大転換を成し遂げつつある段階で、帝国の使命感というものを急速に身につけつつあった。梁啓超がアメリカにやってくる前年の一九〇二年、ウッドロウ・ウィルソンは五巻本『*A History of the American People*（アメリカ人民の歴史）』を出版した。当時プリンストン大学の総長だったウィルソンは、アメリカ人の海外市場への進出意欲が高まっていることについて率直に認めている。「外交、そして必要な場合には力を駆使して、市場への活路を開かなければならない。通商にとって国境はなきも同然であり、製造家は世界を相手にしたいと主張するわけだから、彼が属する国の旗は彼に付き従い、門戸を閉ざす国の扉は打ち壊さなければならない」[66]。こうした経済帝国主義の戒律に則って、アメリカはすでに自分たちの裏庭カリブ海からスペインを駆逐し、東アジアでは腕力のあるところを見せつけていた。そして十九世紀以降、主にプロテスタント系のアメリカ人宣教師たちは中国でキリスト教の布教だけでなくアメリカ的な生き方を伝えたりし、勢いづく国家的自信が現れていた。

アメリカの中国への関心は実業家たちが盛り上げ、ほぼピークに達しかけていたが、それは潜在的に巨大な中国市場におけるアメリカの利害関係を保護する「門戸開放」政策に反映されていた。こうした関心の表れとして、梁啓超が旅する先々でアメリカの新聞が彼の到着を歓迎していたことが挙げられる。梁啓超は銀行家でもあり実業家でもあったJ・P・モルガンやジョン・ヘイ国務長官の出迎えを受け、中国はいつか大国になると告げられ、最終的にはホワイトハウスで大統領セオドア・ローズヴェルト本人の歓待を受けた。

直截簡明の見本のような文章で、梁啓超はアメリカという社会を鋭く大胆に観察してみせる。感銘を受けつつも呑み込まれることなく、生まれて初めての西洋であるにもかかわらず、驚くべき洞察力を見せた。彼は細大もらさず注目する。ローズヴェルトの大海軍をバックにしたモンロー主義が世界に及ぼす影響、ニューヨークの交通事情、アメリカの図書館について、イタリア人とユダヤ人移民の境遇（「彼らの衣服はみすぼらしく、容姿はみじめである」と書いている）など。

彼が旅したアメリカは不平等の権化のような国だった。「アメリカ全国の富の七〇パーセントが二十万人の金持ちの手中にあるとは（…）なんと不思議な、なんと奇怪なことか！」と、梁啓超はあきれ果てた筆致で報告する。ニューヨークの安アパート群に彼は総毛立つ。その住居内の死亡率に触れて、彼は唐代の詩人杜甫を引用した。「朱色の館からは酒と肉の匂いが漂うが、道路には凍死体の骨がある。栄華と衰亡が背中合わせ、悲哀は言語に尽くしがたい。〔朱門酒肉臭／路有凍死骨／栄枯咫尺異／惆悵難再述〕(67)」政治の腐敗は、二十年前に出版されたヘンリー・アダムス〔思想家、一八三八―一九一八〕の『デモクラシー』が描いたところをはるかに上回っていた。こうして梁啓超は、アメリカの民主主義に対する批判を強め、専制君主国家に対する万能薬としての民権についての信仰を徐々に失っていく。

彼が見たとおり、アメリカの政治では企業の利害関係が隠微な力を振るっていた。選挙が頻繁に行われるせいで、政策は近視眼的になり安直なポピュリズムが跋扈した。国政レベルでの民主政治に加わろうとする人間は、往々にして三流である。アメリカ大統領のお歴々のあまりにも多くが凡庸で退屈な人たちだった。アメリカの民主主義の最大の美点は地方政治、すなわち各州・郡・町の政治組織に見いだすことができた。だがそうした側面はアメリカならではの特徴であって、中国の状況に当てはめるわけにはいかなかった。民主主義の構築は、長い時間をかけてボトムアップ式にやっていくのがいちばんいい。革命を通して民主主義を押しつけるやり方はまずい、というのはフランスとラテンアメリカの民主主義が脆弱なのを見ればわかる。さらにはアメリカにおいてすら、自由民主的な状態は威圧的な政治力を振るわなければ達成できなかった。そしてアメリカが世界に存在感を示した始めた今、力の一点集中化という危険が生じてきていた。また、金融と産業が力を増し始めるにつれ、アメリカ国内では帝国主義に対するアレルギーが薄まってきていた。

梁啓超がアメリカを旅しているとき、ローズヴェルト大統領はサンフランシスコの聴衆にこう呼びかけた。「この西海岸へ来るまで私は拡張論者でしたが、実際にここへ来てみたあと理解に苦しむことがありました。（…）拡張論以外の立場をとる人々の存在です」。梁啓超はローズヴェルトのあけすけな物言いに衝撃を受けた。彼は懸念に駆られた。「大統領が『世界の舞台で重要な役目を果たす』とか『われわれの偉大な目的を遂行する』と言ったとき、『役割』だの『目的』だのという言葉にどういう意味を込めていたのか？　私はこの点について故郷の人々にじっくりと考えてもらいたい」(68)

アメリカがパナマとその運河を巧みに支配下に収めたときも、梁啓超はアメリカにいた。その件を新聞で読んだ梁啓超は、英国がスエズ運河をめぐって、いかにエジプトの独立性を傷つけたかを思い出していた。モンロー主義に触れて、彼は「南北アメリカは南北アメリカの人々のものである」という最初の意味が「南北アメリカは合衆国の人々のものである」というふうに変質してしまったと言う。彼はさらに続けて、「今後この宣言がくるくると変わり続けるかもしれない。そして最終的には『世界は合衆国のものである』などと」[69]。事実、アメリカの近代的な企業群は全世界を支配しそうな勢いだった。金融と工業の拡大と結びついた帝国主義が、ナポレオンやアレクサンダー大王の夢想など及ばぬ地平で「巨大な怪物」となり、ほどなくして太平洋を越え、虚弱な中国に襲いかかろうとしていた[70]。

梁啓超の民主主義への幻滅は、アメリカ国内に根深く残る中国人の誇りを抑圧する敵意に直面したときに、さらに深まった。アメリカは黒人住民を残虐に扱う国でもあった。「アメリカ独立宣言が唱えているのは」と彼は書いた。「人間は生来自由で平等である、ということだ。だが、黒人は人間ではないとでも？　残念ながら、私は最近になって『文明』ということの意味を理解した」[71]。梁啓超はとくにリンチの風習に慄然とした。「聞いただけだったり、みずからアメリカに行ってみなかったならば、二十世紀に白昼堂々とそのような残酷で非人間的なことが行われうるなどということは信じなかったろう」[72]

梁啓超のアメリカ滞在中、サンフランシスコの中国領事館の役人が、現地警察に侮辱されたのち自殺をした。この事件によって梁啓超は、積年の国辱をつくづく思い知ることになる。それはアメリカに移住した中国人に対し日常的に加えられる、インド人社会学者ベノイ・クマールが言うところの「有色加虐」なのだった。

アメリカに住んでいる中国人は投票権を禁じられていた。学校は彼らを受け入れなかった。自分たちの財産が冒された場合でも、証人台に立って証言することを許されなかった。公共の場や住宅地で公然と行われる責め苦に耐えなければならなかった。通常、彼らと彼らの財産に適用される規則は「リンチ」だった。アメリカの民衆煽動家たちの高圧的な指図は、中国人たちにとって文字どおりの恐怖政治だった[73]。

一八八二年から八五年までサンフランシスコの中国総領事を務め、かつ詩人でもあった黄遵憲《こうじゅんけん》は、日常的に中国人移民が虐待されている点と、中国人が貧窮のせいで海外渡航を余儀なくされていることの悲痛について、嘆きの詩を書いた。

嗚呼、わが人民がどのような罪を侵したというのか
わが国の悲運のなかで彼らが苦しまねばならぬその罪とは？
黄帝から五千年が経過して
わが国ははなはだしく衰弱している。
（…）
偉大なる中国と漢民族は
今や他民族のからかいの種だ。
われわれは黒人奴隷ほど単純ではない
彼らはいつも無気力で昏迷しているかもしれない。
厳粛に、堂々と、私は龍旗を掲げて到着する
そして税関の門を叩く、ためらいがちに、自信無く。
四海の水をすべて汲み上げたとしても
この恥辱をきれいさっぱり洗い流すのは難しかろう[74]。

梁啓超はこの屈辱を肌身にしみて感じていた。だが彼は、アメリカに居住する中国人コミュニティが、人種差別や虐待にさらされているにもかかわらず、祖国にいる中国人同胞の自強運動という彼の大きなビジョンを支援してくれないことを知って落胆した。言論の自由が保証された民主主義国家の真っただ中にあっても、中国系アメリカ人たちは同族中心主義を好むのだった。彼らは伝統にしがみついて犯罪組織とマフィアの親分を生み出すだけで、自分たちを代表してくれる政治組織やリーダーを押し立てようとはしない。梁啓超は書く。「中国人にはムラ意識はあるが国家意識はなく（…）それが極端なまでに膨れ上がっているために、国家を建設するときの障害になっている」[75]

梁啓超にとって、中国人が自己覚醒し民族自決の意識を持った個人になれずにいるのは、専制体制ばかりが原因だとは言えなくなってきていた。「アメリカは国民全員の自由意志で作り上げられた国なのだろうか？ひと握りの偉大な人物が万夫に押しつけたもののようにしか、私には思われない。自治に慣れ親しんだアメリカ人においてすらそういうありさまなのだから、ほかの民族はよほど心してかからなければならない」[76]

革命が民主主義と自由を約束したところで、中国では混沌が生まれるだけであり、西洋列強に対峙できるような国民国家は生まれてこない。「こんな田舎者揃いの国で選挙制度を施行することなど可能だろうか？（…）自由、立憲制度、共和制、これらの言葉が意味するところは過半数による統治である。しかし中国人の圧倒的大多数はサンフランシスコにいる中国人のような連中なのだ」[77]。日本行きの準備をしていた一九〇三年十月、梁啓超は次のように書いた。

もはや勝手な思い込みでめまいを起こしたりはすまい。すばらしい夢を語ることももうやめよう。端的に言えば、中国人はとりあえず権威主義的な統治に従うべきなのだ。鉄と炎で鍛えられて鋳型にはめられた彼らには自由を満喫することができない。彼らは、今後二十年か三十年、あるいは五十年後に私が理想とする市民になるだろう。そうなってからだ、私が彼らにルソーを読ませ、ワシントンについて語り聞かせるのは[78]。

梁啓超が突然心変わりしたというわけではない。彼も暮らしたことのある明治日本の成功は、近代的な国家建設のためには自由で民主的な組織よりも権威主義的な体制のほうがずっと効果的であることを証明していた。ヨーロッパの国々が保護貿易主義に走り、強力な国家を築いてからというもの、東アジアの多くの知識人たちは考え方を変え始めた。一八九〇年代末までに、元来自由改革論者だった徳富蘇峰は、西側諸国自身が個人の権利を放棄しつつあると確信していた。彼は「代議政体と政党内閣[79]」の価値に疑問を呈したのである。梁啓超が、ビスマルクのドイツによって具現化された国家主義に惹かれ始めた日本人知識人の動向に影響されるのは、ほぼ不可避であった。

その頃までに梁啓超は日本人の理論家、加藤弘之を大いに読み、彼について語っていた。加藤は、開明的専制のみが国の漸進的発展を約束し、西側からの攻撃に対して国家存立を確保するものであると信ずる多くの日本人思想家の一人だった。加藤弘之によれば、共和政体はそれを生み出した国々においてすらうまくいかなかった。フランスは革命後たいへんな暴力にさらされ、いまだに安定した政治構造を得ていない。アメリカは、英国の伝統を引き継ぎながらも、依然として民族的・人種的少数者、とりわけ黒人と中国人、先住民だったインディアンを差別していた。同国はまだ芸術的にも道徳的にも野蛮な国だった。そして自由に振る舞うことが大好きな同国は、国際社会での役割を果たそうと、連邦政府の権力を拡張しなければ気が済まなかった。

もしアメリカのような、かつてあれほど連邦制を崇拝した国でさえ、軍備のために高度な中央集権を必要とするならば、中国のような国は何をすべきなのか？　梁啓超の見解では、中国には政治体制の選択肢などなかった。虚弱で無力な政府、巨大な国土に散らばり貧弱な教育しか受けない、さまざまな民族から成り立つ人民、といった状況では専制体制が必須だった。民主主義的な共和国などができたら、すぐに軍部と民衆が、下層階級と上層階級が、ある地方と別の地方が戦争を始めるだろう。革命も頻繁に起き、外からの脅威に対処するために中国国民にとって必要な、公益保持のための力と献身がむしばまれていく。

そのうえ、梁啓超が唱える正当化に沿えば、専制体制にはいろいろな種類がある。人民の要求に敏感に対応することもできるし、国力の結集、厳正な裁判の執行をまじめにやってくれもしよう。もちろん、光緒帝などは梁啓超が思い描く開明的専制君主ではないし、ほかに誰かが候補者として思い浮かぶわけでもなかった。だが梁啓超はなんとしても、孫文が煽動したようなたぐいの共和主義革命の芽だけは摘んでおきたかった。というのも彼が見るところ、革命は無政府状態と混沌につながるだけで、しまいには新たな暴君を生み出してしまう。梁啓超が求めていた根本的な変革というのは、中国人民を横につながった市民集団にまとめる中央集権国家であり、それは寛容な専制体制によってのみ達成できるものだった。

専制体制か革命か

多くのムスリム知識人と同じく、アフガーニーも梁啓超の西洋に対する一致団結という考え方を掌上で転がしてみたことはあり、彼が見込んだ開明的専制君主をイスタンブールやテヘランに据えることも考えた。しかし、反清の立場の中国人思想家が同様の議論をなすのはこれが最初であり、この議論は二十世紀を通して延々と続いたばかりでなく、それ以降にも持ち越されることになる。

梁啓超が危ぶんだ共和主義的な民主主義がもたらす混沌についての見方が正しいことは、時を置かずして証明された。中国人の無能力が原因だったというよりは、彼の宿敵たる孫文と、彼が設立した共和主義者からなる中国革命同盟会の無能ぶりと理論先行の結果である。一九〇五年以降、梁啓超は海外在住中国人に与える影響力競争で、孫文に負ける。孫文は中国民族主義に「漢民族」主体の味付けをし、明白に反満洲族の感情を帯びたものにした。梁啓超のベトナム人弟子である潘佩珠ですら、ベトナム人とアジア人の解放戦略を練るために、以前の恩師とよりも孫文と多くの時間を費やした。反満洲族陣営のもっとも明晰な論客は古典学者の章炳麟だった。彼は皇帝を侮辱した罪によって、三年間中国の牢獄で過ごしたことがある。土地の国有化をめざすのか産業の公的所有をめざすのか明確にはせぬままではあったが、革命派は社会主義についても語った。西洋型の革命を中国で起こすことが緊急課題だと主張する孫文の機関誌『民報』は、梁啓超の雑誌よりも広く読まれるようになっていた。

梁啓超自身も短期間、反満主義に興味を抱いたことがある。しかし康有為と同様彼は、中国のたくさんの少数民族を含めた広い反皇帝活動が必要なことを常に意識していた。そうした意味で、彼は中国の民族主義の本流にとどまった（一九一一年に清朝が崩壊してからは反満主義自体、もはや必要ではなくなる）。孫文側の革命家たちとの議論のなかで、梁啓超は「小民族主義」と名づけたものの反対の考え方である「大民族主義」の重要性を弁護し続けた。彼はまた社会主義についても、中国には根づかぬ概念だと批判した。中国では資本の国有化の必要性がないように土地の国有化も不必要だ、として。

彼独自の見解によれば社会主義の根源は、産業革命後の西ヨーロッパで奉じられた自由放任主義が生み出した階級間の恐るべき不平等と抗争にある。中国はそのような二極化や衝突を経験していない。中国に必要なのは、国家によって注意深く規制された資本主義のやり方での工業生産である。これが、アメリカの経済帝国主義という強大な力に抵抗し、世界という食うか食われるかの場所で地歩を築くための方法なのだ。セシル・ローズのような誇大妄想の実業家は、政府を後ろ盾にしているから、南アフリカで好き勝手なことができる。それゆえに「私が主張している経済政策は何よりもまず資本家を勇気づけて保護してやることで、そうすることによって彼らが外国との競争に際し全力を出せるようにしてやる。この政策に、すべての政策は劣後する」[80]。これによって労働者の賃金や小作料が抑えられることになるとしても、それは仕方がない。アダム・スミスの経済自由主義の是認からは程遠いが、梁啓超の論点は、国家支援を背景にした企業の力によって牽引されている帝国主義の時代に、中国は国際社会で自己を堅持するために類似の財源を積み上げていかねばならない。世界中の国民国家はそれぞれ意志を一致団結させ、人と物の流れをできるだけ国家管理下に置こうとしているのだから。

毛沢東のあとを継いだ「資本主義的」後継者たちにはおなじみの優先課題としての経済――そして道徳――を目標に据え、梁啓超は断言する。「資本家に手を貸すのが第一に考慮すべきことであり、労働者の保護は二の次である」[81]。そして彼のいう資本主義はしっかりした社会福祉の要素を含み、階級間対立、経済的搾取、社会的対立を防ぐために政府が私企業を規制する。

しかしながら、一九一一年に偶発的に起き、満洲朝廷を転覆させることになった（そして孫文が六週間だけ中華民国の初代総統になる）辛亥革命それ自体は、日本にいた亡命者たちの言動を直接の契機にしたものではなかった。それは国内の散発的な反乱が合体して生じたものだった。満洲族を打倒したあとに起きた手の付けようのない混沌は、革命に関する梁啓超の非常に悲観的な結論を裏づけることになった。革命はまた、中国人によって表現されたものであれ、あるいはもっと狭く漢民族によるものであれ、感情を煮滾らせた民族主義の理想というものと、中国の政治的現実のあいだの、とてつもない乖離をさらけ出した。

孫文が強力な軍隊を配下に持つ初老の将軍、袁世凱に権力を委譲することになる怪しげな政治的駆け引きがあったことはともかく、最初のうち中華民国はたいへんな熱狂を生み出した。一九一三年に予定された初めての国政選挙へ出馬しようと、さまざまな政党がにわかに出現した。検閲がなくなって新聞もようやく本領を発揮し始めた。都市部に住む中国人は弁髪を切り、西洋風の衣服をまとって西洋風に振る舞い、自宅には新しくデザインされた国旗を掲げるのだった。

梁啓超は最初革命から距離を置いていたが、袁世凱の甘言に乗せられて司法総長、そして彼の財務顧問になった。身勝手な袁世凱は梁啓超が探し求めていた開明的専制君主とは言えない。過渡期にある社会では軍人が権力を握るという謂いが再確認されたかたちで、袁世凱は中華民国の総統になり敵対勢力を跡形なく撲滅した。中国史上初の国政選挙で孫文の国民党が勝利を収めたとき、就任前の首相が暗殺されたが、それも彼の指図であったと言われている。次いで孫文は袁世凱によって亡命を余儀なくさせられ、国民党は解散した。袁世凱は国家統治イデオロギーとして儒教の復興を試みたが、その企てに手を貸したのは康有為だった。

袁世凱は清朝廷から深刻な財政問題と衰弱した行政管理体制を引き継いでいた。革命があったからといって、海外勢力が中国から関税収入と塩税の取り立てをやめたわけではない。これらの重債務に加えて、袁世凱は海外の銀行や政府から巨額の借り入れを行った。エジプト、イラン、トルコですでにおなじみのパターンにはまり、たちまちにして欧州と日本の貸し手が袁世凱の経済政策を牛耳り、外国人たちが中国政府内の役人として任命された。借金を使い果たし、袁世凱は鉄道敷設権と採鉱権を債権者へ売り渡すことを強いられた。

帝国主義の新顔も中国に現れた。日本である。ここ数年中国で商業権益を急速に拡大してきており、英国およびフランスと広範囲にわたる協約を結んでいた。（第一次世界大戦で、日本は連合国側につくことになる。）新進の帝国主義者として役回りを果たすべく、日本政府は外国の汎アジア主義者の一部につらく当たった。日本が国内の反仏活動家を保護せず、という内容を含むフランスとの協約を締結したあと、潘佩珠は国外退去させられた。英国からの圧力がかかり、アブデュルレシト・イブラヒムの英字紙『*Islamic Fraternity*』もついに廃刊に追いやられた。

それまでに日本で教育を受けた中国人たちは相当数にのぼっており、日本のエリートたちに広く浸透していた汎アジア主義はその帰結として中国支援へ向かった。そうした動きがある一方、中国の混乱を感じ取った日本は、一九一五年に中国に圧力をかけて租借権益と商業権益を取得する。そこには、前の年に日本がドイツから奪取していた山東省〔膠州湾租借地〕に対する正式な管理権も含まれていた。これが日本の過酷な悪名高き「二十一箇条要求」であり、その要求はその内容にふさわしく軍艦と機関銃の透かし模様の入った紙に書かれていた。袁世凱は屈服し、一般の中国人は恐怖のどん底に突き落とされた。日本に借金をしている中国という現実のなかで、彼はほかにどうしようもなかったのである。その翌年、彼は中国皇帝に即位し、新たな朝廷の幕開けを宣言しようとしたが、軍閥を含む激しい反対に遭って退くことになった。

それ以上国に損害を与える前に、袁世凱は一九一六年に死ぬ。彼の死とともにうわべだけの政府も雲散霧消する。中国の大部分が軍閥と無法者によって千々のなわばりに分割された。中国のほとんどが一九二七年まで軍閥政治の放縦にさらされたままになる。それは現代の読者にもなじみ深いタリバン政権以前のアフガニスタンによく似ていて、海外から運び込まれた武器が国内にあふれ、かつてのエリートが武装勢力と取引をし、一般人は恣意的な課税や財産没収によって被害を被るだけ、という状況であった。毛沢東の生まれ故郷である湖南省は、対立する軍閥たちによって著しく破壊され、そこで得た混沌と悪政の苦い教訓が、中国人の未来世代につきまとうことになる。

世界中で王朝の時代が終焉を迎えつつあった。しかし未来は以前にも増して濛溟《もうめい》としていた。中国だけが、旧体制を破壊したあと即座に存続可能な新型の民主主義体制を築くのに失敗したわけではない。トルコもイランも同じ運命に呻吟していて、その後すぐに独裁政権の台頭を目の当たりにすることになる。これらの国々と同様、中国の陸軍近代化によって国内の権力座標に変化が生じ、近代的な陸軍学校で訓練を受けた男たちが地位を高めた。つまりほかの連中を規律、熱意、自己犠牲といった考え方でまとめ上げることのできる強靱な男たちである。儒教教典への通暁などはおよびでなく、生まれ故郷の田舎で軍閥時代の残酷さを目撃した毛沢東が一九二七年に記したように、今や力は銃身からほとばしるのだった。この軍閥時代に放たれた混沌は、ずっとあとの現代になってから、専制主義的な政府の正当化のために引き合いに出されることになる。

梁啓超自身も袁世凱の失敗から無傷でいることはできなかった。教師として日本に亡命していた彼は、非常な尊敬を集めていた。彼の弟子の何人かは中華民国で権力のある地位に就いており、国を荒廃させる派閥同士の抗争に巻き込まれていた。学生相手ではなくもっと影響力のある役人に向けて自分のメッセージを送り始めていた梁啓超は、役人側の肩を持ち、北京の新政府の内閣に職を得た。

梁啓超はかつて自分を受け入れてくれた国日本と、彼らの不当な要求をめぐって激しい交渉もした。彼は中国を第一次世界大戦に参戦させるべく巧みに主張した。勝利者側の一員として顔を出すことが、中国を国際舞台に立たせ、いまだに中国を束縛している不平等協定を撤回させ、日本から山東半島を取り戻すための、最善の方法だと計算していたのである。連合国列強との取引の一環として、周恩来や鄧小平ら共産党指導者の第一世代を含む中国人の労働者や学生が、労働と学習のためにフランスへ渡った。

それでもやはり、梁啓超の政治家としての生涯は不運だった。十五年留守にしていた中国に帰った彼は、清朝滅亡後の大騒動に身を投じたわけだが、ひたすら政治的損得勘定のみで、汚れた暴力的軍閥と組んでしまうことになる始末だった。袁世凱亡きあとの中国で荒々しく揺れた振り子のひと振りによって、ついに彼は追い立てられ、政治の舞台から引退することを余儀なくさせられるのであった。そこからは、梁啓超の思想がまいた基礎をもとにした若い世代の登場である。

一九一一年の革命は多くの点において無残な失敗だったが、時代遅れの思い込みを完膚なきまでに破壊することには成功した。王朝の不可侵性、士大夫と古典学習に関する数千年の歴史を持つ威光、それらは永遠に葬られた。過去の遺物を破壊した革命は、政治的・知的に新しい空間を作り出してくれ、一九一一年に幻滅の奈落に突き落とされたせいで急進的になった中国人の若者たちの活動が目につくようになってきた。

社会的・政治的構造の全体分裂が目を覆うようなありさまだったので、厳復のような自由思想家さえも、儒教が国家宗教として国をまとめる力になってくれるかもしれない、などと妥協的考えを示した。だが、そうした可能性が実現したかもしれない時代はすでに終わりに近づいていた。政治に幻滅した中国人の若者は「新文化」の必要性を語った。それは精神的革命であり、古き時代への愛惜からの決別である。政党政策よりも、意識の向上のほうがより重要だと見なされた。

一九一二年から一三年にかけて、ブルームズベリー・グループに属す著述家〔歴史家・哲学者〕、G・ロウズ・ディキンソンは革命政府の何人かの役人に会ったが、彼らが完璧な西洋化を受け入れる準備があることに「驚嘆した」。

彼らは古い中国を枝葉も含めて根こそぎ一掃し、そのあとにアメリカの複製国家を建設するため、力の限りを尽くしている。私が思うに、変えることができるものなら、彼らはひとつ残らず変えてしまうだろう。広東の道路から家族制度、そして警官の制服から国家宗教まで。(82)

湖南省の田舎で、二十四歳になる毛沢東は、以前抱いていた中国の伝統に対する畏敬の念をただちにぬぐい去った。

私は自分たちの中国が滅ぼされることを心配していたが、そうはならぬと知った。新しい政治組織の構築と国民性の変化を通してドイツという国はドイツ帝国になった。(…)唯一問わざるを得ないのは、それらの変化がいかにしてもたらされたかということである。そこには根本的な変容があったはずだと思うのだ。たとえば破壊のあとに生まれてくる物質のように、母の子宮から生まれ出る嬰児のように(…)いずれの世紀でも、さまざまな民族主義者がさまざまな種類の大きな革命を起こしており、古臭いものを周期的に一掃し、あとの空白に新しいものを注ぎ込んだ。こうしたことのすべてが、生と死、生成と消滅を含む偉大なる変化なのだった。世界の消滅も然り。(…)私はその崩壊が楽しみでならない。というのも、古い世界の消滅のあとには新しい世界が到来するからであり、それは古い世界よりも優れているに決まっているではないか?(83)

一九一五年、雑誌『新青年』が創刊され、新興急進派は声高らかに発言する機会を得た。彼らは日本や西洋、あるいは初期の清朝改革で取り急ぎ設立された西洋式学校で教育を受けた学生たちだった。袁世凱が尊孔運動に着手したことに愕然とした彼らは、儒教、仏教、道教といった中国古来の伝統から距離を置いた。それこそ彼らは尋常ならざる激しさで過去を侮蔑し、そんな重しを抱いているから中国は沈没するのだと述べた。いま振り返ると、妥協を許さぬ儒教の説法のパロディーのように見えるのだが、『新青年』は儒教を信用失墜した王朝と同一視し、科学と民主主義に関する西洋的価値を全面的かつ問答無用で取り入れることを主張した。新たな知識の主役は科学と民主主義であり、両者あいまって西洋の活力を象徴していた。この教義は、『新青年』を創刊した陳独秀《ちんどくしゅう》によって案出された。彼は五年後、中国共産党を結成することにもなるが、一九一六年に友人に宛てた手紙のなかで次のように打ち明けている。

欧米の文明に追いつくことは望み薄だ。わが国民の大半は無気力で、単にわれわれの道徳や政治や技術だけでなく、ありふれた日用品でさえも役に立たず、自然淘汰の過程で抹殺されるだろうことを知らずにいる。[84]

中国の急進派の理解では、民主主義とは主に伝統の束縛から自由になることを意味し、科学は進歩を遂げるための方法であり、儒教が要求する親と子、統治者と被統治者、夫と妻のあいだの序列的関係のような伝統的過去の「迷信」を破棄するための方法であった。民主主義は、儒教が抑え込んでいた中国人の創造的個性を解放することになるかもしれなかった。そして、民族主義はもうひとつの神聖な概念になった。その理由を陳独秀はこう語る。

中国の状況を見ると、わが人民は依然としてまき散らした砂のような段階にある。われわれは時代に遅れてはならず、民族主義は中国人が自分たちを救うための最善の手段になってきた。この主義を活用するために、中国人はまずそれが何を意味するのか理解しなければならない。（…）現代の民族主義とは民主的な国々を指すのであって、隷属した人間によって成り立つ国を意味しない。[85]

梁啓超が中国の伝統について抱いていた疑問、すなわち競争熾烈な世界における中国の適応能力についての懐疑は、今や急進派たちの新たな失望と希望の根拠になった。この若者たちは、旧来の改革派が抱いていた進歩への確信、その進歩の緩急がどうであれ、かかる確信には一切与しなかった。即刻、猛烈な努力をしなければ何も変わらないのだった。

知的レベルが「梅毒病み」のような状態――というのは日本で教育を受けた周樹人《しゅうじゅじん》、その後すぐ魯迅というペンネームで知られる若者の過酷な批判であるが[86]――にある人々の意識変革こそが必要なのだった。一九一九年に出版された作品は、魯迅の著名な短編小説のなかのひとつだが、そこでは、人肉食いが古い中国の社会と道徳の基盤にあると妄想する一人の狂人が描かれる。彼の病的な妄想のなかで、儒教の教典が「孝行」と規定しているものが「食人」の勧めに変わってしまう。

軍閥政治と帝国主義から足を洗い、「新文化運動」は、梁啓超が最初に表明した疑問に取り組みつつ、中国を近代世界へ導くことになる。この動きによって解放された知的・社会的エネルギーは、一九一九年の五・四運動に結実する。中国がパリ講和会議で西側列強から屈辱を受けたことで、工場労働者や事務職員と若き知識人が団結した運動だったが、これに比べると一九一一年の革命は、こぢんまりと孤立したエリートたちが引き起こした産物のように見える。

第四章 一九一九年、世界史の転換

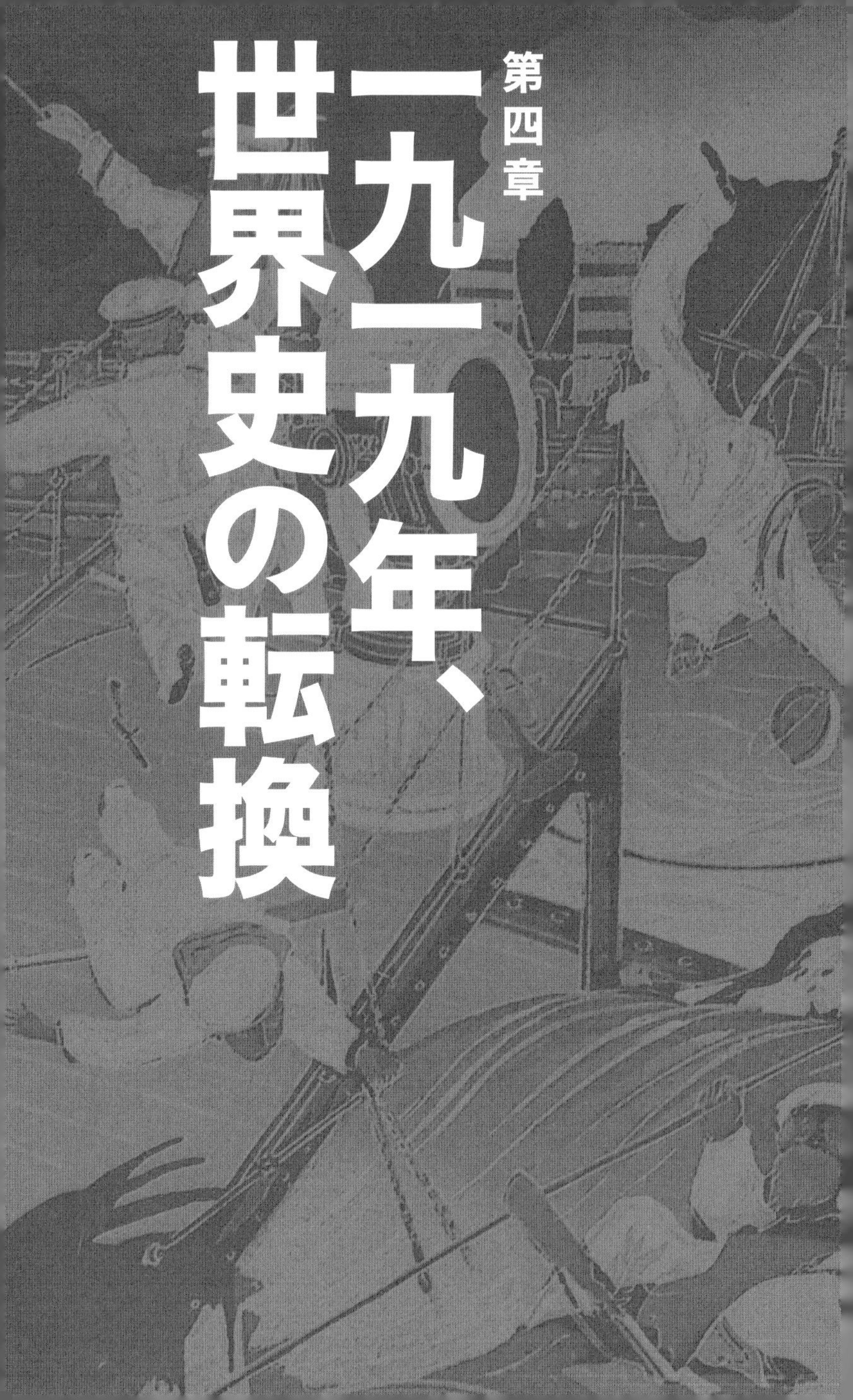

アメリカの鷲が天空を悠々と滑空する。
地球の半分をその爪で鷲づかみにして。
中国人の到着は遅れたが、
どうか彼らにも少しだけ分け前を。

黄遵憲《こうじゅんけん》（一八八〇年代のサンフランシスコ総領事）

東洋から遠く離れて住む人たちは、今やヨーロッパは以前アジアで放っていた道徳的威光をすっかり失ってしまったことに気づくべきである。もはやヨーロッパは世界に向かって公正な取引を訴える擁護者でも高潔さの代表者でもなく、西洋人種の優越性を弁護し、彼らの国境の外側にいる人々を搾取するだけなのだ。

ラビーンドラナート・タゴール（一九二一年）

アメリカと、民族自決主義という彼らの約束

一九一八年、梁啓超は、第一次世界大戦後の世界のあり方を決めるパリ講和会議に中国の非公式代表として出席するため、フランスへ向けて出航した。彼の要求事項リストは長いけれども簡潔にして公正であった。大戦期間中連合国側に中国人労働者と原料とを提供したのだから、不平等条約は解消され、義和団事件にかかわる賠償も撤回され、脅迫されて供与した治外法権やその他特殊利権は撤廃されるべきである、という内容である。梁啓超が期待したのは、中国が独立した国民国家として晴れて国際社会のなかに位置を占めることだった。オーストリア＝ハンガリー帝国、ドイツ帝国、オスマン帝国、ロシア帝国などが崩壊したあとに生起するであろう、世界の新秩序のなかで。

梁啓超は、気概を共有するほかのアジア諸国代表も、パリで同種の成果をもぎ取ろうとすることを知っていた。とくに米国大統領ウッドロウ・ウィルソンが、弱小国の尊重と、民族自決の原則を明らかにしたあとだったから。大戦後、アメリカは世界最強の経済力を誇る国として出現してきたので、アジア人たちはアメリカの大統領を説得して、欧州列強に支配されていた国々の自決権を取り戻すべく、彼が新たに得た影響力を振るってもらおうと期待していた。

十九世紀の大半を、アメリカは外交政策として孤立主義を、経済政策としては保護貿易主義をとってきていた。それゆえ、アジアやアフリカにおける彼らの存在は希薄だった。だが大戦は、英独露仏など主要な帝国列強の経済力を疲弊させ、ひいてはこれらの国の統治体制の信用失墜をもたらしたが、アメリカには影響力と道徳的威信の両方を授けることになった。

一九一四年にヨーロッパで戦争が始まるまで、ウィルソンの北南米外の対外政策はなきに等しかった

が、アメリカにとってヨーロッパの大混乱が何を意味するか、それをすばやく悟った。彼は自分の国がヨーロッパの大戦に巻き込まれぬことを引き続き望みつつ、アメリカの新しく高邁な使命感を具体化した。「われわれはもはや地方人ではない」と、彼は一九一七年一月に行った有名な第二期就任演説で宣言した。[1]「戦争中の国々の人たちへ」向けて行われた演説で彼は、彼の造語である「勝利なき平和」[2]交渉の理想的な仲介者として自分がいかに適役であるか自画自賛した。平和の発議が失敗に終わると、彼は一九一七年四月にドイツを敵に回す連合国側につき、相変わらず「われわれは世界の諸国家に、自由に至る道の歩き方を教えるために選ばれた民、否、特別に選び出された民なのである」[3]と自信満々であった。その後、彼は永続的平和のためにユニークで高邁な計画を提案する。世の軍国主義体制を民主主義体制に入れ替えようというのである。

ドイツに対して宣戦布告したことで、アメリカは、当然のことながら中立の仲介者としての影響力はどのようなかたちであれ失った。それには拘泥せず、ウィルソンは彼が描く民主主義的国際秩序の構想を押し進め、具体的には国際連盟というかたちで結実することを期待した。一九一八年一月の米国連邦議会での演説で、彼はこれまでにない画期的な計画を開示した。アメリカが成立をめざして奮闘していた新世界に適用されるべき「十四箇条の平和原則」がそれである。ウィルソンが秩序を定めるこの地球上に秘密外交が存在する余地はなく、そこでは自由貿易、民主政治、航海の自由、軍備縮小、小国の権利、平和維持のための国家間の連合、などが新しい信仰箇条となっていく。

ウィルソンの十四箇条は、いずれの時期にあっても高邁な理想だったろう（フランスの首相クレマンソーは、神の戒律は十個だけだったが、と冗談を言った）。この条文は、英仏日がたちまちにして中近東、アフリカ、東アジアを占領下に収めてしまうことになる世界大戦の期間中はとくに非現実的だった。

それでも、パリ講和会議に至るまで全世界の聴衆を相手に鼓吹した感動的な演説によってウィルソンは、後日ジョン・メイナード・ケインズが書き記したように、「世界の津々浦々で歴史上前例のない信望と人道的影響を博した」(4)。彼の言葉に勇気を得て、エジプト、インド、オスマン帝国のナショナリズム・リーダーたちは、アイルランドのシンフェイン党とともに、ヨーロッパの既成権力に対して激しく異議申し立てをした。

エジプトでは、ジャマルールッディーン・アフガーニーの古い弟子だったサアド・ザグルールが、パリ講和会議に備えて新たな政党、ワフド党を創立する。西洋型のナショナリズムを理想とする立場は、ほかのムスリム世界よりも、アフガーニーの主たる活動舞台だったエジプトにおいて常に確かな影響力を振るっていた。一八七〇年代末からの、ウラービー大佐によって導かれながらも失敗に終わった作戦行動は、エジプトの支配階級を支配するヨーロッパを敵と定めたもので、アジアにおけるこうした反植民地主義の盛り上がりの嚆矢であった。欧州勢に占領・統治された数少ないムスリムの一団として、多くのエジプト人、とりわけ教育を受けて台頭してきた専門家階級は自然にナショナリズム的な感情を抱くようになった。一八八二年にエジプトを占領してから、英国は、ダムや運河や電信網を構築して同国の農業生産力を引き上げた。ほとんどの都市で人口が急増し、カイロは一八九五年から一九〇七年にかけての公共工事によって変貌した。だが、アフガーニーが目撃した基本的な矛盾は解決されていなかった。それは、原材料供給者としてエジプトが世界経済に不健康なかたちで隷属している点と、保身に走るエリートが後見する政治体制が、社会と経済の発展によって創出される新たな階級が上層へ移動志向することをすべて妨げている点である。

こうした現状維持に満足できぬ上昇志向の強いエジプト人たちをエフェンディ〔知識人・上流階級への尊称〕と呼んだが、彼らは独立・平等のエジプトを希求していた。彼らは労働者と農民を揺り動かし、外国人エリートおよびそれと結託する国内の協力者にぶつける仕事もしなければならなかった。彼らが理解したのは、統治の権力と正当性のいずれも大衆運動のなかから出てこなければだめだ、ということだった。日露戦争は、ムスタファー・カーミルのようなエジプトのナショナリストを大いに鼓舞した。彼は日本賛美の書『日出ずる国』の著者であり、一九〇七年に国民党を創設した人物である。カーミルとその支持者は、ウラービーの目的であった独立の獲得を達成することを目的とし、大衆の怒りを外国人に向ける試みは、英国が四人の農民を不当に縛り首にするという、その後ディンシュウェイ事件として知られる事件が起きた一九〇六年に、短期間ではあるが成功している。

一九一四年に大戦が勃発してすぐ、英国はエジプトを保護国であると宣言し、一八八二年の侵略とその後の暫定的占領を正式なものにした。ザグルールはこの保護権を違法だと糾弾し、ウィルソン大統領を自分たちの側につけようと期待した。アフガーニーがエジプトの太古を称賛していることに倣い、彼はエジプトが数ある国々のなかで正当な扱いを受けていないあからさまな不公平を指摘した。「どこの国民にもましてエジプト人は」と彼はウィルソン宛の電報に書いた。「あなたの力強い行動のたまものであり、すぐさま世界に影響力を及ぼすであろう、新しい時代の誕生を大変喜ばしく感じています[5]」

オスマン帝国のムスリムと、世界中の彼らの支持者のあいだでも、類似の希望がふつふつとわいていた。第一次世界大戦の前、欧州列強はオスマン帝国に対する攻撃を激化させていた。一九〇八年には青年トルコ党がアブデュルハミト二世に迫り、彼が一八七八年に停止した憲法の復活を強要したが、この出来事は「ヨーロッパの病人」はすでに死の床にあるのではないかというヨーロッパ人の疑いを強めるだけになった。〔伊土戦争で〕テッサロニキ生まれのオスマン帝国の士官ムスタファ・ケマル〔のちのアタテュルク〕が名声を上げたあと、イタリアは一九一一年にリビアを占領。遊歴の思想家、アブデュルレシト・イブラヒムは高齢にもかかわらず前戦まで足を運び、ムスリム世界における彼自身の広範囲なネットワークを利用してオスマン帝国を支援しようとした。歴史上、飛行機〔実際には飛行船〕が爆弾を落としたのはこの戦いが初めてだった。従来型武装のイタリア軍の残虐性に加え、この新型の戦闘方法の体験は、多くのムスリムに衝撃を与えた。リビアのレジスタンス勢力のリーダー、ウマル・ムフタールは、イタリア軍によって逮捕され処刑される前にこう書いた。「イタリア人の残虐行為について語られたこと、書かれたことを鵜呑みにできない人々がいても、無理はない。この世のなかにこのような信じられぬ行為に及ぶ人間がいるということ、それ自体まったく信じられぬことなのだが、不幸にしてそれは赤裸々な真実なのである」(6)

英国支配下のインドでは、老境に入ったアクバル・イラーハーバーディーは世間にみなぎる怒りと無力感をこう書き表した。

私たちは武器を持つ許可も得られず
トルコの敵を追いかけ戦う力もない
だが私たちは彼らを心の底から呪う
神よ、イタリアの銃口にくさびを打ち込みたまえ、と。(7)

ラホールではアフガーニーをむさぼり読んで熱さめやらぬ若き詩人、ムハンマド・イクバールが、イタリアのオスマン帝国の領地強奪が何の罰も受けずにいることを書いた詩を公の集会で吟じ、パキスタンの創設者かつ哲学者としての名声へ向かう道程の一歩を踏み出していた。神に宛てた詩、シクワ(「神への訴え」)のなかのもっとも有名な個所は次のようになっている。

私たち以外にもいろいろな人々がいて
そのなかには罪人もいれば
謙虚な人も増上慢も
怠惰な人、軽率な人、賢い人もいて
神よ、あなたの名前は聞き飽きた、という者もいる。
なのにあなたは彼らの住処に恩恵を施し
私たちの住処には雷を落とされた。(8)

オスマンの傷にさらに塩をすり込むかのように、オーストリア＝ハンガリー帝国はオスマン帝国の領土であるボスニア・ヘルツェゴビナを、一九一三年に完全併合してしまう。その後オスマン帝国はドイツと組み、オスマンの世俗的リーダーたちは世界中のムスリムが西洋列強に対して立ち上がることを期待しながら、結局は敗残する側について第一次世界大戦に突入する。連合国側にすっかり取り囲まれながらも、オスマン帝国の軍隊は、ガリポリやメソポタミアのクート・エル・アマラなどあちこちの戦場で見事に戦った。しかしながら、東アナトリアでアルメニアのナショナリストに攻め込まれたトルコ人は、一九一五年に何十万というアルメニア人を容赦なく強制移住させたが、その後この行為は大量虐殺として非難されることになる。一九一八年までにトルコ人は、連合軍の激しい攻撃によって完全に疲弊し分断され、退却し始めていた。オスマン帝国はアラビア半島の領土における支配力をじりじりと失い、それまで支配下にあったギリシア人、アラビア人、アルメニア人、クルド人たちは、帝国を細分して自分たちのあいだで分け合った。

オスマン帝国の戦場における成功と失敗は、多くのムスリムにとってどう理解したらよいかわかりにくい意味をもたらした。ムスリムの大国がアジアの多数の敵を相手取り、ほかの主要列強に伍して戦ってくれることに誇りを感じはしたが、オスマン帝国自身の植民地主義者としての顔に対する懸念もあった。たとえば、英国を破ってエジプトを奪回してくれるかもしれないという期待は、戦争中に二回ほど実現の機会があったが、エジプトのナショナリストはこれを歓迎しなかった。

しかし、オスマンの多くの世俗的ナショナリストたちは、アメリカの大統領が公正な平和を確保してくれることを期待した。彼らはウィルソンの民族自決主義が、アナトリア半島のムスリム主体の領土の大義を支持するだろうと見た。彼らには、アラブ人が大半を占める地方を失う覚悟ができていたのである。フェミニスト作家でのちにアタテュルクの親しい仲間になるハリデ・エディプは、ウィルソン大統領に宛てた、拡張主義をとるヨーロッパ列強からオスマン帝国を保護してほしいという内容の電報に署名した一人だった。

ウィルソンの雄弁に鼓舞されて、韓国の反日ナショナリストのリーダーたちは彼らなりの独立宣言を起草し、代表をパリに派遣しようと計画した。だが彼らは日本当局から出国ビザを拒否され、在外韓国人にその任務を託した。インドでの期待感はそれ以上に高かった。インドでは英国が現地のナショナリスト穏健派の協力を得て百万人以上の兵士と労働者を集め、ヨーロッパと中近東へ連合国側戦争協力隊として送り出していた(クート・エル・アマラでの悲惨な包囲戦で死んだほぼ大半がインド人だった)。英国はこのインド人の献身の見返りとして、曖昧ではあったけれどもインドの自治を約束した。アメリカ大統領ウィルソンは、インド人のための保証人のような立場をとっていた。

一九一六年にアメリカを巡遊した折、ラビーンドラナート・タゴールは「国家」という名前の新興神を非難した。彼はまたアジアにおける西洋の帝国主義を批判した。彼は一九一九年初頭にロマン・ロランに宛ててこう書いた。「アジアという広大な大陸を隅から隅まで探しても、ヨーロッパに真の親愛感を抱くようになった人はおりません」[9]。それでもタゴールは、アメリカは「裕福なのだから、弱小国を貪欲に搾取するような興味はない」[10]だろうと期待した。アメリカ大統領に感銘を受け、タゴールは自著のひとつを彼に献呈しようとした。それだけにとどまらず、ウィルソンの戦時下の演説に感動したインド国民会議派のヒンドゥーとムスリムのリーダーは、彼らの使節をインド代表としてパリ講和会議へ送り込もうと連名で要求をした。使節のなかにはモーハンダース・ガンディーという期待の星がいた。

中国では通信社ロイターがすでに、二十万人の中国人労働者をヨーロッパ戦線に送り出すことを支持する連合国側の大義に好意的な世論形成を準備していた。ウィルソンの民族自決主義支持の演説はなみなみならぬ関心を引き起こし、北京では学生たちがアメリカ大使館の前に集まって「ウィルソン大統領万歳！」と褒めたたえ、世界を「民主主義が安泰」な場所にしようというプラカードを掲げた。内紛で苦しめられたけれども、中国は矜持ある主権国家の明らかなイメージを提唱したかった。彼らは勝利した連合国側に、とりわけ英国の庇護を受けて山東半島のドイツ占領地区を奪取した日本から、自国の主権を間違いなく尊重してもらうために、弁が立つ外交官を数人選んで派遣した。

会議が始まると、中国代表団は主要国のテーブルには座ることは許されず（日本の席はそこにあった）、ギリシアやシャム（タイ）と同列の席に追いやられた。講和会議を、主要国と同格の主権国家としての登場の場として活用しようと決めていた中国にとっては、幸先《さいさき》が悪かった。彼らの抗議は無視され、重要案件に関する決議はすべてアメリカ、フランス、英国によってなされた。にもかかわらず、中国国内における興奮はたいへんなものだった。アメリカ大統領の国際連盟設立計画は、自分が考えていた道徳的共同体の理想を具現化するものであると有頂天になった康有為だけでなく、当時田舎の小さな町に住んでいて、『新青年』の影響で次第に急進的になりつつあった毛沢東もその興奮を分かち合った。ウィルソンの演説は中国で出版されてベストセラーになる。パリ講和会議が開催される頃までには、彼の「十四箇条」は大勢のナショナリストに暗唱されるまでになった。中国を戦闘集団に仕立てるのに貢献してきた梁啓超は、講和会議への期待にさだめしつぶされんばかりだったろうが、開けてみれば、アジアの知識人・活動家にとって、西洋の政治的現実主義の思いもよらぬ手厳しい戒めがそこにあった。

リベラルな世界主義か、リベラルな帝国主義か?

梁啓超は少なくとも公式派遣団の一人であり講和会議での代表資格を有しており、イラン、シリア、アルメニアなどの多くが発言権を得ようとしたが完全に拒絶されたのとはわけが違う。パリをめざして旅してきた在外韓国人たちのある者は到着が遅れ、間に合った者でもその嘆願は無視された。のみならず朝鮮独立の運動は、講和会議開催中の一九一九年三月、ソウルで数千人を殺戮した日本によって押しつぶされていた。

代表としての出席を拒否された人々のなかに、当時グエン・アイ・クォックの名前で知られていたベトナムのホー・チ・ミンがいた。ウッドロウ・ウィルソン大統領が「民主主義にとって安全な世界」を作ろうという構想を持ってパリに到着したとき、彼は貧乏な単純労働者だった。在ベトナムのフランス当局は、彼らなりの自由・平等・友愛の実践として十万人ほどの農民と職人をかり集め、フランスの戦場に送り込んでいた。その見返りとしてフランスは、時期を明確にはしなかったが、将来いずれかの時点でベトナムの自治を考慮するということになった。

ホー・チ・ミンはそんな約束は信じなかった。彼は、フランスが自己の権威と栄光を追求するために哀れなベトナム人を雑兵《ぞうひょう》として使い捨てにするやり方に、腹立ちを覚えていた。

　彼らは詩情あふれるバルカンの荒野で朽ち果てた。母国はトルコのハーレムで寵愛を得ようとしているのか、と自問しながら。そんな理由でもない限り、われわれはここへ送られてめった斬りにされたりはしないだろう？　指揮官の月桂冠に血しぶきを注ぐために、マルヌの岸辺やシャンパーニュの泥のなかで、壮烈に惨殺された者たちもいて、彼らの骨は削られて元帥の司令杖になった。[11]

　フランスからやってきた植民地主義者に不信の念を持つホー・チ・ミンは、ウィルソンが唱道する国民の自決権に感激した。彼はパリで大統領に個人的に面会しようとし、請願書にはアメリカ独立宣言から念入りに選んだ引用を添えた。このベトナムのナショナリストは面会に備えて、わざわざモーニングを借りてきた。

　結局、彼はウィルソンはおろか西側のリーダーの誰にも近づくことができなかった。彼の夢と消えた作戦は、多くの反植民地主義運動家や思想家にとっての底本となっていくレーニンの『帝国主義論（資本主義の最高の段階としての帝国主義）』の内容を、実証するような出来事だった。一九一六年に書かれたこの小冊子は、ウィルソン大統領がパナマからアメリカ軍を撤退させる可能性がないのと同じく、ベトナム人にインドシナを取り戻させるようなことはありえないことを裏づけていた。レーニンの主張は、アメリカも英国や日本に劣らぬ帝国主義の大国で、資源・領土・市場を渇望し、弾圧と略奪を基本とする資本主義体制の一翼を担い、その体制の固有の不安定さが大戦の原因である、というものだった。ヨーロッパ人によるアジア分捕り合戦が大戦を導いた、というのが多くのアジア人思想家の常識的な認識だった。戦争が激しさを増した一九一五年、日本人の汎アジア主義者であり孫文の熱烈な支持者だった宮崎寅蔵〔宮崎滔天の本名〕は、こう書いた。「欧州勢は狼やジャッカルのごとくアジアを急襲したが、彼らが腕力に匙加減をした唯一の理由は、お互い欧州内での力の均衡を壊すことを恐れたからだった。にもかかわらず皮肉なことに、［均衡崩壊が生じ］それこそが現在の大変動の原因となってしまった」。宮崎は、欧州に平和が到来してもアジア人は気をゆるめるわけにはゆかぬ、と予言する。「それは火を見るよりも明らかである」と宮崎は書く。「［ヨーロッパの］腹を空かせた虎たちは踵《きびす》を返し、東洋で食い残してきた肉を奪い合うのだ」[12]

一方レーニンは、ペンを振るうだけには終わらなかった。一九一七年に権力を握ってすぐ、彼はフランスと英国と帝政ロシアのあいだで交わされた中東（帝国主義戦争におけるもうひとつの戦利品）分割の密約〔サイクス＝ピコ協定〕を暴露した。レーニンはまた、ロシアが西洋列強や日本とともに中国で享受していた特権を自主的に放棄した。レーニンがとった行動は、ベノイ・クマール・サルカールの著述によると、「並はずれた、途方もなく超人的な、新しい国際倫理の布告」にほかならないと、アジア人の多くが見なした。ソ連のリーダーは、民族自決の実践要請において、ウィルソンの機先を制したのである。サルカールは続ける。「あらゆる人々の政治的解放と自主独立に関するこの新しい福音は、その広がりにおいて滔天の勢い、ないしは普遍的であり、世界救済をめざす善意において徹底的、根源的であるがゆえに、ボルシェビキは中国人から最大級の賛辞を勝ち取った」[13]

レーニンはそこで止まることなく、帝政ロシア下で少数民族とされていた集団は自治権を与えられ、分離独立の権利も得るであろうと宣言した。中国やインドでの出来事を注視していたレーニンは、ロシアにとって、アジアがヨーロッパの帝国主義者たちから解放されることがいかに重要かを、鋭敏に感じ取っていた。それを彼は次のように言う。「われわれの闘争の帰結を左右するのは、結局のところ、ロシア、インド、中国などが人類の大半を占めているという事実である」。スターリンも次のように認めた。「社会主義の勝利を望む者は、東洋を忘れていけない[14]」

十月革命の直後、レーニンとスターリンは「泥棒と奴隷商人[15]」の帝国主義者を打ち破れ、と東洋の人々に呼びかけた。一九二〇年にはバクーで、ボルシェビキによる東方諸民族大会が開催される。間を置かずして、コミンテルンはアジア各地で共産党設立の手助けをし始め、ソビエトのアドバイザーは中国の共産主義者ばかりでなくナショナリストの教育を引き受けることになった。断固たる反帝国主義の立場を打ち出すソビエト連邦は、朝鮮、ペルシア、インド、エジプト、中国の活動家にとって魅力的であった。アジアの反帝国主義の宿命をソビエト連邦のそれに結びつけ、サルカールは一九二一年の著作のなかで、非常に鋭く的確な予言を残している。

地球上に、外国人支配からの民族解放の信念を説きかつ実践する国がひとつでもあれば、世界政治会議における中国の発言はより高らかに響きわたるだろう。そして、ボルシェビキ経済の私有財産制否定の達成度とは別に、その信念が東アジアの大衆および知識人から大いに支持されるのは確実である。

こうした新たな解放のイデオロギーが大多数のアジア人に影響を及ぼし始めるのは、ようやく一九二〇年代に入ってからだった。一九一九年、マルクス主義はヨーロッパの商人や宣教師によって設立された西洋式教育機関のあるアジアの諸都市では学習されていたが、ロシア革命とその反帝国主義的姿勢は、知識人のあいだではまだあまり知られていなかった。インドや中国で報道される海外ニュースが西洋の通信社によって提供されるようになったので、大部分の国の報道機関はウィルソンと彼のメッセージを好意的に謳い上げた。通信社のなかでいちばんの影響力を誇ったのはアフガーニーのかつての難敵ロイターだったが、同社はボルシェビストをきわめて有害な寄生虫であると描写した。だがレーニンのやったことは人心を動かし、西側の多くの人々を動揺させた。もしボルシェビキが大戦からロシアを離脱させず〔ブレスト=リトフスク条約〕、労働者と兵士に対して停戦を呼びかけ、革命党員になることを求めていなければ、ウィルソンが一九一八年一月に突如、美辞麗句の賭けに出ることはなかったかもしれない。

アメリカがよりよい世界を構築するために戦っていることの証拠として、ウィルソン大統領は、大戦は帝国主義国間の闘争であり、勝利者として選ばれし者が戦利品を分捕る好機である、とするボルシェビキの主張を骨抜きにしようと努めた。彼は、終わりの見えぬ戦争にうんざりし始め、ボルシェビキの宣伝活動に危なっかしくも心惹かれているらしいアメリカ人とヨーロッパ人に影響を与えようとしたのである。それにしても彼のメッセージが、植民地化された世界のはるかに広範囲な場所で、より熱心に傾聴する人々に届いてしまったのは誤算とも言えた。

国際関係の当事者として、アメリカの存在感は比較的薄かった。一九一二年の大統領選挙戦の際にウィルソンみずからが強調したように、アメリカは「急進中の」産業に満ちており、「世界市場へつながる自由な販路が見いだせないと、産業ははち切れてしまうだろう」[17]。しかしながら、サルカールが一九一九年に書いたように、アメリカには「アメリカの領土の外で、過剰な領土拡張欲や市場追求、あるいは弱者搾取を露骨に進める時間と『覚悟』がまだなかった」[18]。アメリカが南米で何をやったか、たとえばウィルソンが米国による軍事保護をハイチとニカラグアへ押しつけた事実、などがアジア人によって検討されることはほとんどなかった。中国系と日系移民に対する米国の「犯罪行為」は、「隷属ないし半従属させられた民族の圧倒的欧州列強による漸次的壊滅や、欧米の知識人、ジャーナリスト、大学人、『上流階級』の人々のあいだに浸透している『白人の重荷』という人聞きの悪い概念と同じく、復讐願望と狡知を刺激することになる」[19]と確信していたサルカールのように情報に通じていたアジア人はほとんどいなかった。

もっとも、大戦下の本国で市民的自由制限の舵取りをしていたウィルソンは、外交政策における道徳的妥協を知らぬわけではない。たとえば、彼は一九一三年に、孫文と対立していた中国の軍国主義的大総統袁世凱を、その粗暴性を承知しながらもアメリカの対中「門戸開放」要求を尊重してくれるだろうという期待のもとに支持している。ウィルソンの反帝国主義は、植民地の人々には見分けがつかない微妙な差別の上に成り立っていた。彼はヨーロッパの帝国主義を、はるか彼方の土地そのものと勢力圏を支配することであると見なし、そのようなあり方を非難していた。門戸開放を提案した彼は、自分の十四箇条の三番目に掲げた自由貿易が、経済的に不利な立場にいる人々にとってはやはり圧制的であることがわからなかった。エジプトから中国まで、各国が経験から説き明かしてくれたのは、融資や海外資本が所有するアジアの鉱山、工場、鉄道、そしてこれらヨーロッパ人所有下の資産を守るための外国軍の存在が、まさしく強圧的で屈辱的な帝国主義と同じことになる、ということだ。たとえば中国の独立性は、山東省だけでなく満洲にも軍隊を駐屯させていた日本に対する重債務のせいで、大いに危ういものだった。

植民地の役人とかかわりにならぬことに慣れていたアジア人やアフリカ人は、アメリカ大統領の寛大な約束に当然のことながら魅了される。過激な雑誌『新青年』の編集者のような頑固な懐疑論者、李《り》大《たい》釗《しょう》や陳独秀ですら、ウィルソンは国際関係のルールを大幅に書き直そうとしていると信じていた。しかしながらそれは、ウィルソンの背景と動機を大いに誤解したうえでの思い込みだった。というのは、ウッドロウ・ウィルソンは多くの点においてカイロやデリーや広東の路地裏が似合う英雄ではなかったからだ。彼は長老派教会の敬虔な信者であり、骨の髄まで英国贔屓で（妻に求愛したときにはバジョットとバークを引用した）、フィリピンとプエルト・リコにおいて、アメリカも「民度の低い」現地人に法と秩序を教える英国の伝統を踏襲することを期待した[20]。「結局のところ、政府と正義といった深遠な事柄について、彼らは子どもでありわれわれは大人なのだ[21]」。南部の人間であるウィルソンは、彼が属す階級と世代にありがちな無意識的人種差別観を共有していた（それに加えて「黒ちゃん《ダーキー》」に関するたくさんのジョークを）。

　ホー・チ・ミンが、知性的なウィルソンが好戦的な性分のライバル、セオドア・ローズヴェルトと同じように、アメリカの責任として、まさにキプリングの訓戒のごとく〔『白人の重荷』という詩がある〕、白人の重荷を分担しなければならないと確信していたことを知っていたならば、わざわざモーニングを借りようなどとは思わなかっただろう。一九一七年一月、ウィルソンは閣議で「白人が、たとえば日本人のような黄色人種よりも、強くあり続けるために[22]」、アメリカは大戦から距離を置くべきだと議論している。国務長官のロバート・ランシングに語ったところによれば、彼は「白人文明とその地球上での優位性は、アメリカを無傷の状態に保っておけるかどうかにかかっている[23]」と信じていた。

　表向きは全世界を含むような網羅的体裁をとっているが、ウィルソンが語る自決主義というのは、ヨーロッパ人を対象として考えていた。すなわちポーランド、ルーマニア、チェコ、セルビアの人々のことで、それらはドイツ帝国、オーストリア・ハンガリー帝国、オスマン帝国の一部だった。ヨーロッパに集団安全保障と永続的平和をもたらす枠組みとして期待をかけた国際連盟の設立に腐心していたウィルソンは、英仏に対し、彼らの領土であるアジアとアフリカの植民地を手放すように説得する気は毛頭なかった。そんなことは、いずれにしてもありえないことだった。一九一七年の春にウィルソンは、英仏日伊が大戦後にすべての帝国領土を自分たちだけで分割するという秘密の協定の存在を初めて耳にしたが、それは彼にとって好機だった。アメリカ参戦の条件として、こうした浅ましい合意を連合国側が破棄することを求めることもできたのである。しかし彼はその代わりに、そのような協定は存在せぬかのごとく振る舞い、ボルシェビキがその存在を世界に向けて暴露したあとも、米国内で発表されぬよう妨げることに努めたのだった。

世界に民主主義がはびこらぬように

ウィルソン大統領が一九一九年に渡欧したとき、彼は各国リーダーの頭越しに直接民衆に呼びかけることができるだろうと期待していた。誰もが毛嫌いしている戦争の終結を、彼が早めてくれると信じて有頂天のフランスやイタリアの群衆に迎えられ、彼はその可能性をますます確信する。だがパリで彼を出迎えたのは、英国首相ロイド・ジョージと仏首相クレマンソーという、皮肉屋でがちがちの帝国主義者たちであった。過去何世紀にわたっていくつかの域内戦争を経たあと、ヨーロッパの帝国列強間には勢力均衡政策に基づく落ち着きがあった。パリに集まった各国代表は、ドイツの軍事・経済力をしかるべく減じることによって、この大戦で失われた均衡を取り戻したいと期待をかけていた。ウィルソンは国際秩序にかかわることなら古い問題であれ新しい問題であれ、いずれは念願の国際連盟によって解決されるだろう期待しつつ、彼らの要求を受け止めた。

一九一九年、金には恵まれぬが強烈な知的好奇心に恵まれた二十五歳の青年毛沢東は、内陸の湖南省で編集していた雑誌のなかで、パリにおけるウィルソンの苦境を見事に描写した。

パリのウィルソンは、熱いフライパンのなかの一匹の蟻のようなものだった。何をしたらいいのかわからない。彼を取り囲むのはクレマンソー、ロイド・ジョージ、牧野、オルランドといった盗賊たち。彼の耳に入ってくるのは、どれだけの領土をもらえるか、ゴールドに換算するといくらいくらの賠償金、という話ばかり。彼はあれやこれやの会議に出るが、自分の本音を言い出せない。ある日、ロイターの電文が届いた。「ウィルソン大統領は、ドイツを国際連盟に入れるべきではないというクレマンソーの見解に、とうとう同意した」。私はそこに「とうとう」という言葉を見いだし、しばらく彼に同情していた。哀れなウィルソン！」(24)

毛沢東はインドと朝鮮の失敗についても嘆いていた。「民族自決主義なんていうのはそんなもの」と彼は書いた。「恥知らずにもほどがある！」。ウィルソンの失態は無論それだけではなかった。フランスと英国が徹底的にへこませてやろうとしたドイツについて、ウィルソンは肩入れすることができず、講和会議で発言の機会を得られぬことの多いヨーロッパ域外の人々の権利については、ほとんど戦う気を失っていた。

本物の帝国主義の有資格者として会議にやってきた日本でさえ、さげすみを込めて軽視された。彼らは長いテーブルの端っこに座らされ、正面にいたのはグァテマラとエクアドルだった。クレマンソーが日本代表の牧野伸顕の発言が聞こえないと苦言を呈したのは、主要列強がより添っていた場所からの物理的距離のせいではなく、彼に聞き取ろうとする意志が欠けていたからだ。彼は、パリには魅力的なブロンド美人がたくさんいるのに「醜い」日本人たちといっしょに閉じ込められているとは悲惨な運命だ、ともらしたりもした(25)。太平洋地域は日本と西洋列強の競り合いの場として重要だったが、同地域に関する討議は、オーストラリア首相のビリー・ヒューズが人種差別的な人肉食いのジョークを放ったり、ロイド・ジョージが「黒んぼ《ニガー》」などと言ってみたりと、だらけてきた。こうしたからかいが出てきては、日本にとっていちばん重要な議題の先行きが思いやられた。それは国家間の平等、すなわち人種平等を、国際連盟憲章のなかに尊重明記することであった。日本が期待していたのは、それによって、たとえばカリフォルニア州政府が日本人移民や人種差別のない学校を可能にしてくれ、インドシナのフランス人が日本製品の不平等な輸入制限を撤廃してくれるだろうということだった。

日本の提案は、アメリカで何十年と続いてきた反アジア的立法を覆しかねなかったし、オーストラリアの「白豪主義」をも脅かし、主要列強国の一般的受け止め方は、野蛮人の際限なき移民の引き金となりはすまいかという懸念であった。日本は、主要列強各国の憲法で明白に謳われた自由主義的主張に注意を引こうとした。しかしながら、アメリカの「人間は皆平等に造られている」という基本原則に対し、パレスチナ問題で尽力したことで知られるバルフォア伯爵は、「中央アフリカの人間がヨーロッパ人と平等に造られた」とはとても信じられないと断言した[26]。最終的に、牧野はこの人種差別問題について評決をとるように求め、多数決で勝利する。しかしウィルソンは、日本人がその後何十年にもわたって記憶し続けることになる行為に出た。提案文言に強く抗議する面々がいるのでこの多数決は無効である、と裁決したのである。

ウィルソンは英国と彼らを支持するオーストラリア人に離反されるのが怖かった。ウィルソンとそのアドバイザー（ほとんどが米国東海岸の「WASP《ワスプ》〔アングロ・サクソン系白人新教徒〕」のエリート層だった）は彼らの英国崇拝癖ゆえに、アジアとアフリカに生じていた反植民地主義の激情が視野に入らなかった。アメリカの国務長官は、英国のエジプト支配に満腔の支持を与えていた。のちに冷戦体制時の闘士となる、当時は国務省職員だったアレン・ウェルシュ・ダレスは、エジプトの要求について「そのような要求が存在することの認知すらしてはならない」[27]とほのめかした。英国は、パリ滞在中のウィルソンのもとに届いた陳情書がすべて闇に葬られるよう、手を打った。それに加えて英国は、ラビーンドラナート・タゴールが危険な革命家であると、ウィルソンに吹き込んだ（詩人タゴールは自著にウィルソンへの献辞を載せたかったが拒否される)。

大戦中、英国とロシアに占領されていたペルシアの政府は分裂しきったままでまとまりがついていなかったが、パリに代表団を送り出した。だが英国は、彼らが議席を得られぬように画策する。インドのナショナリストたちはパリにたどり着くことすらできなかった。インドの代表団は、英国が恣意的に選び出した人々から成り立ち、ビカネールというインド北西部の藩王国のマハラジャ〔ガンガ・シン〕も含まれていた。このインド人有力者は、一九〇〇年に英国の代理として義和団鎮圧のために中国へ派遣された。だが彼の到着は時遅く、殺すべき中国人は残っていなかった。一九一四年に欧州大戦が勃発するや、彼は「わが皇帝にお仕えする名誉のためであれば、いかなる仕事、いかなる場所であれ、壮途の準備はできております[28]」と、インドの支配者に協力を申し出た。およそ八万人のインド人兵士が中東とヨーロッパの戦線で死んだ。マハラジャ自身の戦歴に見るべきものはなく、一九一五年にスエズ運河近くでの小競り合いに巻き込まれただけで、すぐにインドにいる病気の娘の看病のために退却している。パリ講和会議に派遣され、恐ろしげにカールした口ひげと宝石をちりばめた赤いターバンで議論する彼は人目を引き、首脳らに虎の刺青を見せたがった(クレマンソーは感銘のあまり、一九二〇年にビカネールへ狩猟の旅に出かけ、パリ講和会議から導かれたおそらく唯一肯定的な長期的成果を挙げた。すなわち二匹の死んだ虎である)。

マハラジャはパリで、ビカネールのような半自治王国の特権維持のために壮烈な戦いを繰り広げた。英国は、彼のピントはずれの独演に喝采する一方で、インドの自治に関しては巧みにぼかした展望を披露した。毛沢東はこう書いている。「インドの道化役は受けた」。しかし「インドの人々の要求は受け入れられなかった[29]」。エジプトが受けた屈辱はもっとひどい。一九一九年三月、英国がサアド・ザグルールを逮捕してマルタ島へ追放すると、エジプトでは大規模な抗議行動の波が起きた。のちに一九一九年のエジプト革命と呼ばれることになる出来事である。エジプト人たちはストライキに入り、アル・アズハル・モスクにこもった学生たちはバリケードを築き、女性たちはヒジャーブをかなぐり捨ててピケを張り、群衆に向かって訴えた。英国への憎しみは激しく、暴徒による英国兵士の殺戮は日常茶飯事であった。反乱がエジプト全土に及ぶ事態となったので英国は態度を軟化させ、ザグルールのパリ行きを許可した。

ところが、旅の途上、ザグルールが英会話の能力をブラッシュアップしている頃、英国はアメリカに対し、エジプトで大がかりな暴動を引き起こすためにボルシェビキが狂信的イスラームに合流した、と思い込ませた。それどころか、彼らはザグルールとその甥を「レーニンとトロツキー」だとアメリカ人たちに紹介している。ウィルソン大統領が英国のエジプトに対する永久保護権を認めようとしていたとき、ザグルールはまだマルセイユからパリに向かう途中だった。エジプト人のジャーナリスト、ムハンマド・ハイカルはその後、怒りを込めて次のように書いている。

こいつがあの十四箇条の男、民族自決の権利を謳ったやつなのに、エジプト人には民族自決を拒否するありさま。(…)それもエジプト代表団が彼らの主張を訴えにパリに到着する前、それもウィルソン大統領が代表団の一声も聴かぬ前にやらかした。これ以上醜悪な背信行為があるだろうか?[30]

エジプトは暴発寸前だった。一九二二年、英国はエジプトにある程度の自治を認めることを余儀なくされる。

依然として英国の軍事占領下にあったイランで、今や英国外務大臣となったジョージ・カーゾンは、彼が手塩にかけたインド帝国のためにもうひとつの緩衝国を作り出す好機を見いだした。一九一九年、カーゾンは、パリ講和会議へのイラン代表の参加阻止にひと役買い、イランの独立性をほぼ抹殺する内容を盛り込んだ英国・ペルシア協定を起草する。（大戦のためにスイスに引きこもっていたモハンマド・モサッデクは、この協定案のことを耳にして泣き、ヨーロッパに永住することをほぼ決意した。）だが結局、一九〇五年にベンガル分割令制定によってインドの民族運動に火をつけた前歴のあるカーゾンは、またしても現地人の感情を見誤っていた。幅広い層のイラン人が英国との協定を糾弾し、イラン議会の英国派は危害を加えられた。広範囲からの反対を受けたカーゾンは、ますます頑固になる。「こういう連中には、われわれなしで勝手なことはできないということを、是が非でも教え込まねばならない。彼らの鼻を地面にこすりつけてやってもいいではないか[31]」。カーゾンのやり口はうまくいかなかった。イランの怒りは、英国・ペルシア協定を一九二〇年についに葬り去り、それはイラン国内における英国に対する永続的な敵愾心の幕開けとなった（一九七八年、イランのシャーは新聞記事のなかでアーヤトッラー・ホメイニーのことを英国のスパイと呼ぶことで、永遠に呪い落としたと考えた。結果はというと、シャーとその支配に対する初めての大衆行動を呼び起こしてしまい、最終的には彼の王朝の崩壊を招くことになった）。

一九一九年という年が世界を変えた、その変貌は多方面にわたる。インドネシアでは、日露戦争後に創設されながらも無力な組織であったサレカット・イスラーム〔イスラーム同盟〕が、オランダからの完全独立を要求する大衆動員政党へと変貌した。ホー・チ・ミンはフランス共産党員のなかに好意的な共鳴者を見いだし、一九二一年に正式党員になる。「それは愛国主義的であって共産主義ではなかった」と、後年ホー・チ・ミンは振り返る。「だから私はすぐにレーニンを信頼するようになった[32]」

一九一八年から翌年にかけて世界的に流行したインフルエンザで一千万人近くが命を落としたインドでは、英国が自治の約束を破り、大戦期間中に導入した弾圧的な政策を再び押し進めた。しかし一九一九年四月、アムリトサルで四百人の抗議団が虐殺されたことによって、インド国民会議派は、紳士による討議クラブから大衆を基盤にした政党へと急速に変貌し、そのリーダーとしてガンディーが現れる。虐殺に対する抗議の意味を込めてナイト爵位を返したとき、タゴールはインド総督に宛ててこう書いている。「このような仕打ちが、人命破壊を恐ろしく効果的に成し得る組織を有した権力により、武器を放棄して丸腰になった民衆に対してなされたことを考えると、行政上やむを得なかったという言いわけは許されず、道徳的根拠などはどこにも見いだせぬことを、強く主張しなければなりません」[33]。タゴールはそののちも『マンチェスター・ガーディアン』紙に、彼のようなアジア人は「外国人支配に反抗することもあるが、西洋は自分たちに同情してくれていると素朴に信じていた」が、それがどれほど誤った希望的観測であったかを書いた[34]。

二十歳だったジャワハルラール・ネルーはこう記した。「『ウィルソン佳境の時』は過ぎ去り、私たちはまた、はるかなる希望でみずからを奮い立たせなければならなかった。間近に迫った解放を息を殺して待つのではなく[35]」。ウィルソン佳境の時は、オスマンのトルコ人にも無残な失望感を残してかき消えた。「イスラームがヨーロッパ人を避けているのではない」と、アフガーニーの弟子、ラシード・リダーは第一次世界大戦前夜、ムスリム諸国に対するヨーロッパの圧力が増大した時期に書いている。「そうではなく、イスラームが彼らを敬遠するように仕向けたのは、ヨーロッパ人のほうだった。両者の融和は不可能ではないが、その達成のためには度量の広い心で当たらなければならない[36]」。結局のところ、西洋のリーダーたちは雅量を示すに至らず、トルコ人は「人間のかたちをした癌で、彼らが悪政をしいた国々の体内に潜り込んで苦痛をもたらし、生命の一筋一筋を腐らせる」と考えていたロイド・ジョージなどは言うに及ばない。そして彼は、西洋はトルコ人に対し「勝者の裁き」を振るう権利を持っていると思っていた[37]。

連合国側は、ギリシアの根拠薄弱な主張である西アナトリア地方に対する権利を認めた。その理由というのが、トルコのムスリムには他民族・他宗教の社会を統治する能力がなく適格性に欠けるというものだった。そして一九二〇年には英国軍とフランス軍が、トルコ独立をめざす国民運動を阻止しようと、イスタンブールを占拠した。この屈辱によって、ムスリム世界全体に、西洋列強に対する憎しみと不信が巻き起こった。まもなく徹底した世俗主義者アタテュルクとして知られることになるムスタファ・ケマルですらが、アンカラで汎イスラーム会議を開催し、リビアのイタリア人植民地主義者に敵対するムスリム戦士として当時有名だったアフマド・シャリフ・サヌーシーの協力を仰いだ。『イズミールのほうへ』誌は、もしアメリカが「この恐るべき事件の前で沈黙を決め込むならば、トルコ人にとっての唯一の解決は、あの強さと力量を備えたムスリム世界に助けを乞うことだ[38]」と主張した。一九二三年には、パリで長い亡命生活を送っていたトルコ人、アフメト・ルザが、『東洋における西洋政治の道徳的失敗』という題の有名な小冊子を著し、ムスリム世界における反西洋主義を引き起こした原因の大部分は、ムスリムに対する彼らの態度にある、と論じた。

オスマン帝国に属さぬムスリムたちのなかで、オスマン帝国をばかにした扱いに激怒した面々がインドにいた。彼らはほどなくしてガンディーに合流し、キラファット運動に参加することになる。これは、英国の対トルコ政策をもっと寛大なものにせよと詰め寄る挑戦だった。だが、トルコがそのような支援を必要としたのはある時点までだった。

オスマン帝国対イタリア戦の英雄ムスタファ・ケマルが、ギリシアに取られた西アナトリアの奪回と、その他すべての外国軍をトルコの大地から駆逐するために、第一次世界大戦の混乱のなかから奇跡的に現れる。一九二三年、西欧列強と講和条約〔ローザンヌ条約〕が結ばれ、主権国家としての新トルコの国境が定められた。同時に、西欧諸国がトルコ国内で享受していたすべての諸特権が破棄される。インドで「イスラームの剣」と喝采を浴びたアタテュルクは、ウィルソンが言う民族自決主義とか正義というのは、西洋の強国を説得して授かるものではなく、戦って勝ち取ったのち軍事力で保持するものだということを示した。ムスタファ・ケマルは一九二三年のインタビューでこう語った。「西欧というのは、こちら側を劣等社会と見下し、われわれの完全破壊に全力を尽くした存在です」[39]。さらに、汎イスラーム主義のような大衆宗教で政治的なイデオロギーは真の独立と外国勢力の干渉からの解放をめざすための手段として効果的であると、ムスタファ・ケマルはみずからのナショナリストとしての目的に利用できるところでは、共産主義の言葉遣いをイスラーム主義に巧みに当てはめた。アタテュルクの勝利がアジア各国の意見形成に与えたインパクトは、誇張しても誇張しすぎることはない。それは日本海海戦以来の、東洋の偉大な勝利であった。ムハンマド・イクバールはこう書いた。「今日のムスリム諸国のなかで、唯一トルコのみが教条的停滞から身を振り切って自己覚醒に到達したのである」[40]

中国では若き共産主義者たちが、この教訓を即座に習得することになる。当時仏教を学んでいたが、その後、よちよち歩きの中国共産党のモスクワにおける重要な連絡員となる二十歳の詩人、瞿秋白《くしゅうはく》は、「帝国主義者による抑圧を激痛のごとく」感じていた同胞の一人だったが、その痛みのおかげで「非現実的な民主的改革」[41]の幻想から目を覚ますことができた。確かに、一九一九年講和会議後の裏切られた気分は、アジア人のなかでも中国の大衆がいちばん強く感じていた。というのも彼らは、インド人、トルコ人、エジプト人、朝鮮人らと違って講和会議に正当な資格をもって出席し、連合国への貢献実績もあったから発言は好意的に傾聴されてしかるべきと考えていた。それになんといっても、何十万という中国人労働者が、大戦中に戦死・戦傷したヨーロッパ人兵士の穴埋めとして出動したのだ。梁啓超が中国の参戦を主張したのは、まさしく連合国側から有利な待遇を確保するためであった。

中国代表団は、山東省はすべてが中国のものでドイツは武力でこれを奪った、と雄弁を振るって論じた。そこは孔子誕生の地であり、中国文明「揺籃」の地である、と。ウィルソン大統領は、日本に占拠された山東省に対する中国側の主張に個人的には同情していたが、ロイド・ジョージとクレマンソーを説得して、日本に対し当該占領地の保持を許可した戦時下の二人の約束を反故にさせることはできなかった。それに英国とフランスの両国も、武力をもって獲得した中国利権を有しており、それは維持されねばならなかった。連合国に武器弾薬を売り、アジア市場に経済圏を広げた日本は大戦後、アメリカが大西洋側で浮上したように、太平洋側の強国として立ち現れた。日本が持ち出した人種平等提案をすでに突っぱねていた手前、またウィルソンとしては日本の国際連盟参加を望んでいたので、これ以上日本を苦しめるわけにはいかなかった。

この見苦しくもねじれた便法には、アメリカ上院議員のウィリアム・ボラですら激怒し、山東省を中国に返還できなければそれは「人類に対する恥辱であり侮辱である」と言い、ウッドロウ・ウィルソンの帝国主義後の世界秩序とやらの皮算用をこけにした。「はばかることなく忌まわしく、吐き気をもよおさせるもの。それは、われわれが皆過去のものと信じ念じた残忍で破廉恥な世界から、眼前にぬっと現れた化け物のことだ[42]」。梁啓超はパリから中国の読者に向け、山東省に関する中国の敗退を伝える。「日本はあらゆる手を尽くした[43]」と彼は報告した。しかし彼は中国代表団のことも非難し、「力は正義なり」という原則が今日ほど支配的であったことはなく、「正義と人類愛」などという「強国の標語」を額面どおり信じる弱小国は「たちまち幻滅する」のである。「中国が頼りにできるのはわれわれ自身、そしてわれわれの難攻不落の精神と勇気だけなのである[44]」

そのとおりの展開となった。一九一九年五月、中国敗北のニュースを受けて激高した学生は北京の街路にあふれ、アメリカ大統領を詐欺師と呼ばわった。中国全土でデモとストライキが勃発し、その後五・四運動と名づけられることになる知的・政治的エネルギー暴発の轟きが、以後数十年にわたって響き続ける。

五・四運動はひとつの出来事から始まった。一九一九年五月四日、三千人ほどの学生が、北京の天安門広場でデモ行進をした。中国語だけではなく、英語やフランス語のスローガンを書いた旗を掲げ、中国の山東省に対する主権を認めないような協定は拒否すべきだと要求した。デモ隊は大使館街を進むうちにいら立ちを募らせ始めた。数人が親日派と目される中国人閣僚の家を襲い、彼は命からがら逃げ出したが、居合わせた駐日の中国公使はひどく殴られた。

学生たちは逮捕され、彼らを支援するためのデモやストライキが中国全土の町に広がっていく。とくに中国の若者にとって知的・政治的中心地であった上海における勢いは顕著だった。六月になると、労働者や商人もこの抗議運動に参加し、広範な支持を得た一連の対日ボイコット運動の発火点になる。遠く離れたシンガポールでも、華僑社会にデモと暴動が発生し、市内に潜んでいた反植民地主義感情がいかに強烈だったかが突如明らかになった。同月下旬、パリ講和会議に出席していた中国代表団が、北京高官からの指示に逆らってベルサイユ条約調印を拒絶したことで、学生・労働者・商人の連帯が勝利したかに見えた。

だが大きな変化は起きそうになかった。日本は、中国の大規模なボイコットや抗議行動のやり玉に挙げられたが、一九二三年まで山東省を手放さなかった。中国国内の軍閥支配は悪化していた。とはいえ、五・四運動の政治的意義は計り知れない。以前の世代とは異なる言葉遣いの新しい世代を輩出することになった。梁啓超や康有為とは対照的に、西洋式カリキュラムに則した学校や大学で教育を受けた世代である。伝統の重みを引きずる必要などあまり感じることのない世代であって、教養のある新世代中国人から成る広範な支持層に語りかけることになった。康有為の周囲に集まった改革論者エリートたちの最初の努力からおよそ三十年が経過して、中国は今大衆政治の時代に突入していた。それを主導するのは「人民」であり、知識階級、官吏、軍閥、政治屋ではなくなっていた。

まだ儒教を基盤にした君主制の復活を夢見ていた康有為ではあったが、もし「向こう八年のうちに人民の本当の意見、人民の本当の権利を中国で目の当たりにすることができるとすれば」、それはこの「学生たちの行動[45]」のおかげだと認めた。大戦中にフランスへ渡った中国人学生労働者たちは、ベトナム人やインド人兵士のような不運には巻き込まれなかった。だが、彼らはヨーロッパでの過酷な体験により急進的になって帰国する。鄧小平はこう回顧した。「私たちは生きることの苦難、そして屈辱を、資本主義の走狗によって味わわされた[46]」

フランスに到着してすぐ私は、私たちより二年前にフランスに来て学習労働プログラムに沿って勉強していた学生たちからこう聞いた。大戦下と違って労働はそれほど必要とされていない。(…)働き口を探すのは大変だ。その後の私たち自身の体験からしても、賃金だけでは生きるのもかつかつで、勉強のために学校へ通うなどというのはもってのほか、ということは明らかだった。だから、「勤勉を通じて国を救う」だとか「技能を学習しよう」などという抱負はすべて水泡に帰した。[47]

世のなかの政治的関心はさらに高まった。やり手政治家や軍閥とは異なり、新たな活動家は長期的な目的によって動機づけられており、国民党であれ共産党であれ、近代的な政治集団によって組織されていた。のちに毛沢東がこう表現している。「中国のすべての革命運動は、覚醒した若き学生と知識人の行動に由来する[48]」

梁啓超がパリから中国へ打った電報のおかげで、祖国の多くの人々が会議の一刻一刻の出来事を知ることができた。彼はまた、会議に満ちてきた背信の気配を強調して書いた。『マンチェスター・ガーディアン』紙に寄せて、彼は中国が受けた屈辱についてこう書いた。「事情に通じた人ならば、この会議が、世界全体とは言わぬまでも、アジア大陸の歴史を根本的に変えてしまうことを疑いはすまい[49]」。「中国が犯した唯一の罪は、自分たちが弱かったことと、戦後、国際的な正義がなされるだろうと信じてしまったことだ。中国が自暴自棄のあまり絶望的愚挙を企てたとしたら、中国の運命決定に加担した国々は、責任の一端を免れることはできない[50]」

これを書いていたとき梁啓超は、自分が中国の強硬な政治イデオロギーの黎明を告げているとは夢にも思っていなかった。一九一九年七月、ロシアの革命家たちは西欧の背信は彼らにとっての好機であると察知し、ロシアが中国と結んでいたさまざまな不平等条約を自主的に放棄して、次のように宣言した。

中国の国民がロシア人民のように自由を望み、中国を第二の朝鮮、第二のインドにしようとするベルサイユで定められた運命から逃れたいならば、自由を勝ち取る闘争において中国の唯一の味方であり兄弟でありうるのは、ロシアの労働者と農民、そしてロシア赤軍であるということを理解しなければならない[51]。

それから二年と経たぬうちに上海で、不満を抱く若い急進派を集め、彼らに明確な動機と過去にとらわれぬ自由な考え方を呈示し、中国共産党が組成されることになる。毛沢東は、一九一九年の出来事に打ちひしがれたあと、西欧の動機と政策に対する完全な懐疑論者となり、被抑圧者にとって有効な政治的可能性をより明確に意識し始めた中国人青年の一人であった。正式に共産主義にコミットする直前の一九一九年に、毛沢東はこう書いた。

私はあえてこのことだけは断言しておく。ある日、中国人民の改革はその他のいかなる人々の改革よりも深遠なものになり、中国人民が作る社会はその他のいかなる人々が作る社会よりも希望に満ちたものになるだろう。中国人民の大統一はほかのいかなる人々よりも早く達成されるだろう。諸君！　諸君！　私たちは皆懸命に努力しなければならない！　私たちは全力を尽くして前進しなければならない！　私たちの黄金時代、私たちの栄光と光輝は、私たちの行く手にあるのだ！[52]

ネルーは、ウィルソン大統領の評判失墜がアジア中の「共産主義という幽霊」を目覚めさせてしまった、と書いた。ホー・チ・ミンと同じく、毛沢東は中国に本当の主権をもたらすことができるのは共産主義しかない、と考え始めていた。彼はフランスにいた友人たちに、あらゆる思想を検討したが今は「ロシア革命」に没頭している、と書き送っている。中国では一九一一年の失敗のあと、再び革命思想が浮上してきたが、今回はより明確な標的、西欧の帝国主義を見据えていた。そして今回の革命思想はきわめて重要な超国家的広がりを備えていた。

自治と自決の考えに高揚していたアジア人たちはすでに、他地域の同様に意気盛んな活動家たちと緊密な関係を築き上げていた。第一次世界大戦後の数年間に、異なる地域のナショナリスト・グループ間の国際交流や協力が、日増しに相互依存が顕著になってきた世界で盛んになっていく。フランスの詩人でありエッセイストであるポール・ヴァレリーが、「局地的解決が最終的解決であるような問題はもはや存在しない」[53]と言った世界である。ソビエトで組織されたコミンテルンの情報要員が中国、インド、イラン、トルコなどの共産主義者だけでなく、中国の「ブルジョア」ナショナリストをも支援し始めたので、汎イスラーム主義もオランダ領東インドと北アフリカを結びつけようという動きに出る。ベルリン（ここにコミンテルンの事務所があった）には世界中から反植民地主義者らが集まり、そのなかにはアジア共産主義の最初のリーダーたち、オランダ領東インド出身のタン・マラカとインドから来たM・N・ロイがいた。一九二〇年、インドネシアで影響力を振るうことになる共産主義政党、インドネシア共産党（PKI）がコミンテルンの援助を受けて設立される。その翌年、同党の創設者らが上海を訪れて中国共産党の正式な結成に立ち会い、その足でモスクワへ向かい第一回東方労働者会議に出席した。一九二五年以降、上海と広東が共産主義者国際ネットワークのアジアにおける中心となる。ホー・チ・ミンは彼が主宰していた雑誌『ル・パリア（追放者）』にラシード・リダーの記事を掲載し、ロシア人、中国人、インド人の革命家たちに会うためにモスクワへ出かけた。

西欧の没落？

梁啓超は一九一九年にまた新たな知的探求の旅を始めていた。彼の原点、儒教への回帰である。以降、一九二九年に逝去するまで、彼はそれ以上劇的な回り道はしない。パリを根城にした梁啓超は、西ヨーロッパを縦横に旅し、のちに彼の印象と省察を『欧遊心影録』という題名の本にまとめて出版する。旅を進めるにつれて、悲哀感と不吉な予感があらゆるものを染め上げる。そのなかで、梁啓超は予言的なことを書く。「今回の大戦で新しい世界史のかたちが決まったわけではなく、それは過去を未来へ仲介する経過点にすぎない」[54]。霧に包まれ寒々としたロンドンで、バッキンガム宮殿の園遊会に出席した彼には、太陽が「血のように」見えた[55]。ヨーロッパ大陸全体が「鉛色の秋空の下に」うずくまっていた[56]。ライン川では、ドイツ軍砲兵隊によって三度砲撃を受けて半壊したゴシック建築大聖堂の廃墟を見た。ベルギーの町ルーヴァンではドイツ軍が数百人の市民を殺戮し、有名な大学図書館を破壊していた。

梁啓超は、母国とアジアの他地域で西欧が犯した不当な破壊行為の歴史をよく知っていた。ボーア戦争の際に英国が「強制収容所」という用語を日常の語彙のなかに持ち込んだことも知っていた。だが、そうした残虐行為がヨーロッパ大陸で展開される蛮行の前兆であったとは、今になってみれば明らかではあるけれども、当時は思いもよらぬことだった。梁啓超だけでなく多くのアジアの知識人は、タゴールが言い表したのと同じ疑問を抱くのだった。「文明的なヨーロッパが中国のような巨大な国の喉に押し込んだ毒、そのせいでヨーロッパ自身が永遠に健康を害してしまった」[57]のか、そしてまた「ヨーロッパ文明の聖火とは、暗愚を照らすのが目的ではなく放火のためだった」のか、と。

第一次世界大戦が勃発する五年前、オーロビンド・ゴーシュは、「高慢で、好戦的で、支配的なヨーロッパ」の文明は「死刑宣告」を受けて「壊滅」を待っている[58]、と断言した。「西洋の、科学的で合理的で、産業化が進んだ、偽の民主主義的な文明は、今や崩壊過程にある」[59]と、彼は確信していた。一九一〇年代に実り多き三年間を学生としてヨーロッパで過ごしたムハンマド・イクバールは、その経験をアラハバード〔インド北部、ヒンドゥー教の聖地〕の伝統である風刺を効かせてこう書いた。

西洋が開発したすばらしい新技術
何をやらせてもうまいものさ
ワニのような潜水艦
破壊の雨を空から降らせる爆撃機

毒ガスで空を曇らせ
何でもお見通しの太陽をめくらにする
この老いぼれを西洋に送って学ばせよ
すみやかに首尾よく殺す新技術(60)

前回西洋を旅したときの梁啓超は、タゴールやイクバールのように西洋を称賛しつつも留保をつけていた。だが今回、これまでになく長期間滞在しているあいだに、彼は人類の進歩と合理主義の成果をこうも軽はずみに捨て去り野蛮に身を落とした文明について、深刻な疑念を抱き始めていた。「物質主義」の西洋は科学と技術を駆使して自然を征服し、個人・階級・国家間の競争を旨とする進化論的な世界を作り上げた。だが、何のために？ 物質主義者の住民は絶えず新しいものを欲しがり、常に欲求不満で、戦争に疲れ切り、不安に悩まされ、依然として幸福の対極にいる。

若い頃は社会進化論を信奉していた梁啓超だったが、拝金主義、権力拝跪、軍国主義と帝国主義の興隆など、進化論を「人間社会の分野」に適用した場合に生じる「邪悪な結果」を列挙し、彼は同論を荒々しく放擲した。「ヨーロッパの大戦は」と彼は書く。「人類文明をほぼ抹殺しかけた。無論戦争の原因は無数にあったが、社会進化論が大きな影響を及ぼしていたことは明言しなければならぬ(61)」

梁啓超は戦後のヨーロッパ大陸に新たに生じた知的傾向に注目していた。前世紀には誇らしげだった大進歩について思い改めるような懐疑的な風潮である。思想家や芸術家の目には、ヨーロッパが不意に死の床についたように映った。トーマス・マン、T・S・エリオット、ヘルマン・ブロッホ、ロベルト・ムージルらは彼らの作品を通じ、ヨーロッパの十九世紀に充溢していた活力が有害なものへと変質し、もはや制御不能になったのではないかという疑念、地球規模での慌ただしい変化の結果、どう収拾すればいいのか誰もわからぬ戦争を勃発させてしまった時代への疑念を表明した。自由民主主義は、西洋帝国主義との連想があって東洋では長らく色メガネで見られてきたが、支配階級エリートの強欲と身勝手のせいで信用失墜し、今では西洋の内部にあっても弱々しかった。科学は第一次世界大戦で起きた制御不能・見境なしの殺戮の共犯者であると見なされ、合理性や功利主義についてのあらゆる概念がさげすまれるようになった。ヘルマン・ヘッセの小説は、科学と技術への愛着とはヨーロッパが進展してきた露骨に物質主義的で鬱々とした世界観のもうひとつの側面である、と告げているようだった。

梁啓超は書く。「ヨーロッパ人は科学全能の夢を見ていた。だが今、彼らはその破綻を語る。つまりは近代思想が変わる大きな転換点なのだ[62]」。それはまた、梁啓超にとってこれまで試みた自己評価のうちもっとも深刻な評定の開始点でもあった。大戦の災禍を経てみると、道徳的秩序に重きを置く孔子と孟子が、西洋の思想家に照らしてみても、もはや見劣りするものではないように思われ、梁啓超はじりじりと伝統的視点へ回帰することになる。「新文化運動」の急進派が擁護していた科学も、社会福祉問題を解決するための万能薬にはならぬことがすでに明らかだった。梁啓超は自分たちが、西洋に対して子どもっぽい希望を抱き無批判に称賛していたことを自嘲した。

科学万能を賛美していた者たちは以前、科学が成功を収めれば、すぐに黄金時代が到来すると信じていた。今日、確かに科学はすばらしい成果を収めている。西洋の最近百年の物質的進歩は、それに先立つ三千年の成果をはるかに凌駕する。それなのに今もってわれわれ人類は幸福を獲得していない。正反対に、科学はわれわれに大惨事をもたらした。われわれは方角を見失って砂漠を行く旅行者のようで、前方に巨大な暗影を見いだすと、破れかぶれでそこを目がけて走り出す。どこかに導いてくれる何かだと信じて。しかし延々と走ったあと、彼らはその影を見失って落胆の沼に崩れ落ちる。あの影は何だったのだろう？　あれが「賽先生〔科学＝サイエンスを音訳した「賽因斯」を先生に擬人化した表現〕」の影なのか(63)。

しかし古い学問にも知恵はある。とくに儒教思想における「仁」は和合と互譲を説くもので、西洋の競争心よりは優れていた。

> 物質生活は精神生活を維持するための方便にすぎないのに、それを本来の目的と取り違えるような主客転倒をしてはいけない。（…）今日の欧州各国には、生活を物質的発展の場としか考えぬ風潮があり、その結果、考案された物がいくら称賛に値するとしても、根本を取り違えた悪弊はただ悪化するのみである。（…）われわれの課題は、この前例なき科学的進歩の状況下、どのようにすれば儒教が理想とする平衡感覚を適用し、すべての人々が調和均衡した生活を送ることができるか、ということである(64)。

ややむきになった梁啓超は、こう力説する。「精神的飢餓を癒す方法としては東洋の〔中国とインドの〕やり方が、他と比較した場合、もっとも優れている。東洋の学問はその始点に精神を置くが、西洋の学問はそこに物質を置く(65)」。西洋人は肉体の奴隷になる運命にある。東洋のもっとも偉大な哲学である仏教は、肉体からの解放を説く。実際のところ、梁啓超の観点からすると、東洋には西洋に与えるものがある。「この大海の遠く向こうの岸辺で、何百万という人々が物質文明の破綻を嘆き悲しみ、気の毒にも助けを求め、私たちが救助にやってくるのを待っている(66)」。梁啓超は、一九一八年以降の西洋が、東洋哲学と宗教の生半可な理解に夢中になり始めたその始期に、敏感に気づいていたようだ。「ヨーロッパ人が老子の学びに愛着しているのは、社会進化論に対する反作用である(67)」と彼は断言した。

一九〇六年に岡倉覚三〔岡倉天心の本名〕はこう書いた。「ヨーロッパの帝国主義は、黄禍のばかげた叫びを上げることを恥じないが、アジアもまた白禍の恐るべきをさとるにいたるかもしれないということは、わかりかねている」[68]〔『茶の本』村岡博訳〕。第一次世界大戦とパリ講和会議のあと、東洋の多くの思想家や活動家たちは、自分たちが以前、西洋の政治思想に魅了されていたことを見直し始めた。近代化が絶対不可避であろうという印象は依然としてあったが、西洋化、すなわち自分たちの伝統の包括的拒否、あるいは西洋の完全な模倣は、不必要に思われるのだった。革命的共産主義やイスラーム原理主義のような新しいでき立てのイデオロギーは、過去の遺物をすべて払拭し新たな船出を約束してくれ、魅力的に見えてきた。そして大いに決定的なのは、国を強くするために自由民主主義は必要ではないと見なされたことだ。

とりわけ、梁啓超の昔の恩師であり自由主義的個人主義の支持者、厳復は、国富と国力を得るための闘争は道徳的悪影響をもたらすと考え始めていた。「老いるにつれて私は（…）過去三百年の西洋の進歩はただ単に自己本位、大量殺戮、堕落、破廉恥を生み出しただけなのではないかと考えるようになった」[69]。中国に芽生えた近代化のために過去に学んだことを捧げようと、新伝統主義者たちは、五・四運動後の中国へやってきて講演旅行を成功裏に終わらせたバートランド・ラッセルなど、西洋の現状に失望した哲学者から励まされた。ラッセルはこう力説した。「私たちの文明に特有な長所は科学的方法であると思われる。中国文明に特有な長所、それは人生を正しく理解する洞察力である」[70]。ラッセルは、ソビエト共産主義とヨーロッパの破壊的な戦争の両方に、身の毛がよだつ思いをしていた。伝統を保つ中国に慰めを見いだした彼は、「知恵と美、あるいは人生の簡素な楽しみを重んじる人たちは、そうしたものを混乱し騒然とした西洋にではなく、中国により多く見いだすだろう」[71]と断言した。

孫文ですら、西洋からの支援を得られずに失望したあと、中国の伝統をナショナリズムの基盤として擁護し、西洋の物質主義と経済的帝国主義に対して反論し始めた。ナショナリストの基本綱領と言える三民主義を改訂していた孫文は、新しい文化に「すっかり陶酔」した若者を嘆き、「伝統的な美徳」を主張した。「すなわち忠誠と孝行、人間性と愛、誠実と義務である」[72]。東洋の「王道」を称揚し、孫文は「科学的物質主義」からなる西洋文明を糾弾する。

このような文明を人類社会に適用すると、飛行機や爆弾や大砲がその著しい特質となり、強権崇拝になってくる。（…）したがって、ヨーロッパ文明とは覇道以外の何物でもない。東洋において覇道は常に軽蔑の対象であった。東洋には覇道よりも優れた別の文明がある。この文明の基本的性格は仁愛、正義、道徳である。この文明下にあって人は文明を敬うようになるのであり、恐れることはない。このような文明のことを、古代からの表現を使えば仁徳による政道、すなわち王道と言う。したがって、東洋文明は王道のひとつだと言うことができる。ヨーロッパの物質主義的文明と強権崇拝が発展してから、世界の道徳は堕落の一途をたどっている。アジアにおいてすら、いくつかの国では道徳が退廃してしまっている。[73]

梁漱溟《りょうそうめい》（一八九三―一九八八）は西洋式教育を受けたインド哲学の専門家で、『東西文化及其哲学』（一九二一年）を出版した。同書は、梁啓超同様に容赦なく西洋の物質主義的文明を分析したもので、仏教、次いで儒教を擁護している。梁漱溟の意見では、西洋は自然をなんとか征服して経済成長を遂げたが、同時に、儒教が今なお授けてくれる人間性のより包括的な理解から、みずからを遮断してしまった。西洋人にとっては、精神性のいっそう深遠な理解と社会道徳、これらを受容することが必須となる。物質面での後進性にかかわらず、この中国が世界に向けて提供できるものはまだまだ多い。そして彼は言う。「中国文明の基本精神は心と欲の調和および節度にある」[74]

梁漱溟の本は大いに大衆に受け、急進的な著述家はこれを侮蔑した。魯迅は短編『孔乙己《コンイーチー》』によって彼なりの批判をしたのかもしれない。同作品のなかで、没落した読書人でありこそ泥であり乞食である孔は、自分を教養ある紳士と見なしているのである。魯迅のもっと有名な『阿Q正伝』では、題名となった名前の主人公もまた無能な男であり、人にぶたれるたびにそれを精神的勝利だと思い込む。そうした侮蔑も気にかけず、梁漱溟は山東省でユートピア的な郷村の建設にかかった。一九三七年、彼はそこで毛沢東に出会い、意見交換をしている。

梁啓超の近代文明批判に同調したもう一人の思想家は、張君勱《ちょうくんばい》（一八八六―一九六九）である。張君勱は一九一九年にヨーロッパへ向かう梁啓超に同行し、ドイツのイェナ大学で勉強するために同地にとどまった。彼は一九二二年に中国へ帰国し、翌年、清華大学で科学盲信を批判する痛烈な講義〔『人生観』〕をした。張君勱によれば、科学には孔子が主要課題とした道徳や正しい生き方のための規則を決めることはできない。

一方に梁啓超とその盟友たる知識人、他方に西洋の危機と中国の混乱を一挙に解決する答えがマルクス主義であると早くも確信した新文化運動派の急進主義者が陣取って、猛烈な議論がわき上がった。儒教色をもっと前面に押し出した思想家や仏教系思想家は、梁啓超と同じように、近代世界における中国存続の責任を正面から引き受け、自分たちの疑似宗教的な理想が急進派・保守派いずれにも有効であるべく奮闘した。たとえば、改革派の仏僧、太虚《たいきょ》（一八九〇―一九四七）は多くの僧院、学校、結社などを作り、中国仏教に、貧困・無学層への思いやりに満ちた現世的方向性を加味しようと努めた。

だが、こんなことは新文化運動派の急進主義者にしてみれば生ぬるい。討論を通じて明白になったのは、世界秩序における中国のあり方を考えることなしに、また人類救済を目的とした現在・過去のイデオロギーに関する熟慮を避けていては、中国の思想家が、一八九五年の康有為ではあるまいし、国内秩序を構想するのは不可能だということだった。

コロンビア大学で教育哲学者ジョン・デューイの教え子として学び、よりリベラルな「全面的西欧化」提唱者〔全盤西化論者〕の一人だった胡適は、新文化運動のためにペンを執り、物質的・政治的側面において隷属状態にある脆弱で無気力な中国が、国民の精神的渇求を満足させるなどというばかげた考えはナンセンスだ、と皮肉った。結党したばかりの中国共産党の総書記、陳独秀も同じように軽侮を隠さなかった。「科学と人生観の論争」〔張君勱の精華大学講義に端を発した論争〕とは、中国の世界内位置づけに関する広漠たる不安の部分的表明であったが、それは一九二四年四月十二日にラビーンドラナート・タゴールが、梁啓超と張君勱のアレンジによる中国講演旅行のため、上海に到着したあとに惹起された激動の前兆でしかなかった。タゴールの中国・日本旅行それ自体もまた、その後に控えるいっそう激しい騒動の前触れとなった。アジアの地図を永遠に変えてしまう、一連の騒動である。

第五章　タゴール、東亜へ行く
——亡国から来た男

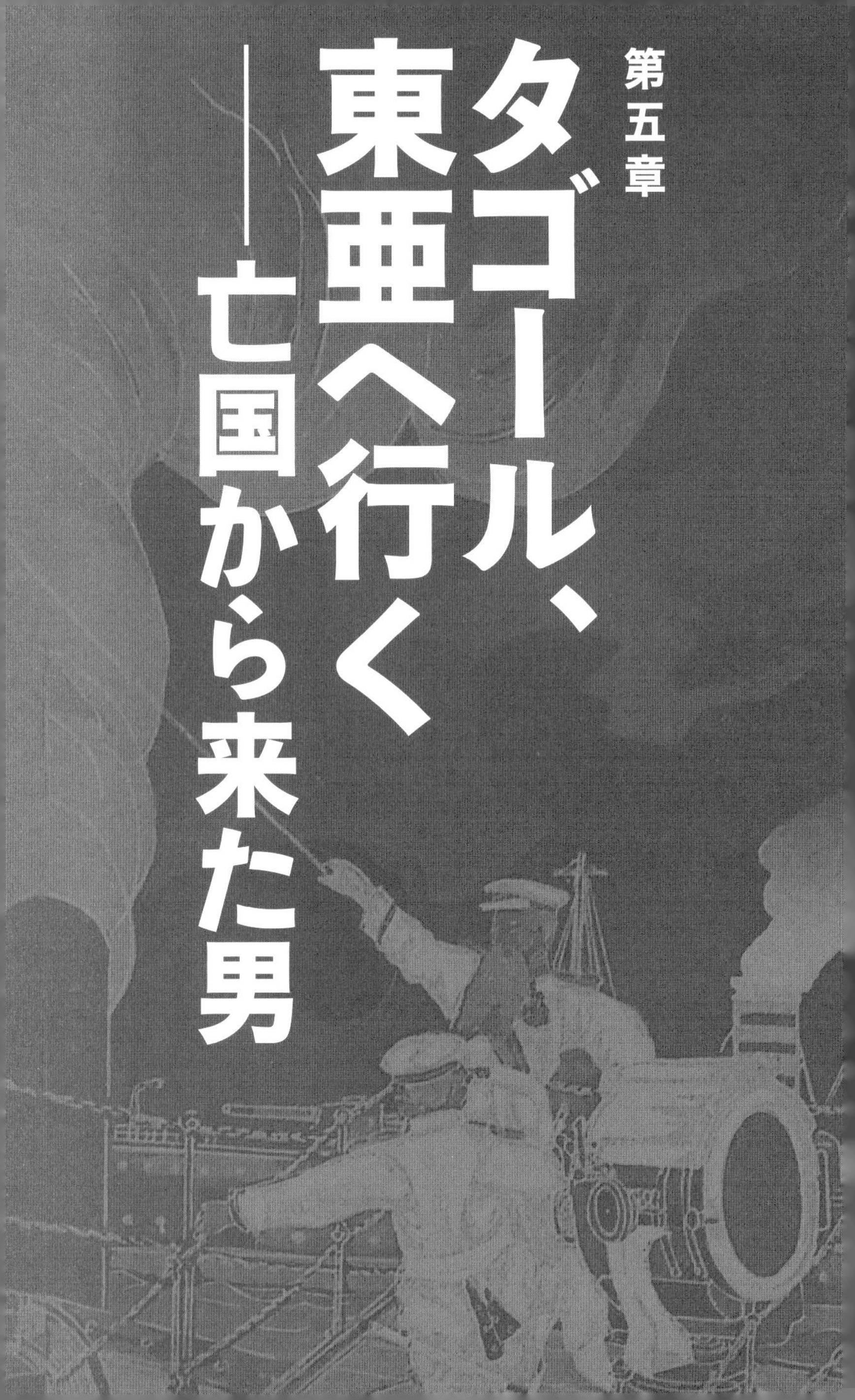

私たちの兄［インド］は千年以上も「情愛深く懐かしい」存在でしたが、今やっと弟［中国］を訪ねてくれました。私たち兄弟はかくも多くの窮状を堪え忍び、髪にも白いものが交じり、涙をぬぐった目で互いに見つめ合っても、夢かうつつかわからぬ始末。兄の姿を見ていると不意に、過去の年月に体験した苦しみを思い出してしまいます。

梁啓超（一九二四年にタゴールを中国に迎えて）

私はソ連についての彼［タゴール］のエッセイを読んだが、彼はそのなかで自分のことを「英国支配下のインド人」と述べていた。自分のことをよくわきまえた人だった。私たちの国の詩人やその他の人たちが彼のことを、詩聖などに仕立て上げなかったならば、彼はそんなに途方に暮れることもなかったろうし、［中国の］若者たちもよそよそしくはしなかったろう。不運としか言いようがない！

魯迅（一九三三年のタゴールの訪中を思い出して）

十九世紀の終わりから二十世紀初頭にかけて、中国人の多くはインドのことを典型的な「亡国」と見なしていた。外国人侵略者にねらい撃ちされた国内の脆弱さ、そのせいで政治的・経済的な悲劇に巻き込まれたばかりか、道徳的・心理的にも恥辱にほかならぬ隷属状態に陥らざるを得なかった、そのような国であると。一般の中国人にとって、インド的自業自縛の隷属化のわかりやすい例は自分たちの身近なところにあった。ボンベイ出身のパルシー教商人は英国の中国向けアヘン輸出の仲買人をやっていたし、義和団を鎮圧する英国を手助けするインド人兵士がいた。また、上海などの条約港にいるシーク教徒の警官は、しょっちゅう英国人のボスにけしかけられて中国人群衆に襲いかかっていた。一九〇四年、東京を本拠にする新聞『江蘇』が短編小説を掲載した。黄師表（黄色人種のエリート代表を意味する）という名前の中国の役立たずの知識人と謎の老人が未来へ向けて夢幻的な旅をする話である。上海の街路を歩いていた二人は、白人に導かれて行進する人たちを見かける。

黄師表はその人たちをまじまじと見た。彼らは皆石炭のような黒い顔をしていた。山高帽のように赤い布を頭に巻きつけている。腰には棍棒を挟んだベルトを巻いている。黄師表は老人に尋ねた。彼らはインド人ですか？ 老人は答える。そう、イギリス人がやつらを警官として使っているんだ。（…）黄師表がまた尋ねる。なぜインド人を警官の隊長として据えないのでしょう？ 老人は答える。そんなことは前代未聞だね！ インド人というのは亡国の民なのだよ。やつらは奴隷みたいなものさ。[1]

このあとに続く夢幻の旅で、黄師表はシーク風のターバンを巻いた黄色い肌の男に出会うが、その男は中国人だった。黄師表は、路上の人々が皆ターバンを巻き、学校ではキリスト教宣教師が編んだ教科書を使って英語が教えられていることに気がつき、夢は突然悪夢と化す。物語は、インドが体験した悲運の二の舞を中国が演じる光景にひどく狼狽する黄師表をもって閉じられる。

征服され、そして精神的に植民地化されたインドは、アフガーニーにとっても教訓的な実例だった。しかし中国側の視点で見た場合、国が抱える脆弱さは否定しないが儒教に基づいた政治的・倫理的秩序が基層として息づいているのに対し、インドは彼らの文化的遺産から取り返しがつかなくなるほど隔たってしまったように見えた。インドの哲学と文学は、サンスクリット語の素養のあるバラモンしか読むことはできず、大半のインド人にとっては閉ざされた書物だった。インドの原典を見いだしたのも、それを英語やドイツ語に翻訳したのもヨーロッパ人であり、その甲斐あって西洋式教育を受けたインドの新世代知識人は、自分たちの文化遺産の伝授を受けることができた。

中国人が見抜いていたように、インドはムガル人が十六世紀に帝国を建設してから継続的に外国人の支配下にあった。地元からは国を統一する能力のある支配層が出てこなかったのだ。もっとも進取の気性に富んでいたのは、ムスリム帝国の朝廷に忠実に奉仕したあと、英国が亜大陸に行政機構を展開するや英国の役人に転身したヒンドゥー教徒のメンバーたちだろう。

ラビーンドラナート・タゴールの家族は、英国東インド会社が一六九〇年にカルカッタに開設されてからすぐ同社と関係を結んでいて、英国によるインドの経済・文化改造の中心的な受益者だった。彼の祖父は、英国支配下のインドで現地実業家としては最初に大きな影響力を手にした人で、ヨーロッパ旅行の際にはヴィクトリア女王や上流社会の面々と言葉を交わした。彼の兄は、英国当局からインド高等文官（ICS）として認められた初めてのインド人だった。
インド大反乱の勃発、そして西洋式の大学がカルカッタ、マドラス、ボンベイに設置されてから四年後の一八六一年に生まれたタゴールは、インドの新知識人の一角を占めていた。一連の西洋思想に触れ、「近代インドの父」と称されることの多いラーム・モーハン・ローイ（一七七四―一八三三）たちが始めた「社会改革」運動からも影響を受けた。ローイは、ヒンドゥー教から寡婦焚死〔サティー〕などの邪悪な蛮行を追放し、キリスト教のような一神教に近づけることを目的とした「ブラモ・サバー」という協会を設立した。タゴールの父親、デヴェンドラナートはローイの思想を是とし、彼の習合主義を「ブラモ・サバージ」という新組織のなかで練り上げた。

　中国の近代思想家の多くが広東や上海近辺から出てきたように、のちに「インドのルネサンス」と呼ばれる運動において、インドの東海岸のベンガル人から天性の指導者が輩出した。タゴール自身は文化的に余裕と独創性のある家庭で育ち、幼い時期からヨーロッパ社会とその文化に接してきた。つまり、十九世紀後半、彼の周囲のベンガル人たちを巻き込み始めたどぎつい反西洋主義とは無縁だった。

　インドでナショナリズムの波が急速に高まりつつあった一九二一年になってから、彼はようやく反対の声を上げた。「私たちが愛国的驕慢の精神を奮い立たせ、西洋は人間にとって真に価値あるものを何ひとつ作り出さなかったと吹聴したとする。ところがそれは、東洋の精神が作り出したものにどのような価値があるのかという深刻な疑念をかき立てるだけなのだ[2]」。反植民地運動が外国人排斥の色合いを帯びていると見た彼は、のちにガンディーと意見の乖離を大幅に深めていく。同時にタゴールが、オスマン帝国のタンジマート主義者や明治維新の日本の知識人が熱烈に志向したのと同じく脱亜入欧をめざした西洋式教育の申し子「若きベンガル」に属することはありえなかった。人間が持つ崇高な力に賭けた大きな未来像と人類の本質的一体性に自分自身を献じたタゴールは、インドの西洋化に対する透徹した観察者であり強靱な批評家になったのである。

十九世紀のインドでは、ヒンドゥー教を改革し、失われた栄光を取り戻そうという動きが急速に増大したが、それは前述のムスリム、仏教徒、儒者の社会に生じた宗教的・政治的主張の大きなうねりと同じ種類のものだった。これらのネオ・ヒンドゥー運動の着想と主張は古臭さを感じさせたかもしれないし、人種差別の被害者意識から生まれてきた向きも往々にしてあったのだが、そこに大きな霊感を与えていたのは、インドで英国功利主義者とキリスト教宣教師が積極的に宣伝していた進歩と発展の概念だった。社会改革者ダヤナンダ・サラスワティ（一八二四―八三）は、インド人に向かってヴェーダ〔バラモン教の聖典〕に帰れと勧告した。彼によれば、ヴェーダは近代科学のすべてを包含しているのだという。そして、英国人宣教師が偶像崇拝やカースト制度といった「ヒンドゥー教の迷信」を非難するやり方を、彼もまねた。

半ばヨーロッパ人の庇護のもとに試みられたインド宗教の「近代化」は、新たな政治的・社会的運動をインド全土に放つことになる。その多くは英国支配に対して闘争的に挑みかかり、国威奪回に専心した。こうしたインド文化の煮え切らぬヨーロッパ化を象徴的に代表するのが、在ベンガル英国政府の役人として働いていたバンキム・チャンドラ・チャタジー（一八三八―九四）で、彼はその人生を「若きベンガル」型の西洋崇拝者として歩み始め、最後はヒンドゥー・ナショナリズムの最初の偶像になった。

ベンガル人は「ヨーロッパ文明というワインで酔っ払っている」と、オーロビンド・ゴーシュは一九〇八年に不平をもらした[3]。当然、自分自身がベンガルの熱狂的な英国贔屓の一家に育ったことを回想しながらである。ミドルネームとして「アクロイド」などという名前をつけられ、一八八〇年代に英国のパブリック・スクールへ送られたオーロビンドは、インドの言葉と文学に関する知識をヨーロッパ人の東洋学者から習得し、一八九〇年代に英国とそれを模倣するベンガル人の痛烈な批評家となって帰国した。彼は「十九世紀のインドに起こった運動とは、ヨーロッパ起源の運動であったのだ」と言う。

ヨーロッパ製の機械、ヨーロッパ生まれの動機、人権の訴え、社会的地位の平等、そして、自然界はけっして授けてくれぬ現実無視の完全平等などを取り込もうとした運動だった。こうした空約束の福音をごちゃ混ぜにした運動は憎悪と怨恨の火種となり、それはバラモン教聖職者の糾弾、ヒンドゥー教に対する敵意、由緒ある過去の伝統からの愚かな離反というかたちで現れた。(4)

ベンガル人のヨーロッパへの心酔ぶりはかくのごとくであり、とオーロビンドは声を上げる。「インド全体が、常軌を逸したヨーロッパの物質主義に理性のかけらも見せずに耽溺し、魂を失う危機に瀕しているほどだ」。だが、十九世紀後半になって物質主義的な西洋を、心ならずも羨望したり便利な技術をまねようとはしながらも、きわめて否定的な意見を言ってはばからなかったのは当のベンガル人だった。インドの精神的指導者の最初の人物でありかつ高名なスワミ・ヴィヴェーカーナンダにとって、ヨーロッパ人は、人間を物理的肉体と下劣な欲望から成り立っていると考えるインド神話の悪神ヴィローチャナの子どもたちなのだった。ヴィヴェーカーナンダは西洋文明についてこう書いた。「この文明にとって、剣は「到達すべき目的達成のための」手段であり、勇気は補助的な力、現世と来世の享楽が唯一の目的なのである」(5)

ヴィヴェーカーナンダの人生は短かったが、何度もヨーロッパとアメリカを訪れており、西洋の社会と政治が富と権力を持った人々によって支配されていて、その階級ヒエラルキーがインドのカースト制度にきわめて似ていると見て取った。「君らの国の金持ちはバラモン階級で」と彼は最後の英国の旅でイギリス人の友人に語った。「貧乏人はスードラ階級だね」(6)。十九世紀のおそらくいちばん守備範囲の広いベンガル人の反西洋的批評家ブーデヴ・ムコパディヤイは、人間が生まれながらに持つ愛の力は、ヨーロッパにおいて、国民国家の成立とともに潰えてしまった、と考えた。それはヨーロッパの歴史の終局であり、やむことなき闘争の終点でもあった。そして愛の機能は、金銭や財産権に対する渇望といった奇妙な対象物に向けられることになった。ムコパディヤイにとっていちばん腹立たしいのは、ヨーロッパ人が我欲と道徳律のあいだに矛盾を感じたためしがないらしいことだった。ヨーロッパ人について彼はこう書いた。「彼らは、自分たちの利益に合致するものは何でも彼らの正義とは矛盾しないと考えるが、彼らの幸福が世界の至福にはつながらぬということを理解しそこなっている」[7]

オーロビンド・ゴーシュもまた、英国の中流階級はそれ以前の支配階級と違い、帝国主義的野心を高尚な宣言や意志という装いの下に隠していると怒りを表明した。彼は次のように公言する。英国は、「悪辣な裏切り」や「冷酷な虐殺」という昔ながらのやり方でアイルランドを征服したあと、「力は正義なり」の原則で統治にあたった。しかし民主的ナショナリズムの時代にもかかわらず、帝国主義を正当化しようとするからには、根拠ありげな理屈が必要だった。

形態がどうあれ専制政治は人間性に対する犯罪だという思想は、知的直感や近代的道徳のなかに、あるいは国が国を、階級が階級を、人間が人間を奴隷化することへの憎悪のなかに結実した。帝国主義はこうした近代的な心情に訴求する自己正当化を果たさなければならなかったわけだが、そのためには自由を委託された者のふりをし、野蛮の文明化と未熟者の訓練を天から委任された期間は、われら慈悲心に満ちた征服者が任務を終えて恬淡と立ち去るまでのこと、とごまかすしかなかったのである。これこそが、英国がムガル帝国の遺産を強奪したときの、そして英国流の高潔と寛大さでわれわれの目をくらませて隷属に黙従させたときの、正当化のための誓言なのだ。これこそが、英国がエジプト併合の実態を覆い隠したときの言いわけなのだ。偽善的な見せかけは、とりわけ英国帝国主義に必要だった。というのは、イギリスでは清教徒の中流階級が権力を把握し、彼らがイギリスの気風に、美徳・慈悲・愛他主義のマントに身を隠さぬ限り、不正や利己的な略奪にふけることを許さない高潔ぶった独善気質を注入したからである。(8)

オーロビンドにしてみれば、民主主義や自由主義といった至高の価値をわが物とするとヨーロッパの言い分を信じるインド人は、自分たちの誤解に気づいていない。英国人のほうでも、そうした理想は「隷属国にはふさわしくない」と考えていた。「そうした国では白人の専制的優位性が維持されなければならない。なぜならその優位性はあらゆる道義とあらゆる道徳原理を犠牲にして獲得したものなのだから」。東洋学を学びインドに対する新たなプライドに身を染めたオーロビンドは、一歩一歩戦闘的ナショナリストになってゆき、「ヨーロッパ人はアジア人に対して何の敬意も払わぬし、その両者のあいだには、主人が奴隷に見せる『憐れみ』以外に何の共感もなく、アジア人の剣によって勝ち取られ維持される平和以外に平和はない」と確信していた。(9)

オーロビンドと同じくタゴールも、いにしえの過去でインドを美化する東洋学に深い影響を受けた。ベンガル人が抱く西洋に関する不信感も、ある程度自分のものにした。世に出たばかりの一八八一年、彼は、アヘン貿易で重要な仲介役を務めた実業家の祖父から政治的距離を置くことを表明した。しかし、保守的な上流階級に育った背景や西洋式教育を起源とする彼自身の知的・精神的道程は、ベンガルの同胞たちとは大いに異なる地平へと彼をいざなった。

その点で、一八九一年から一九〇一年にかけてタゴールがベンガル地方の田舎に住んでいた事実はきわめて重要である。インドの村落に隣接した場所での生活体験は、彼の世界観がカルカッタに住む中流のインテリとは違うことを、はっきり認識させてくれた。そこで彼は、田舎の貧民の窮状に対する深い理解に加え、自然の風景に対する愛着と、日常生活、家庭、細部に対するまなざしをはぐくんだ。その後、人生を終えるまで彼は、機械化された近代文明よりも工業化以前の文明のほうが道徳的に優れていることを疑わなかった。また、インドの自己回復は農村社会を起点とすべきだと確信するようにもなった。

一九〇一年、彼はベンガル地方南西部の田舎に実験学園を創設する。シャンティニケタンと呼ばれるその場所は国際的な大学へと発展し、インドの代表的芸術家や思想家がそこで学んだ（映画作家サタジット・レイや経済学者のアマルティア・センなどがいる）。同じ年、『東洋と西洋』というエッセイのなかでタゴールは、調和のとれた田舎に対する攻撃的な都会、村落中心の社会に対する主権国家、という二項対立の議論を初めて展開した。東洋は社会の調和と精神の解放のあり方を指示する。他方西洋は国家主権の強化と政治的自由に注力する。

> 人間的というよりも科学的であることが世界全体を席捲している、まるで繁茂力の旺盛な雑草のように。（…）それは攻撃的で仲間を食い散らす傾向にあり、他人の財産を侵食して育ち、他人に残された未来を残らず飲み込んでしまう。（…）ひとつの目的だけに専念するから、魂を売り渡してでも金を稼ごうとする大富豪のように、その強さはすさまじい。[10]

南アの帝国主義戦争〔ボーア戦争〕と義和団の乱の鎮圧、インド人兵士はその両方に関与したわけだが、この二つでタゴールの不信感は揺るがぬものになった。一九〇〇年十二月三十一日、彼は「世紀の落日」

という詩を完成させた。「世紀の太陽が血糊色の雲間に沈んでいく／暴力の謝肉祭を舞台にして鳴り響く／こちらの武器からあちらの武器へ、死を讃える狂気の音楽が」[11]。タゴールはこの詩を、ラドヤード・キプリングのような、アメリカに対しフィリピンで白人の責務を果たせと強く勧めた帝国主義御用詩人をさげすみながら閉じる。「恐怖をかき立てる、詩人の顔をした暴徒が吠えまくる／焼け野原で、臆病犬らが吠えあうわめき」

一九〇五年から一九〇八年にかけて、タゴールはスワデーシ運動に強い共感を寄せていた。英国品のボイコットをし、経済的自立をめざすベンガル人煽動家が率先した運動である。一九〇五年にカーゾンによるベンガル分割案に対する反対が広範囲に広がったあと、タゴールは二曲の歌を作ったが、それはのちにインドとバングラデシュの国歌になった。アジアの大半の知識人と同じく、タゴールも日本のロシアに対する勝利に狂喜し、シャンティニケタンの学園の学生を率いて即席の戦勝行進を行った。だがすでに一九〇二年の時点で、すなわちアジアを政治的惰眠から叩き起こした画期的偉業の三年前に、彼はそうした政治的覚醒が、西洋の盲目的模倣から距離を置くことになればと期待していた。

外国勢との闘争が激しければ激しいほど、われわれの自己認識の熱望はますます強くなる。それはわれわれだけに当てはまるものではない。ヨーロッパとの闘争によって文明的アジアの全域が目を覚ます。今日アジアは明確な自意識を持とうとしており、ゆえに溌剌《はつらつ》としているのである。アジアはまた、汝を知ること、それが自由へ至る道だということも理解した。他者の模倣とは自滅である[12]。

タゴールは、アジア人が「ヨーロッパの雛型に合わせて国家建設をすることが文明の唯一のかたちであり人類の唯一のゴールである[13]」と信じる理由が理解できなかった。スワデーシ運動の闘士に魅せられていた短い一時期のあと、とくに二十世紀最初の十年に起きたベンガル青年ナショナリストらによる一連の暗殺があってから、彼はバンキム・チャンドラ・チャタジーのような思想家が鼓舞した闘争的なインド・ナショナリズムから身を引いた。彼は中流階級が暴力政治に魅惑されるさまを、『ゴーラ』（一九一〇年）や『家と世界』（一九一六年）などの小説のなかで探求した。だが一九一七年以降、彼はエッセイや演説のなかでナショナリズムに対する体系的な批判を展開する。その年、彼はアメリカの聴衆を前にこうぶった。「国民国家は商売と政治の機械であり、人間性を小ぎれいに圧縮して梱包するものです[14]」。「国家という概念は、今日世界中で認められたものですが、利己主義崇拝を何らかの道徳的義務であるかのように見せようとし（…）略奪行為に走るばかりでなく、人間性のもっとも重要な部分を攻撃するものでもあるのです[15]」。康有為のように、彼も若い頃にナショナリストとは無縁なアジアにおける世界市民主義を考え、以来そこから離脱することはなかった。「インドには本当の意味でのナショナリズムがない。（…）わが国の同胞は、国家は人類の理想よりも偉大だなどということを教える教育と戦うことで、自分たちのインドを勝ち取るだろうと私は確信している[16]」

近代ヨーロッパ文明がたどる道筋と無我夢中の東洋の信奉者について、深刻な懸念を抱いていたのはタゴールだけではなかった。四十歳のガンディーは、一九〇九年、ロンドンから南アフリカへ向かう道中九日間で、熱に浮かされたようにして『ヒンド・スワラージ〔インドの独立〕』という題名の反近代宣言書を書いた。同書は反西洋の立場をとる有力な知的議論の数々を要約しつつ、同種の議論が引き続きわき上がることを期待している。ガンディーは、長きにわたり実りある交友関係を維持したタゴールと同じように、一九一九年、西洋式国家と社会を丸ごと模倣することが救済への道だとする急進的・革命的同輩との論戦に応じていた。その多くは、チャタジーの思想を継承するヒンドゥー・ナショナリスト、次いでイタリアやドイツのファシストの感化を受けた宗教政治運動家の一部で、後者は十九世紀に英国とインドが協同で手がけたヒンドゥー教復興運動から派生した結束力の強固なヒンドゥー・ナショナリズムを通じてインドの統一を企てた。ガンディーは、こうしたナショナリストが出てきても、お門違いの支配者一味をまた別の連中と差し替えるだけのことにしかならないと見ていた。彼は『ヒンド・スワラージ』にこう書いた。「英国人不在の英国支配である」

ガンディー自身の思想は、当時にわかにグローバル化していた世のなかで広く見聞した実体験に根ざしていた。彼は一八六九年にインドの僻地の町で生まれ、物質的にだけでなく知的にも西洋支配下にあったみじめな大陸で大人になった。生活基盤を失ったアジア人が体面を保つためには、あるいは生き延びるためにも、西洋の征服者を念入りに模倣することが必要であるらしかった。田舎風の環境から抜け出して西洋式教育を受けたガンディーは、最初、英国人よりも英国的になろうとした。ロンドンで法律を学んだあと一八九一年にインドへ帰国した彼は、まず弁護士として開業しようとし、次いで教師として身を立てようとした。だがその後の十年間に被った人種差別に端を発する屈辱的体験により、世界のなかで自分が占める現実的な位置に覚醒する。

一八九三年に南アフリカへ移住してインド資本の商社で働き始めた彼は、西洋近代性の成果である機械類が作り上げた劇的な変容に直面した。印刷機械、蒸気船、鉄道、機関銃。アフリカとアジアで世界の人口の大部分が、国際資本主義経済の思いのままにされ、そのなかに組み込まれていた。ガンディーは、古くからの風習と生活が世界中で破壊されたことと西洋の文明・政治・経済水準の優位性、それがもたらす道徳的・心理的影響を鋭く心に刻みつけた。

のちにガンディーは『南アフリカでのサッティヤーグラハの歴史』のなかでこう書いた。「物質的欲求を増加させない国は滅ぶ運命にある。西欧諸国が南アフリカに植民し、数からいえば圧倒的なアフリカ人種を征服したのは、この原理を追求したからである」[17]。レーニンとローザ・ルクセンブルグは資本主義を帝国主義に結びつけた。そしてガンディーもまた、現地のインド人が支えている植民地経済政策は外国人投資家を利するようにできていて、インドの人民大衆はむしろ貧しくなっていると考えていた。だが彼はさらに論を進め、すべての近代文明は、経済成長と政治的主権（成就のために暴力が行使されるのは不可避）に対する執念を抜きがたく有するとした。

ガンディーは、市民としての自由、女性解放、法の支配など、西洋の近代性がもたらした多くの恩恵を認めるにやぶさかではなかった。ただ、精神的自由と社会的調和についての広い理解がともなわなければ、そうしたものも不完全になると考えていた。無論そう考えたのは彼だけではない。二十世紀初頭までに、アフガーニーや梁啓超のような中国やムスリムの近代的知識人もイスラームや儒教を改革して力と威光を高めようとして、ヨーロッパの啓蒙思想が生み出した普遍主義的理想は、不当な人種的階層《ヒエラルキー》を覆う道徳的隠れみのと見て放棄していた。ガンディーが『ヒンド・スワラージ』を書いた年、オーロビンド・ゴーシュは冷笑を浮かべていぶかった。

それではこれが人類文明の長い行進がたどり着いた最終地点だというのか？　精神は自殺し、魂は冷たく化石化し物質に成り果てた。進化論が骨折ってたどり着こうとした人類の大いなる絶頂とは、このやり手ビジネスマンのことだったのか？　科学的見方が正しければ、それもありうるかもしれない。原形質から始まった進化がオランウータンからチンパンジーへと開花し、帽子とコートとズボンまで作ってしまい、英国貴族、アメリカの資本家、フランスはパリのならずものまで生まれてきて、われわれは文句なし。この進化、私が思うに、ヨーロッパ啓蒙主義思想の主たる成果ではあるまいか。これにはうやうやしく頭を垂れよう[18]。

だが、ガンディーが『ヒンド・スワラージ』で始めた批判の進め方には非常にユニークなものがある。近代文明は、それまでの政治・宗教・道徳・科学・経済の概念をひっくり返し、人生はとてつもなく不吉なものであるというまったく新しい見方をもたらしたと主張した。彼によれば、産業革命は人間の労働を権力と利益と資本の源泉に変え、人間の上位に機械を据え、宗教と道徳は価値なきものとして追いやり、経済的繁栄を政治の中心目標にしてしまった。ガンディーは、西洋の政治哲学は産業資本主義の世界を正しいものと認めてしまったと考える。自由主義が本国における経済成長の徹底追求を是認してしまえば、自由帝国主義が海外に適用され、英国によるインド支配が現地インド人にとって有益なものと見なされる。そして、この見解を多くのインド人自身が支持していた。文明は自分たちに独自の占有物だと考えるヨーロッパ人は、インド人の伝統的美徳、すなわち素朴、忍耐　超世俗性などを後進的であるとして蔑視したのである。

ガンディーは、西洋の近代性が見せるこうした偏見を打倒する努力をけっしてやめなかった。政治活動を始めたとき、彼はインド人農夫が身につける最低限の服をまとい、近代的な知識人とか政治家に見えるようなものは一切拒否した。真の文明とは、肉体の調子の良さとか物質に囲まれた快適さ、すばらしい芸術とか建築物などではなく、自分自身を知ることと精神的な力である、と力説した。彼は、ものものしく武装した中央集権型国民国家よりも自給自足の農村共同体のほうを、大工場よりも家内工業のほうを、機械よりも手仕事のほうを擁護した。彼はまた、彼を支持する政治活動家、サティヤーグラハ〔「真理の把握」の意。非暴力・不服従運動とその理念〕を信じる者たちに、政敵に対する同情と英国人に対する暴力の放棄を説き勧めた。なぜならば、文明の主のような顔をしている英国人も、実は人間の強欲と凶暴性という前例を見ない力の犠牲者なのに、近代世界の政治体制、科学界、経済界はそれを空前絶後の熱心さで応援している。英国人たちのなかにもサティヤーグラハが頭をもたげ、工業文明の底なしの邪悪さに気がつくかもしれない。

タゴールと同じくガンディーも暴力に反対し、ナショナリズムやその具現化である官僚主義的な、制度化された軍国主義的国家を拒絶した。まさにそれが、一九四八年にガンディーを暗殺した一人のヒンドゥー・ナショナリストの怒りを買った理由だった。彼は重武装した独立インドを標榜していたのだ。タゴールもガンディーも国が再生するためには個人の再生が必要だとした。一九四一年にタゴールの死によって中断するまで、二人は共通の関心事だけでなく意見の食い違うテーマについても実りある会話を交わした。しかし『ヒンド・スワラージ』を書いた一九〇九年、ガンディーは南アフリカの外ではまだ無名の存在だった。彼の本が知られるまでに十年を要した。それに比べると、タゴールははるかに有名で影響力のあるインド人だった。

一九一三年にノーベル文学賞を受賞するとまもなく、タゴールは世界中が知る文学界の名士、東洋の代弁者となった。彼にしてみればこうした立場は、アジアの声を聞かせる機会がほとんど稀な世界にあって、多くの点でかけがえのない特権だった。一九二七年に魯迅はこんなふうに指摘している。「どの国が口のきけない国か見てみよう。エジプトの声は聞こえるだろうか？　安南や韓国の声は聞こえるだろうか？　タゴール以外にインドから聞こえてくる声はあるだろうか？」[19]。長い白ひげと鋭い凝視のせいで、タゴールには東洋の預言者のような風格があった。日本人小説家の川端康成は一九六八年にノーベル文学賞を受賞した際、タゴールの記憶を語った。

この詩人のふさふさと長い髪、長い口ひげ、長いあごひげ、そしてインド服をゆったりとまとって丈高く、目のかがやきの強く深い、聖者のような風貌（…）。白い髪は額の横にやわらかくひろがって流れ、もみあげの毛はあごひげのように長くのびて、それが頬にも連なり生えて、あごひげに続いて、東洋古代の仙哲のような顔が、少年のわたくしに印象を残したのでした。[20]〔川端康成「美の存在と発見」〕

世界中、日本からアルゼンチンまで、タゴールの赴くところ講演会場はどこも満員だった。タゴールが一九三〇年にアメリカを訪れたとき、大統領ハーバート・フーヴァーは彼をホワイトハウスに招き、『ニューヨーク・タイムズ』紙はこのインドの詩人について、二つのインタビューを含む二十一編の記事を載せた。タゴールが西側の主催者たちに向けて演説することになる預言の性質を考えると、この熱狂ぶりは刮目に値する。西洋の近代文明は金と権力の崇拝を基礎とし、その本質は破壊的で、東洋の精神的な知恵をもって穏やかなものにする必要がある、という趣旨だった。ところが東洋巡歴の折、西洋文明に対する疑義を表明し、アジア人は自分たちの伝統的文明を捨てるべきではないと戒告したとき、彼は猛烈な反対を受ける。

一九一六年に初めて日本の土を踏む前から、タゴールはずっと日本礼賛者であった。一九〇五年に日本がロシアに勝ったとき彼は、インドから日本への仏教渡来と日本から新技術を取り入れる必要性を並置した詩を書いた。

黄色い衣をまとって、仏法「ダルマ」の尊師が
あなた方の国へ教えに行った

今日、私たちは弟子となってあなた方の戸口に立つ
行為［カルマ］について学ぶために(21)

最初の訪日の際、タゴールは、アジア諸国間の協力についての唱道に聴衆は共鳴してくれると確信している様子だった。多くの日本人ナショナリストの重鎮が汎アジア主義に手を出していた。タゴールはすでに、日本の代表的知識人でナショナリストの岡倉覚三〔天心〕を知っていた。彼は一九〇三年に著した『東洋の理想』をこう始めている。「アジアはひとつである。ヒマラヤ山脈は二つの強大な文明、すなわち孔子の共同社会主義をもつ中国文明と、ヴェーダの個人主義をもつインド文明とを、ただ強調するためにのみ分っている」。岡倉は主張する。「アラビアの騎士道、ペルシアの詩歌、中国の倫理、インドの思想は、すべて単一の古代アジアの平和を物語り、その平和のなかにひとつの共通の生活が生い育ち、違った地域に違った特色のある花を咲かせてはいるが、どこにも明確不動の分界線を引くことはできないのである」(22)〔『東洋の理想』富原芳彰訳〕

岡倉はアメリカ人の恩師、アーネスト・フェノロサのおかげで日本の文化遺産について覚醒した。フェノロサは、近代西洋を精神的に開眼させるのがアジアの宿命と信じた美術史家・哲学者である。インドに関する西洋起源の東洋学が、タゴールのアジア観・西洋観を形成したのとちょうど同じく、フェノロサの日本贔屓が岡倉のアジア統一に関する理想的信念を膨らませてくれた。彼は一九〇一年から一九〇二年にかけての一年間をインドで過ごし、一時期をカルカッタのタゴール家の屋敷で過ごし、そこで『東洋の理想』の草稿を作り、多くの芸術家に影響を与えた。その後、引き続きタゴールはシャンティニケタンの田舎の隠居所に、岡倉の紹介でやってきた一連の日本人訪問者を受け入れる。岡倉自身も一九一一年、ボストン美術館の日本美術部長として同地へ向かう途中、インド再訪を果たしている。

岡倉は、フランク・ロイド・ライト、T・S・エリオット、ウォレス・スティーヴンス、エズラ・パウンドなどさまざまな人々、さらにはマルティン・ハイデガーのような人物にまで影響を及ぼす大物になっていく。しかし彼は、タゴールという人物がアジアの一体化を支持し西洋の道徳的信念を精査しようとする共鳴者であることに気づいた。岡倉はこう書いた。「『黄禍』の幽霊は、往々にして、西洋の罪悪感が作り上げたものであった。東洋の静かな凝視を『白禍』に向けようではないか」[23]。タゴールは、少なくとも部分的に同意を表明した。ガンディーのように、二人は西洋の衣服をなるべく着ないことで自分たちのアジア性を主張した。岡倉はインドのアジャンター石窟群を訪問したときにドーティ〔ヒンドゥー教男子がまとう腰布〕を身につけた。タゴールは中国で道教の帽子をかぶった。二人の著述家は、古代からの海路のつながりと芸術、インド・中国・日本が共有する仏教などの遺産に光を当て、アジア全体のための文明基盤を構築しようと努めた。

人類の本質的な同一性を主張するタゴールは、東に向かった仏教とアヘンの旅を比較した。

> 仏陀が調和という高邁な統合のなかに人間性を把握したとき、彼の教えは、生命の泉から涌出した甘露のごとく中国へ向かった。しかし帝国拡張を求めてやまぬ貪欲に駆られた近代の商人が、この真なる調和への献身を拒否したとき、彼はアヘンの毒を中国へ送ることに何のとがめも感じなかった。[24]

タゴールは著作のなかで繰り返し、近代文明を機械になぞらえた。「機械の唯一の目的は結果を出すことであり、その成果を追求するためには、道徳的呵責などはおめでたいほどに場違いだとばかりにする」[25]。タゴールは続ける。「日本は、冷酷な功利追求のために機械を人間の心の代わりにしようとしている場所に生気を注ぎ込み、東洋が近代文明の性格を変えることができるかどうかという実験を進めてみるといい」

タゴールが日本に来た一九一六年以前に、もっと攻撃的なインド人が日本に住み着いていた。その種のインド人たちは、日本の近代化の秘密を学ぼうと、日本に集まってきていた外国人社会の一部をなしていた。ニューヨークやロンドンと並んで東京は、インドから亡命してきた活動家や自称革命家が集まる「インディア・ハウス」の国際的ネットワークの一部になっていた。インド人ムスリムのマウルヴィ・バルカトゥッラー（一八五四―一九二七）は、東京で『*The Indian Sociologist*（インドの社会学者）』という雑誌を編集していた。一九一〇年に彼は、アブデュルレシト・イブラヒムが創刊したものの、英国からの要請によって日本人が廃刊に追い込んでいた英字紙『*Islamic Fraternity*』を再刊した。バルカトゥッラーは同紙をあからさまな英国批判の公論の場にした。彼は影響力のある日本人汎アジア主義思想家、大川周明などのためにもペンを執った。大川はモンロー主義の日本版ともいえるものを構想し始めていた（一九四六年に彼は東京戦争裁判所で、日本の拡張主義の民間理論家として起訴される）。

ベンガル・ナショナリズムの革命分子も、大川周明のもう一人の仲間、ラース・ビハーリー・ボース（一八八六―一九四五）によってしっかり代表されていた。彼は二十六歳のとき、儀式として象の背中に乗ってデリーに入ってきた英国人副王に、手榴弾を投げつけたが失敗。インドから逃げ出して一九一五年に日本にたどり着き、汎アジア主義の気運と多数の日本人エリートからの資金援助に支えられ、一九四五年一月に自然死するまで日本で暮らす。インド革命主義者たちのヒーロー、ラーラー・ラジパット・ラーイが一九一五年十一月に訪日したときには、大川とボースが歓迎会を開いた。その際のスピーチでラーイは、主催者に対してアジアの解放を熱く訴えた。翌日、英国からの圧力でボースの国外追放命令が出されたが、インド・ナショナリストと大川が、汎アジア主義者の有力者、頭山満になんとか働きかけてボースのために一肌脱いでもらう。大川は、タゴールの訪日のあと、最初の著作としてインドのナショナリズムについて書き、「アジアを統一し率先すること」が日本の使命であるという大川の主張を擁護するために、タゴールの作品から巧みに引用する。一九一七年になると彼は、ベンガル人の革命主義者タラクナート・ダスを鼓舞し、白人種と黄色人種の対立は不可避であると主張する本を書かせた。

しかしタゴールは、ガンディー同様、戦闘的ナショナリストにかかわっている暇はなかったし、一九一六年に、国家的自信と帝国主義的拡張が隆盛をきわめていた日本が、旧敵も最近親交を結んだ国も両方を相手にして戦争準備をしている様子を見て警戒を固めた。その前年の一九一五年、日本は中国山東省を併合。一九〇五年には韓国を保護国とし、一九一〇年には併合する。当時の日本の動きをアメリカは支持していた。セオドア・ローズヴェルトがこう言ったと伝えられている。「私は日本が韓国をものにするところを見たい」(26)。しかし日米関係は一八九〇年代から、米国の太平洋への大がかりな進出とハワイの占領をめぐって悪化していた。さらには、日本人移民のアメリカ側の待遇に、徳富蘇峰のような日本人ナショナリストは激怒していた。

蘇峰は、第一次世界大戦を世界制覇をねらう西欧の内輪喧嘩と見ていたが、勝敗のゆくえがどうであれ、日本を取り巻く環境に面倒が起きることを懸念していた。日本は、欧米の支配を未然に防ぐために東アジアへ歩を進めなければならぬと書く蘇峰には、大川周明のアジアモンロー主義に共鳴するところがある。これら超国家主義者《ウルトラナショナリスト》でもある汎アジア主義者たちは、アジアがヨーロッパ人支配者から解放されて日本人がこれを活性化することを夢見始め、タゴールを、アジア全域にわたる親日的な自由解放運動の格好の協力者と見ていた。

だが、それはタゴールへの片思いであった。彼はインドを発つしばらく前から、日本の進行について危惧を抱き始めていた。「日本がインドを欲しがっているのはほぼ確実だと思います」と、彼はイギリス人の友人に手紙を書いている。「日本は飢えています。韓国をむしゃむしゃ食っている最中ですし、中国にはかぶりつきました。日本が次の食事の機会を得る日、それはインドにとって不運の日となるでしょう(27)」。ラングーン、ペナン、シンガポールと、アヘン取引にたずさわっていた祖父の足取りをたどるかたちになった長い道中、彼の気分はすぐれなかった。立ち寄る港の先々で、空を汚す煙突、光と騒音を目の当たりにし、彼は「世界を我欲で切り裂く貿易の怪物(28)」を、口をきわめて罵った。香港では、中国人労働者を叩きのめすシーク教徒を見て愕然とする。

香港でせっせと働く中国人労働者を見ながら、彼は未来の国際関係上の勢力の均衡について鋭い予言をした。「現在、世界の資源を保有している国々は中国の興隆を恐れ、その日が来るのを先延ばしにしたがっている(29)」。しかしタゴールは、近代西洋が規定した方式に則って台頭する国が出てくるという見通しには、危惧を抱いていた。「新しい日本とは西洋の模倣であります」と彼は、日本の首相をはじめとした高位高官が出席する東京での公式歓迎会で表明した。この演説は聴取の不評を買った。彼らにとって日本は強い国であり、新進の帝国である一方、インドはヨーロッパの哀れな植民地だった。

タゴールが抱いていた日本の印象の多くは岡倉から得たものだった。しかし一九〇〇年から一九一六年のあいだに日本は急速に変わってしまっていた。『日本の目覚め』(一九〇四年)や『茶の本』(一九〇六年)などの著作のなかで、岡倉自身も以前より強い調子で日本的なることを主張し始めていた。「いつになったら西洋が東洋を了解するであろう、否、了解しようと努めるであろう」と、彼は『茶の本』のなかでいら立たしげに問いかける。

われわれアジア人に関して織り出された事実や想像の妙な話にしばしば胆《きも》を冷やすことがある。

われわれは、ねずみや油虫を食べて生きているのでないとしても、蓮の香を吸って生きていると思われている。これは、つまらない狂言か、さもなければ見さげ果てた逸楽である。インドの心霊性を無知といい、シナの謹直を愚鈍といい、日本の愛国心をば宿命論の結果といって嘲られていた。はなはだしきは、われわれは神経組織が無感覚なるため、傷や痛みに対して感じが薄いとまで言われていた。(30)〔『茶の本』村岡博訳〕

タゴールは多くの点で岡倉に同意した。とはいえ、彼は愛国主義の波に落胆していた。アメリカ講演のために準備した、西洋におけるナショナリズムに関する原稿のなかで、タゴールはこう結論づけていた。

私は日本で、国民全員が自発的に、政府から判断精神を刈り取られ、自由を摘み取られていくのに任せる様子を目撃しました。(…)日本国民は、社会の隅々に浸透した精神の奴隷化を、晴れ晴れとした顔で誇りをもって受け入れているのです。なぜかというと、彼らには国家という名の権力装置にみずからを捧げたがったり、俗物的張り合いとして他国の権力装置に負けまいとする、おどおどとした願望があるからなのです。(31)

故国に送った長い手紙のなかで、タゴールは、彼の忠告を日本人たちが「負け犬の詩」として歯牙にもかけなかったのはとても「正しい」ことだったと辛辣な書き方をした。「日本はどうすれば強くなれるかということを、近代的な学校で教わった。学校教育は終了し、学習の成果を楽しんでいるに違いない」(32)

市民戦争で分裂し軍閥に破壊されたあとの一九二四年の中国で、アジアの精神的伝統に呼びかけるタゴールの訴えは、到底世間受けするものではなかった。五・四運動は一九一九年に発生し広がっていった。若者たちは留学先のベルリン、パリ、ロンドン、ニューヨーク、モスクワから帰国して、広範囲にわたる思想と理論を紹介し合い議論した。総意として、彼らは母国の儒教的伝統を否認した。陳独秀はこう書いている。「われわれ民族が今死滅するより、わが国の過去の文化が消え去ってくれたほうがはるかに好ましい。世界で生きるためには通用しないのだから[33]」

五・四運動の世代にとって、フランス革命とロシア革命の平等主義的理想と西洋の工業力の基礎にある科学的精神は、技術革新よりも伝統を上位に置き、中国を退歩・弱体から救い出せぬ硬直化した中国文明よりも明らかに優れていた。彼らは中国が西洋理論を使って力強く堂々とした国になることを望み、バートランド・ラッセルやジョン・デューイなどの訪問者を崇拝していた。科学と民主主義に対するこれら西洋人の信念は、中国救済の道へつながると考えたのである。一九二四年の段階で、インドから来たどうも浮き世離れして見える詩人による、近代西洋文明の問題とアジアの美徳についての長談義を聞きたがる者は、わずかしかいなかった。

一九二三年にタゴールの訪中が決まるやいなや、中国人知識人のあいだで議論が噴出した。急進派の小説家、茅盾《ぼうじゅん》などは、かつてタゴールを翻訳したことがありながら、彼が中国の若者に与えかねない有害な影響を心配していた。「われわれは東洋文明を声高に称賛するタゴールを歓迎しないことに決定した。国内では軍閥から、国外では帝国主義者から虐げられているわれわれには、夢を見ている時間はない[34]」と書いている。ホスト役としてタゴールを迎えた梁啓超はすでに若い急進派の攻撃を受けていた。彼らは、ロマン派の詩人で中国滞在中のタゴールの通訳を務めた徐志摩《じょしま》に対しても悪口雑言を浴びせかけた。

上海と杭州で、タゴールは学生の大群衆を相手に講演した。いつものように、彼はローブと長い白ひげで異彩を放っていた。園遊会や音楽会にも出席し、梁啓超や張君勱といることが多かった。南京で彼は現地の覇権を握る軍閥のリーダーに会い、停戦を嘆願した。軍閥のリーダーは客をシャンペンでもてなし、タゴールの平和のメッセージには完全に同意していると請け合った（数カ月後、彼は浙江省の軍閥を攻撃する）。

北京の講演会で、タゴールは得意のテーマに戻った。

> 西洋は略奪者になったことと搾取した果実の味を覚えたことにより、堕落しつつあります。私たちは、人類の道徳と精神力を信じて戦わなければなりません。私たち東洋の人間は、人殺しの将軍や嘘つきの外交官を尊敬することは絶対になく、精神的指導者を敬います。彼らを通じて私たちは救われるかもしれないし、まったく救われないかもしれない。結局のところ、物理的力がいちばん強いわけではないのです。（…）あなた方は歴史上もっとも長く存在してきた民族です。美徳を信ずることではぐくまれてきた、何世紀にもわたる知恵があったからです。単に力を信じてきたからではありません。(35)

タゴールが、仏教と儒教は「魂を信じることに基礎を置き、社会生活のなかで」文明をはぐくんできた、と褒めたたえると、中国の急進派は警戒の度を強め出した。共産党と陳独秀は、複数の機関誌を通じて反タゴールのキャンペーンを決めていた。陳独秀は中国の若者たちはタゴールの影響を受けやすいのではないかと心配した。「われわれは若者たちに、インドに染まるなと警告する。インドのような、植民地支配者に踏みにじられた大地に自分たちの棺桶を埋めたい、というなら話は別だが(36)」

宣伝運動は功を奏したようだった。漢口で開催された集会で、タゴールは「うちに帰れ、亡国の奴隷！ 哲学は不要、物質主義が必要！」などと大書したスローガンに迎えられた。騒々しくやじを飛ばす連中がタゴールに襲いかからぬよう、彼らは力尽くで抑えられた。だが、若き中国急進派の中心地北京で、タゴールは、入念な準備をした質問者、ブーイングをする者、やじり屋などが集まって組織化された敵対行為に直面した。ある集会で、彼は近代民主主義を、「さまざまな偽装をした金権政治家だけが」利する体制であると批判するが、そこでタゴールを弾劾するビラが配られた[37]。「われわれは古臭い中国文明などにはうんざりだ」。弾劾の矛先はタゴールを招待した梁啓超や張君勱にも向けられ、後者は「その才能を使って中国の若者に保守的・反動的傾向を吹き込んだ[38]」と非難された。共産主義者の詩人、瞿秋白《くしゅうはく》は、タゴールを迎えた中国人の一般的な気分を次のようにまとめた。「ありがとう、タゴールさん。だけどこの中国にはすでに多すぎるくらい孔子と孟子がいるのです[39]」

振り返ってみると、日本と中国の知的・政治的潮流に憤慨しながら身を引いたタゴールは、両国の状況を読み誤っていたように思われる。彼はインド型モデルに影響されすぎていたのではないか。そこでは英国人が軍事・政治の舵を取り、インド人は精神世界での指導に専念することができた。自分たちの国を一から作らなければならなかった中国人や日本人の観点からすると、政治的に隷属していることを気にもせず、精神の解放などについて語る国民というのは、やはり相当に「失われてしまった」人々なのだった。

と同時に、タゴールのことを、西洋の知識に対して一歩も譲らぬ敵対者と見なすことは、彼の世界観を間違って解釈することになる。一九二一年になってから、彼はガンディーの自由運動をけなすような文章を友人に書き送っている。「われわれの心と精神を西洋から遠ざけようとするわれわれの現下の闘争は、精神的自殺を試みているようなものです」[40]。タゴールは亡国からやってきた、政治に無関心な神秘家というわけでもない。彼は中国人が被っていた恥辱と屈辱の感覚にたいへんに敏感だった。一九一六年、日本へ向かう途中寄港した香港で、シーク教徒が中国人労働者に襲いかかる様子を見た彼は、そのような状況を生み出してしまう「奴隷教」を嘆いた。英国の帝国主義に手を貸すインド人協力者についても、「英国人が中国から香港を奪い取ったとき、中国人を叩きのめしたのもインド人だった。（…）彼らは中国人を侮辱する役目を引き受けたのだ」[41]と悲しんだ。彼は、円明園が「どのようにしてヨーロッパの帝国主義者によって破壊されたか、（…）彼らがいかにして古代からの芸術品を粉々に打ち砕き、焼きつくし、壊滅し、略奪したか」を回想し、中国人ナショナリスト以上にその破壊に胸を痛めた。「あのような芸術品がこの世界で作られることは、二度とないだろう」

彼は英国とアイルランドの膠着状態を注目していて、英国を「独立した生き方をしようともがく生き物を吐き出そうとしないニシキヘビ」[42]に喩えた。一九三二年にペルシアとイラクを往訪して現地の高位高官に迎えられたとき、彼は新しいかたちの戦争〔英国空軍による空爆〕が不幸な村人を相手に試されていることに危機感を抱いた。

> 老若男女が、英国帝国主義の頂点から下された天命によって最期を遂げる。帝国主義者にしてみれば、一人一人の犠牲者から遠く離れたところから死を散布するわけだから容易である。殺法に武勇を見た人々の目に、近代的殺人技術を振り回すがさつ者らが、どれほど鈍く卑しく映ることか[43]。

そのうえ、中国の急進派に描かれたカリカチュアと違って、タゴールにはロシア革命のような、新しい社会的・政治的実験を評価する姿勢があった。タゴールが中国を去って数年後、魯迅は「以前は、はっきりと気がつかなかったが、今となってみると彼も反帝国主義者だということがわかる」[44]と認めた。彼の弟、周作人《しゅうさくじん》はタゴール批判を展開する者たちを、「彼らは科学的思想家であり西洋派だと任じているが、懐疑精神と寛容さに欠けている」と責めた。だが一九二四年に、若い急進派が自分たちの誤解を世のなかに広めてしまう。攻撃の矢面に立たされたタゴールは残りの講演をキャンセルする。最後の講演で、彼は自分の訪問が巻き起こした論争を取り上げた。若者が西洋に惹かれるのは仕方がない、と彼は容認する。だが彼は「思想の流れ」が一方通行であり、「商売と政治の賭博場へ、軍事的狂躁状態の猛烈な自殺競争の場へ」と導かれていくことを懸念する。タゴールの主張はこうだ。「いい加減な思想にからめ捕られないようにするために、今日私たちは立ち上がり、西洋を裁くのだ」「西洋に物申すために、私たち自身の言葉を見つけなければならない。『私たちの家に物を押しつけに来たのかもしれないが、私たちの生活の見通しを邪魔しに来たのかもしれないが、私たちはあなた方を審判する！』」[45]

一九二四年六月、中国から日本へ渡ったタゴールは、西洋を厳しく裁くもうひとつの機会を得た。数年間にわたり日本人移民に対して非公式な制限を設けていたアメリカだったが、ついに全面的に禁止し、その後二十年間にわたり日本に吹き荒れることになる反米感情の第一の波を惹起した。タゴールはアメリカの決定に激怒する日本人と感情をともにした。東京大学に集まった大聴衆を前に、「西洋の物質主義的文明は、西洋の強烈なナショナリズムと手を携えて、理不尽の頂点に達してしまいました」[46]と言い切った。彼はまた、前回の訪日の際、日本人は彼のナショナリズム批判を嘲笑したが、大戦の大惨事について世界中でなされた反省は、その正しさを立証するものだったと言った。「さて、世界大戦のあと、あなたたちは国家精神を非難する声、人々の心を硬化させた集団的エゴイズムを非難する声、そういう声を耳にしなかったでしょうか？」[47]

「嘲るように、東洋の連中は民主主義を信じていない」と言いつのり、自分たちのほうが道徳的に優れていると思っている西洋人たちについて、彼は語った。「民主主義を標榜しない私たちは、人間としての責任と信義を重視しているのです」と力説する。「しかしあなた方は、民主主義という偽りの名前を帯びた、何が何でも先天的に優越でありたいという信仰の病に伝染したがってはいませんか？」[18]

タゴールは過去の講演で受けた拍手喝采の記憶を引きずっていたのかもしれない。彼が初めてやってきた一九一六年の日本とは違って、一九二四年の日本ははるかに国家主義的な国になっていた（実際にタゴールは、来日のたび、そのときどきの日本のムードを見誤った。例外が一九二九年の最後の来日で、そのとき彼は日本の変化を感じ取って身を引いた）。だが総じてタゴールは、一九二四年の二度目の訪日の際、落ち着きのある日本の雰囲気を気に入っていた。

彼は黒龍会の精神的リーダーであった超国家主義者、頭山満に会った。頭山はアジア大陸への日本の拡張に専心し、アジアが陣頭に立って精神的復興をめざすというメッセージを繰り返し発していた。タゴールは、こうした汎アジア主義の提案者たちが、それよりも攻撃的なことを意図しているとは思ってもいなかった。一九二九年、カナダへ向かう途中で日本に立ち寄ったとき、日本が「西洋モデル」を追いかけていることと「西洋文明の泥沼」のなかで進行方向を見失いつつあることに警告を発しつつも、彼はもう一度「アジアの希望」について語った。

同じ年の後半に日本へ戻ってきたタゴールは、日本が「西洋モデル」に従って帝国主義国になりつつある全容を理解し始めた。韓国から来た学生が、彼らの母国に加えられている日本人の残虐行為をタゴールに説明し、また直接聴取した中国の現状報告によって、一九二九年の時点でほとんど衰弱しきっていた同国に対する日本の侵略構想が明らかにされた。その機会に頭山満に会ったタゴールは、舌尖鋭く詰め寄った。「あなたはヨーロッパ帝国主義の病毒に冒されてしまっている」。頭山はタゴールをなだめようとしたが、二度と日本には来ないとタゴールは宣言した。その決意は、一九三一年の日本軍による満洲侵攻と一九三七年の中国本土への拡張によって、堅固になる。いずれも、日本の軍国主義者がその後まもなく大東亜共栄圏と呼ぶことになる、アジア征服の号砲であった。

一九三五年、タゴールの古くからの親友、詩人の野口米次郎が彼に宛てて、日中戦争における日本側の支持を乞う手紙を書いた。それは「アジア大陸に偉大な新世界を構築する」ための手段なのだから、「アジアのためにするアジア」の戦争なのだから、と。タゴールは、野口のアジア構想は「しゃれこうべの塔」の上に築かれるのだろう、と返事をした。「確かにもっといい有効な道徳規範はどこにもなく、西洋のいわゆる文明的な人々も負けず劣らず野蛮だ[49]」と書き添えた。しかし「私を彼らに差し向けたとしても、私には何も言うことはない」。野口は引き下がらず、中国における共産主義の脅威を指摘した。タゴールはこう返事をした。「私が愛する日本国民に、成功を祈ったりはしない。悔い改めることを期待する[50]」

このようにして、アジアの精神的文明復興の夢は潰えた。確かに「精神的」とはあまりに曖昧な言葉だった。バラモンの自制心を意味することもあれば、サムライの武士道精神を意味することもある。仏教や中国文明がそれぞれの中心から最周縁部まで伝播し構築された古代からの文明のきずな、それによって結ばれたアジア諸国、という考え方にも怪しげなところがあった。

一九三八年、人生の晩年に近づきつつあったタゴールは絶望していた。「私たちは不幸な人間の群れだ。誰を仰ぎ見ればいいのだろう? 日本に見入っていた日々は終わってしまった[51]」。三年後に彼は死ぬ。中国でタゴールを迎えた梁啓超は、五十六歳という若さで一九二九年に死んだ。その四年前に康有為は死に、梁啓超は追悼の辞を述べ、かつての恩師を改革派の先駆者と讃えた。ベトナム人の潘佩珠《ファン・ボイ・チャウ》は刑死を免れたがフランス人によって政治的に去勢され、一九四〇年に古い王宮の町フエで没した。それぞれの人生の最後の十年間、国内自強運動の草創期にかかわったこれら唱道者の大半は、硬派の政治イデオロギーの興隆には冷淡になってゆき、自国内の政治に関与することはなくなっていた。ほかの地域、エジプト、トルコ、イランでも、失望したイスラーム近代派は強硬な共産主義者、ナショナリスト、原理主義者たちからわきへ追いやられた。アジア各地の大学、神学校、労働組合、そして秘密結社や秘密組織の内部に（そしてパリやベルリンやロンドンのカフェで）、新しいタイプの好戦的ナショナリストや反帝国主義者が台頭しつつあった。彼らの多くは無我夢中になりやすい「東洋の学生」で、彼らについてタゴールは、最後のエッセイのある一篇で警告を発していた。

国家利己主義という丹精込めて育てられた有毒な植物が、その種を世界中にまき散らし、東洋の青二才の学生たちを喜ばせている。なぜかというと、その播種から得られた収穫――永遠に自己再生を繰り返す対外嫌悪という産物――が西洋風の名前のついた仰々しきものだからである。偉大なる文明が西でも東でも繁栄したのは、いつも人間の精神をはぐくむ糧を生み出したからだった。（…）だがそうした文明も、昨今の早熟学生のようなタイプの男たちの手にかかって、ついには死に絶えた。頭がよくて、底の浅い批判が得意で、自分に惚れ込み、利潤と権力がからむ場所では狡猾な取引に長け、その場限りの事柄をあやつることでは腕が立ち（…）最終的には自暴自棄の激情に駆られて隣家に放火してみたものの、自分たちも炎に巻かれてしまったのである。(52)

一九三八年の時点では、芝居がかった表現に感じられたろう。だがタゴールは、日本によるアジア大陸の侵略を皮切りに、アジア全体に猛烈な憎悪が解き放たれることを異常なほどに警戒し、恐れていた。一九三〇年ニューヨークで開かれた、フランクリン・D・ローズヴェルト、ヘンリー・モーゲンソー、シンクレア・ルイスなどが列席するディナーパーティーで、タゴールは聴衆に向かってこう認めた。「この時代は西洋のものであり、人類はあなた方の科学に感謝の念を表明しなければなりません」。しかし、と彼は言い添える。「あなた方は不幸な人々を搾取し、科学の恩恵を受けない人々を侮辱しました」(53)。その後に続く十年間に起きた出来事が証明するように、数多くのアジア人にとって、解放とはテーブルをひっくり返し、西洋の御主人に赤っ恥をかかせることと同義だった。この驚異的などんでん返しは誰もが予想しなかった早さで、またタゴールが懸念した以上の残虐さをともなって現実となった。そして日本がその主役となるのだった。

第六章 作り直されたアジア

「毛岸英《もうがんえい》同志、祖国の人民を代表して会いに来ました。今や祖国は強大になり、人民は幸せです。安らかに眠ってください」

温家宝《おんかほう》首相が、中華人民共和国創立六十周年記念日の直後、二〇〇九年十月に毛沢東のお気に入りの息子、毛岸英の石像に語りかけた言葉。

※同石像は、北朝鮮平安南道の、朝鮮戦争で戦死した中国兵の墓地にある。

後味の悪さ——汎アジア主義と軍国主義的脱植民地化

一九三〇年、ニューヨークのカーネギーホールを満たした聴衆に向かってタゴールは、アメリカ人は英国のインド支配を忘れてしまい、日本のことだけを心配していると文句を言った。それは日本が「あなた方と同じくらい不愉快なことができることを証明してみせたからでしょう」[1]。これがタゴールの西洋に向けた最後のメッセージだった。『ニューヨーク・タイムズ』によれば、それは「少なからぬ嘲笑と拍手で迎えられた」。

一九〇五年の日露戦争のあと、岡倉天心も、「西洋人は、日本が平和な文芸に耽っていたあいだは、野蛮国と見なしていたものである。しかるに満洲の戦場に大々的殺戮を行い始めてからは文明国と呼び始めた」[2]とからかった。タゴールはもちろん日本の「不愉快さ」とは、国家主義的・帝国主義的な西洋とその「理不尽」に対する反発であることを知っていた。日本のジャーナリスト・評論家として重要人物の一人である徳富蘇峰の知的道程は、祖国の不幸な政治的歴程をあますところなく描いている。

一八六三年に豪農の家に生まれた蘇峰は、彼自身のように政治参加し始めた富農層を含む、国家建設を担う中産階級の漸次的勃興を柱のひとつとする、伝統的な自由主義思想に沿って日本の発展を考えていた。彼は、強国構築を企てる新階層の人々にとって、自由と民主主義は不可欠だと考えた。西洋の哲学や文学に影響を受けて、短期間ではあったがキリスト教に帰依したこともある。

一八八〇年代後半に評判を博した何冊かの著書のなかで彼は、日本は経済の発展と工業生産を通じて豊かで強い国になれると論じている。だが一八九〇年代、西洋帝国主義の絶頂期に、蘇峰は民主改革主義の考え方を捨て始めた。とりわけ一八九五年、日清戦争で日本が得た領土の一部を返還することを欧州列強が強要したことに、蘇峰は激怒した。また一九一三年と一九二四年に発効した日本人労働者の排斥をねらったアメリカの法律のせいで、蘇峰は、以前は霊感の源であった西洋の自由主義からますます身を遠ざけるようになった。一九三〇年代初期の満洲侵攻がヨーロッパとアメリカから広く非難を受けたとき、彼は怒りに燃えた。西洋帝国主義が何世紀にもわたってやってきたことを日本がやると西洋は異議を唱える、それが彼にはとんでもない偽善に思われたのだ。

一九三一年に彼はこう書いた。「現在は白人による支配の時代である。(…)世界は白人の個人的資産だと考えている。彼らは他人の土地を支配し、他人の資源を奪い去って自国で製品に変え、これを現地へ送り戻して高値で売っている」。さらにこう付け加える。「白人の自由勝手な暴政は白人ほど強力な人種がいないせいだ。この条件を打破することで、われわれは全人類に肯定的な貢献をすることができる」。一九三三年、日本の国際連盟脱退についてのコメントとして、蘇峰はこう書いた。「ヨーロッパ人とアメリカ人に、世界は彼らが独占できる場所ではないことを思い知らせ、アジア人に対しては、ヨーロッパ人とアメリカ人の支配から自由になれるということを示すことになる」[3]

汎アジア主義者であると同時に汎イスラーム主義者でもある活動家アブデュルレシト・イブラヒムは、アタテュルクの世俗的トルコが好みに合わずに東京へ戻り、蘇峰の主張を支持して、国際連盟というのは日本によるアジアの解放を邪魔立てするものだと言った。蘇峰は、一九三七年の日本軍の中国への本格的侵攻を正当化するのにはほとんど苦労しなかった。当時の多くの日本人知識人と同じく、彼もソビエト共産党の中国への拡張に立ち向かわなければならないと確信していた。アメリカの石油禁輸も、日本経済を機能不全にする脅威であり、頑是なき西洋の敵対行為という図式にきれいにはまった。「アメリカは、まるで彼らが全世界を裁く最高権威を有するかのように行為する。(…)彼らの行為には異常な横柄さがある」[4]。

中国では進退窮まって西洋列強から懲罰的包囲を受け、日本はアジア大陸とジャワの物資を奪い取ることで崩壊を回避することができた。真珠湾攻撃の直前、蘇峰は先制攻撃を正当化した。「日本は、本当は首を絞められているのに、ぼんやり座って監禁の運命に甘んじるなどということはできない。永らえるためならば国としては何をやってもいいのである」[5]。英国とアメリカに宣戦布告する論理的根拠として日本側の憤懣を列挙した周到なリストにコメントした際、蘇峰は戦争を「倫理的で高潔な日本が不道徳な西洋を」駆除する軍事行動である、と評した。

日本の文筆家たちは軽々に、西洋の堕落を日本の無私無欲と対比した。アメリカで教育を受けた詩人の野口米次郎は、一九三〇年代に友人のタゴールと仲違いをした男だが、一九四四年に、以前の自分が西洋の理想にひれ伏していたことをたいへんな間違いだったと否認した。

昔の米英は私に正義の国だった、
ホイットマンの国だった、
ブラウニングの国だった、
しかるに今は富の陥穽に落ちた放蕩者の国、
見てはならない夢を漁る不倫の国[6]

蘇峰は、多くの日本人が心から信じるであろう戦争の包括的な論理的根拠をまとめて見せた。「東亜の人種に対し、東亜の秩序、静謐、平和、幸福、そして安心立命は、東亜にはびこるアングロ・サクソンの侵略・搾取という邪悪なる前例を撲滅することによってのみ得ることができると示さねばならぬ」[7]

日本はこの撲滅作戦において、軍国主義者の夢を超越する成功を収める。一九四一年十二月八日から始まる約九十日間で、日本は東アジア・東南アジアにあった英国、アメリカ、オランダの領土を制圧した。唖然とするすばやさでフィリピン、シンガポール、マレー、香港、オランダ領東インド、シャムと仏領インドシナの大部分、ビルマを奪い、一九四二年初頭にはインド国境に悠々と姿を現した。歴史上、これほどドラマチックに既成権力としての列強諸国に恥をかかせた例はめったにない。

この戦争の進捗によって残忍性の基準が変わった。一九三一年の満洲での小競り合いで始まったこの戦争は、ヨーロッパの第二次世界大戦よりもはるかに長く、一九四三年の飢饉で死んだ三百五十万のインド人を含む二千四百万の命が失われ、より血なまぐさいものとなったのである。この戦いには独特な醜行もあった。南京における数十万の市民の殺害、強制労働という残虐行為、そして拷問や集団強姦も各地で行われ珍しくはなかった。

何十年にもわたる人種差別に対する報復という意識が、戦場の多くの日本人を駆り立てた。アジア南方での戦いの前に、『これだけ読めば戦は勝てる』という題名の小冊子が軍隊に配布された。「白人どもは母胎から生まれ落ちるときから、何人もの土人を個人的奴隷としてあてがわれることを期待している。これが果たして神意であろうか[8]」

日本の大将〔山下奉文〕がシンガポールの英国軍司令官〔アーサー・パーシバル〕に向かってつっけんどんに降伏を求める写真は、多くの目に触れた。この手荒な扱いは、第一次世界大戦前の日清・日露の両戦争時、敗戦の敵将に示したような儀礼を日本は今後遵守せず、というしるしの一つであった。いみじくも、ある日本人大佐がこう言った。「日露戦争の頃は西洋を尊敬していたが、これからは何でも日本流でやる[9]」

日本は、大東亜共栄圏計画の一部として、占領地域のほぼ全域に親日体制を構築してみずからをその中心に据え、周囲の国々にそれぞれ異なった政治的地位を与えた。大仰な言葉が、現地協力者の手助けのもとに現地の資源を奪う時代遅れの帝国主義的搾取を糊塗するために使われた。軍隊の指揮官は精神一到戦争目的を遂行し、現地の人々をとてつもない残酷さで扱い、一般に普及していたスローガン「アジア人のためのアジア」を陵辱した。戦争が深まっていくにつれ、穏健なタイプの帝国主義と思われたものが正真正銘の略奪へと落ちてゆき、日本の形勢は悪化する。ビルマでは日本の指導下にあった軍隊が現地で蜂起し、祖国を支配する日本に立ち向かうことになった。

そうした状況にありながらも、多くの日本人高官はアジアの解放を誠実かつ決然と推進し、ビルマとインドネシアの民族自決運動を積極的に後押しし、さらにはインドのような国々で反西洋感情を駆り立てた。インドでは反英的立場をとるインド国民軍（ＩＮＡ）のリーダー、スバス・チャンドラ・ボースと手を携える。彼は、短期間ではあったが、同国でもっとも人気のある反帝国主義者として偶像視されていた。鈴木敬司大佐は大本営の参謀将校だったが、彼は日本人青年の外国語教育を援助し、日本国内にいたアジア自由戦士たちの重要な仲介者だった。彼はみずからが言う「欧州の主人に反抗する有色人種による人種運動」の推進に意欲を燃やした。しばしば日本版アラビアのロレンスと呼ばれる鈴木は、第二次世界大戦がアジアで勃発する以前から、アウンサンスーチーの父アウンサンなどの急進的な若き民族主義者たちを鼓舞していた。

日本人は海南島で、脱植民地後にビルマのリーダーとなる最初の世代を訓練した。マレーでは、民族主義的ジャーナリストのイブラヒム・ヤコブ（一九一一―七九）がマレー青年同盟を日本の援助を受けて創設し、その後彼は英国占領下にあったマレー半島への日本軍の侵攻を助けた。ジャワでは日本人が、その後インドネシアの初代大統領になるスカルノ（一九〇二―七〇）などの若き民族主義者たちの後押しをした。すでに一九〇四年の時点で、エジプトの民族主義者ムスタファー・カーミルは、日本が自分たちの帝国をオランダ領植民地まで拡張し、ジャワの「東洋人」同胞から温かく迎えられるだろうと予言していた。[10]現実はまさにそうなった。インドネシア国内のうち、オランダ人の締め付けに遭っていた多くの地域で、日本人は当初、熱狂的歓迎を受けた。

ベトナムでフランス語の使用をやめさせたのと同じように、日本人はマレー語に公用語の地位を与えた。一九四二年から四五年までの長い被占領期間に、マレー、ビルマ、インドネシアの意気高く理想主義に燃えた若者の一団が、多くの場合、日本人の支援を受けて国民共同体の意識を明確に表明し始める。戦争が始まる前、こうした動きはビルマやインドネシアでは阻害されていた。そうした国々には民族主義的政治を応援する力のある中産階級がおらず、オランダ人は、頭をもたげ始めた首領を国外追放・幽閉などに処すことにより、反植民地主義の大衆運動につながりそうな芽を、赤子の手をひねるがごとく小さいうちに摘んでいた。そうした意味で日本の侵攻は、芽が開き始めた現地エリートを権力の座に据えることとなり、東アジア各地の民族主義にとって転換期となったのである。

一九四三年四月に「アジアの解放」は日本の正式な戦争目的となった。同年末、東京で開かれた大東亜会議で、汎アジア主義は日本の幻想にとどまるものではないことが明らかにされる。[11]ジャワハルラール・ネルーは「私たちはアジア人として、ヨーロッパの侵略者に対抗しようという共通のきずなを感じている」[12]と幾度も口にしていた。インドが植民地支配から自由になる七年前の一九四〇年、英国人によって監獄暮らしを余儀なくされていたネルーは、「私が描く未来はひとつの連合国で、そこには中国とインド、ビルマとセイロン、アフガニスタンやそのほかの国も含まれるようなものなのです」[13]と手紙に書いた。

東京では、称賛者に囲まれたスバス・チャンドラ・ボースが大東亜会議のことを、招待された客が全員アジア人の「家族パーティー」だと形容した。[14]在日フィリピン大使は「フィリピン人にとって、アングロ・サクソンの文明とやる気を削ぐような悪影響を捨て去るときが来た。（…）そして東洋人としての魅力と本来の美徳を取り戻すときが」[15]と語った。ビルマ人のリーダー、バー・モウ（一八九三―一九七七）は「アジアの血を呼ぶ声」[16]を感じたと言い、「私たちアジア人がアジアを再発見しつつあったのだ」[17]と当時を振り返った。

バー・モウはのちに、一九四三年の会議において一九五五年のバンドン会議〔第一回アジア・アフリカ会議〕に継承される精神が醸成された、と語った。後者は、アジアの主要国リーダーが集ったもので、非同盟諸国首脳会議の結成につながった。一九四〇年代にこの精神を大いに滾《たぎ》らせたのは、ヨーロッパの弱さを知ったことだった。アフガーニーや梁啓超の、そしてアジア全域で活躍した第一世代の知識人や活動家たちの一向にはかどらず挫折感にまみれた努力――微々たる発行部数の雑誌の発行、みすぼらしい小部屋での深夜の討議――が、とうとう実を結んだのである。日本人は、反西洋主義の根の深さをさらけ出し、いかにすばやくアジア人がヨーロッパの虐待者から権力を取り戻すことができるかを示してくれた。

一九四二年初頭、シンガポールが日本人の手に落ちる直前、亡命オランダ政府の首相、ペーター・ヘルブランディはチャーチルやほかの連合国首脳にこう語った。

東洋人たちはその大部分が、まだ種族本能と劣等感を引きずっています。日本人のスローガンである「アジア人のためのアジア」は、念入りに築き上げてきた私たちの文化統合の基盤を容易に破壊するかもしれません。（…）太平洋の重要地域が長期間日本に占領されたからといって、西洋列強が最終的に勝利すべきところ一転して事実上の敗北を迎える、というようなことにはならぬでしょうが、少なくとも極東における真の平和にとって手に負えぬ障害にはなるでしょう。日本人が白人に加える危害と侮辱は――それをこの忌まわしきアジアの野蛮人たちはすでにしてでかしつつありますが――厳しく懲らしめてやらぬ限り、白人の威信を回復不可能なまでに損なうでしょう[18]。

なかなか鋭い予言だった。長く苦しい戦闘のあと、日本はついに「懲らしめ」られ、焼夷弾と原子爆弾で降伏を余儀なくされる。タゴールが一九一六年に日本で覚えた不吉な予感が現実となった。「切磋琢磨して道徳的盲目の度合いを高め、愛国教にのめり込んでいく国民は、やがて突然死によって自分たちを消し去るだろう[19]」。それでも、日本人は占領した多くの国々で、現地人を恒久的隷属状態に縛りつけていたヨーロッパの力を徹底的に叩いた。

かつての植民地に戻ってきたヨーロッパ人たちは、ショックを受けて理解不能に陥った。彼らが本能的に行ったことは、防戦態勢の強化だった。ベトナムでは、一九四四年にナチスからパリを解放したフランス軍司令官、フィリップ・ルクレールが警告を発した。「[連合軍側の]弱点や意見の不一致があると日本人の思うつぼであり、アジアにおける白人種の未来に深刻な結果をもたらすだろう[20]」。英国将軍の頭のなかには白人同士の人種的・文化的連帯感が強くあり、インド兵の助けを借りてベトナムにおけるフランス支配を復活させようとしたり、オランダの植民地主義者が戻ってくるまでインドネシアを持ちこたえようとした。

しかし彼らは行く先々で、ヨーロッパ人が不在のあいだ、あるいは彼らが捕虜収容所に入れられているあいだに形成されていた新しい共同体意識に直面した。西洋式教育を受けた多くのアジア人のなかでは、欧州列強に対する日本の勝利に刺激され、鋭い政治意識が明確なかたちをとっていた。一九〇五年の日露戦争直後ネルーは、その戦争によって彼の同胞たちが被っていた劣等感がいかに軽くなったかを語った。一九四五年の日本の敗戦から二十年後に、シンガポールの永年勤続首相、リー・クアンユーも、アジアの第二次大戦後世代が新鮮な思いで学んだ同種の教訓を語っている。

私の仲間や私たちは第二次世界大戦と日本軍の占領を体験し、日本人であれ英国人であれ、誰にも小突き回させたりはさせぬと決意して立ち上がった若い世代でなのある。自分たちで国を統治し、母国の代表は私たちだという矜持を持てる国で子どもたちを育てる、そう私たちは決意したのである。一九四五年に戦争が終わったとき、英国植民地体制という古いシステムが再興する可能性は皆無だった。私たちの目からウロコが落ち、私たちはこの目で見た。現地人が国を治めることは可能だということを。[21]

一九四三年に多少の自治をビルマに許可した形式的行為に見られるように、日本人でさえもこうした気運は認めざるを得なかった。一九四五年八月のインドネシアで、彼らはスカルノによる独立宣言を鷹揚に受諾してみせる。それは日本軍が連合軍に降伏したわずか二日後のことだった。腰の低い現地人に慣れていた欧州列強は、日本が意図してか意図せずしてか解き放った戦後ナショナリズムを、一般的に過小評価していた。欧州側も、あくことなき敵意を抱き続ける現地人のなかでまだ自分たちには力があると勘違いをしていた。それが損害ばかり大きくて無益に終わった内乱鎮圧活動や全面戦争をもたらし、いまだにアジアのあちこちの国に傷跡を残している。

それにしても、脱植民地化のスピードはすさまじかった。日本によるアジア征服のせいで、英国のインドに対する執着は萎えしぼんでしまっていた。インド亜大陸の悲劇的分離は、一九四七年の英国撤退に象徴的色どりを与えるものだった。白人に対し多くの危害と侮辱を与えつつ、ビルマは一九四八年に自由になる。インドネシアにいたオランダ人は抵抗したが、スカルノに率いられたインドネシアの民族主義者たちがようやく一九四九年に彼らを放り出した。戦後の混乱によって、マレーとシンガポールは長らく暴動状態にあったが、英国の撤退は必定であった。

一九五一年にモハンマド・モサッデクが国連でイランにある英国石油産業の国有化を主張したとき、彼は第二次世界大戦がいかに「世界地図」を変えたかについて語った。「わが国の近隣諸国では何億というアジア人たちが、何世紀にもわたる植民地搾取のあと、ようやく今独立と自由を勝ち取った」。「自由と平等でつながった国の仲間入りする権利を勝ち取るために戦った国々」に触れ、イランの首相は「イランはその権利を強く要求する」と主張した。彼は割れんばかりの大喝采を受ける。アメリカの招きで国連に裏口から案内された台湾でさえ、「イラン石油産業の管理を外国企業に割り当てるなどという日々はすでに終わった」[22]と、英国に対して釘を刺すという動きに出た。

国連での演説は今日でもイランの人々の記憶に残っているが、その二年後、モサッデクは英米の策動によるクーデターで追い落とされる。イランは、ほかのアジアの国々と同じく、自由と平等でつながった国の仲間入りをするために、その後さらに長いあいだ待ち続け、さらに激しく戦い続けることになる。アメリカの支援を受けたフランスの植民地主義者は、ホー・チ・ミンの手兵であり民衆の支持も高いベトミン〔ベトナム独立同盟会〕を相手にゲリラ戦を戦い続けた。彼らは九年間奮闘し、その過程で保護国のカンボジア、ラオスを失っていく。一九五四年にフランスがディエン・ビエン・フーで大敗すると、世界最強国、アメリカ合衆国がインドシナにやってきた。だがこれは、単に必然的結果を血まみれにして長引かせただけでしかなかった。アメリカは軍事基地をフィリピンと日本に維持し続け、太平洋全域に恐るべき軍事力を誇示していた。しかし、アジアに関して西洋が抱いていた凝り固まった最後の幻想、すなわち強暴な力の前に現地の人々はひれ伏し言うがままになるという幻想も、一九七五年、サイゴンのアメリカ大使館の屋根からの算を乱した逃散とともに崩壊してしまった。それから四年後、イラン人はテヘランのアメリカ大使館を急襲し大使館員を人質に取るという、自国に対する西洋の支配力の象徴的破壊という同じパターンのなかで、親米の専制君主を打倒する。

その頃までに、日本はアメリカの安全保障の傘の下で経済的に復活を遂げ、汎アジア主義の野望からはとうの昔に退いていた。そして、アジアにおける冷戦という新たな対立構造は、日本がアジアの大部分に、政治・経済の両面で恒久的変化をもたらしたという事実を覆い隠してしまった。マレーの著名な民族主義者、ムスタファ・フセインが「日本による占領は苦難と残酷さの一例として描かれるが、肯定的なものも残していった。それは彼らが降伏したのちに私たちが初めて摘むことになり、味わうことができた甘い果実だった」[23]と語ったとき、彼は多くのアジア人を代弁していた。こうした意味で汎アジア主義は、日本にとっての意義はともかく、そのおかげで他国の人々が成し得たこと、日本の行動から導かれた意図せざる結果が導き出されたことの両面において重要だった。そして、その日本の行動の起点は、一九〇五年のロシアに対する勝利だったのである。

知的脱植民地化——新伝統主義の興隆

アジアでの戦争が終わったあと、不本意ながら自己批判的な徳富蘇峰は、西洋列強を「水に飛び込んで大小問わず魚を捕る」鵜に喩えた。日本は彼らのまねをした、と蘇峰は言う。「だが一匹の魚も捕れずに溺れてしまった」。彼は日本の愚行の原因をこう説明する。

十九世紀後半から二十世紀前半にかけての日本の歴史は、日本が独力で作ったものではなく世界の歴史と密接に絡み合っていた。それを見ると、日本は先輩格の列強国の為すことを始終模倣してきたことがわかる。しかしいざ行動となると列強国に比べて不器用であった。「鵜のまねをする烏水に溺れる」という日本のことわざのように。[24]

だがこのことわざは、英国やフランスをまねたヨーロッパの模倣者にも当てはまる。十九世紀に現れた領土拡大と資源獲得のための拡張理論は、二十世紀に入って新たなライバル関係を生み出した。ネルー、シモーヌ・ヴェイユ、ハンナ・アーレントなどさまざまな思想家たちは、アジアとアフリカの現地人に加えられた残虐行為、たとえば強制収容所、毒ガス攻撃や組織的殺害などが、どのようにして一九三〇年代までにヨーロッパの心臓部に持ち込まれ、生存圏《レーベンスラウム》〔ナチスドイツの概念〕を求める過程でそれがヨーロッパ人に向けて放たれたかを見ていくことになる。辛辣さはともかく、「西洋の進歩と力に対する現代独特の熱狂」に対し、タゴールほど先を見通した警告を発した者はいない。そのような近代化は、間違いなく西洋帝国主義の哀れな物まねに終わるのだ、と。

> 過去一世紀以上にわたり、私たちは繁栄する西洋があやつる二輪戦車《チャリオット》に引きずり回されてきました。砂埃に息を詰まらせ、轟音に耳をつぶされ、自分の無力感に身を縮こめ、そのスピードに目を回してきました。この二輪戦車の突進が進歩であり、この進歩が文明であると認めることをためらいませんでした。「何に向かっての進歩なのか？（…）誰のための進歩なのか？」などという無防備な質問をしようものなら、どうしようもなく東洋的な問いだと見なされる。（…）だが最近、二輪戦車の科学的完成度だけではなく、戦車の進路をさえぎる溝の深さを注視せよと命じる声が聞こえてくるようになりました。[25]

タゴールは西洋で教育を受けた大勢の知識人のなかでも、植民地の支配者に対する政治・経済面での敗北は認めながらも、どうやって道徳面での優位性を主張したらいいかを探った人物であったように思われる。一九〇四年に岡倉天心はアジア人の同胞に対して、こう呼びかける。「白人の威信という呪縛からわれわれは完全に身を解き放し、われわれ自身の可能性と資質をよく知らなければならぬ。(…)歴史は過去の栄光と現在の悲哀を、それを読む学生皆が報復と救援に燃えるような呈示方法で書かれなければならない[26]」。これが意味するのは、西洋から受けた屈辱の度合いが大きければ大きいほど、理想化した東洋のイメージを措定したいという欲求がますます強くなる、ということだ。タゴールと梁啓超は、アジアの知識人が当初頑なに染まっていた西洋的な政治、経済、科学、文化のあり方は、非人間的なまでに功利一辺倒だとする、今日でもなお散見される傾向の代表者であった。

梁漱溟の特徴は、西洋文明が持つ二つの傾向に対する批判に現れている。ひとつは個人本位の利己主義で、これは自由な民主主義にも共産主義にも等しくついて回るものだと彼は言う。二つ目が自然に関する知識を追い求めるファウスト的意思と渇望で、それは近代科学を生み出しはしたが、ガンディー(梁漱溟は彼を崇拝していた)の伝に倣い、梁漱溟自身の言葉で言えば、「近代世界の悪魔[27]」である機械類も作り出した。

アジアでは広範囲にわたって近代性批判が行われ、その多くは伝統主義者だけでなく自由主義的知識人、イスラーム近代派、マルクス主義革命家によるものだった。西洋支配下での共有体験から生じてきた批判だが、それは西洋の文化と政治・経済にかかわる規準が地球規模で勢いをつけてきたところに生じた共通の難題というだけでなく、西洋の哲学者が何百年にもわたって提起してきた問題を、新たに言い換えたものでもあった。良い人生とは何なのか? 権威の本質とは? 正義と平等とは? 何が個人を社会に結びつけるのか? この言い換えによってこうした疑問が、より広い人間的な観点から問い直された。タゴールは次のように言う。

組織化された国家の利己的行動、他人種嫌悪、私利私欲を追求するだけの商売などが、その醜悪な正体をむき出しにし始める。すると人々は、自分を救済するものが政治的組織のなかにも、社会体制の機械的な再編成のなかにもないことを知り、そうではなく、人生の根本的変革、愛のなかでの意識の解放、人間のなかに神を見いだすところにあると気づくことになる(28)。

同時代人たちからは軽んじられて無視されがちだったタゴール、梁啓超、アフガーニーではあったが、多くのアジア人は次の百年、この三人が紡ぎ出した言葉を借りて彼らの抱負と挫折を言い表すことになる。

西洋の近代性を批判した者、伝統に新たな息吹を与えた者のうち、政治的にもっとも傑出した人物は、もちろんガンディーだった。西洋人によるアジアとアフリカでの植民地分捕り合戦、ライバル関係にある国々と諸帝国のあいだで起きた二つの大戦、全体主義の台頭など、近代における空前の道徳的大惨事が、いかにして世俗的・物質主義的視点しか持たぬ虚無的な理屈をひねり出すことになったかを、ガンディーは見て取った。世俗的権力をめぐる戦いにあっては、聖なるものの存在余地はない。個人的欲望の無限増殖を中核にした経済活動を内包する国民国家は、自分たちが選んだ生き方を維持するためならば、超破壊的な戦争に踏み込みかねないことも知っていた。

中国では、自分たちの国に長く続いた儒教的伝統を保持し、その規範と思想の全体ではなくとも、部分的に伝播しようと努める思想家たちが輩出した。最初、西洋風の自由主義を標榜していた多くのアジア人と同じように厳復は、一九一六年に儒教の国教化を訴える嘆願書に署名して一八〇度方向転換をした。

西洋文明はこの欧州大戦を機に完全に堕落してしまった。その昔、わが国の学者たちが孔子の教えが全人類によって実践される日が来ると言うのを聞いたとき、私はなんとばかげたことを口にするのだろうと思った。しかし今、ヨーロッパやアメリカの最高の知性を備えた人たちの何人かが、徐々に類似の意見を持ち始めた。(…)過去三世紀のあいだに、ヨーロッパの人たちは四つの行動原則を持つに至ったのではないか。利己的であること、殺人、誠実さの欠如、恥知らず。全人類が恩恵を受けるように考えられた孔子と孟子の教えに比べると、広さにおいて深さにおいて天と地ほどにも違うではないか。[29]

梁啓超自身は、近代的西洋に対する不信感も中国の伝統に対する敬意も捨て去ることができなかった。そして五・四運動で激しく拒絶された儒教も、中国ではその知的・道徳的威光を失うことはなかった。一九二七年から三七年にかけての国民党支配の一時期、蔣介石はまとまりに欠けた国を再統一する努力の一環として、儒教体制の復活を試みた。彼のキャンペーンである中国再興は――仰々しく「新生活運動」と名づけられたが――儒教思想の礼節、正義、誠実、自尊を土台にしていた。

梁啓超は一九二九年に没する。若い世代の知識人から数限りない攻撃を受けながらも、最後まで儒教の信奉者であった。一九二〇年代から三〇年代にかけてもっとも有名だった梁漱溟は、ガンディー流の自給自足体制を備えた道徳的な村落共同体が中国全土に展開されることを夢見ていた。彼は自分の理論を実際に山東省で試し、中国の田舎を儒教化しようという村落復興計画に着手した。一九三八年にはもう一人の村落活動家、毛沢東が梁漱溟を訪れ、二人は梁啓超の仕事について延々と語り合った。毛沢東自身は、公には儒教を猛攻撃していたが、若い時期に身につけた儒教的道徳をかなぐり捨てることはできなかったようだ。彼の空想的社会主義は、康有為の調和的理想世界めいたもの以上の色合いを帯びていた。一九四九年の演説で毛沢東は、「中国人民の視点からすると、西側のブルジョア文明、ブルジョア民主主義、そしてブルジョア共和国構想はいっせいに破綻してしまった」との確信を語った。「人民共和国には今、階級の消滅と世界の大同に到達する可能性が生まれた」。大同社会〔自由・公平なユートピア的社会〕は康有為が「実現もできなければそこへ至る道も見いだせなかった」ものである。一九五八年に共産党幹部は、全国で人民公社を組織するにあたり、康有為の書から学べと指示された。

梁啓超やその他の儒教主義者（ホー・チ・ミンもまさにその一人）と同じ程度に毛沢東は、大規模な社会と政治の変革のためには個々人の道徳的・精神的変容と集団による有徳の行為が必須の前提であると信じていた。最終的には、共有された価値体系を軸に中国を復興させ統合しようとして失敗した梁啓超の衣鉢を継いで、毛沢東が成功に持ち込む。権力を握ってから最初の三十年間、中国共産党は、儒教を「封建的」かつ反動的と罵倒して中国の地から根絶やしにしようとした。しかし共産主義の魅力が陰り始めると、党幹部は儒教擁護に回り始める。毛沢東も中国文化は独自のかたちを持たねばならぬ、「中国独自の様式を」[30]と力説した。そして中国政府もこの目標に向かって努力し始めるようだったが、そのやり方は、アリアンス・フランセーズないしはゲーテ・インスティチュートの中国版ならぬ「孔子学院」の設立を通して中国文化を海外に広めるという、まったく予期せぬかたちだった。中国の指導者は、社会的・経済的格差を軽減する役目を担う自分たちの適格性に箔をつけるために「和諧社会〔各階層間で調和のとれた社会〕」というような言葉も使い始めた。

イスラーム社会の反近代

近代性の猛攻に対抗するために伝統主義者の理念がこれほど熱烈に援用された場所というのは、ムスリム世界のほかにない。西洋がムスリム世界に対峙し、押し入った瞬間から、危機感がイスラーム世界を激しく揺さぶった。実際の歴史の流れは白人主導と見なされ、世界の作り手を神のみとするムスリムの世界秩序観を蹂躙しているように思われる。真に知的で鋭敏なムスリムたちは不快感に襲われた。この感覚こそが、ジャマールッディーン・アフガーニーが、イスラームの自由な解釈からナショナリズムを経て汎イスラーム主義に至る道々、熱く表明してきたことだった。

「イスラーム」と「西洋」——これはアフガーニーが設定した二項対立だった。単純な対比の明示ではなく、根本的な力の不均衡を示したのである。内部に脆弱さを抱えるイスラーム世界は、外部からの脅威にさらされていた。にもかかわらず、神に導かれた社会と所定の社会的善という観念に対する自分たちの信仰心によって、個人の私利私欲に基づいた社会経済秩序との対決は、うまくやり過ごすことができた。

古き善きイスラーム世界へのノスタルジアに打ちのめされた、大いに才気あふれるコスモポリタンな連中がムスリム世界にいた。インド系ムスリムの詩人で、パキスタンの知的・精神的師父ムハンマド・イクバールのような人たちだ。一八七六年に無学な家庭に生まれたイクバールは、反英詩人のアクバル・イラーハーバーディーの影響を受けた。一九〇五年に彼はヨーロッパへ旅し、英国とドイツで哲学を学ぶ。ヨーロッパの多分野での達成に感銘を受けたイクバールだったが、人種差別的で、なおかつ熾烈な競争社会であるヨーロッパ文化には悩まされた。タゴールや梁啓超、そして西洋の消費文化に批判的な第一次世界大戦後世代の批評家を先取りするかのごとく、彼は一九〇八年の時点ですでに警告を発していた。

ああ、西洋の都市の住民よ
神殿は商店ではありません
あなた方が本物の通貨だと思っているものも
役立たずのニセ金だということに気づくでしょう
あなた方の文明は自殺をするでしょう
みずからの剣でもって[31]

イクバールは、アクバル・イラーハーバーディーの流儀に倣い、インドのナショナリストとして世に出てきた。だがヨーロッパ滞在中に、彼はイスラームの歴史に新しい意味を見いだした。一九〇八年、イスラームのヨーロッパにおける大勝利の舞台のひとつ、シチリア島の沿岸地方を初めて見た彼は、今や「ムスリム文化の墓」となってしまった場所について哀歌を書いた。

あなたの廃墟に隠された物語は誰のもの？
あなたの聞こえない足音、それもひとつの声
あなたの悲しみを聞かせておくれ――私も悲しみに暮れている
私は、あなたをめざした隊商が舞い上げた土ぼこり
もう一度絵を描いて、私に見せておくれ
いにしえの日々を語って、私を苦しませておくれ
私はあなたからの贈り物をインドへ持ち帰る

そしてみんなを泣かせてやる、私がここで泣いているように[32]

ヨーロッパにいるあいだに、イクバールはニーチェの崇拝者にもなった。具体的には彼の超人思想、自己創造、自己肯定に惹かれたのである。しかし同時に、彼はムスリムとしての自分のアイデンティティを強く意識し始め、インド系ムスリムの進歩はヨーロッパの物まねにではなく、自分たちが生まれた宗教的共同体を改革し復興することにあると、いっそう確信するようになった。この目的のために、彼は自分の著作のなかで、ニーチェ風の男性的力強さと偉大なるイスラームの過去を讃え始める。イスラーム近代派で古典的イスラームに立ち返った人々の御多分にもれず、イクバールはスーフィズムや、自我放棄を主張するイスラーム内部の神秘的・民間伝統、そしてアフマディー教団などのイスラーム一派の批判者になった。ヨーロッパはみずからの過度な物質偏重主義のせいで自滅してしまう。正しい個人主義の原則を内包したイスラームが、そのあとに人類の救済者として出現するだろう。そのように彼は考えていた。

イクバールは、一九七九年のイスラーム革命の知的基盤を作ったイラン人思想家の世代に、大きな影響を与えた。『われわれとイクバール』という、このインド人思想家について書かれた本のなかで、アリー・シャリーアティーは彼をアフガーニーおよびタゴールと並び称している。「彼はアフガーニーがやったように、ムスリムの人々を解放するために植民地主義と戦った。タゴールが試みたように、文明を打算的な動機と野望の賊徒から救おうとした[33]。イクバールはアフガーニーが始めたイスラーム運動に「イデオロギーの一貫性を与えた[34]」とシャリーアティーは評した。一九八六年、テヘランで開催されたイクバールをテーマにした会議で、イランの最高指導者セイイド・アリー・ハーメネイーはさらに踏み込み、イラン・イスラーム共和国は「イクバールの夢が具現化したものである」とまで言った。「わわれわれはイクバールが示してくれた道をたどっているのである」[35]

シャリーアティーとハーメネイーの意見はある意味で正しい。無論、現代のイスラームのイデオロギーと国家による強制的な儀式と形式は、イクバールが考えていた精神の自由やイスラーム共同体とは、ほとんど共通点を持たないのだが。人生の終わりが近づくにつれ、「純粋な」イスラームを力説し、シャリーアの擁護と同時に西洋の政治体制とイデオロギーの侮辱に力を入れていったイクバールの思想は、イスラーム復興論者に多くのものをもたらした。とくに、イスラームと非イスラームのあいだにはどうしようもない対立があると考え始めた人々にとっては。彼の大作、ダンテの『神曲』風の詩『ジャーヴィード・ナーメ（永遠の書）』のなかで、イクバールは有名人たちとの架空の会話を編み出している。対話者の一人はアフガーニーだ。二人は、資本主義や社会主義のイデオロギー、善良なる神的君主という考えを検討していく。この詩編のなかのアフガーニーにとって、またイクバールにとっても、西洋の民主主義は富者が貧者に押しつけたアヘンなのだった。

西洋の共和制、変わりばえせぬ昔の楽器
その弦にメロディーはなく、独裁支配の響きのみ
搾取の悪魔が共和制の衣装で踊る
あなたは自由の妖精だと思ってしまう
立憲体制、政治改革、特権、権利
それは口当たりのいい西洋の麻酔薬[36]

対話は、アフガーニーがソビエト共産党に向けて、資本論を捨ててコーランを彼らの社会主義の知的

霊感にしてくれ、というメッセージを送るところで終わる。「コーランとは何か？ 資本主義者にとっては死のメッセージ。一文無しの奴隷を保護する者」

イスラーム中心主義の思想に魅せられて、アブルアーラー・マウドゥーディー（一九〇三―七九）という若い作家がイクバールに接近する。一九三八年のイクバールの死から三年後、マウドゥーディーは「ジャマーアテ・イスラーミー〔イスラーム協会〕」という、イスラーム世界では最初のレーニン主義革命的前衛党を創設した。社会主義や資本主義だけでなくナショナリズムにも反対のマウドゥーディーは、神が絶対的最高権力を持つ「イスラーム」国家のための明晰で首尾一貫した綱領を作成した。マウドゥーディーが当初パキスタンで政治的に成功しなかったことで、南アジアの著述家の多くの作品をペルシア語に訳したイランのアーヤトッラー・ホメイニーを含む、幅広いムスリムの思想家や活動家に及ぼした彼の多大な影響が見えにくくなっている。パキスタンをイスラーム国家にしようとしたことが評価され、マウドゥーディーは死後一九八〇年代になってから、パキスタンの粗暴な軍事独裁者、ズィヤーウル・ハックから国家表彰を受けた。

イスラーム社会のリーダーで、完全に世俗的なユートピアを描いた者はいない。インドネシアの共産主義政党、ＰＫＩ〔インドネシア共産党〕は一九六五年に手荒く解体させられたが、一九二一年からそれまで、このムスリム主体の国で広範囲な支持を得ていたのは事実である。しかし、徹底した無神論者の毛沢東などは、イスラーム社会で人気を得ることはなかった。そして、世俗的なナショナリスト政党であるイラクやシリアのバアス党などですら、イスラームが持つ動員力を無視することはできなかった。インドネシアでスカルノは、ナショナリズムとイスラームと共産主義を複合した独自の政治理念「ナサコム」を提唱していた。ムスリム諸国で成功した革命は、マルクスやトマス・ペインの名のもとに展開されたのではなく、イスラームを旗印としていたのだ。自由主義は、もっとも広い意味合いで考えてみても、ムスリム世界での根づきは悪かった。

当初ムスリムは、西洋式の自由主義を、少なくともヨーロッパにおける人道的な文明を創造したものとして称賛していた。だがこの名声も、十九世紀最後の四半世紀に崩れ始める。帝国主義との明白な共犯関係と、ムスリム社会内部の自由なナショナリスト的集団に対する共感の欠如によって、自由主義は信用を落としてしまった。ヨーロッパの自由主義は植民地において絶対に自由主義たりえなかった。あまりに赤裸々な、人種差別を前提にした自由主義だった。ムハンマド・アブドゥは失望に次ぐ失望のあと、一八九五年の談話で、一般に広まっていた感情をこうまとめた。「私たちエジプト人が、英国の自由主義と英国の好意を信じていた日々もありました。でも、私たちはもう信じません。事実は言葉よりも雄弁でした。あなた方の自由というのはあなた方だけのものだったということが、見え見えになりました。そしてあなた方の私たちに対する好意というのは、狼がお召し上がりになる対象としての子羊に見せる好意と同じものなのです[37]」

地元で生まれた改革派自由主義でさえも深くは根づかなかった。インドの教育者サイイド・アフマド・ハーン、アブドゥの弟子でパリで教育を受けたエジプト人自由主義者のターハー・フサイン、あるいは新オスマン人ナームク・ケマルなどの男たちが、世界はイスラーム神によってのみ秩序づけられたのではないという世界観にムスリムの意識を向ける、きわめて重要な仕事を成し遂げた。しかしながら彼らは、永続性のある独自の打開策を提供することができぬまま、社会の周縁にとどまった。彼らはターハー・フサインのようにこう主張することもできた。「ヨーロッパ文明を、丸ごと盲目的に借りてくるのではなく、いいものを選り分けてほしいと思う[38]」。だが西洋の知識人は、彼らのことを十分に世俗的だとは見なさず、また他方伝統主義者は、彼らが西洋化のための人道主義と合理主義を持ち出してムスリム社会をさらに空洞化するのではないかと疑うのだった。西洋に対しムスリム社会を強靱なものにする道具としては、アフガーニーが支持していたように、自由主義的立憲主義がとりあえずの答えであったろう。だが、アフマド・ハーンのような進歩的ムスリムは、イスラームの基本教義に対する異議申し立てをするまで深入りしたため、アフガーニー本人の激怒を買った。

西洋から仕入れ、かつ西洋に対する理論武装として用いたさまざまなイデオロギーのなかでも、ナショナリズムにはより多くの利点があった。とくに二十世紀の前半には古い帝国群が崩壊し、民族自決の気運が流行していたがために。イクバールなどは、ナショナリズムのことを「西洋の自殺」と評して最初は警戒心を抱き、アフガーニーの汎イスラーム主義のほうに傾いていたのだが、結局はナショナリズムの政治の論理を評価するようになった。一九三〇年代当初、彼はこう受け入れた。「当面ムスリムのすべての国は、各自自己の深部に沈潜し、しばらくのあいだ自分だけを見つめなければならない。各国が強くたくましくなって共和国一家の一員となるまでは」[39]。アフガーニーが各地で放ったナショナリズム奨励の言葉には、この点において先見の明があった。彼自身の汎イスラーム主義は、カリフ制復興のむなしいキャンペーンが証明したようにロマンチックな思いつきだったが、ナショナリズムのほうはそれに比べると実際に使える思想だということが判明するのであった。英国に打ち勝とうとしていたエジプト人とインド系ムスリム、フランスを相手に奮闘していたシリア人、自国領で何やらたくらむ英露に抵抗するイラン人、オランダに筒先を向けていたインドネシア人、そして一九二二年にアナトリア地方からギリシア人を駆逐したトルコまでが、思想と制度を西洋の武器庫から拝借した。こうしたナショナリスト運動のリーダーたち、すなわちムスタファー・カーミル、サアド・ザグルール、ジンナー、アタテュルク、ナセル、スカルノたちは、それぞれの国内では西洋化された少数派に属しており、これらの反植民地主義運動では社会主義左派の理想が重要な役目を担った。しかし、ムスリム大衆が反植民地主義の政治運動に参加したことで、さまざまなナショナリズム運動がイスラーム的色合いを帯びるのは避けがたかった。

脱植民地化の進行や、西洋の支配力の漸減も、民衆イスラームの勢いを損なうことはなかった。パキスタンでは、国民共同体を規定するイスラームの概念が、結果的に建国の父ジンナーの世俗的方向づけと衝突し、最終的には妥協を余儀なくされた。イラク、シリア、エジプト、イランなどの国では、反西洋ナショナリズムから刺激を得たエジプトのムスリム同胞団のようなムスリム・グループは、準社会主義的なナショナリストのリーダーから、力尽くでつぶされざるを得なかった。にもかかわらず、イランの近代化推進派のシャーもイラクのサダム・フセインも、民衆イスラームのイメージとシンボルの効果を捨て去ることはできなかった。思想的に世俗的だったアタテュルクですら、イスラームのリーダーたちと慎重な話し合いをしながら国家管理型のイスラームを導入している。

二十世紀後半のムスリム世界のきわだった特徴は、スンナ派・シーア派両陣営に見られる政治色濃厚なイスラーム教徒の、往々にして狂信的な激発である。この時期に、パキスタンのジャマーアテ・イスラーミーとエジプトのムスリム同胞団が、それぞれの社会の政治的周辺部から主流へと位置を変えた。イランでイスラーム革命が勃発すると、その余震がマレー半島からジャワまで伝わり、周囲の政治が一変した。三年後の一九八一年には、イスラーム過激派がエジプトの大統領を暗殺する。十年のあいだに、強硬路線をとるサラフィー主義イスラームを支持する多国籍過激派は、チュニジア、エジプト、アルジェリア、シリア、リビアの専制的なアラブ政権に対して聖戦を宣言した。

過激派が置かれた政治的状況はそれぞれに異なるが、革命的イデオロギーやアイデンティティだけでなく道徳的改革のための枠組みとしてのイスラーム思想を共通項にしている。自分たちの敵を、国および地方レベルでの強圧的な土着エリートと見定め、こうした連中は「西洋」という名の、よその土地にいる巨大で威嚇的な存在の一部分であると見ていた。イスラーム的世界観に照らすと、自由主義、ナショナリズム、社会主義だけが負け組なのではなく、そうしたイデオロギーの産みの親である西洋自身が敗残者であると宣告されるのだった。近代イスラーム思想家のなかで影響力の大きかったサイイド・クトゥブは、とりわけガンディーの近代文明に対する過激な非難に共鳴する批評を書いた。

今やいたるところで悲鳴がわき上がる。信仰も人間精神も欠いた物質主義的文明、白人種の文明にからめとられた人類の運命に対する警告である。警告の中身はさまざまで、あるときは全人類が地の底へ落下することへの警告であり、あるときはマルクス主義へ転落することへの警告である。このような多くの危険を避けるいろいろな提言があるにはある。しかし、そんな試みも無駄である。なぜならば諸問題の根底に触れていないからだ。問題の底にある広範囲にはびこった根っこを、ヨーロッパの大地の底深く埋もれた根っこをやっつけないからだ。この悲鳴、それに対する救済策、そうしたことのすべてが、ヨーロッパの精神構造とヨーロッパの物の見方がいかに欠陥だらけで近視眼的かを物語っている。(40)

西洋はもはや諸悪の根源でもなければ善事の泉でもなく、物質的恩恵にどっぷりと漬かり、精神的事柄においては浅薄なだけである。西洋は全面的に拒絶されなければならない。多くのムスリムたちが、こうした確信を何十年かにわたって強めてきた。二つの破壊的戦争と大恐慌は、西洋型政治・経済モデルに深刻な構造的欠陥があることを暴露した。脱植民地化は、西洋諸国の政治力をなおいっそう傷つけた。そして死にもの狂いの権力奪還の試みは、一九五六年のスエズのほか、アルジェリアとベトナムにおいてなされたが、わずかに残っていた政治的・道徳的権威を破壊してしまった。それに加えて西洋の評判をおとしめた破壊的打撃は、一九四八年にパレスチナの土地にイスラエルを建国したことだった。これによって、第一次世界大戦のあと英仏がアラビア語圏の国々を分け合う計画を盛り込んだ一九一六年のサイクス＝ピコ協定（ボルシェビキ革命のあとにレーニンが世界に暴露した）で見せた西洋の二枚舌が、再び確認されることになった。さらに、ヨーロッパ人入植者の中東への押しつけは、パリ講和会議でさらけ出された人種差別の傲慢さを制度化したもののように感じられた。

遠い地で起きた出来事の影響は、ムスリム諸国のなかでも西洋に対する見識のあるエリート層にしか及ばなかったかもしれない。だが国内の変化によって、はるかに多くの国民が政治的混迷を体験し、不平等と不正行為に激怒し覚醒した。ムスリム諸国の総人口は二十世紀の後半に劇的に増加し、大勢の人々が農村地帯から人口密集地の都市部への移動を余儀なくされた。その結果、一九五〇年から一九九〇年にかけて都市部に住むムスリム人口が急激に増加。新しい情報伝達手段を知り、エリート層の派手な消費や途方もない不平等を目の当たりにして、多くのムスリムが新たな情熱をもってイスラームを受け入れた。新しく建ったモスクとマドラサが都会の風景の一部になった。安い本や雑誌のおかげでイスラーム信仰が以前よりも広範囲に行き渡り、平易なジャーナリストや説教師（伝統的なウラマーの教育を受けた者はほとんどいなかった）が、伝統的な社会構造のなかに居場所を失った人々に対して、新しい手作りのイスラーム信仰を提供してくれた。イスラーム的権威の多様化は、アフガーニーやアブドゥなどのほか多くの非専門的ムスリム知識人が先駆者になっていたわけだが、それが二十世紀の後半ほど加速度的に進んだことはなかった。

この新しいイスラームは、近代国家設立プログラムの観念的理論によっても力を得た。専制君主がトップダウンで改革指示を出したトルコやエジプトのような国では、近代化という言葉が、公的生活の中心からイスラームを取り除くこと、イスラーム的教育・法律の無効化、そしてイスラーム学者の軽視などの同義語になっていった。アフガーニーがムスリム諸国巡歴の過程で注目したように、西洋列強から課された近代化と経済成長が必然的にもたらしたのは、新しい階級の誕生とその内部での権力再配分による、イスラーム社会固有の結束の分断だった。

近代的な教育機関や官僚組織から都市部に新しいエリート層が生まれたが、彼らには伝統的な権威の源を気にしない傾向があった。彼らの多くは、農村部の貧しい人たちを犠牲にして裕福になった。こうして不満が膨れ上がっていったが、とくに、この過程でいちばんの犠牲者となった聖職者、小さな町の商人、田舎の役人、半農地域出身の男たちなど、かつてアフガーニーの周りに集まって来たような人たちの不満が大きかった。

なぜ反西洋主義が広範囲の大衆による支持を受け、知的基盤を備えたのか、それは脱植民地後のムスリム諸国における世俗的ナショナリストによる政策が失敗したせいだ。エジプト、チュニジア、インドネシア、アルジェリアなどの多くのケースで、脱植民地後のムスリム諸国は旧宗主国が使っていた政策を継承した。とくに民衆イスラームに対する猜疑心があったのと、公的生活における彼らの役割を、抹殺とまでは言わないが制限したかったからだ。しかしムスリム諸国の大多数の国民は、イスラームへの信仰をけっして放棄しなかった。だが同時に彼らは、イスラームが、経済、政治、法律その他、共同体の暮らしの上の諸相から離れた純粋に宗教的な事象だと割り切る習慣をつけそこなった。

西洋化した脱植民地後のエリートたちは、世俗化推進と経済統合という国策にとってイスラームは障害物だと見なしていた。彼らはイスラーム組織を容赦なく厳重に取り締まった。だがそうした近代化の努力は失敗が運命づけられたようなケースが多く、案の定水泡に帰すと、あるいは大衆にしわ寄せが来たりすると、イスラームの威光がいっそう高まることになった。否、それだけでは収まらなかった。犠牲になった者たちの目に、近代化と世俗化の失敗は、ムスリム諸国の地元エリートの信望と権威、そして近代化イデオロギーの失墜と映ったのである。

サイイド・クトゥブは、エジプトにおける西洋風の自由主義と社会主義のいずれにも重大な欠陥があると見ていた。彼はまた早い時期からナショナリズムに対して批判的だった。彼はナショナリズムを、エジプトに被害をもたらした知的植民地主義のひとつの側面であると理解していた。彼の人生と思想は、世俗的西洋思想からイスラーム主義へという世間一般の方向性を活写してくれるものだったから、彼がエジプト、サウジアラビア、シリア、イラク、トルコの幾世代にもわたる急進派イスラームに精神的励みを与えたことはとくに驚くことでもない。

クトゥブは、ある時期までは裕福だった農村の家庭に生まれたが、家はその後おちぶれてしまった（アジア全域の多くの急進主義者に共通した背景と言える）。彼は、一九一九年のエジプト革命後、サアド・ザグルールの民族主義政党ワフド党が標榜する民族主義で高揚していたエジプトで成年に達した。彼はカイロの無宗教学校で教育を受ける。クトゥブの最初の恩師はきわめて平凡な自由主義的傾向のあるジャーナリストで、クトゥブはその後エジプトの近代的教育システムのなかで長いあいだ教師を務めた。さらにまた、エジプトの偉大な小説家、ナギーブ・マフフーズに早くから敬意を表し、その文芸批評も手がけたクトゥブは、同時代の宗教色の濃い作家たちを敵に回した。

しかしワフド党が親英君主に対する有効な対抗策をとれず、英国が砲艦をちらつかせながらエジプトの主権を脅かすのに対し、西洋流の自由主義が無力さをさらけ出すと、クトゥブは考えを変え始める。彼はその後サラフィー主義イスラームの傑出した代弁者になるのだが、まだ世俗的民族主義が主流だったエジプト人たちのなかで、サラフィー主義はまだマイナーだった。ラシード・リダーは自分が主宰する雑誌『マナール（灯台）』を通して、アフガーニーの汎イスラーム主義を世界的な勢いにしたが、彼の影響を受けたハサン・バンナーは一九二八年にムスリム同胞団を組成し、サラフィー主義の受け皿を設けた。だが、英国帝国主義との闘争計画を作り、二十世紀最初の三十年のあいだにアラブ民族主義を鼓吹したのは、アラブ系キリスト教徒やアラブ系ユダヤ人の援助を受けたサアド・ザグルールやムスタファー・カーミルのような男たちだった。

一九一九年のパリ講和会議でエジプトの主張を邪魔されて、サアド・ザグルールのワフド党は英国支配に対する大規模な反乱を起こした。宗教的色彩のなさがこの反乱を特徴づけていた。コプト教会の聖職者がアル・アズハル・モスクの説教壇からエジプトの独立を要求し、おびただしい数の農民が参加した。一九二二年、英国はエジプトが主権国家であると一方的に宣言し、あたかも屈したかのような姿勢を見せた。だがこれは、ごまかしだったことが判明する。英国はエジプト国内の特権を手放さず、一九二四年の同国初の選挙で権力を握ることになったワフド党がまともに機能することを妨げていたのである。英国の最大の協力者エジプト王は一九二五年、議会招集の初日に議会解散を命じることによって英国を助けた。英国はエジプトのほとんどすべての省庁を牛耳っていた。エジプト人が政治的自己表現する機会は任命を受けた立法会議議員に限定されていたが、同会議は英国の決定を追認するだけだった。同国内で本当の力を有していたのは英国占領軍であり、一九二六年には本物の砲艦でワフド党を脅して政府から追放した。

アラブ世界と西洋との関係が、二つの世界大戦に挟まれた時期ほど緊張をはらんだことはない。西洋のイデオロギーであるナショナリズム、政教分離主義、民主主義を重視していたムスリム知識人たちは、自分たちの民族独立の夢を支援してくれないヨーロッパに、冷たく裏切られたように感じていた。

ヨーロッパ式に国境線を引かれたので、昔は国境なしの「ダール・アル・イスラーム（イスラームの家）」だったオスマン帝国が、ムスリムたちにとって障害物競走のトラックのようになってしまった。メッカへ巡礼に出かける人たちにとっても事情は同じだった。秘密裏に結託した英国とフランスは、第一次世界大戦後に占領したオスマン帝国領を自分たちだけで分配し、イラク、ヨルダン、レバノンという国々を勝手に作り出し、さらにヨーロッパのユダヤ人には、英国統治下のパレスチナに独立した祖国を与える約束をした。ヨーロッパの反ユダヤ主義にあおられ、エジプトが内政で忙しくしていた二つの大戦間に、ユダヤ人のパレスチナ移住は加速した。

アラブ世界のいたるところでパレスチナ人の土地を流用することに抗議の声が上がる頃、ヨーロッパの実業家たちはエジプトの資源たる現地住民を低賃金労働力へとおとしめ、搾り取っていた。ワフド党は選挙のたびに圧倒的過半数を得て勝利を重ねていたが、英国から「過激民主主義、排外的革命体制」[41]と見なされていたために、行政運営を妨害された。インドからエジプト情勢を観察していたネルーは、一九三五年に痛烈なコメントを発した。「東洋において民主主義はひとつのことしか意味しないようだ。帝国主義支配勢力の命令を実行し、彼らの利権にはけっして触れぬこと。この条件を守っている限り、民主主義的自由はのびのびと花開く[42]」

反帝国主義の強烈な煽動と暴動は、一九三六年、ついにエジプトとスーダンを支配していた英国の力を弱め、彼らの任務をスエズ運河地帯への駐兵だけに制限した。一向に落ち着かぬ政治のせいで経済復興ははかどらず、とくに増加する人口と農作地へのしわ寄せで貧困はさらにひどくなった。エジプト人の目には、過度に西洋化した支配層エリートの貧乏で無学な一般大衆への接し方が、植民地支配者の偉そうな態度そのままに映った。このような不満を抱いたエジプト人たちがほどなくして、イスラーム原理主義的なムスリム同胞団の大部分を占めることになる。

一九三〇年代にクトゥブは、英国の干渉、エジプト国内の格差拡大、シオニスト移住に反発するパレスチナ・アラブ人を支援できぬエジプトなどを批判する者として登場する。自由主義的な恩師とは関係を断ち、インド、ベトナム、マラヤ、インドネシア、ケニアにおける反植民地主義運動が激しさを増すにつれ、クトゥブはエジプト国内の「現地人協力者」[43]の存在に絶望していた。六百万人ものユダヤ人の組織的殺害の償いとして、多くの西側諸国が道徳的義務と考えた一九四八年のイスラエルの建国とともに、彼の苦悶は深まっていく。イスラエル建国後の戦争で、シオニストはアラブ連合軍を負かし、何十万というアラブ人をパレスチナから追いやり、独立宣言をする。これは、とくにアラブ諸国のなかでもっとも近代的な国だったエジプトにとっては徹底的敗北だった。そしてイスラエルは、西洋列強の前になすすべを知らぬアラブの無力の象徴となって現在に至るのだった。

一九四八年のイスラエルの勝利とエジプトの敗北は、クトゥブの思想にとって、同じ年に出かけたアメリカ旅行、次いで戦後近代主義の具体的展開とともに、大きな節目となった。クトゥブが、道徳的自由と社会正義を損ないながら物質と技術進歩に不健全なほどに固執する西洋文明について、以前よりも大がかりな批判を展開し始めたのはこの時期である。

梁啓超がそうだったように、クトゥブもアメリカの政治・社会モデルのなかに、母国へ持ち帰って推薦できるようなものはほとんど見いだせなかった。彼は民主主義は機能しないと見ていた。教育を受けた意識の高い市民層を要するから、というのではなく、それが主権の最終的なよりどころを人間にしていて、神ではないからだ。さらには、経済的尺度で生活の良し悪しが計られるという考え方にクトゥブは嫌悪感を抱き、マルクス主義も彼の目には疑わしく映った。アメリカにおける社会自由主義や個人主義の現れ方、とくに性の解放などには、愕然とした。彼は昔からある人種差別だけでなく、反アラブ人に向けられた差別も体験したが、差別とはアメリカの物質的充足感からくる本質的な特色なのだと思い至る。物質的充足は「白人からの施し物」[44]だという「うぬぼれ」から生まれているのだ。その後、彼は「白人」ということばを蔑称として遠慮なく使っていく。「学童の心のなかに、白人の非道な行為、彼らの文明、彼らの動物的欲望に気づく感受性をはぐくむ必要がある」[45]

クトゥブはすでに、パキスタンの思想家、アブルアーラー・マウドゥーディーが提案した前衛的なイスラーム政党とイスラーム国家設立の考えに影響を受けていた。彼は一九五〇年にアメリカから帰国するとすぐ、ムスリム同胞団のメンバーになり、ムスリムに向かって、シャリーアが定めた神の掟で世俗政権をすげ替えよと説き、政治・社会・経済に関するイスラーム的見解を精力的に支持し始める。彼に先行するアフガーニーやアブドゥと同じように、クトゥブもイスラームの解釈学的伝統には興味なく、コーランとムハンマドの言葉に専念することを好んだ。だが、アフガーニーと違うのは、クトゥブがイスラームを理性および科学と融和させる必要を感じなかったことだ。彼によれば、「弁護、正当化、擁護の必要性を感じる者にイスラームを語ることはできない」。近代社会に接した多くのムスリムが「何やらイスラームが告訴を受けていて、裁きの場に引きずり出された被告人が自己弁護しなければならない」[46]ような気分に陥っていることを嘆いた。クトゥブは当初、非ムスリムのアジアも、間口を広く取った彼の反帝国主義戦線に加えていた。一九四三年に彼はこう書いた。「東洋文明とその精神的財産は、現在危機の渦中にある世界にとって聖域であろうと思われる」[47]。しかし彼は今、「パキスタンとインドネシアの独立によって強靭化された、東洋のムスリムの矜持を代表するイスラーム圏」[48]に照準を合わせていた。

現代の世俗的生活は諸問題の解明どころではなく、むしろその発生原因だと確信したクトゥブは、エジプトの政治・社会情勢の変化を痛烈に非難し始める。それは英国の援助を受けて西洋路線に乗って進められてきていた。自分の思想を実行に移す機会がやってきたのは、ガマール・アブドゥル・ナセルに率いられた反帝国主義の立場をとるエジプト軍将校たちが一九五二年、エジプト国王に対してクーデターを起こしたときだった。ナセルはクトゥブを招いて公正な統治組織がどうあるべきか、彼の考えを聞こうとしたが、世俗的ないしは社会主義的傾向を持った陸軍将校たちは、クトゥブの描くイスラーム国家の青写真を拒絶した。これはクトゥブにしてみれば、ナセル政権というのは反シオニズムと汎イスラーム主義をがなり立てはするが、反宗教的な西洋帝国主義の単なる物まねであることの明らかなしるしだった。ムスリム同胞団と陸軍の関係はたちまちにして悪化し、同胞団は非合法化されるところまでいった。クトゥブもいつのまにか投獄され、拷問を受ける羽目になった。革命転覆の陰謀を問われて三度も逮捕され、その後のおよそ十年間の大半を獄中で過ごし、そのあいだにさまざまな疾患に悩まされる。広く影響を及ぼした著作『道標』の発刊を理由に一九六四年、最後の収監を余儀なくされる。

クトゥブは一九六六年にかたちばかりの裁判にかけられ、直後絞首刑に処せられ無名墓地に葬られた。彼の比較的短い人生に釣り合わぬほど彼の影響力は甚大で、それは現在に至るまで続いている。彼の死のちょうど翌年、イスラエルは六日戦争でアラブ連合軍を負かし、この屈辱によってナセルが支持した世俗的アラブ民族主義の威信はついに失墜する。エジプトのナセルに続く世俗的独裁者たちのせいで潜行せざるを得なかったが、クトゥブの思想はムスリム世界全体を駆け巡った。

影響が広まったのは、クトゥブが西洋と西洋化を進めるエリートを政治的に攻撃するだけにとどまらなかったからだ。彼はこうしたエリートたちの認識論的な世界観、形而上的な世界観をも否認したのである。彼は『道標』のなかでこう語る。

人類は今、奈落の淵に立っている。頭上に絶滅の脅威が垂れ下がっているからではない。それは病気の症状であって、病気そのものではない。そうではなく、人類は「価値」の領域において破産状態にあるからだ。人間の真正の進歩と発展を促す価値のことである。西洋世界においてあまりにも明白な事態である。もはや西洋は、人間が開花するのに必要な価値をもたらさないからだ。[49]

クトゥブはおなじみの批判、中東の諸政権の堕落と失敗した近代化に対する批判にとどまらず、ナショナリズム、自由主義、社会主義を問わず、政治の領域から宗教と道徳を払いのけ、人間の理性を神よりも上位に位置づけた西洋の全イデオロギーにまで矛先を向けた。

「宗教は政治と無関係だと言う者は、宗教がどういうものかわかっていない」と、ガンディーは自伝の最終ページに書いた。精神性に重きを置いた点で、ラビーンドラナート・タゴールを深く尊敬するクトゥブは間違いなくこの見解に同意した。クトゥブのイデオロギーの継承者で、近年エジプト、シリア、アルジェリアで世俗的独裁者の追放を試みたスンナ派に属すイスラーム過激派は、人間の暮らしの中心にイスラームを復位させたいという同じ動機に駆られていた。

しかしながら、クトゥブの西洋世俗主義批判が意味する過激さをはっきりと実地に展開した例は、シーア派のイラン以外になかった。アーヤトッラー・ホメイニーは、クトゥブから拝借したような表現で(あるいは梁啓超ないしはタゴールの言葉に修正を加えて)次のように書く。

社会問題の解決と人類を悲惨な状態から救済するためには、信仰と道徳に根ざした基盤が必要だ。単に軍事力と富を手に入れ、自然界と空間を占拠するだけでは何の役にも立たぬ。人類を危険にさらすのではなく人類に仕えるために、イスラームの信仰と確信と徳行が加わり、全体と調和を保たなければならない。(…)だから、誰かがどこかへ行った、誰かが何かを発明したからといって、われわれは自分たちの宗教と法を手放してはいけない。その二つが人生を規制し、この世と来世での幸福をもたらしてくれるのだから[50]。

ホメイニーはここで十九世紀エジプトのムハンマド・アリーによる改革以来もっとも意欲的な、西洋に追いつくための政策について言及している。それがシャーによる一九六三年の「白色革命」である。驚くべきことでもないが、ミシェル・フーコーが「世界的規模の体制に対する世界初の大規模な反乱、もっとも近代的でもっとも無謀な形式の抵抗」と呼んだ事件が発生したのもイランだった。フーコーによれば、「イスラームは単なる宗教ではなく生き方の全様式であり、歴史と文明から切り離すことのできぬものであり、何億という人類にとって巨大な火薬庫になる可能性が十分にある」[51]。イランのイスラーム革命は、民主主義政治が不在の場所でムスリムたちが、近代化と世俗化の正当なチャンピオンであると国内と西洋に向けて自称する専制的かつ堕落した統治者たちに挑戦するために、イスラームのテーマである犠牲と殉教をどのように用いることができるかを示す格好の例だった。

ヨーロッパの植民地になったことは一度もなかったが、石油の豊富なイランは十九世紀来、英国とロシアの帝国主義者の手で牛耳られていた。アフガーニーも一八九一年の大規模な反帝国主義運動を目撃している。そして第一次世界大戦後さまざまなことが次々に起きる。オスマン帝国の大部分を小分けにすることに不満だった当時英国の外務大臣、ジョージ・カーゾンは、彼を早い時期から追いかけていた伝記作家ハロルド・ニコルソンが書いたように、「神はみずからの手で英国上流階級を、神意を実現する道具として選び出した」と確信していた。イランのナショナリズムは、このような海外からの露骨な干渉を背景に、二十世紀の前半を通して強まった。そこに火がついたのが一九五三年、英国情報機関の職員と協働していたＣＩＡが、西洋側の石油権利を国有化すると威嚇するモハンマド・モサッデグの、選挙で選ばれたナショナリスト政府を転覆し、シャー・モハンマド・レザー・パフラヴィーを復位させた瞬間だった。西側の後援を得た専制君主を冠に据えたイランは、脱植民地の時代にありながら退歩しているように見えた。シャーは西側の後援者に対しイラン国内にいるすべてのナショナリスト、社会主義者、自由主義的組織を切り崩してくれるように要求したが、これが結局のところ、むき出しのイスラーム主義運動へと道を開くことになる。

脱植民地化を果たしたほとんどの国で、民主主義と共和主義が知識人たちだけでなく一般大衆をも感化していた時期に、シャーを抱くイランは自国市民を政治から遠ざけようと懸命だった節がある。国家建設のイデオロギーの代わりに、パフラヴィー体制はペルシア愛国主義、シャー礼賛、イスラーム前のイラン史を美化したものを取り混ぜて国民に提供した。だが、伝統重視の民衆も、力を増し始めた中産階級も気に入らなかった。大半が農業従事者である国民にシャーが押しつけた農地改革、工業化、都市化という一連の壮大な計画は、いっそう大きな不満を招くだけだった。イランを二十世紀に押し出そうとする試みは、わずかばかりの中産階級を生んだが、何百万という人々を伝統的な田舎の家から追い出し、退廃した都会の暮らしへと追いやった。都市部の少数のエリートが豊かになり現代の消費者経済の仲間入りをする一方で、格差が広がっていった。

一九六〇年代初頭、イランの知識人たちは、新たな序文をつけてアフガーニーの著作を再出版し始める。アフガーニーは七〇年代のテヘラン大学の急進派にとっての英雄であり、左寄りの学生が敬愛していたマルクス、毛沢東、チェ・ゲバラなどの偶像に対してイスラーム側が押し出すエースなのだった。「居眠りしていた東洋で最初に覚醒の声を上げた男[52]」と、アリー・シャリーアティーは一九七〇年に表現した。アフガーニーのような男たちの腹の底からわき上がる反西洋主義を土台にして、イランの知識人は七〇年代の終わり頃までに、そこへ至る二世紀のあいだに西洋各地で起きた革命が生み出し、西洋の帝国主義によって拡散された産業資本主義、官僚的国民国家、マルクス主義といった政治・経済体制とイデオロギーを体系的に批判するようになっていた。

イラン人知識人たちのなかで傑出していたのがジャラール・アーレ・アフマド（一九二三―六九）で、彼の新造語「ガルブザデギ（西洋かぶれ）」〔ガルブ＝西洋、ザデギ＝打ちのめされた〕が一九六二年に出た同名の本によって人口に膾炙する。同書はガンディーの『ヒンド・スワラージ』のイラン版とでもいったような読まれ方をし、その書名は西欧を軽薄に模倣する病状を指す言葉になった。アーレ・アフマドによれば、それは根無し草の症状なのだった。「支えも伝統も持たず、歴史の連続性もなく、段階を追って変容することもない人々の、人生と文化と文明と思考方法のなかの出来事の総和」(53)。もともと共産主義者で世俗的ナショナリストだったアーレ・アフマドは、国際的経済システムは西洋を富ませ、その他の世界を常に発展不全の状態に置いたままにするよう設計されたものだ、と（七〇年代に誰もが知るようになるマルクス主義的批判を先取りして）言った。東西が均衡したり競合したりの旧世界は、裕福で工業化が進み製品と文化を輸出する国々が、まだまだ貧しく農業主体で原料を輸出し西洋の文化と製品の無力な消費者でしかない国々に威張り散らす世界に取って代わられたのである。発展ということ、それはイランやインドのようなアジアの国によって奇跡的に達成されたとしても、西洋の味気ない消費者の暗黒郷への勧誘でしかない。

そうこうするうちに、イラン原油をコントロールする西側の石油会社がイラン経済を完全に西洋依存型に変えつつあった。石油で稼いだドルを農機具購入費として還流させ、西側は農業の機械化を強制。その結果、農村部の人口が広範囲にわたって収拾がつかなくなるほど都市部へ流れ込んだ。西側とその現地代理人が音頭取りをした工業化は地方の手工業も破壊し、大量の失業者を発生させた。アフガーニ

―の溜め息に似ているが、アーレ・アフマドも、イラン人が海外ニュースをロイターのような信頼性に欠けるフィルターを通じてしか受け取れぬこと、そして西洋化した根無し草世代や西洋から帰ってきたイラン人が西洋列強の小間使いに成り果ててしまったことを嘆いた。

最初、アーレ・アフマドは、「西洋かぶれ」への対処法として学生たちを、西洋ではなく、日本やインドへ留学させることを考えた。東洋かぶれのイラン人を育てて西洋かぶれのイラン人とのバランスをとろうとしたのである。こういう考えのなかにイスラームが入り込む余地はなかった。だが、一九六二年に新生国家イスラエルを訪れた彼は、共有された宗教の上に築かれた政治的連帯の力強さに打たれた。「私は東洋人の一人として、西洋との対処の仕方としては、数ある方法のなかでもイスラエルのやり方が好ましいと思う」と彼は日記に書いた。(54) イスラエルは、自分たちの宗教的・文化的アイデンティティを失うことなく、自分たちの国を近代的な独立国家にしたのである。それがトルコなどとは違うところだった。アーレ・アフマドは、イランの経済・政治問題に対処するに際して、イランならではの独自の方法を編み出す重要性を身にしみて感じ始めていた。西洋かぶれに対しては、イスラーム・シーア派の考え方が最適のワクチンであり、それを処方する最適の医者はウラマーであると考えた。彼の考えでは、イランでは聖職者だけが西洋にかぶれない人々であり、したがって世俗的知識人とつるむことのない。彼らは学者だが、大半は下層階級の出身で一般大衆と同じ言葉を話し、だからこそ信頼も置けた。もちろんアーレ・アフマドの念頭にはタバコ・ボイコット運動があった。アフガーニーが聖職者とナショナリストの知識人の同盟を図る役割を受け持ち、彼らがイランの一般民衆を大衆運動に駆り立てた運動である。

一九六〇年代初頭、シャーによって投獄されたメフディー・バーザルカーンは著名な科学者で、のちに一九七九年のイラン革命のあとアーヤトッラー・ホメイニーから初代首相に任命された。彼はインドにおける解放運動の歴史について書いている。バーザルカーンはアフガーニーとムハンマド・イクバールを尊敬していたが、英国にあらがうガンディーが率いた大衆運動のなかで大衆が共有していた宗教性の果たした役割に、とくに注目していた。それはこのように始まった、と彼は書く。「大衆運動は、心と魂の革命と信念によって開始され、そこにはまじり気のない精神的な力がともなっていた」。そして、「その運動は教養ある階層の心に浸透し、リーダーと共鳴者を生み出していった」[55]。インドもイランと同じように西洋かぶれ状態ではあったが、バーザルカーンにしてみれば、知識階級のみならず一般大衆も夢中にしたガンディーというカリスマ的人物を抱いて西洋支配から身をもぎ離した実例は、宗教をてこにした革命的変化を夢見るイラン人にとって霊感に満ちた手本なのだった。

パリで教育を受けたアリー・シャリーアティーはさらに先をゆき、シーア派イスラームを大衆動員を可能にするイデオロギーのように仕立て上げる方向へ進んだ。アーレ・アフマドと比べると知的厳密さを欠くシャリーアティーは、西洋に支配されたイランをもっと感情的に描写した。

友よ、僕は世界の半分をコントロールする体制と顔を突き合わせた社会に生きている。ひょっとすると、半分どころではなく全部かもしれないが。人類は新しく築かれた奴隷の砦《とりで》へ引き立てられていく。もちろん僕たちは肉体的な奴隷ではないけれど、僕らの運命は君たちの運命より悪いに決まっているのだ！ 僕たちの考えも心も意志の力も、すべて隷属状態にある。社会のためになるという口実で、教育、芸術、性の解放、金銭的自由、開発欲、個々人の愛、目的達成の確信、人道的責任への信念、意見を同じくする者同士の信頼などがすべて、僕らの心のなかから奪われてしまった[56]。この体制のせいで僕たちは、注がれるものは何でも受け入れましょう、という空っぽの壺になる。

シャリーアティーはアフガーニーの積極的な政治活動を高く評価していたが、保守的支配層にあまりに頼りすぎていたこと、若い一般大衆が持つ大変革を引き起こしうる力に気づいていなかったこと、そうした点で彼を非難していた。フランツ・ファノンやチェ・ゲバラの翻訳も手がけたシャリーアティーは、彼らの従来型の帝国主義批判を延長して西洋の世俗的救済のイデオロギー、社会主義と共産主義をつるし上げるところまでいった。彼がインスピレーションを得たのは、イスラーム思想家のなかでもサイイド・クトゥブ、イクバール、アブルアーラー・マウドゥーディーたちで、彼らの著作は一九五〇年代にペルシア語に翻訳され始めていた。「マルクス主義自体が、この同じ西洋の歴史、社会の仕組み、文明的視点から出てきた嫡流の産物なのである」と、彼は否認の対象である西洋をあしざまに言う[57]。

シャリーアティーは、西洋由来の歴史的決定論にシーア派の伝統である千年王国説を結びつけ、それをイスラームの解放思想として主張しようとした。シャリーアティーや博識な聖職者・活動家であるモルタザー・モタッハリー（一九二〇—七九）などは、個別の「政治戦略」から「党派の宣伝と組織化の伝統的手法[58]」まですべてを提供したシーア派のイマームたちの歴史を引いて、一九七九年のイラン革命の知的基盤を固めたのである。

最終的には、堕落し抑圧的になってきたシャーをアメリカ利権の手先と見る大半のイラン人が、信仰を通じた政治的改善を求めるようになった。喪失、孤独、混沌を体験した都市部のムスリムたちは、イスラームから遠ざかるどころか吸い付けられていったのである。しかしシャーは、当時流行していた仮説に沿い、情け容赦のないやり方で独裁体制を築こうとして国民をさらに離反させてしまう。その仮説とは、アメリカの社会科学者、サミュエル・ハンティントンが概略を述べたように、近代化の途上にある第三世界諸国の未成熟な民主主義は、政治的安定ではなくむしろ混沌を生み出し、法の支配と経済的・政治的発展の可能性を損なうことになる、という理屈である。

ついに一九七〇代終盤のイランで抗議行動が勃発すると、国家側に属さない主要な社会政治組織は、世俗的な共産主義者やナショナリストから宗教的過激派まで、すべてがこれに参加した。アメリカの後ろ盾を得たシャーに対する憎しみで結びつけられたデモやストライキへの参加者が、大量に姿を現した。だが、シーア派イスラーム独特の、かつ反帝国主義的な語法を巧みに駆使して抗議するひときわ目立った人物は、六〇年代にバーザルカーンが夢見たカリスマ的偉人、アーヤトッラー・ホメイニーであった。「イスラームとは、真理と正義にみずからを投じた戦闘的個人の宗教である。自由と独立を欲する者たちの宗教である。帝国主義と戦う者たちの学びの場なのである[59]」

ホメイニーは、一九七九年の凱旋帰国から数週間後に行われた国民投票で、圧倒的支持を得た。イラン人の九九パーセントが自分たちの国がイスラーム共和国になることを望んだ。シャリーアティーは六〇年代のフランツ・ファノンの言葉をこう言い換えた。「友よ、ヨーロッパを捨て去ろう。吐き気をもよおすようなヨーロッパの猿まねはやめよう。人間性について偉そうに語りながら、人間を見つけるやすぐ破壊する、そんなヨーロッパには別れを告げよう[60]」。革命的イランは、シャリーアティーのような反西洋過激派たちの非現実的な夢を実現してくれるかのようだった。聖職者たちは、ストレートに宗教的な言葉を使ってイランの大衆を自分たちの側に引き込もうとしていたが、宗教的問題だけをテーマにしていたわけではなかった。二十世紀のムスリムにとって暗黒であった時代にムハンマド・イクバールが書いた詩、「悪魔の議会」のなかで悪魔はこう語る。

この共同体がもはやコーランを大切にせぬことは承知している

彼ら信心深き者たちの信仰の対象は、今や資本主義なのだ。

私が知っているのはそれだけではない、東洋の夜は真っ暗なのに
信仰の守り手が、もはやモーゼの白く輝く手を持たぬこと。
だが現代という時代の要請として
ムハンマドの正しき道が人々の前に明かされてしまわぬか
それが恐ろしい[61]。

それがまさに起きようとしていた。イランの聖職者たちは、財産所有権の改正を提案し、富裕層の財産を接収し、外国企業と外国軍からの自由を確保し、際限なき消費をコントロールし、貧しい者たちへ社会福祉を約束するために、左翼的意図を込めた歴然たるイスラーム的語彙を駆使した（左寄りの二人の主要な知識人、ジャラール・アーレ・アフマドとアリー・シャリーアティーの父親が聖職者だったというのは偶然ではない）。

時の経過とともに明らかになったのは、ホメイニーがシャーの独裁的国家体制をほぼそのまま維持したことだった。政治に精神性を反映させるどころか、要職に聖職者をつけ、シャーのやり口と同じことを始めた。秘密警察の活用をはじめ、拷問、処刑という手段を実際の敵対者および仮想の敵に対して使ったのだが、そのスケールはシャー時代よりも大規模だった。（メフディー・バーザルカーンは、聖職者による専制政治が忍びよることに反対して政府を離れ、イランの新体制を相手に勇猛果敢な批判者になった。）イラクとの長期戦（一九八〇―八八）は西側の支援を受けたサダム・フセインが引き起こしたものだったが、イラン国内では宗教的過激派による国家権力の把握を堅固なものにした。

革命初期に見られた熾烈さは、それ以降薄らいでいく。体制は正当性維持のための恐怖政治よりも、

石油収入に支えられた経済発展と識字向上運動に重きを置いた。そして体制内には改革的動きも現れる。知識人のアブドゥルカリーム・ソルーシュはアリー・シャリーアティーがイスラームをイデオロギー扱いしたことを否認し、「イスラーム的世俗主義」を求めた。ソルーシュは民主主義を擁護する「緑の運動」に大きな影響を与えた。イランのイスラーム界の世代交代は、一九九〇年代と二〇〇〇年代に二度大統領に選出されたモハンマド・ハータミーの登場によって、説得力のあるかたちではっきりと示された。「文明間の対話」を強調し西洋が持つ肯定的側面を容認する人物ではあったが、ハータミーは西洋文明がすでに「力尽きて老衰し」、その支配力維持のために「新植民地主義を新しい時代でも使えるように」していると考えていた。[62]経済開発のためにはイスラームの価値を捨てて西洋の価値を取り入れなければならないと言う西洋化した第一世代ムスリム・エリートの基本原則が、今日チュニジアから新疆までの広範囲で信用を失い、イスラームがムスリム世界内の権威主義的体制に歯向かう抵抗の中心になっているのは、イランで起きたイスラーム革命によるところが大きい。

ハータミーの後継者マフムード・アフマディーネジャードは、ポピュリスト・ナショナリズムの勢いを、政治意識の高いムスリムにはおなじみの難物イスラエルへ向けさせ、荒削りな自分の意見を発信した。彼は中東全域にはびこる反西洋勢力を支援し、イスラーム体制に反対の立場を含め、さまざまな政治的見解を持つ各界から支持を受けた彼の原子力へのこだわりによって、イラン・ナショナリズムの根強い感情を巧みにあやつった。

西洋に対する敵意は世界的規模に広がり、過去二十年のあいだにアル・カーイダやその姉妹組織が、これを劇的な暴力行為へ転化させる。モロッコからスマトラ、そして新疆からモザンビークまでの戦士たちが、西洋化したエリートが自分たちのやり方を一般大衆に乱暴に押しつけた例としてのもうひとつの国アフガニスタンに、居心地のいい居場所を見いだしたのは偶然ではない。一九七〇年代にアフガニスタンの共産主義政権はソ連の支援を受け、人々を伝統的な文化からもぎ離し、西洋化した都市部へ送り込んで仕事に就かせ、封建的で後進的だった社会を大急ぎで容赦なく近代化しようとしたのである。これには多くの人々が抵抗したが、たった数カ月のうちにカブールだけでも、教育を受けたエリートがその大半を占める一万二千人が反共産主義者と見なされて殺された。また、地方でも数千人が殺害された。

アフガニスタンの破壊というこの恐るべき物語の続きはよく知られるようになった。このあとに続くイスラーム過激派の反動はアメリカによって支援され、その後はパキスタンのイスラーム主義独裁者、ズィヤーウル・ハック将軍とサウジアラビアの支援を受け、イスラームの長い歴史上初めて、世界規模での聖戦へと入っていく。ムスリムのいるところでは常に、サウジのオイルマネーがワッハーブ派のモスク、マドラサ、聖職者に注ぎ込まれた。道徳なき西洋が作り出した信仰不在のイデオロギーであるソビエト共産主義に対する勝利は、イスラーム過激派を勇気づけ、彼らの反西洋行動計画は拡大していく。

パキスタン、エジプト、アルジェリア、チュニジアなど多くの国々で、イスラーム主義者は西洋帝国主義者に対する民衆の反発をはっきりと代弁してくれることが多く、それゆえに脱植民地化後のエリートとして強力な支持を得た。彼らはナショナリストであり社会主義者であると主張していたが、結局は腐敗した横暴な連中だということが判明する。イスラーム主義者もまた、パレスチナ難民の苦境を訴え、中東におけるイスラエルの存在はムスリムのプライドを傷つける永続的な愚弄であるとアピールした。しかし、イスラーム主義者たちを国境を越える共同体として束ねたのは、アフガニスタンで十年間にわたってソ連を相手にした聖戦のあいだ、ともに訓練し戦った経験なのだった。それによって彼らの敵が以前より明瞭に定義されることになった。それは、共産主義者も資本主義者も等しく加担していた西洋の物質主義的・帝国主義的文明である。さらにまた、世界をカリフによる統治下に置こうという夢をかき立てることにもなった。一九九〇年代には、アフガニスタンで訓練を受けたイスラーム主義者たちは、それぞれの母国にいる西洋化しかつ西洋化を推進するエリートに対して聖戦を宣告したが、無残なまでに弾圧された。

多くの小集団や共鳴者が、各地の暴君や西洋と結託した者たちに対する共闘のもとで団結する。アブ・ムサブ・ザルカーウィーはその後イラクのアル・カーイダの首領として、その残忍性ゆえに悪名を馳せることになるが、ヨルダンで王制打倒とカリフ制の樹立を企てた罪により、五年間収監されていた。ウサマ・ビン・ラディンは、一九九一年のアメリカ主導によるイラク戦争を支持したサウジアラビアに激怒する。ビン・ラディンという名前の過激ワッハーブ派が、アイマン・ザワヒリという名前の、サイド・クトゥブが創始したエジプト・イスラーム主義と結合する。ザワヒリは、西側に支援された世俗的な長期独裁政権が牛耳るエジプトからの亡命者で、ビン・ラディンの副官になる。彼らはクトゥブのイデオロギーを継承する者たちで、クトゥブが聖戦の発想を与えてくれたという(「前衛」革命運動の考えはマウドゥーディーに負っているとする)。確かにクトゥブは世界を舞台にしたイスラームと西洋の戦いを予言しており、ムスリムに対し、消極性を捨てて神の意志を成就することのできる自発的な個人たれ、と勧告した。だが彼の熱狂的な追随者は、恩師の主張をはるかに超えて、ムスリムを含む一般市民まで標的にした。自分たちの国の政権転覆に失敗し、親西洋のイスラエル、インド、ロシアなどの国々がパレスチナ、カシミール、チェチェンの信仰厚き者たちに加えた残虐行為のニュースに接し、彼らは誰もが知る傀儡師《くぐつし》のアメリカを攻撃することに決め、世界を舞台にしたイスラーム対西洋の闘争の幕を切って落とす。一連の試みが失敗に終わったあと、二〇〇一年九月十一日、戦士たちはついに成功を手にした。

振り返ってみると、あの攻撃を率いたのがカイロ出身の過激化した若者だったという点には、絵に描いたような奇っ怪さがある。モハメド・アタは、ここ数十年のムスリム諸国に見られる主要な趨勢をすべて体現したような男だった。人口の急増、都市化、そして独習イスラームの増加である。イスラームの独習は、内密性と政治的動機だけでなく過激性も帯びやすい。多くの国々、とくに近代化に失敗したか、そもそも適切に試みられなかった中東と南アジアにおいて、何億というムスリムが、来世に託す夢としての宗教的・政治的復讐を、長いあいだ胸に秘めていた。西洋が規定した近代世界への仲間入りを試しては失敗してきた彼らは、根無し草になっただけでなく西洋を憎むようになった。彼らの暮らしをめちゃくちゃにし、深く傷つけた張本人である西洋を。そういう状況を考えれば、九月十一日に大量殺人をなした悪辣な犯人たちが、無数の暗黙の支持を得たことは驚きでも何でもない。モーシン・ハミドが書いた小説『*The Reluctant Fundamentalist*（いやいやながら原理主義）』のムスリムの語り手は、世界貿易センターの崩壊を思い起こすシーンで、広く共有された感情を再現している。「私はほほえみました。そう、人非人だと言われるでしょうけどね。私の最初の反応は、うれしくてたまらないという感じだったんです」

イスタンブールのトルコ人に見られた、これと類似の歓喜の気分に注目して、オルハン・パムクは「西側の世界は、世界人口の大半が経験しているたとえようのない屈辱感にほとんど気がついていない」と論じる。「西洋に突きつけられている問題は、どのテロリストが爆弾をどのテントに、どの穴ぐらに、あるいはどの町のどの通りに仕掛けようとしているか嗅ぎ出すことだけではなく、西側世界に属さぬ、貧しくて愚弄された『正しくない』大多数を理解することでもあるのだ[63]」

とんでもない誤解に基づく「対テロ世界戦争」は、それよりも大きな紛争の引き金を引いてしまった。パムクが懸念したように、それは「イスラーム諸国と世界の貧困地帯に住む多くの人々、すなわち屈辱と劣等感を感じざるを得ないような状況にいる人々が、西洋に抱く敵意[64]」を先鋭化させたのである。その昔、西洋がアジアで犯した多くの内政干渉を知ってか知らずか、二〇〇二年のブッシュ政権はその猿まねのように、「世界の隅々に民主主義、経済開発、自由市場、自由競争」をもたらすことを誓った。だがその任務は、歴史から学んだ気配がない一方、悪い冗談のつもりでもなかったようだが、たちまちにして現地では猛烈な抵抗に遭い、世界中から非難の声を浴びることになった。とくに、何十万という人命を奪った二〇〇三年の米英によるイラク侵攻は、非常に広範な地域のムスリムを過激化させることになった。アフリカ、ヨーロッパ、東アジアを新たに闘争の舞台として、対テロ世界戦争は本格的な「文明の衝突」を引き起こしてしまった。ピュー研究所が行った調査によると、「二〇〇六年の時点でムスリムが多数を占める国々の多くの国民は、アメリカと西側諸国の特徴を『暴力的』『利己的』と形容し、敵意を抱いていた」。

こうした西側に対する憤激は、イラクとアフガニスタンに対する西側の介入を動機づけていたイデオロギーの希薄化とともに、それ以降、緩和されてきている。介入の目的は、自由と民主主義を広めるというよりは、メンツの維持が主眼になってしまった。とはいえ大多数のムスリムが今日共有しているのは、西洋はイスラームに対する多くの侵略戦争で敗北を重ね、その過程において自己破綻してしまった、という確信である。この確信は、国際的イスラーム説教師の士気を高めている。テレビ伝道師、ユーチューブのビデオ、ウェブサイト、説教の録音などを通して広められた彼らのイデオロギーは、彼らの出身地域の人々だけでなくヨーロッパに移住したムスリムたちのなかにも多くの受け手を生み出しているようだ。それどころか、西洋にいるムスリムに千年王国説が特別な訴求力を発揮している。彼らは、自分たちを受け入れた国が政治的にも道徳的にも失敗していると確信し、自分たちを囲む世俗的環境のなかで道徳的・宗教的権威の新たな源泉としてイスラームに希望を託しているのである。

経済のグローバル化はムスリムにほとんど利益をもたらさなかったが、逆説的ながらグローバル化による時間と距離の短縮のおかげで、イスラームに古くからあるイスラーム統一の思想が勢いづいた。そしてまた、ムスリム諸国の多くの人々にとって、ナショナリズムの失敗は国際的なネットワークが一国主義に優先することを意味した。ワッハーブ派イスラームは拡張を続け、遠くマレーシアやインドネシアまで入り込んだ。サウジアラビア系イスラームの厳格な宗派が、新しい電子メディアを通じて、パキスタンの中産階級の下部に支持層を広げ続けている。革命イラン——だけでなく政治的イスラームは総じて——イラクとレバノンの内政に大きな役割を果たしている。エジプトやチュニジアのように、総人口に占める若年層が圧倒的に多いアラブ諸国では、目下議会制民主主義の構築が図られている。想定外とは言えぬ失敗に直面すれば、またイスラーム過激派の思想と組織に世代交代による変化が起きるだろう。イスラームは、いつ爆発してもおかしくない、巨大な火薬庫のままなのである。

国民国家の勝利——瀕死の病人、トルコの復活

力強い近代国家への転身を果たしたトルコは、ムスリム世界の過激と混沌という大きな流れからは無関係だったように見える。それどころかほとんどの場合、先手を打って回避してきたような印象さえ受ける。西洋による領土侵入と主権侵犯に直面したトルコは、十九世紀初頭、タンジマート改革を通じて近代化の産みの苦しみに耐えた。多国にまたがる帝国という贅肉を落とすことができたのは思いがけぬ幸運だったが、西洋主導の世界秩序に沿った存続を確実なものにしつつ、引き締まった国民国家に生まれ変わることができた。

この自力更正を可能にしたのは、旧来のスルタンや高官ではなく、教育程度の高い、世俗志向を持ち活気あふれる新支配階級だった。その中心人物は一人の陸軍将校、ムスタファ・ケマル「アタテュル

ク」、第一次世界大戦のさなか、そして戦後も欧州列強に対抗し続けたトルコの英雄である。オスマン帝国のヨーロッパ領に生まれ、彼と同世代の教養あるトルコ人にとっては一般的なナショナリズムと科学の単純な考え方に接したアタテュルクは、一九一八年にこう回顧した。「私たちの社会生活のなかに、不意の一撃のかたちで社会革命を起こしたかった」[65]。彼が三十代の後半になるまでトルコのイスラーム保守派の心臓部、アナトリア地方にほとんど行かなかったことは彼の行動を容易にし、一九二二年に権力を握るや彼は迅速果敢に動いた。一九二四年、彼はイスラームの権威の象徴的地位であるカリフ制を廃止する。その翌年には宗教的組織や学校を閉鎖。一九二六年にシャリーアを西欧の法体系で置き換え、イスラームを国教の地位から引き落とすために、一九二八年に憲法を修正する。伝統的習慣に対する猛烈な攻撃はさらに続き、アラビア文字を廃止してラテン文字に換え、礼拝の言葉もアラビア語からトルコ語にし、そしてトルコ帽やヴェールなど、イスラーム文化を象徴するものを禁止した。

オスマン帝国のスルタンが自分たちの統治期間終了間際の十年間に復活させた聖なる地位、カリフ制が終わりを告げることに全世界のムスリムは衝撃を受け慄然とした。彼らはトルコの統治者が自分たちを率いて、異国の邪宗徒に対して勝利を収め復讐を果たすことを期待していたのだった。だがアタテュルクは、西洋に対して脆弱な国民国家トルコを強化するためなら平然と汎イスラーム主義を利用する人物だったが、そのような期待にはもはや耳を貸さなかった。彼にしてみれば、トルコがムスリム共同体の精神的リーダーになるという考えは非現実的だったのだ。どうすればムスリム人口わずか数百万のトルコが、依然として西洋の支配下にあるインドやマレー半島の内政問題をさばくことが可能だと思えるのだろうか？　彼が思い切った処置をとった背景には、オスマン帝国の統治者が試みた改革に抵抗した聖職者に対する青年トルコ党のいやますいら立ち、アブデュルハミト二世自身が汎イスラーム主義に不毛な関心を示したことなどがあった。アタテュルクは一度こんなふうに口を滑らせた。「イスラームなどというものは、砂漠の放浪者のばかげた信仰で、われわれの暮らしを毒する腐った死体なのだ」

アタテュルクは近代化を大規模な世俗化・西洋化の同義語であるととらえており、西洋の衣服の普及とトルコ音楽の「改良」のために信じがたい労力を払った。彼の養女の一人は空軍の制服に身を包んでクルド人の反乱軍を爆撃し、「共和国の」模範的女性として祭り上げられた。彼は単純に、いずれは科学が宗教を克服し、ナショナリズムが浸透してトルコのムスリムにも新たなアイデンティティを授けてくれるだろうと考えていた。とはいえ、イスラームの過去の栄光をぼんやりと夢見、神の恩寵を請い願い、不幸の原因は西洋にあると独善的に非難するアラブ人とトルコ人の相違は非常に大きかった。ムハンマド・イクバールのような新伝統主義者からは批判を受けたアタテュルクだったが、当然のごとくムスリム世界の近代化推進者たちのなかには多くの熱狂的崇拝者がいた。ナセル、イランのシャー、ジンナー、スカルノなどがアタテュルクにあやかりたいと望んだ。

彼は、目的論的ないしは目標追求型の歴史を信じる西洋人のなかに、さらに有力な信奉者を得た。彼らは、非西洋国は世俗化や立憲民主主義という西洋の専売特許を活用しつつ、西洋と一体化すること（あるいはそう強制されること）以外に選択肢はないと信ずる者たちだった。近代トルコについての研究で名をなしたバーナード・ルイスは、イラクもトルコのように力尽くで近代的民主主義の仲間入りをさせることができるという幻想を胸に、ブッシュ時代のホワイトハウスに両手を広げて迎え入れられた。

だが、こうした保守的な西側の考え方――そのなかでトルコはイスラームのしがらみを断ち切ってすみやかに近代化を達成した――は、多くの不都合な事実を隠している。アタテュルクとその他トルコの革命家たちはひと握りのブルジョア・エリートで、その多くは海外で教育を受けており、トルコの社会を近代化・世俗化した彼らの軍事技術は、また別の世俗的な軍事エリートとブルジョア・エリートに力を与えた。トルコの一般民衆の大半はアナトリア地方に集中する農民で、イスラームを放棄していたわけではない（国策としての強引な世俗化プログラムにもかかわらず、チュニジア、アルジェリア、そしてとくにイランの大衆も同様だった）。振り返ってみると、近代化推進者たちはイスラームを完全に放擲したわけではなく、独特なトルコ史の新局面に合わせて新たな船出をさせたのだった。

彼らは、たとえばタンジマート改革派にとってすら頑固な障害になっていたウラマーなど、イスラームの古臭い、巻き爪のような厄介な多くの側面を捨てた。しかし、宗教的感情が弱まることはなかった。トルコ政府は、この事実を甘受したかのように、一九四〇年代後半に宗教教育を再導入し、トルコ人たちのメッカ巡礼とスルタンや聖人たちの聖廟参拝も元どおり許可された。一九六一年以降、間欠的に権力を握った軍事政権も、とりわけ一九八〇年のクーデターのあとは、トルコ一般大衆の基本的にイスラーム的な性格に譲歩した。大規模な民主化は常にアナトリア地方の伝統を重んじる大衆に力を与え、古いタイプの、世俗的ではあるが横柄な支配階級を排除する結果になった。一九九〇年の半ば以降、公正発展党（AKP）の台頭とともに生じたのはそうした状況である。

西側はこのような展開を、トルコの「再イスラーム化」として警戒し冷笑する。穏やかな言い方をするならば、上からの国家変革の過程で長いあいだ黙従してきた大衆の一部がやっと自分たちの声を見いだした、ということになるだろう。そこには敬虔さがあり、アタテュルクによって禁じられたイスラームのシンボル（ヘッドスカーフなど）を尊重しようとする一方、トルコも主要国のひとつである世界経済の参加者としてとどまろうというものである。

インドの詩人、イクバールの作品にはこういう一節がある。「朝のそよ風は、今も庭をさがしもとめている／アタテュルクに囲われた東洋の魂は、今も宿るべき肉体をさがしもとめている」(66)。彼は一九三〇年代初期にトルコが行った〔民主主義の〕実験を、余裕をもって楽観的に見ていた。

トルコだけが知的自由の権利を主張した。トルコだけが理想から現実へ移行した。この移行は強烈な知的・道徳的な奮闘をともなうものだった。流動性と広がりをもたらす生き方は間違いなく新たな状況を導き、そこでは新しい観点が生まれ、さまざまな行動原理も新鮮な解釈を要求される。(67)

こうした期待のいくつかは現実のものとなった。トルコは、ムスリム国家のなかで最初に自前の近代性モデル、西洋に依存せぬどころか西洋に対抗するかに見えるモデルを発展させた国である。そのうえ、このイスラーム的近代性は、それまであちこちによくあった純粋夢想に基づくものではなく、生きた体験に根ざしたものだった。西洋思想の重要性は変わらなかったが、今や全体を鵜呑みにするのではなく、その有効性で品定めされることになった。西洋を前にした卑屈な態度は、心機一転トルコ人であることのプライドに取って代わった。トルコ最初の公然たるムスリムとして首相になり、AKPのリーダーたちにとって初期の指導者であったネジメッティン・エルバカンは一九七〇年に、トルコが西洋の物まねをしていた数十年を揶揄した一文を著した。

このようにヨーロッパ人は、われわれに手当たり次第何もわからぬまま彼らをコピーさせ、そうすることでわれわれをこの猿の檻に閉じ込め、その結果、われわれは人格と気高さを失うはめになった。つまり、彼らの成功の秘密は、われわれのなかから劣等感を抱えて自分にうんざりした連中を雇い、手下として利用したところにあり、こうして何世紀にもわたり十字軍や外からの攻撃に負けることのなかったトルコ人を屈服させたのである。(68)

他地域のムスリムにとってトルコの成功は、西洋の近代性に適合しようとした場合に生じる問題に

「イスラーム的」解決法が有効であることの証左であり、このユニークな達成の地政学的な意味はきわめて大きい。みずからの体験を踏まえて、トルコはタンジマート推進者をずっと悩ませていた疑問に高らかに答えた。ムスリム国は西洋文明の一員と認めてもらえる程度まで近代化を進めることができるだろうか？アタテュルクの孤立主義的ナショナリズムは、トルコを意義ある唯一のクラブの一員にしようとする決意を反映していた。近隣のムスリム諸国とは距離を置きつつ、トルコはNATOの信頼に足るパートナーとして自分を売り込んでいく。冷戦期にはほかの反共同盟に参加し、全世界のムスリムのつまはじき、イスラエルとも親しくなった。

しかしトルコは、昔の明治期日本が経験したように、自分たちのクラブの正式メンバーには入れたくないという、人種差別を動機とした西洋の邪険な扱いについに直面してしまったのかもしれない。欧州連合への加盟努力がはねつけられたり、ヨーロッパでムスリム移民に対する反感が高まりを見せるなか、トルコが怪しみ始めたのは、近代化したイスラームは西洋に順応したと思われるけれども、やはり西洋は自己像の一部としてイスラームを受け入れることを嫌がっているのではないか、ということだ。

トルコが昔から抱いてきたこの地政学的野望の挫折は、地理的運命の自己評価の遅れ、あるいは長期間中東の支配者だった歴史と重なっていた。経済的なつながりが強くなるにつれ、トルコはアラブ中東およびイランと結びつく。トルコ国民のなかにわき上がる汎イスラーム主義の感情は、イスラエルとの外交上の対決をもたらす。二〇〇三年のイラク戦争の際、有利な取引条件をオファーされたが、トルコは自分の土地をアメリカ軍に使わせることを拒否した。西側の対イラン制裁体制にも反対した。ここから生まれたひとつの結果は、ナセル、サダム・フセイン、ヒズボラのハサン・ナスルッラーフのあと、アラブの街路に渦巻く猛烈な反西洋感情が、AKPの党首で首相のレジェップ・タイイップ・エルドアンに礼儀正しく託された、ということだ。一世紀近く続いた西洋式近代化のあと、イスラーム主義的リーダーのもとで、トルコ人の頭上には汎イスラーム主義の旗が再度ひるがえった。だが、それだけではない。

何百万という人々に初めて選挙権を与えることになった、アラブ世界の全域で行われた選挙では、明確にイスラーム寄りを表明した政党が政権を握った。「アラブの春」が始まる前、すでに多くのムスリム諸国では非世俗的・非エリートの背景を持ったリーダーが新しいイデオロギーと新しい政治を立ち上げていた。世界で最大のムスリム国インドネシアでは、世界最大級のイスラーム教団のリーダー、アブドゥルラフマン・ワヒドが、同国の専制体制から代議政体への移行に助力した。何十年と続く専制支配につぶされてきた政治体制の立て直しに努めるアラブ人たちにとって、すぐ近くのトルコほど明快な手本はなかった。そこでは以前、存在が軽んじられていたたくさんの人たちが、AKPによって政治的な力を得たのである。

およそ一世紀前にアタテュルクは、西洋のイメージに合わせて祖国を作り替えようとしゃにむに働き、ムスリム世界でもっとも先見性のある人物と見なされていたようだ。彼がねらった大規模な世俗化は、基本的には少数の権威主義的なエリートを生み出すことになったわけだが、ムスリム諸国の多くの統治者から高く評価され、模倣もされた。ごく最近では、退任したパキスタンの専制大統領、パルヴェーズ・ムシャッラフがその例だった。ところがトルコが見せてくれたのは、アタテュルクの政治的・文化的実験は部分的にしか成功しておらず、西洋から選択的に拝借してきた近代性を以てしてもイスラームを私的生活の領域に追いやることはできない、ということだ。国民の大多数に社会的・経済的公正を保証することなどは、とても無理だった。それならばと、世俗的でかつ収奪政治を繰り広げる専制体制下で苦しんできた多くのムスリムは、もっとイスラーム色の強い政治形態を試してみようと決意した。市民権とある程度の平等主義を確保してくれる、説明義務を負った政府を望む政治意識の高いムスリムの数が、将来に向けてどんどん増えていくだろう。そして彼らは自分たちの願望を語るとき、世俗的な西洋のイデオロギーにはあまり頼らずに、信徒たちの道徳的共同体に備わっている従来の理想に則して語るだろう。

「中国人民站起来了（中国人民は立ち上がった）」

中国が強靭な中央集権的国民国家になっていく過程は、何千万という非命の死を招き、それ以上の数の人々が迫害され罷免されるという、血なまぐさく収拾不能な過程だった。だがその成功体験が、今日の自信に満ちた中国の根底にある。二十世紀当初、中国にのしかかった重圧は、足もとのおぼつかぬオスマン帝国に悩まされた者たちが受けた圧力に比べたらずっときつい。清朝の崩壊、日本による侵略、孫文の国民党と中国共産党のあいだの長期にわたる内戦、そして中国共産党は、ついには社会進化論以外の見地を持ち出し、強靭な国民国家を築くか朽ち果てるかという厳命を下した。この目標を、彼らは党創始者たちの夢想を超えて達成したが、トルコがやったのと同じように、過去の選択的否認と、世俗的ナショナリズムや共産主義など西洋イデオロギーの流用が、決定的に重要だった。

外国人から次々に浴びせられた屈辱が、中国のナショナリズムを形成した。中国の学童はアヘン戦争時の西洋の蛮行を今でも詳細に学び、そうした教化は実は共産党が権力の座に就く以前から始まっていた。一九二〇年代の教科書では、「アヘン戦争は帝国主義の鋼鉄のひづめの跡を私たち人民の身体に焼きつけたのである[69]」と宣言している。一九三一年に出版された同戦争に関する本では、中国人読者の心に「われわれの共通の敵に対する憎しみ」をあおり立てていることを、隠し立てせずに認めている。後日、毛沢東はこの戦いを「帝国主義に対する国家的戦争[70]」と再定義する。彼は、なぜ革命や国家建設が晩餐会のように品良く進まぬのか、という説明をするときにも、この戦争を引き合いに出した。彼は一九三九年に次のように宣言する。「このような敵を前にしている以上、中国革命は長期的で残酷であらざるを得ない」[71]

一九九〇年、中国軍が天安門広場で非武装の抗議活動参加者を殺戮してから一年後、共産党首脳によって組織された記念シンポジウムでは、アヘン戦争は「われわれ人民を隷属させ、われわれの富を盗み、何千年ものあいだ偉大な独立国であったわれわれの国を、半封建状態の半植民地にしてしまった」と描写され、邪悪な外国人に焦点が当てられた。多くの中国人は、英国がアヘン戦争のあと無力な皇帝から取り上げた香港の租借権が期限を迎える一九九七年を、「一世紀にわたる屈辱」を間違いなく癒やしてくれる日として心待ちにしていた。英国首相マーガレット・サッチャーや最後の英国人香港総督クリス・パッテンなど、これを邪魔しそうな人物は、あるいは見下すような優越感に満ちた昔ながらの英国風の態度が露骨な者は誰でも、ときに底意地の悪い攻撃を受けた。

ミセス・サッチャーが鄧小平からずけずけ説教されたあと、外へ出てきて北京の人民大会堂の階段で転んだ様子を映した写真ほど、英国の弱々しさを中国人の目に焼きつけた（そして中国人の心を浮き立たせた）ものはない〔一九八二年九月二十四日、香港返還交渉時の出来事〕。

一九九七年の引き渡しの日が到来し、そして過ぎていった。英国は撤退し、香港は中国の管理下へ戻った。しかし中国のナショナリズムは一九九九年のNATOによるベオグラードの中国大使館誤爆事件や、その他西洋からの実際の侮辱ないしは侮辱の妄想によって燃え上がり、依然として強烈である。今でも円明園遺跡公園の入り口には、「国辱を忘れるな、中国を再建しよう」という看板がかかっている。

これは初期中国のリーダーたちにとって、言うは易く行うは難しであった。中国の過去の栄光を復興させるという考えは、エリートにとっても大衆にとっても刺激になった。そして最善の方法はというと、厳復、梁啓超、毛沢東などさまざまな思想家が同じ考えをしていたように思われるが、古い王朝国家とその無気力な人民を廃して中央集権的な国民国家に変えることだった。

いろいろな意味で、パリ講和会議での屈辱とその直後に起きた、西洋思想を賞揚し儒教を激しく否認した五・四運動が、マルクス・レーニン主義を中国の思想家と革命家の主要なイデオロギー的展望へと祭り上げることになる。ロシア革命、レーニンによるロシアの中国内領土および特権の自主的廃棄、そしてヨーロッパにおける共産主義者の運動復活など、これらすべてのことが、共産主義の勝利が正当かつ不可避であることを中国の活動家に確信させるのに役立った。

大きな影響力を持つ、レーニンの帝国主義理論は、帝国主義権力の抑圧を受けていた国々で解放運動を呼び起こし、それゆえにマルクス・レーニン主義は、五・四運動世代の強烈なナショナリズムを補強してくれるもののように思われた。献身的な革命家による前衛というレーニンの考え方は、陳独秀や毛沢東のような人たちだけでなく、孫文の関心を引いた。孫文はレーニンの構想に沿ってナショナリスト政党である国民党を組成し、中国のリーダーたちが多数訓練を受けた有名な黄埔《こうほ》軍官学校を、ソビエトの支援のもとに設立した。一九二四年に死ぬ少し前、孫文は革命をつなぎ留める接合剤の必要性を強調した。

> どうして中国人はひと握りの散砂のようなのか？ なぜ盆の上に散らばった砂のようなのか？ それは個人の自由があまりに多すぎるからだ。中国人にはあまりに多くの自由があるから革命が必要なのだ。(…) われわれが盆の上に散らばった砂のようだから、外国の帝国主義に侵略されてし

まった。列強が仕掛けてきた商業戦争にやられてしまった。そしてわれわれに抵抗するすべはなかった。将来、海外からの圧制に抵抗するときは、われわれは個人的自由を克服して堅固な集団にならなければならない。あたかも、ばらばらの砂利に水とセメントを加えて岩のように強固なものを作り出すように。[72]

孫文は、中国における問題は、中国の一般大衆をいかにして革命運動に動員するかであると認識していた。これを達成するために、彼は共産党員と手を組んでみたりもする。一九二四年までに、彼は、自身の政治綱領は中国の経済問題、とくに農地危機によく対処するものでなければならぬことに気づき始めていた。だが彼の死は早すぎ、後継者の蔣介石は自称戦術家ではあったが、土地改革にはほとんど関心がなかった。地主や都市部の金融業者、実業家と手を組んだ彼は、孫文の急進的改革を継続することに失敗し、毛沢東と共産党員がこれを引き継いだ。

毛沢東はこう言った。「農民の支持を得る者は誰でも、中国を勝ち取ることができる。土地問題を解決できる者は誰でも、農民を勝ち取ることができる」[73]。そして、そのとおりのことが起きた。毛沢東が重きを置いた農民動員は当初、党内の教条的マルクス主義者の反発を買った。だが結果的には、土地の再配分や農民を登用した地方政府など一連の農民動員を通じて、毛沢東指揮下の共産党員は中国の農民を革命軍に仕立て上げ、一九四九年には彼らに勝利をもたらしたのである。

子細に検討した結果、西洋側の歴史的仮定に満ちた理論を中国に当てはめようとすると、混乱することがわかった。一例を挙げれば、梁啓超は中国における階級闘争という初期社会主義的思想を批判したが、そこには先見の明があった。西洋において社会主義がこうまで必要とされるようになった原因たる格別な社会的・経済的対立が、中国にはない、と彼は論じた。ところがマルクス主義の教科書に拘泥した共産党員は、中国の過去を不正確にも「封建的」と性格づけてしまった。都市型産業の成長を好み農村生活を低く見る固有の傾向が、中国農民大衆を小ばかにした態度となって現れる。彼らのことを毛沢東は「貧乏でうつろ」と形容した。そして、階級の敵探しが一九三〇年代と四〇年代の、共産党員が国民党と日本に追い込まれた離村における大量虐殺を生むことになる。

組織面からいうと、共産主義者のほうが、二番煎じの儒教を掲げるナショナリストよりもずっとよく機能した。結局、毛沢東が中国共産党の大規模な基盤を地方に築くことができたのも、彼らの組織力のおかげだった。毛沢東はライバルたちと違って、大衆に説得力のある語り口で中国を描くことができた。一九四〇年の『新民主主義論』に、彼はこう書く。

外国の資本主義が中国を侵略し、徐々に資本主義の要素が中国社会内部で大きくなり始めてから、すなわちアヘン戦争から中日戦争までの百年間で、中国は次第に植民地、半植民地、そして半封建的社会へと変貌してきた。今日の中国は、敵に占領された地域では植民地社会であり、非占領地域は基本的に半植民地社会であり、両地域ともに半封建制度が優勢である。(…)まさにこうした支配的な政治、経済および文化のあり方がわれわれの革命の対象なのである。[74]

日本による侵略は、国民党の腐敗と残虐性を助長しただけでなく、毛沢東の大きな目的を達成するのに役立った。共産党は中国の大衆のなかにあった反帝国主義を巧みに利用し、党として日本の敗退に及ぼした軍事的貢献はわずかであったにもかかわらず、中国抵抗組織のリーダーのように映った。階級闘争も、中国社会を再編する上で使い勝手のいい促進剤のひとつだった。彼らは、一九四五年以降も国民党との内戦を戦いつつ、過酷なやり方も交えて農地改革やその他、階級史観に基づいた社会・経済政策を推進した。さらには、こうした組織運営のうまさに助けられて、中国共産党は一九四九年の勝利（国民党は台湾への退却を余儀なくされる）のあと、政治・行政体制をすみやかに立て直すことができ、一九五一年には若い国民国家を率いてアメリカと韓国を相手に大戦争を戦うことができた。

ソビエトと朝鮮の共産軍と組んだ中国は朝鮮半島でアメリカを相手に、一九五三年までに約五十万人の中国人犠牲者を出しつつ、膠着状態になるまで戦った。巣立ち間際の中国にとって、それは冷戦突入前の血なまぐさい通過儀式であり、アメリカが台湾国民党を武装し、この小島中国を国連に加盟させたことで、彼らの百年間の長きにわたる西洋列強に対する猜疑は確たるものとなった。

とはいうものの、マルクス・レーニン主義は中国の現実に理論的に対応できないことが露見したままだった。中国人は過去から背負ってきた後進性によって取り返しのつかぬほど堕落しているから前衛隊から緊急に指導を受けなければならない、という観点（五・四運動を起源とする）は、いささかも中国における政治的民主化を励ますものではなかった。中国が急速な経済成長に向かいつつあるときに、賢明に見える「前衛」に過剰な権力を集中させることの問題は、いやがうえにも明らかになってきた。

できるだけ早く中国を西側に追いつかせようとした毛沢東は、夢のような目標を設定した。たとえば彼は一九五〇年代、英国の工業生産と同じ生産量を十五年以内に達成するよう、同胞たちに求めた。この大失言は次から次へと災難をもたらし、中国は破綻した。食糧不足の結果、一九五九年から一九六一年にかけて飢饉が発生し、三千万以上の人々が死んだ。毛沢東の文化大革命は、少なくとも最初は一九六〇年代に中国革命の新規巻き返しを企図したものだったが、悪い方向へ進み内乱になってしまった。

一九七六年に毛沢東が死んだことで、正統派の共産主義をよりどころにするのではなく、孟子が経済の理想とした公的所有の概念に自由貿易を結びつけたような諸原則に沿って、新しいスタートを切ることができた。かえりみれば、中国における共産主義というのは、中国の大衆を動員し統合するための効果的なイデオロギーであったように思われる。二十世紀初めの中国の活動家は、中国が富と権力を求め近代世界へ乗り出すことを可能にする統一国民国家の建設を試みたが失敗に終わっていた。都市部労働者だけでなく、農民も含めた大衆参加型ナショナリズムを醸成するのに成功したのは共産党だった。彼らは、やる気を失っていた農民に目的と活力を与え、新しい軍隊を組成し、さらには党と行政官を結びつけ、都市周辺から村落まで管理する強力な国家官僚機構を構築した。

こうしたことが、共産主義が中国の現実を無残にも誤解し知的訴求力を失ったにもかかわらず、中国共産党が東欧やロシアの仲間たちのような轍を踏まずに済んでいるらしいことの部分的説明になるだろう。党はもはや教義的正当性を強要することはしないが――それどころか共産主義を儒教の教義である「調和的社会」で置き換えようとさえした――中国の安定、安全、盛運を唯一保証するものとして、その立場は確固としている。

ひとつには壮大な意図から、またひとつには虚栄と悪意と無能から、毛沢東は人民に対して次々に災難を浴びせた。だが今でも、彼の後継者たちが国を統治している。そして、北京という遠い場所にいる統治者の善意と知恵に対する、大勢の人たちの信頼は揺るがない。

一九四九年に中華人民共和国を成立させ、毛沢東はこう語った。「中国人は常に偉大で勇敢で勤勉な民族であり続けた。ただ近代になって落後してしまった。そしてそれはひとえに外国の帝国主義と国内の反動政府のせいである」。毛沢東は続けて宣言する。「人類の四分の一を占める中国人が今ここで立ち上がったのだ」

今読むと彼の言葉には預言者めいた響きがあり、厳復や梁啓超らが夢見た、富と力という古くからの夢が現実であることを立証している。「われわれは強大な陸軍を持つだけではなく、また強大な空軍と強大な海軍を持つようになるだろう」と、毛沢東は一九四九年に確約し、「われわれはもはや侮辱と屈辱を被る民族ではないのだ」と戒めた。それから六〇年が経たぬうちに、歴史は毛沢東の希望を満たしてくれたように思われる。

農村部には依然として膨大な数の不満を抱えた大衆がいる。彼らは労働と納税で都市部の新たな繁栄に大いに貢献しているのに、そこからは冷たく閉め出されている。社会不安、環境崩壊、腐敗などのほか多くの難問は、中国が手に入れたばかりの豊かさの産物でもある。それでも、世界最大の輸出国で、外貨準備高も世界一の中国は資源と市場がいくらあっても足りぬ状態で、世界のGDP成長率を押し上げながら、グローバル経済をますます駆り立てている。西欧とアメリカは中国のご機嫌取りをするしかない。アフリカや南米の小さな原材料生産国は、中国という本家の新たな周縁国となる。かつて中国に敵対的であった国々、日本、韓国、ベトナム、モンゴルなどはその影に身をすくめ、有利な取引を結ぼうと努める。

中国共産党による国家権力の掌握は確固たるままである。彼らは主要産業を管理下に置き、平等主義の美辞を前面に押し出し、外交政策については瞠目すべきイデオロギー的結束を維持し、中国の外向きの顔が間違いなく首尾一貫しているよう留意している。中国には、自由に基づく民主主義を取り入れようとする気配はない。むしろ、彼らの一党支配国家は、サミュエル・ハンティントンが近代化の途上にある第三世界にとって絶対に必要だと考えた政治的安定性を確保してきたようだ。

ここまでのページでわかったのは、個人の権利という概念は近代中国思想のもっとも自由な流派においても深く根づくことはなかった、ということである。近代中国思想には常に集産主義的な志向があった。中国は生き残るために近代的な国民国家になる必要があったわけだが、そのためには民主主義が必須とされていた。「国家の強さとは結局のところ、民主主義から生まれる」と梁啓超は書いた。だが、梁啓超にとって民主主義とは、君主制の私徳の対立概念としての「要するに、公徳」なのだった[75]。

こうした民主主義の公式化のなかで、西洋の自由主義的イデオロギーが大切にする個人の権利は常に、国民の団結と強靱な国家という絶対的要請の下位に置かれていた。とくに二十世紀前半、中国が絶えず外からの脅威にさらされていた状況下では。国家と忠節な庶民という美化された作り話は梁啓超の著作のなかにも見いだすことができるが、「国家の消滅」というマルクス主義の予言にもかかわらず、それは共産党によって念入りに磨かれていく。

梁啓超は、急進的なライバルとの論争の際に、西洋風の自由主義は個人や集団の利益を促進するので、国家の弱体化につながりかねない、と断言している。国際競争という食うか食われるかの場所で自分たちを真摯な戦闘集団にしていく一方、中国にとって必要な体制は、不公平を減らすために経済と労働をコントロールする社会主義国家である、と彼は言った。「私が主張する経済政策は、何よりもまず、資本家が対外競争で最善を尽くせるよう、彼らを励まし保護することだ。この政策のためならば、ほかに考慮すべき事柄があっても、それらは二の次である」。勢いで口を滑らせた感のある梁啓超の予言は、現代中国がその正しさを証明した。その現代中国について、西側はその経済を重商主義であるとますます批判し、全権を有するその政府は、きわめて重要な国策である高度経済成長と政治的安定が脅かされる気配があれば、表現の自由やその他の公民権をすみやかに、ややもすると暴力的に、抑えにかかる。

「その他の地域」の興隆

一八五五年にヨーロッパの活気と進取の気風を褒めたたえて、トクヴィルはこう言い添えた。「ヨーロッパ人種はときに最悪の詐欺師であるが、少なくとも彼らは神が意志と力を与えた詐欺師で、いずれの日にか、人類の首領となるべき運命を授けられたらしい詐欺師なのである。地球上くまなく探しても、彼らの影響に抵抗できるものはいない[76]」。トクヴィルのこの見解は、彼自身の予知をはるかに上回って真実であることが判明した。

白人は、自分たちが背負う重荷を意識しつつ、世界を永久に変えた。世界の多様性を自分たちだけの視点に従属させ、その過程において、外国の土地と人々との出会いはもしかすると豊穣な経験なのに、それを近代西洋政治、経済、文化の揺るぎなき優越性を披瀝する一人自慢に矮小化した。西洋は、自分たちの思想を世界の隅々へ巧妙に輸出しながら、現地人の自信を打ち壊し、政治的、経済的、社会的荒廃を引き起こしたが、その荒廃はおそらく近代性だけではけっして治癒できない。

結局のところ、後進的に見えたアジア人を近代化してやろうという西洋の努力は、真心からだったり利他的だったかもしれないが、称賛や感謝を受けるというよりはずっと大きな敵意を誘発してしまった。自分たちが持っていた昔ながらの社会・政治秩序から追い出され、西洋が支配する世界で尊厳を否定されて傷ついた現地人は、ずっと西洋を同じやり方でやっつけてやりたいと思っていた。それこそが、アンドレ・マルローの予言的な性格を帯びた小説『西洋の誘惑』のなかで、中国人知識人が主張したことだった。「ヨーロッパは、自分たちの服を着ることにしたこの若者たち全員を征服したつもりでいます。しかし、彼らはヨーロッパを嫌っているのです。彼らは世間の人たちがいう『秘技』を手に入れようと待ち受けているのです」[77]。いまアジア人は、そうした秘技の多くを手にした。

テレビとインターネット、そしてとりわけインターネット上の仮想コミュニティの発達は、世界を取り巻く政治的情動をこれまでになく激しくかき立てることに寄与した。ヨーロッパないしはアメリカへの隷属の歴史のなかで育った何百万、いや、おそらくは何億もの人たち――中国のソフトウェア技術者、トルコの大物実力者、エジプトの大卒失業者――は、彼らの昔の主人や支配者という、世界中の出来事を思いのままにする権利に徹底的に固執してきたような連中に屈辱を味わわせてやれるという思いに、言い尽くせぬ喜びを感じていたといっても過言ではない。グアンタナモ米軍基地やアブグレイブ刑務所からの映像、西側の深刻な金融危機、アフガニスタンとパキスタンにおける残酷で無能な軍事行動、これらすべてが西洋の圧倒的な偽善、失敗、萎縮の印象を深めた。

このような西洋の道徳的威信の失墜と東洋の自己主張の強さは、最近の現象であるように見えるかもしれない。しかし本書がここまで示してきたように、優劣の少ない国際秩序の現実化については、西洋の人種差別と帝国支配に基づく序列化、そして国際政治のルールを定める西洋の権利を拒否したアジアの知識人によって、早くも十九世紀にその概略が描かれていた。非西洋社会の歴史的な憤懣と失望は、周期的に勃発して多くのヨーロッパ人とアメリカ人を驚かせたわけだが、ヨーロッパの帝国主義者に奪われた過去の宗教的・政治的栄光の記憶がまだ消えぬアジア政界の中心に、長らく残っていた。

こうしたさまざまな民族的主観が今束ねられて、現代世界が作り直されようとしている。民族的主観を無視することはできない。西洋優位という前提からは、理知的な人々でさえ逃れられずにいる。それどころかその前提は、新聞の論説を日常的に左右し、アメリカやヨーロッパの外交・経済政策立案にも影響を及ぼしている。しかしながら、西側諸国は歴史の流れを左右する力をまだ維持はしていたものの、その他大勢の人たちにしてみれば、とうの昔に道義的権威を、早くも第一次世界大戦の時点で使い果たしていたのだった。だがこの力といえども、評価されることはなく恐怖をあおっていただけだったが、冷戦下での皮肉にも熱い戦争の数々を通じて、だんだんと弱まっていった。西側の敵、共産主義の没落によって力を盛り返すということもなかった。破滅的な「テロとの戦い」によってその力は損なわれ、「ワシントン・コンセンサス」の失墜、すなわち過大評価されていた西側の無規制金融資本主義モデルの失墜によってその信用は大いに失われた。

少数のコメンテーターは希望的観測を述べるけれども、グローバル化が、どんどん広がりを増す統合化、標準化、コスモポリタン的な開放性によって特徴づけられるフラット化した世界をもたらさないことは明白である。むしろグローバル化は、同族社会の内部関係を密接にし、昔からの敵愾心を燃え立たせ、かみ合わぬ主張をがなり立てて、また新たな敵愾心を誘発する。今日、こうした現象のもっともわかりやすいかたちは、グローバル化の元祖たるヨーロッパとアメリカで見ることができる。不平等と失業が増加する一方で、足の速い企業は引き続き安価な労働と高収益を求めて世界中を動き回り、課税を逃れ、よって高齢化社会の福祉制度のためにぜひとも必要な投資金を枯渇させる。経済の後退、長期的衰退の見通し、政治的無力感などが国民のなかに激しい怒りと猜疑心をかき立て、それは主として非白人移民、とくにムスリムに向けられる。

西洋が引きこもりの症状を見せているとき、アジア諸国はずっと外部志向で自信満々、楽観的に見える。トルコと日本は、これまで何十年と身を寄せてきた西洋の安全保障の傘から外に出ようとしている。太平洋沿岸の昔からのライバル、中国やその他隣国間に長年存在してきた領土争いは未解決のままで、同地域における軍事的・外交的な多くの選択肢をアメリカに与えるかたちになっている。だが、経済面の流れはまた別である。アメリカや欧州連合を介さぬ、中国との直接貿易のおかげで、インドネシアやオーストラリアだけでなくブラジルの経済も安定感を得ている。世界最大の市場をかたち作るAS

EAN（東南アジア諸国連合）と中国間の取引などの新しい貿易協定や地域ブロック、非公式グループであるBRICS（ブラジル、ロシア、インド、中国、南アフリカ）、G20、そして中東と北アフリカにおけるアメリカとヨーロッパの傀儡専制政権に対する反乱など、これらすべての展開は、冷戦時代から持ち越した仕切りを溶かしたい、アメリカや西欧にあまり依存しない世界秩序を創設したい、という広く行きわたった願望があることを証明している。

とりわけ中国の近代化は西洋に対する恐るべき挑戦で、世界経済システムのなかで常時負け組だった者たちの憤怒を具体化した面が強い急進イスラームによる挑戦よりも、はるかに巨大である。一八八九年、屈辱にまみれた中国を観察したキプリングの頭に疑問がわいた。「中国が本当に目を覚まし、上海からラサまで鉄道を引き、自分たちの銃器工場と兵器庫を管理するようになったら、いったいどういうことになるだろう？」。ひと昔前のこの不安は、今や確固たる根拠を備えた。攻撃的ナショナリストの中国がすばやく立ち上がり、十九世紀後半に始まった西洋に対する反発は、トルコ、インド、エジプト、イランなど、独立独歩の国々をともなって歴史的な分岐点に達しつつあるように見えるからである。すでに西洋による支配とは、連綿たる帝国と文明の興亡史の上に据えてみると、既視感のある、意外にも短命な一幕であったように思われる。

エピローグ——曖昧な復讐

今日の世界で、誰が強くて誰が弱いか、誰が健康で誰が不健康かは、きわめて明らかである。(…)将来は、平等なき繁栄、平和なき富、という状態が支配的になるだろう。

張君勱（一九二三年）

私たちは、競争、利己主義、残虐性の面で、西洋をまねたりはしない。

ラビーンドラナート・タゴール（一九二四年）

十九世紀後半から二十世紀初頭にかけて歴史意識と国際意識が高まったことは、今にしてみると実に驚くべきことだった。英国がインドを文明化したという主張にアフガーニーが反駁してからわずか数年後、タゴールはナショナリズムの欠点について日本人と討論し、梁啓超はアメリカの民主主義と資本主義の退廃について思いを巡らせていた。当時アジアの思想家が自分たちの境遇について、さらにはもっと大きく人類の存在条件について生み出した洞察は、今でも世界の知的・政治的状況を変えつつあり、個人と社会集団の意識を研ぎ澄ましつつある。

教育と経験によって自分たちの社会と世界を巨視的に見ることができたのは、アジア各国の小さな一群の思想家たちだった。そのような教育と経験のせいで既存社会の主流ではなくなった男たち、彼らほど変化に敏感な者はいなかった。一般的な同国の庶民からは孤立していたが、それにもかかわらず、彼らは自分たちの果てしなき窮境、要求、大志を明確に述べた最初の人たちなのだった。

こうした思想家たちが彼ら自身と彼らが置かれた境遇をよく理解するに至るまでには、公私両面において激動に身をさらし、肉体的にも知的にも苦しい旅を経なければならなかった。そこまでの骨折りをして手に入れた知識は、だが往々にして苦悩に満ちたものであり、希望を呈示してくれるものではない。考え方を変えて矛盾した言動に走る者も多かった。伝統を振り切ることに成功した最初の者たちは、近代世界における彼らの立場を見いだし、次いでその立場がもたらす個人的・集団的アイデンティティの新たな問題に対処できるよう彼らの意識を調節するという、シーシュポス的苦役に直面した。彼らは、ついこの前まで偉大で自己充足的だった文明の一員であったことを意識していたが、今では成功を重ねて活気づく西洋の前にますます弱気になっていく。これまで経験したことのない困難だらけの歴史的状況に多方面の調節を要したが、それが外見的には一貫性の欠如として現れた。たとえば梁啓超のような人物は、中国の伝統を擁護したあと、それを全面的に否認し、その後再び容認している。アフガーニーは、イスラームをひどく糾弾した一時期を経過したのち、熱烈に擁護している。サイイド・クトゥブは、妥協を許さぬイスラーム原理主義者になる前は、熱烈な世俗的ナショナリストだった。アジアの知識人・活動家のなかでもっとも保守的な人たち――ガンディー、康有為、ムハンマド・アブドゥ――でさえ、ヒンドゥー教、儒教、イスラームといったそれぞれの伝統の根本的解釈を強いられた。

個人的に無力な彼らは、希望と絶望のあいだ、そして精力的な献身と徒労感のあいだを揺れ動いた。それでも彼らの認識に驚くべき同一性が見いだされるのは、伝統主義者あるいは因習打破を訴える急進主義者として、彼ら思想家・活動家が同じ疑問に対して満足のいく回答を出そうと努力したからなのだ。その疑問とは、世界の支配者である白人の眼前で同等の立場とプライドを取り戻しつつ、国内の退廃と西洋化による自分たちの文明の衰退と折り合いをつけるにはどうしたらいいのだろう、というものだった。

これは近代アジアの知識人第一世代にとって根本的な挑戦であり、世俗的ナショナリズム、革命的共産主義、アラブ・ナショナリズム、汎イスラーム主義といった、近代のアジア人が受容した多くのイデオロギーも、西洋からの執拗な挑戦に対する回答として練り上げられたものであった。それはムスリムのアフガーニーを中国人の梁啓超に結びつけるだけでなく、アフガーニーをウサマ・ビン・ラディンに、梁啓超を毛沢東に、オスマン帝国を現代のトルコに、そして共産主義以前の中国を今日の資本主義中国へと結びつけているのである。

ここに挙げた思想家たちの多くは西洋式の政治と経済を、本質的に暴力的で破壊的な威圧であると批判した。ヨーロッパの近代的な教育システムから技巧だけを借りてくるのでは十分ではないことを、彼らは知っていた。この借り物には、今までに知らなかった生き方全体が付随してついてきた。そこで要求されるのは組織化された大衆化社会であり、その構成員は、所属組織のルール、宗教上の義務、共同体の連帯感などから漸次的に自分を解放しつつ自分自身の経済的利益を追い求めるという、まさに古い道徳的秩序を破壊しかねない前提要件を満たした独立不羈《ふき》の個人である。これらの思想家たちは、ヨーロッパが先導した近代工業社会と社会的自由が、抗しがたくもあり、ときに必須ではあるのだが、本家ヨーロッパの前例が示すように、自分たちの大事な文化と伝統の多くを破壊し、破壊のあとには混沌を残すであろうと察知していた。梁啓超の弟子であり、タゴールを中国に迎えた張君勱は、互いに相容れぬ二通りの生き方はいずれ衝突するであろうという広く共有されていた恐怖を、一九二〇年に次のように要約している。

わが国礎の基本原則は静寂主義であり、それは［西洋の］活動主義の対蹠にある。また精神的満足であり、それは物質的優位性を得ようとする奮闘の対蹠にある。次いで自己充足的農業振興であり、それは利潤追求の重商主義の対蹠にある。さらには、人種差別ではなく道徳的感化をもたらす友愛。（…）農業を基盤にした国には工業技術はないが、同時に物質的欲求もない。それゆえに、長い歴史を経てきたが、貧困のなかでも平等を維持し、欠乏のなかでも平和を維持することができた。しかし、これから先はどうなるのだろう？

張君勱のような人々が恐れたように近代化のプロセスは、ともかく強烈な衝撃を与えることになった。農業と手仕事を主体とする古い経済や物々交換を破壊し、若者を新しい都市のみじめな生活へ引き寄せ、彼らの人生に意味を与えていた宗教的ないしは共同体への帰属心を断ち切るかゆるめてしまい、過激思想の政治にいら立つ。だがこうまでしてもその先に幸福と安定が確実に約束されているわけではないことは西洋でも同じだし、国民教育、安価な消費物資、大衆紙、大衆向け娯楽が提供されても、多方面で深刻さを増す根無し草の不安、混乱、疎外感などはごく部分的に緩和されるだけだった。

多くのアジアの知識人は、彼らの社会に迫り来る運命を恐れるなり感づくなりして、近代性についての非常に雄弁な、かつ最初の批判者になった。彼らは、経済的自由主義、個人的利益、工業化こそが人間の条件を脅かすさまざまな問題を治癒する万能薬であるという仮説を論駁するために、人生の意味と目的に関する彼らの伝統的概念を用いた。イスラーム、ヒンドゥー教、儒教の哲学的・精神的伝統を典拠として、人間存在は合理性や功利性だけでは割り切れぬものだと主張し、科学と理性の「すばらしき新世界」についての不信感を尖鋭にした。近代性にあらがう鋭敏な意識、それは慣習的な政治的範疇や区分を超越したが、そういう意識を備えた彼らはヨーロッパ自前の思想家よりも先行していた。そしてヨーロッパの思想家たちは、第一次世界大戦の大殺戮によって、漸次合理性を高めていく世界という十九世紀の信仰の再検討を余儀なくされたのである。

近代性の危機に直面した社会にとって、ヨーロッパ人たちの着想と想像力の豊かさは、引き続き頼り甲斐があった。それでも認めなければいけないのは、歴史の流れは彼らが期待していた多くのものを無視したということだ。ダーウィンのいう生存競争の場で西洋を打ち負かすために（あるいは最低でも引き分けるために）ほぼすべての現地エリートが利用したのは、ヨーロッパ発の行動原理であるナショナリズムと市民的愛国主義である。精神志向で反政治的、かつ近代国家樹立に批判的だったガンディーなどでさえ、ナショナリストのリーダーになってしまった。彼は政治の道を歩み始めた当初、汎イスラーム主義に興味を示したりもした。中国の伝統主義者をナショナリズムへ誘導したいがあまり、中国の知識人は二千年にわたる儒教の伝統に誹謗中傷を加えざるを得なかった。オスマン帝国のトルコ人は、イスラームのカリフ制を完全に廃止するところまで行き、ムスリム共同体ウンマのリーダーシップを放棄し、次いでトルコを近代的国民国家に転換するために、イスラームという国教そのものを廃止した。

その他の西洋的考え方も、西洋の富と力をある程度拝借するためにはきわめて重要であったと思われる。自由民主主義――民選議会、司法と報道の独立――は当初、近代的経済を合理的かつ功利的に動かす上で、科学と技術と同じくらい重要だと思われていた。実際に、日本、トルコ、中国、インドの近代化推進派は相次いで、西洋に抵抗するためには、国と社会の組織化のための西洋式の考え方を大至急取り入れなければならないと渋々ながら認めた。少なくとも、東洋の明らかに死に瀕した帝国と王朝を都合よく打ち倒す力にはなったのである。

あるひとつの西洋思想がとくに、ムスリムにとっても反帝国主義を掲げる共産主義者にとっても、抗しがたく魅力的だということが判明する。ヨーロッパでの成功実績で箔がつき、アジアのいたるところで脱植民地化後のエリートがこれを選び取った。国民国家である。幅広い解放を約束し、自国強化とプライド維持を可能にする大変革の処方箋は、国民国家の組織構築と運用から成り立っていた。明瞭な国境、規律正しい政府、忠節な官僚機構、市民を保護するため権利規定、産業資本主義ないしは社会主義に基づく迅速な経済成長、大衆教育プログラム、専門知識、そして国民共同体が共通の起源から成り立っているという意識をはぐくむこと。

これらの条件のいくつか、あるいはぎりぎり最低限だけを満たした大小さまざまな新生国民国家が、ヨーロッパの帝国崩壊によって生まれた広大な空白を埋めた。第二次世界大戦が終わったあとの期間に、多くのアジア諸国が植民地支配から逃れ、独立を達成した。そして一九四五年からわずか二十年のあいだだけで、五十以上の新しい国が新しい国名、新しい国境、新しい通貨とともに出現する。

正式な手続き上の脱植民地化それ自体だけでは、アジア諸国に本当の主権と尊厳が保証されることにはならなかった。一九五〇年代にネルーは、彼自身もその一員である、脱植民地化を果たした国々のリーダーに対して、彼らが直面している緊急の任務を強調した。「ヨーロッパが百年から百五十年かけて成したことを、私たちは十年から十五年で成し遂げなければならない」。西洋の経済と政治の力に追いつくことはエジプトのガマール・アブドゥル・ナセルにとっても責務であり続けた。彼は五〇年代のアスワン・ダム建設に際し海外からの支援を必死で求めた。その責務は毛沢東にとっても同じことで、大躍進政策で英国の工業生産高に十五年で追いつこうと国民を叱咤しながら、六〇年代当初には国を破局的飢饉に導いた。

共産主義や社会主義といったイデオロギーは、新しい国家建設を可能にするために活用された。名高いリーダーたち、ネルー、毛沢東、ホー・チ・ミン、ナセル、スカルノらは、単にこうした政治変革を監督し、自分たちの新しい国家に必要な物質的進歩の目標を定めただけではない。彼らは、こうしたイデオロギーに、自分たちが掲げる急進的ナショナリズムや西洋の帝国主義に対抗する連帯を象徴的に重ね合わせた。

だが、外国支配を批判し大衆運動を煽動することから、独立独歩で国家運営をするための安定基盤構築へと立場を変えるのは、たいへんに難しいことが判明する。反乱と民族独立の背後にあった理想主義的衝動は、継続的な経済成長や領土統合といった国家建設事業のなみなみならぬ規模の前に、たちまちにして萎《しお》れた。何十年にもわたった植民地搾取からふらふらと抜け出し、冷戦によって厳しく分断された世界にさまよい出た新興国は脆弱で、多くは前工業的な経済体制のために大至急、援助と資本を見つけなければならなかった。仕事は山ほどあった。財政政策の策定、農地改革の着手、議会や選挙管理委員会や政党など政治制度の構築、民族・言語・宗教・地域に根づく内輪贔屓よりも国籍のほうをずっと魅力的なものにすること、法秩序の成文化、初等教育と医療制度を万人のものにすること、貧困と犯罪の撲滅、道路と鉄道の補修。以上に加え、自分たちの国に職業的軍隊と官僚組織を持たせなければならなかった。人口増加も抑制しなければならなかった。そして、かつての宗主国との関係を調整するためと、冷戦の主役から最大の利益を引き出すための外交政策を確立しなければならなかった。

このように多種多様で骨の折れる仕事、そして（意外でもないけれど）むごい落胆、成否相半ばする結果、悲劇的挫折、激しい衝突などが、ほぼ大半のアジアの国々の一九四五年から始まる三十年間を特徴づけている。リシャルト・カプシチンスキは、植民地独立後の誠実で愛国主義的だったリーダーたちの悲劇的「ドラマ」を要約している。

> 権力の頂点にのぼっていく過程での第一歩、第二歩、そして第三歩と歩を進めるたびにのしかかる、恐ろしい物質的抵抗。皆、何か善きことをしたいと願って着手するのだが、ひと月後、三カ月後、三年後、何も起きていないこと、どこかへ消え去ってしまったこと、砂中にはまり込んでしまったことを知る。進む先々であらゆるものが邪魔をする。何世紀も続いた後進性、原始的な経済、文盲、宗教上の狂信的行為、自族中心主義、飢餓、被支配者をおとしめ愚鈍化した植民地時代という過去、帝国主義者からの脅し、腐敗した連中の貪欲、失業、赤字。こうした道程を行く上で、進歩にはたいへんな難局がつきまとう。政治家は無理をし始める。独裁制でなんとか乗り切ろうとする。すると独裁制は政敵を産む。政敵はクーデターを組織する。
> そして悪循環がまた始まる。[1]

冷戦に起因するイデオロギーをめぐる激しい感情が海外から持ち込まれ、パキスタンやインドネシアなど多くの国で政治的緊張が高まった。分離主義運動がカシミール、アチェ、東パキスタン、チベット、スリランカで起きた。インドネシアのスハルト、パキスタンのアユーブ・ハーン、インドのインディラ・ガンディーなどの強硬派が、ときには暴力と混乱をともないつつ頭角を現した。少なくともしばらくのあいだ、第三世界などという不正確な呼ばれ方をした植民地独立後の世界の大半は、西洋の視点からすると、闇に包まれた内戦の舞台であり貧しい移民の供給地という呪われた場所に見えた。

半世紀以上の変遷のあと、冷戦のイデオロギーがらみの多くの遮蔽物がなくなると、全体像はずっと透明性を帯び多種多様の様相が見えてきた。実行可能性や有効性というよりは道徳的理想論が、国境を越えた広範囲の集団を非同盟運動と定義づけしたようだが、その運動には、冷戦という荒っぽい両極性とは別の選択肢を作るべく、ほぼすべての植民地独立後のアジアの国々が参加した。私たちは、西洋のイデオロギーをそのまま受け入れたようなケース（中国の共産主義、日本の帝国主義）は機能しなかったことを知っている。折衷統合の試み（インドの議会制民主主義、ムスリム・トルコの世俗国家、中国の国家資本主義）のほうがずっとうまくいき、イランのイスラーム革命というかたちでの西洋の激しい拒絶と、イスラーム原理主義の運動はいまだに有効性を保っている。

パキスタンのような新興国の多くは、国家誕生のトラウマから回復できずにいる。解放運動時のエネルギーが、次第に闘争的性格を帯びてきた政治的・宗教的な動きのなかへ放散されたのである。その他の国、中国やインドやインドネシアなどは、いくつか大きな挫折はあったものの、彼らの蓄積した重みが今や西洋にとっても恐るべき挑戦と見なされるまで、経済成長と独立国家としての主権を維持してきている。

さらに近年の歴史を見ると、いまだにアジアの大部分の地域から、このような政治面、外交面、経済面でのこれまで以上の挑戦がなされていることがわかる。脱植民地化が始まってから半世紀以上が経つが、私たちは依然として、アメリカの作家、アーヴィング・ハウが「革命の時代」と名づけた時代に生きているのだ。

革命的衝動は堕落し、腐敗し、品性を落とし、その士気をくじかれた。（…）だが革命的衝動の背後にあるエネルギーは生き残っている。それが今、世界のある場所で炸裂し、また別な場所で炸裂する。このエネルギーを完全に抑圧することはできない。アメリカを除いた世界のあらゆる場所で無数の人類、少なくとも政治的にある程度明晰な意見を持つ人々の大半は間違いなく、何らかの社会変革を待ち望んで生きている。(…)これが私たちの時代の支配的なエネルギーであり、正当にであれゆがんだかたちであれ、これをコントロールする者は誰でも勝利を収めるのである[2]。

ヨーロッパの力を自分の力で置き換えたアメリカは、とハウは書く。「自分たちの意志を押しつけることによってのみ世界は救われると、心から信じていた。だが、世界はそのような意志に抵抗する。世界は、強制されることがあったにせよ、みずから進んでそれを放棄するわけにはいかない」。一九五四年に書かれたこの文章は、「アラブの春」と、いくつかの親西洋独裁政権が崩壊した翌年に読んでも、大いにうなずける。混沌と不確実性はまだ何年も、アラブの広い地域を覆ったままだろう。だが、西洋列強による呪縛はついに解けた。根無し草となったムスリムが西洋をさげすむがごとく、これに公然と反抗する一方で、中国などは西洋の「秘技」を借用した。何世代ものアジア人を苦しめた屈辱感は大幅に軽減した。アジアの興隆とアジア人の毅然たる態度は、一世紀以上も前に始まった西洋に対する反逆を完結させた。それは多くの点で東洋の復讐なのである。

だがこの成功の裏には巨大な知的失敗が隠されている。今日および近未来の世界に深刻な悪影響を及ぼす失敗が。

要するにこういうことだ。政治と経済に関する西洋の考え方に対し、全人類を説得しうる返答が存在しないこと。それも、西洋流の考え方がますます熱病めき、世界の大部分において危険なほどに不適当であるにもかかわらず、である。西洋思想に非常に厳しい批評家だったガンディーは、今日のインドでは忘れられた人物になってしまっている。マルクス・レーニン主義は信用を失ったままだ。そして中国の指導者は、日増しに儒教思想の調和に秋波を送っているが、中国古来の倫理政治と社会経済理論はほとんど探求されていない。トルコのイスラーム的近代性は、ほかのムスリム諸国に輸出可能ではあっても、社会経済秩序の代案になるものではない。

「ワシントン・コンセンサス」はもうぼろぼろだろうし、北京の共産党政権は――ワシントンにコンセンサス〔意見の一致〕などがあったとして、こだわりを見せつつ――冷戦に勝利し自由民主主義以外に選択なしという西側の主張をばかにしている。しかし「北京コンセンサス」は、ワシントン版に比べて普遍妥当性は低い。政治的自由がないために、どう見ても単なる皮肉な経済論としか聞こえない。

アジアの最初の近代的知識人たちは、ヨーロッパの思想に釘付けになった。ヨーロッパ人の活動によって形成された世界で活動し始めた彼らは、あるいはタゴールによれば「近代史の砂嵐に目をくらまされ」、国民国家というものを近代化のための必要条件として自然に受け止めた。そして、ナショナリズムの「派生商品」や模造品は、生まれたての主権国家を取り巻く危険だらけの地政学的状況下ではある程度有効に使えるものだったが、今ではその限界と問題がより明確になってきている。

インドやインドネシアのように国内社会が多層化している場合、暴力と混乱なしで社会的、政治的、文化的アイデンティティを見いだしていくことはけっして容易ではなかった。ヨーロッパにしたところで、主権国民国家の概念を発展させ、それを具体化するまでには何百年とかかっており、だがそのあとは、民族的・宗教的少数派に過酷な苦しみを与えた世界大戦に二度もはまり込む始末だった。同質民族国民国家というヨーロッパ製のモデルは、ヨーロッパ自身にもうまく適合しなかった。その不適合ぶりが多民族のアジア社会においてとくに顕著だったことは、カシミール地方のムスリム、チベット人、ウイグル族、マレーシアの中国人、イラクのスンナ派ムスリム、トルコのクルド人、スリランカのタミール人たちの窮状を見れば明らかである。

反抗的な民族を抱えた国々も、うまくまとまっているような印象を与えるかもしれない。だが、そのために払われた人的犠牲は大きく、将来の世代はそのすさまじさに驚くだろう。それに国民国家は基本的に、気候変動や環境破壊、水危機など、国境をまたいで生じる問題には単独で対処することができない。中国はチベット高原を水源とする川にダムを建設し、分水することを提案しているが、これは南アジア・東南アジアに大災害を引き起こす。

今日の「新興」世界の大半は、西洋自身の近代的「発展」にまつわる苦渋に満ちかつ往々にして悲劇的な経験を、不穏ながらさらに大きな規模で繰り返してしまう可能性がある。インドと中国では、犠牲を考慮せずに追い求めてきた経済成長が、俗悪なエリートを生み出すと同時に、すでに警戒レベルに達していた社会的・経済的な格差をさらに広げてしまった。経済開発は、それが植民地の宗主国によって進められようと、独立した国民国家みずからの手で推進されようと、その利益が当該地域の人々に平等に分配されないことが明らかになってきた。より広い地域で享受できぬことは言うまでもない。

確かに中国とインドの中産階級は、これまでの二十年間の資本主義時代を首尾よくやり抜き、支配層エリートは世界の舞台をこれまでになく自信満々で闊歩している。この反植民地革命の絵に描いたような見事な終幕は、世界中の政界とビジネス界のエリートが旗振りをした文字どおりの反革命と同時に起きた。つまり、公的サービスの民営化ないしは切り捨て、都市部労働者の非組合化、分断、ルンペン化、そして農村部貧民への過酷な弾圧などである。毛沢東の大きな夢だった国家復興が成就したことも あり、彼の息子は中国の首相の言葉どおり、北朝鮮で安らかに永眠しているのかもしれない〔第六章冒頭の温家宝の辞を参照〕。しかし、毛沢東だけでなく中国革命を率いたすべての指導者は、彼らが手がけた偉業がこのような奇妙な結末を迎えたことを、受け入れることはできなかったろう。そのなかで、一定数の中国人は地歩を維持するが、大多数は身を引くことを余儀なくされ、特権を握った少数の者たちのあこがれはというと、同等の地位にいる西洋の消費者が享受している文明の利器と気の利いた道具類どまりなのである。

独立から六十年を経たインドは、安定・正式化した民主的な制度とプロセスを備え、脱植民地化を果たしたあとの最初のエリートたちが定めた国家主義的プロジェクトをほぼ成就しつつある。インドという国民国家は、国際世界にも発言力を有して、たくましく育ってきた。西側企業や投機的資本にとってますます魅力的な国になっている。インドのエリートは、日本にいるアジアの同輩と同じく、戦後の世界秩序が存続するという暗黙の肯定に基づき、アメリカを上司とする下級社員の地位に身を置くことに甘んじている。

グローバリゼーションの受益者であるこのアジア人たちは、自信に満ち己《おのれ》をわきまえた人たちで、物質的充足と国際的評価をめざして動き回るイメージがある。だがインドは、経済のグローバル化によってもたらされた奇怪な分裂を、中国よりも派手に露呈している。急速な経済成長の促進はいくつかの分野に限られているのだが、国内全般で期待が高まってしまう。しかし、その成長促進が生んだ利益の配分は狭い範囲に限定されるので、幻滅・失望した人々の数が増え、ポピュリストや民族主義の政治家が彼らを惹きつけることになる。と同時に、グローバリゼーションの最大の受益者たちが、ヒンドゥー・ナショナリズム〔ヒンドゥー至上主義〕のような攻撃的なイデオロギーのもとに身を寄せているのである。

とくに土地を持たない農民のあいだに広がった絶望と失望から、これまでにないほどの激しさと規模を持った戦闘的共産主義運動が生まれ、インドの首相はこの運動を評して、インド独立以来、国内治安における最大の脅威と言う。毛沢東に影響を受けたこの共産主義者たちは、自分たちの徴税と司法のシステムを持ち、インドの中央・北部の広範囲、とくにアーンドラ・プラデーシュ州、ジャールカンド州、ビハール州、チャッティスガール州、オリッサ州を牛耳っている。彼らの非公式な分離独立主義に似た振る舞いが、インドの富裕層の側にも見受けられる。インドの都市部や郊外に、ゲーテッド・コミュニティ〔周囲を塀で囲い防犯性を高めた住宅地〕が増えている。エリートたち自身も、自分たちの住む国の社会的・政治的紛糾状態から距離を置くことのできる排他的な居住地に引きこもることによって、反乱を起こしたようにも見える。インド人の三分の一が極貧のなかで暮らしている今、これは悩ましい状況だ。インドでは、五歳以下の子どもたちの半分以上が栄養失調の状態にある。不作と急増する借金で、過去十年間に十万人以上の農民が自殺している。

こうした惨事は西洋のメディアによって折に触れて取り上げられる。カシミール地方では、過去十五年間の暴力事件で八万の人命が奪われた。中国の環境破壊と、ほぼ二億の中国人の農村部からの移住は、ヨーロッパ史に綴られた経済発展の理論に関連づけて説明しきることはもはや不可能である。西洋自体が、新興世界の近代化移行にともなう痛みを感じ始めた。中国のエネルギーと資源に対する飽くなき需要が一次産品の価格をつり上げ、彼らの格安の輸出が、かつて強さを誇ったヨーロッパ経済を侵食し、アメリカの失業率を押し上げているところに原因がある。

もちろん、アジアの知識人の何人かが指摘したように、ヨーロッパが現在の安定した豊かな状態へ移行するまでには苦悩以上のものがあった。帝国主義的征服、民族浄化、数多くの地域戦、そして数えきれぬ大勢の人々を殺し、彼らから故郷を奪い去る結果となった二つの大戦。エネルギー資源に限界のある世界で、インドと中国が消費好きな中産階級を従えてのし上がってきたが、ある種の経済的対立関係と、前世紀をたいへん暴力的な世紀にした軍事的衝突によって、今世紀が荒廃するだろうことを想像するのはたやすい。

対テロ戦争がすでに今世紀の最初の十年間を毀損してしまった。振り返ってみるとそれは、すでに近代化した経済のみならず引き続き近代化の過程にある経済が必要とする稀少な資源と生産物を争っての、さらに大規模で血なまぐさい紛争を予告する単なる序曲であったようにも思われる。終わりなき経済成長の追求を駆り立てる希望、すなわちインドと中国の何十億という消費者がいつの日かヨーロッパ人やアメリカ人と同じ生活様式を享受したいという願い。それは、アル・カーイダが夢見たことと負けず劣らずばかばかしくも危険なファンタジーである。世界の自然環境に対する早期破壊の実刑宣告であり、何億という無産者の虚無的な怒りと失望をため込むことになりかねない。この西洋近代性の普遍的勝利がもたらした皮肉な結末は、東洋の復讐を何やら不明瞭で多義的なものにしてしまい、東洋が得た数々の勝利をまさにピュロスの勝利〔失うものが多い勝利〕にしてしまうのである。

謝辞

本書は、多数の専門的研究と広範囲の世界史文献の恩恵を受けて成立したものである。しかしまた、本書は別の意味での協同作業のたまものであると言うことができる。オスマン帝国から末期の清朝中国へと対象を移していったとき、私は自分が学問分野の垣根を越え、学術的規範を侵犯しつつあることを大いに意識していた。私がときおり厚かましくもよその領域へ手を伸ばすことができたのは、学界内外の寛容なる友人たちのおかげである。彼らはさまざまな文献や論文を勧めてくれ、私の原稿を読み、事実誤認や解釈の誤りを指摘してくれた。完成した本書に過誤が残っているとすれば、それは一重に私の責任である。その友人たちとは、Tabish Khair, Jonathan Shainin, Ananya Vajpeyi, Manan Ahmad, Hussein Omar, Masoud Golsarkhi, Wang Hui, Suzy Hansen, Siddhartha Deb, Alex Travelli, Adam Shatz, Nader Hashemi, Jeff Kingston, Jason Epstein, Shashank Kela, Jeffrey Wasserstrom であり、私の書きかけの原稿のそれぞれ別の箇所を読んでくれ、率直な意見を聞かせてくれた。また、疑問点を徹底追求してくれ、論争を挑んでくれた博識の編集者、Simon Winder と Paul Elie に恵まれたことは幸せであった。本書を書き始めた記念すべき場所、ベルリンのブライプトロイ・ホテル（Bleibtreu Hotel）のスタッフ、数え切れぬ資料を提供してくれたザ・ロンドン・ライブラリーの職員、そして、振り返ればもう二十年ものあいだ私を受け入れてくれ、執筆のための——またそれよりも大事なのは白日夢のための——隠遁所を提供してくれた、マショブラのシャルマ一家にも感謝の気持ちを捧げたい。

訳者あとがき

本書は、Pankaj Mishra, *From the Ruins of Empire*, Allen Lane, 2012 の全訳である。ただし、著者との問答を通し、了解を得て訂正した箇所が多少ある。

著者パンカジ・ミシュラは一九六九年にインド北部のウッタル・プラデーシュ州南西部のジャーンシー（Jhansi）に生まれた。ミシュラ家はカースト制の最高位ブラーマンに属していたが、一九五一年の土地所有制度改革で資産を失う。彼はアラハバード大学へ進学して三年間商業を専攻、その後、ニューデリーのジャワハルラール・ネルー大学で英文学修士号を取得した。

商業から英文学への転換点は一九八八年冬に滞在した聖地ベナレスで訪れる。商業を学んだ自分の将来は実業について収入を得ることだろうと考えながらも、ぼんやりと文学に憧れる心を抱いて、歩き回っていた。そこで彼は運命的な「恩師」に出会う。それはベナレス大学の図書館で見つけた米国人作家・文芸批評家エドマンド・ウィルソンだった。その日から彼はウィルソンの著作集を読みふける。読書・思想・著述に生涯を捧げる、という生き方があることを知り、それを実践した先達ウィルソンが、彼の理想型になってゆく。

一九九二年に彼はヒマラヤの標高約二千メートルに位置する小村マショブラへ移り住む。隔離された静寂のなかで彼は積年の夢を実現すべく、読書と物書きに明け暮れる。その成果の一冊目が一九九九

五年の *Butter Chicken in Ludhiana* という旅行記である。その後、ニューデリーの出版社で短期間編集に携わり、そのときに無名の作家アルンダティ・ロイ（Arundhati Roy）を発見し、彼女の *The God of Small Things*（『小さきものたちの神』工藤惺文訳、DHC）を世に送り出すことに貢献した。電車のなかで原稿を読んだ彼が興奮のあまり、降車するやいなや著者に電話をし「あなたは天才だ！」と叫んだというエピソードがある（同書は一九九七年に英国のブッカー賞を受賞）。

その翌年には、彼の「恩師」エドマンド・ウィルソンへの恩返しも果たした。「ベナレスのエドマンド・ウィルソン」という題名の、前述ベナレスでの図書館体験をもとにしたエッセイが一九九八年四月の『ニューヨーク・レビュー・オブ・ブックス』に掲載されたのである。これがパンカジ・ミシュラをメジャーな世界に押し出すことになった最初の作品である。四千ドルの原稿料とともに。

彼は英語で小説を書く夢を抱いていた。それは一九九九年に出版した二冊目の本 *The Romantics* でかなえられた。「一九八九年のきびしい冬に初めてベナレスに来たとき、僕は川沿いの崩れかけた家に住みついた。」という十九歳の主人公サマルの独白で始まる小説は、自伝的色彩の強い作品だ。

三冊目の著作は、二〇〇四年に発表した *An End to Suffering: the Buddha in the World* というタイトルの、仏教探訪のノンフィクションである。仏教発祥の地といわれるインドから仏教が消えてしまったのはなぜか、という素朴な疑問から、既述のヒマラヤ移住を契機に仏陀に近づいてゆく。宗教書というよりも、仏教を発見してゆくヒンドゥー青年の回想録・旅行記に歴史と思索がからまりあったジャンル分けの難しい本である。

二〇〇六年に出版された四冊目の著作 *Temptations of the West: How to Be Modern in India, Pakistan, Tibet, and Beyond* は、新聞などに発表されたエッセイのコレクションである（冒頭に前述のエッセイ「ベナレスのエドマンド・ウィルソン」がタイトルを変えて転載されている）。全八篇の問題意識は共通で、同書タイトルが示唆するように、インドやパキスタン、そしてチベットなどで「近代的」であることの意味を問うものだった。

二〇一一年末には歴史学者との大激論を引き起こした。ミシュラ氏がハーバード大学教授ニーアル・ファーガソン（Niall Ferguson）の著書 *Civilization:The West and the Rest*（『文明――西洋が覇権をとれた6つの真因』仙名紀訳、勁草書房）およびその他の著作を、『ロンドン・レビュー・オブ・ブックス』で痛烈にこきおろしたのである。これにファーガソン教授が反論し、すさまじい紙上論争が始まった。教授はミシュラ氏に公的謝罪を要求し、名誉毀損で訴えるとまで口にした。西欧帝国主義肯定派ファーガソン教授を相手にした旧植民地出身者ミシュラ氏の批判は、その半年後に出版された本書の予告編のようなかたちとなった。

最新作 *A Great Clamour: Encounters With China And Its Neighbours* はインド限定発売らしく、まだ入手できていないが、同書の冒頭サンプルを読むと、最近では夏目漱石はもとより竹内好や柄谷行人などの読書も始めた模様である。

白水社の阿部唯史さんには、人名の統一や登場人物移動地図の作成などでたいへんにお世話になりました。翻訳の機会を与えてくださったことに加え、併せて御礼申し上げます。

二〇一四年十月

園部 哲

白水社の本

中島岳志
中村屋のボース
◎インド独立運動と近代日本のアジア主義

日本に亡命したインド独立の闘士、R・B・ボース。アジア解放への希求と日本帝国主義との狭間で引き裂かれた懊悩の生涯、ナショナリズムの功罪を描く。大佛次郎論壇賞受賞！　［白水Uブックス］

中島岳志
パール判事
◎東京裁判批判と絶対平和主義

連合国による「勝者の裁き」を「報復のための興行にすぎない」と断じ、被告人全員の無罪を説いたインド人パール。アジアの自主と平和への訴求、法と真理に捧げられた妥協なき生涯。　［白水Uブックス］

シリル・パール　山田侑平、青木玲訳
北京のモリソン
◎激動の近代中国を駆け抜けたジャーナリスト

任地の北京で義和団事件に遭遇し、日英同盟と日露開戦を陰で仕掛けたといわれる「タイムズ」記者の破天荒な人生を、残された膨大な手紙と日記で再構成した歴史ドキュメント！

杉山祐之
覇王と革命
◎中国軍閥史一九一五‐二八

袁世凱統治の末期から張作霖爆殺まで、各地の群雄が権謀術数をめぐらせ、三国志さながらの興亡を繰り広げた軍閥混戦の時代を、ベテランの中国ウォッチャーがダイナミックに描く。

ユージン・ローガン　白須英子訳
アラブ500年史
◎オスマン帝国支配から「アラブ革命」まで（上・下）

アラブ世界から見た中東近現代史の決定版！十六世紀のオスマン帝国によるアラブ世界征服から、アメリカ一極支配とグローバル化時代にいたるまでを、気鋭の歴史家が鮮やかに描き出す。

訳者略歴

翻訳家。一橋大学法学部卒業。訳書にブレイン・ハーデン『北朝鮮 14号管理所からの脱出』(白水社)、バーバラ・デミック『密閉国家に生きる』(中央公論新社)、共訳書にシャーウィン裕子『夢のあと』(講談社)がある。ロンドン在住。

アジア再興
――帝国主義に挑んだ志士たち

二〇一四年一〇月一五日 印刷
二〇一四年一一月一〇日 発行

著者 パンカジ・ミシュラ
訳者 © 園《その》部《べ》哲《さとし》
発行者 及川直志
印刷所 株式会社三陽社
発行所 株式会社白水社

東京都千代田区神田小川町三の二四
電話 営業部 〇三(三二九一)七八一一
編集部 〇三(三二九一)七八二一
振替 〇〇一九〇―五―三三二二八
郵便番号 一〇一―〇〇五二
http://www.hakusuisha.co.jp
乱丁・落丁本は、送料小社負担にてお取り替えいたします。

誠製本株式会社
DTP・地図:閏月社

ISBN978-4-560-08395-6

Printed in Japan

▷本書のスキャン、デジタル化等の無断複製は著作権法上での例外を除き禁じられています。本書を代行業者等の第三者に依頼してスキャンやデジタル化することはたとえ個人や家庭内での利用であっても著作権法上認められていません。

人名索引

あ行

アーレ・アフマド，ジャラール　68, 364
アーレント，ハンナ　334
アウン・サン　327
アクバル・イラーハーバーディー　26, 80, 83, 129, 133-4, 255
アタテュルク，ムスタファ・ケマル　12-3, 254, 273, 370-2
アタ，モハメド　368
アブー・ターリブ，ミルザ　59
アフガーニー，ジャマールッディーン
　——とイスラーム　131-2, 140-3
　——と女性の権利　119
　——と西洋列強　70, 85
　——とナショナリズム　118, 123-4, 133-4, 345
　——とペルシア　141, 148-9, 151-5
　——とマフディー　126-7, 139, 143-4
　——に対するペルシアの警戒　159
　アフガニスタンの——　76, 77
　アブドゥと関係を断つ　145
　イクバールの詩　342
　イスタンブールからの追放　101
　イスタンブールでの——　86-7, 97-102, 155-63
　インドの英国支配について　79-80, 82-5, 116-7
　インドでの——　74-5, 128-9, 131-5
　『ウルワ・ウスカー』　136-8
　エジプトからの追放　121
　エジプトでの——　102, 108-23
　改革とコーラン　155, 158, 167
　近代化の必要性について　97-8
　功績　70-2, 138, 166-73
　シャーの暗殺　162
　シャリーアティーの評価　362
　自由主義的宗教改革運動　121
　信条　158-9
　スンナ派ムスリム　74
　西洋かぶれのサイイド・アフマド・ハーン　128-9
　「専制的政府」　117
　弟子たち　109, 112, 114, 135, 157
　テヘラン大学急進派の英雄　358
　伝統の再解釈　99-103
　ドイツ人女性との親交　140
　『人間が幸福であるための本当の根拠』　116
　背景　22
　墓と墓標　164-6
　パリでの——　135-44
　汎イスラーム主義　123-4, 132, 138, 345
　反帝国主義　119, 133
　服装　140
　ペルシアからの追放　145
　ペルシア時代　74
　ムスリムの教育　83, 98-9, 109-12
　ムスリムの後進性　117
　ムスリムの状況　160-1
　モスクワでの——　146-8, 228
　病と死　163
　ロシアと英国　146
　ロンドンでの——　143-4, 154-5
　『唯物論の論破』　132
アブデュルアズィズ（スルタン）　86
アブデュルハミト二世（スルタン）　15-6, 70, 97, 122-3, 126, 132, 143, 155-7, 172, 179, 254, 371
アブデュルメジト（スルタン）　91
アブデュルレシト・イブラヒム　13, 147-8, 159, 228-9, 242, 254, 308, 324

アブドゥッラー・ジェヴデト　15
アブドゥ，ムハンマド　111-2, 114, 119, 122, 131, 136, 138-9, 142, 145, 157-8, 168-9, 207, 344, 354, 392
アフマディーネジャード，マフムード　365
アフマド・ファッズリ・ベグ　229
アフメト・ヴェフィク・パシャ　88
アリー・パシャ　98
アリー，マウラナ・ムハンマド　133
アリ・スアヴィ　98
イクバール，ムハンマド　167, 255, 274, 281-2, 339-45, 361-3, 372-3
イシャク，アディブ　109, 111, 114
イスファハーニー，ミルツァ・ナスラッラー　145
イスマイル（エジプト副王）　104-5, 107, 116
伊藤博文　209
イブラヒム・ヤコブ　327
イブン・バットゥータ　32
ヴィヴェーカーナンダ，スワミ　53, 295
ヴィクトリア女王　42, 43, 105, 292
ウィルソン，ウッドロウ　22, 164, 231, 251-4, 257, 258, 259, 260-8, 270, 274-5, 279
ヴェイユ，シモーヌ　334
ヴォークラン，エルネスト　120
ウラービー，アフマド　111, 116, 119, 121-3, 253-4
エディプ，ハリデ　13, 257
エルギン卿　46-7, 56
エルドアン，レジェップ・タイイップ　375
エルバカン，ネジメッティン　374
袁世凱　222, 241-5, 264
欧榘甲　215
オーロビンド・ゴーシュ　221, 281, 294-7, 302
大川周明　211, 308-9
岡倉覚三（岡倉天心）　285, 306-7, 310-1, 323, 335

か行

カーゾン，ジョージ　11, 17, 19, 150, 270-1, 299, 357
カーミル，ムスタファー　16, 254, 327, 345, 351
ガーリブ　50, 80
カシム・アミン　136
加藤弘之　237
カトコフ，ミハイル・ニキフォロヴィッチ　146
カヒト，フセイン　94
川端康成　304-5
ガンディー，モーハンダース　11, 15, 19, 22, 52, 69, 133, 201, 204, 226, 258, 272-3, 293, 300-4, 307, 309, 314, 335-7, 347, 356, 359, 361, 392, 395, 400
魏源　47
ギゾー，フランソワ　73, 116
キプリング，ラドヤード　193, 265, 299, 389
ギョカルプ，ズィヤ　168
瞿秋白　274, 314
クトゥブ，サイイド　22, 167, 347, 350, 353-6, 362, 367, 392
クレーン，チャールズ　164
クレマンソー，ジョルジュ　252, 266-7, 269, 275
ケマル，ナームク　73, 95, 97, 118, 125, 126, 142, 344
ケルマーニー，ミールザー・レザー　162
厳復　15, 48, 200, 203-4, 214, 244, 285, 337, 379, 383
乾隆帝　39, 40, 190-1
黄遵憲　235, 250
光緒帝　195, 204, 238
康有為　187, 188, 194-202, 204-7, 209-14, 223-6, 228, 230-1, 239, 241, 258, 276-7, 288, 300, 318, 338, 392
胡適　207, 288
ゴビノー，アルチュール　60
コント，オーギュスト　92

さ行

ザグルール，サアド　110, 158, 168, 253-4, 269-70, 345, 350-1
サッチャー，マーガレット　378
サヌア，ジェイムズ　105, 111, 114, 135, 138-9
サヌーシー，アフマド・シャリフ　273

ザルカーウィー，アブ・ムサブ　367
サルカール，ベノイ・クマール　14, 58, 261-4
サルトル，ジャン・ポール　69
ザワヒリ，アイマン　169, 367
シーラーズィー，ミールザー・ハサン　153-4
シャイフ・（アブドゥッラー・）シャルカーウィー　37
ジェイムズ一世（英国国王）　77
シェール・アリ　29-30
ジャハーンギール（ムガル帝国皇帝）　37
ジャバルティー，アブドゥッラフマーン　30, 34-5, 72
シャラー，アブドゥル・ハリム　57, 59
シャリーアティー，アリー　22, 69-71, 341-2, 358, 361-5
周恩来　243
周作人　316
蔣介石　222, 337, 380
章炳麟（章太炎）　214-5, 223-4, 239
ジョージ三世（英国国王）　39
徐志摩　312
シン，ガダダール　220
ズィヤーウル・ハック，ムハンマド　343, 366
ズィヤー・パシャ　87, 95
鄒容　223
スカルノ　327, 331, 343, 345, 372, 397
鈴木敬司　327
スターリン，ヨシフ　262
スチュアート・ミル，ジョン　19, 203
西太后　193, 195-6, 204-6, 209, 213, 220-1
ソルーシュ，アブドゥルカリーム　365

た行

タゴール，ラビーンドラナート
——とアヘン　48-9
——とアメリカ　323
——と国家の概念　257-8, 300
——と西洋　258, 293, 297, 306, 320, 334-5
——と中国人の屈辱感　315
——と日本の軍国主義　309-10,
——と民主主義　317
アムリトサルの虐殺　272
「世紀の落日」　298-90
『東洋と西洋』　298
生い立ち　292-3
ガンディーと——　304
死　318
シャンティニケタン実験学園　298
スワデーシ運動　299-300
中国での——　288, 290, 312-4
日露戦争における日本の勝利　12, 299
日本からの訪問者　306
日本での——　311, 316-8
文学界の名士　304
ベンガル地方の田舎　297
ヨーロッパの優位性　63, 250
ダス，タラクナート　309
タバータバーイー，グラーム・フセイン・ハーン　38-9, 52
ダフ・ゴードン，レディ　106-7, 115
タフターウィー，リファーア・バダウィ・ラフィー　72-3
ダヤナンダ・サラスワティ　294
ダリープ・シン　146
タルズィー，マフムード　157
ダレス，アレン・ウェルシュ　268
譚嗣同　204-6
ダン・タイ・マイ　226
タン・マラカ　280
チャーチル，ランドルフ　82, 143-4
チャタジー，バンキム・チャンドラ　38, 294, 300-1
チャットーパディヤーイ　→　チャタジー，バンキム・チャンドラ
張君勱　287-8, 313-4, 391, 394
陳独秀　246, 264, 288, 312-3, 379
ディキンソン，G・ロウズ　244
ティプー・スルタン　27, 36, 100
デューイ，ジョン　288, 312
デュボイス，W・E・B　12
道光帝　42
東郷平八郎　11
鄧小平　308, 317
湯爾和　243, 277, 378
頭山満　216
トクヴィル，アレクシ・ド　60, 386

徳富蘇峰　14, 58, 177, 184-6, 210-1, 237, 309, 323-5, 333

な行

ナーセロッディーン・シャー　145, 148
永井柳太郎　211
ナクシュ，サリム　113
ナジル・アフメド　83
ナセル，ガマール・アブドゥル　23, 345, 354-5, 372, 375, 396-7
夏目漱石　62
ナディーム，アブドゥッラー　113
ナポレオン一世　27-31, 36, 72
ナポレオン三世　46
ニーチェ，フリードリヒ　341
ネルー，ジャワハルラール　12-3, 69, 80, 85, 272, 279, 328, 330, 334, 352, 396-7
野口米次郎　318, 325

は行

バーク，エドマンド　38, 51, 116
バーザルガーン，メフディー　171, 360, 364
ハータミー，モハンマド　365
パーマストン卿　44
ハーメネイー，セイイド・アリー　341-2
ハーリー，アルタフ・フセイン　50-1, 81
ハーン，サイイド・アフマド　82, 125, 128-35, 344
ハーン，ラフカディオ　184
ハイカル，ムハンマド　270
ハウ，アーヴィング　399
バカール，マウルヴィ　55, 79
馬君武　215
バットゥータ，イブン　32
パフラヴィー，モハンマド・レザー　358
ハミド，モーシン　368
パムク，オルハン　368
バルカトゥッラー，マウルヴィ　229, 308
ハンティントン，サミュエル　362, 384
バンナー　351
ビン・ラディン，ウサマ　139, 167, 170-1, 367
フアド・パシャ　92, 97
ファノン，フランツ　69, 223, 362-3
潘佩珠　17, 229-30, 239, 242, 318
フィン，ロバート　165
フーヴァー，ハーバート　305
フーコー，ミシェル　70, 357
フェノロサ，アーネスト　306
福沢諭吉　59, 61, 178, 183, 210
フサイン，ターハー　344
ブスターニー，ブトルス　73, 117
ブラント，ウィルフリッド・スコーウェン　121, 131, 135, 139, 143-4, 161
フロベール，ギュスターヴ　103, 108, 122
ヘルブランディ，ペーター　329
茅盾　312
ボース，スバス・チャンドラ　327-8
ボース，ラース・ビハーリー　308-9
ホー・チ・ミン　22, 230, 259-60, 265, 271, 279, 280, 332, 338, 397
ホメイニー，アーヤトッラー（・ルーホッラー）　23, 69, 170, 271, 343, 356, 357, 360, 363-4

ま行

マウドゥーディー，アブルアーラー　343, 354, 362, 367
マカートニー，ジョージ　39-41
牧野伸顕　267
マグディ，サーリフ　106
マグリビー，アブドゥルカーディル　157
マコーレー，トーマス　52, 91
マフムト二世　89-91
マルロー，アンドレ　176, 386
宮崎寅蔵（宮崎滔天）　212, 261
ムコパディヤイ，ブーデヴ　296
ムスタファ三世（スルタン）　89
ムスタファ，ハジ　38
ムスタファ・フセイン　333
ムタカッリミン，マリーク　145
ムハンマド・アリー（エジプト副王）　90, 103-4
ムワイリヒ，イブラヒム　107
毛沢東　16-7, 23, 222, 243-5, 259, 266-7, 269, 277-9, 287, 338, 343, 358, 377, 380-4, 396, 397, 402
モサッデク，モハマド　69, 154, 271, 332
モタッハリー，モルタザー　362

ら行

ラーイ，ラーラー・ラジパット　308
ラーム・モーハン・ローイ　293
ラセルズ，フランク　120
ラッセル，バートランド　285, 312
ラッセル，ウィリアム・ハワード　87
リー・クアンユー　330
李鴻章　192-3
リサール，ホセ　215
リダー，ラシード　17, 138, 158, 169, 272, 280, 351
李大釗　264
リヤド・パシャ　109, 135
劉師培　215
梁啓超
　——と資本主義　239-40
　——と儒教的理想　283-4
　——と新文化運動　247, 283, 288
　——と政治改革　197, 200
　——とタゴール　290, 313-4
　——と道徳観念　63
　——とフィリピン　215
　——と民主主義　233-7, 384
　アメリカ・カナダでの——　230-6
　失われた国（亡国）の歴史　216
　科挙　187
　学生たち　207
　功績　187
　死　318, 337
　資金調達の旅　214, 231
　ジャーナリズムとのかかわり　196, 206-7, 214
　社会進化論の問題　207, 225, 282
　清朝の衰退について　208-9, 225
　政治家としてのキャリア　241, 243-4
　西洋による征服　217
　西洋の科学　283-4
　西洋の没落　280-3
　専制体制の必要性　238
　中国における社会主義について　380-1
　中国の脆弱さ　48
　ナショナリズム　197-8, 240
　日本での——　206-10, 212-4,
　背景　22
　パリ講和会議　251, 274-5, 278
　戊戌の変法（百日維新）　205-6
　ヨーロッパの認識　188, 196
梁漱溟　286-7, 335, 337-8
林則徐　42-3, 192
ルイス，バーナード　372
ルザ，アフメト　14, 180, 273
ルナン，エルネスト　101, 140-3
ルヒ，シャイフ・アフマド　157
ルムンバ，パトリス　69
レイン・プール，スタンレー　105
レーニン，ウラジーミル　217, 260-2, 271, 302, 348, 379
ロイター，ポール　150
ロイド・ジョージ，デイヴィッド　266-7, 272, 275
ローズヴェルト，セオドア　232, 233, 265, 309
ロー，トーマス　37, 39
魯迅　226, 227, 247, 287, 290, 304, 315
ロティ，ピエール　221

わ行

ワジド・アリ・シャー　50
ワヒド，アブドゥルラフマン　376

参考文献についての小論

本書の執筆の着想を得たのは2005年、William PfaffとEdmund Stilmanによる*Politics of Hysteria*を読んでいる最中だった。同書が書かれた1962年は、アメリカが「自由世界」というイデオロギーの輸出と、共産主義の撃退に傾注していた時期であるが、PfaffとStilmanはアジアにおけるヨーロッパ帝国主義の苦痛に満ちた歴史を引き合いに出し、「[アジアの]生き方と社会が徹底的かつ破壊的な作り変えを余儀なくされたこと――アジア人の生存様式理解に対する挑戦であり、それは西洋の四世紀にわたる介入の結果であった――を、西洋の政策立案者や評論家は無視するか単に理解できなかった点」に注意をうながした。PfaffとStilmanが付け加えてもよかったのは、このような無知は、アジア人自身の側にも広くはびこっていて、私自身のように国家建設の来歴沿革――いわば内輪でしか通じない祝勝の歌――を教え聞かされて育った者たちに顕著だったことだ。私は、西洋支配から解放された国民国家として台頭するインドの、血湧き肉躍る物語を聞いて育ったわけだが、ほかのアジア諸国で起きたことについて、また異口同音に類似の思想と抱負を表明してきた著述家、リーダー、活動家については何も知らなかった。

先行するページは幸運に恵まれた読書の成果である。知識不足をますます思い知らされることに愛想を尽かしながら、私は本から本へと漁り歩き、自分の無知を癒やすためにさらに繙読した。その過程で、展望を広げてくれる本に出会うという幸運な発見があった。そのなかでも次の二冊は群を抜いてすぐれた本である。Cemil Aydin, *The Politics of Anti-Westernism: Visions of World Order in Pan-Islamic and Pan-Asian Thought*と、Erez Manela, *The Wilsonina Moment: Self-Determination and the International Origins of Anticolonial Nationalism*だ。

こうした権威ある概説や、さらには各国の歴史だけではなく、もっと厳密にテーマを絞った学問上の研究成果も、本書の屋台骨となっている。それらをすべて列挙することはページ数をむやみに増やすだけでなく、現代史のなかでもまだ不明瞭な部分の多い領域への探求に向かう読者のスタート地点を、いっそうあやふやなものにしてしまうだろう。私は、自分が参考にした全書籍のリストではなく、一般読者にとって有益であろうと思われる本について紹介することにした。

プロローグ

世界史のうえに占める重要性のわりに、日露戦争について書かれた英語の本は比較的

少ない。開戦に至るまでの外交上の諍いをカバーしたものとして、Ian Hill Nish, *The Origins of the Russo-Japanese War* (London, 1986) がある。主要な戦闘について短くまとめたものとして、Geoffrey Juke, *The Russo-Japanese War 1904-1905* (Oxford, 2002) がある。Constatntine Pleshakov は *The Tsar's Last Armada: The Epic Voyage to the Battle of Tsushima* (New York, 2003) のなかで、日本海海戦における不運なロシアの奮闘を手に汗握らせる筆致で書いている。Vladimir Nabokov は自身の回想録 *Speak, Memory* (New York, 1966)〔ウラジミール・ナボコフ『ナボコフ自伝――記憶よ、語れ』晶文社〕の冒頭数ページ目に、この戦争のインパクトを綴った。そしてガンディー、ネルー、アタテュルク、孫文、毛沢東の伝記や回想録にも、必ず同じような記述が見て取れる。日露戦争がもたらした国際的なレベルでの派生的影響については、Rotem Kowner, *The Impact of the Russo-Japanese War* (London, 2009) と、Cemil Aydin, *The Politics of Anti-Westernism* (New York, 2007) を参照されたい。

第一章　隷属するアジア

エジプトにおけるフランスの誇大妄想が引き起こした不運について最近著されたもっともすぐれた記述は、Juan Cole, *Napoleon's Egypt: Invading the Middle East* (New York, 2007) である。Irene Bierman の編集になる *Napoleon in Egypt* (Reading, 2003) は、フランスの侵略と占領がもたらした具体的局面について述べた学術論文を含み、〔Abd Al-Rahman Jabarti の〕*Napoleon in Egypt: Al-Jabarti's Chronicle of the French Occupation, 1798* (Princeton, 1993) は、フランス軍侵入に対するムスリムの対応を記録したものとしてこれにまさる書はない。

9・11 同時多発テロ事件以降、イスラームとイスラームの歴史に関する文献が急増した。豊かな資料が多く選択に窮するが、Marshall Hodgson の三巻本、*The Venture of Islam* (Chicago, 1974) がやはりもっとも刺激的で包括的な解説として安泰だろう。彼の *Rethinking World History: Essays on Europe, Islam and World History* (Cambridge, 1993) もこれまた新鮮な切り口で西洋中心主義にとらわれぬ歴史を考えさせてくれる。14 世紀の旅行記、*The Travels of Ibn Battutah* (London, 2003)〔イブン・バットゥータ『大旅行記』全 8 巻、平凡社〕は、ムスリム世界の地理的な広がりと文化的影響をきわめて明確に把握させてくれる。これの姉妹編的な興味深い本として、〔Mirza Abu Taleb の〕*Westward Bound: Travels of Mirza Abu Taleb* (Delhi, 2005) という、19 世紀の初めにヨーロッパが圧倒的勢力をわがものにするさまを目の当たりにした一ムスリムの紀行文がある。K.M.Panikkar, *Asia and Western Dominance: A Survey of the Vasco da Gama Epoch of Asian History, 1498-1945* (London, 1953)〔K・M・パニッカル『西洋の支配とアジア』藤原書店〕は多少古い本だが、西洋が時間をかけてアジアへ進出していくさまを幅広くとらえたおもしろい歴史書である。しかるべき評価に恵まれずにいるが、この分野において注目すべき貢献をしているのが Sanjay Subrahmanyam で、彼の *The Portuguese Empire in Asia, 1500-1700: A Political and Economic History* (Oxford, 2012) と *Three Ways to Be Alien: Travails and Encounters in the Early Modern World* (Brandeis, 2011) は必読書である。

Julia Lovell, *The Opium Wars* (London, 2011) は、Maurice Collis や Arthur Waley などによるアヘン戦争をテーマにした古典的研究の見事な後継的作品である。とくに、中国人ナショナリストが何十年にもわたってアヘン戦争を有効利用してきた点をうまく取り上げている。Jonathan Spence は彼の傑作、*The Search for Modern China* (New York,1999) で、アヘンがらみの紛糾を彼独特の鮮やかな語り口で聞かせてくれる。そして John K. Fairbank による中国学への初期の貢献としての *Trade and Diplomacy on the China Coast* (Palo Alto, Calif.,1953) は、今でも読む者を驚かす力を持っている。外部世界に対する中国の意識の萌芽をとらえたのが、Rebecca Karl, *Staging the World: Chinese Nationalism at the Turn of the Twentieth Century* (Durham, N.C., 2002) と、Theodore Huters, *Bringing the World Home: Appropriating the West in Late Qing and Early Republican China* (Hawaii, 2005) である。

インド大反乱の軍事的側面を物語るのが、Saul David, *The Indian Mutiny* (London, 2003) と、Christopher Hibbert, *The Great Mutiny: India 1857* (London, 1982) である。同反乱のイデオロギー的、社会的、政治的動機については、Eric Stokes, *English Utilitarians and India* (London, 1959) と、*The Peasant Armed: The Indian Rebellion of 1857* (New York, 1986)、そして Rudrangshu Mukherjee, *Awadh in Revolt, 1857-1858: A Study in Popular Resistance* (Delhi, 1984) を参照のこと。英国支配に対する農村部の反抗に関する広範な記述は、Ranajit Guha による影響力の大きな書、*Elementary Aspects of Peasant Insurgency in Colonial India* (Durham, N.C., 1999) にある。Ayesha Jalal, *Partisans of Allah: Jihad in South Asia* (Cambridge, Mass., 2008) は、聖戦への粗雑な偏見に対する中和策だけでなく、大反乱の重要なイデオロギー的背景が、とくに「バラコットの殉教」という章で述べられる。大反乱のインド側からの観点から書かれたものとして、Amaresh Misra, *Lucknow: Fire Of Grace - The Story of its Renaissance, Revolution and the Aftermath* (Delhi,1998) と、Mahmood Farooqui の編集になる *Besieged: Voices from Delhi 1857* (Delhi, 2010) がある。Abdul Halim Sharar, *Lucknow: The Last Phase of an Oriental Culture* (Delhi, 1975) は、衰退の町〔ラクナウ〕を追慕するすぐれた書である。サタジット・レイが脚本・監督を手がけた映画『チェスをする人』〔日本公開 1981 年〕の原作は、Munshi Premchand が書いた短篇であるが、1850 年代の Awadh〔アワド〕の文化を生き生きと感じさせてくれる。19 世紀のデリーを知りたければ、Mushirul Hasan, *A Moral Reckoning: Muslim Intellectuals in Nineteenth-Century Delhi* (Delhi, 2007)、William Dalrymple, *The Last Mughal* (New York, 2007)、Pavan K. Varma が書いた、デリーが生んだ偉大なる詩人の伝記、*Ghalib: The Man, The Times* (Delhi, 1989)、そして Ralph Russell と Khurshidul Islam が編集した *Ghalib 1797-1869: Life and Letters* (Delhi, 1997) を参照のこと。インドに生きるムスリムの苦境を鋭い感性で書いたものに、M. Mujeeb, *Indian Muslims* (Delhi, 1962) や、Rajmohan Gandhi, *Understanding the Muslim Mind* (Delhi, 1988) がある。

アジアよりも「優秀な」西洋という勝者のおごりに論駁する文献は数を増す一方である。Christopher Bayly, *The Birth of the Modern World 1780-1914, Global Connections and Comparisons* (Oxford, 2003) は、同テーマを扱った近年の堂々たる学術的業績である。

Andre Gunder Frank, *Reorient: Global Economy in an Asian Age* (Berkeley, 1998)、Janet L. Abu-Lughod, *Before European Hegemony: The World System A.D. 1250-1350* (New York, 1989)〔『ヨーロッパ覇権以前——もうひとつの世界システム』上下巻、岩波書店〕と、Kenneth Pomeranz, *The Great Divergence: China, Europe, and the Making of the Modern World Economy* (Princeton, 2001) は、当該分野で今や古典の地位を得ている。Prasannan Parthasarthi, *Why Europe Grew Rich and Asia Did Not: Global Economic Divergence, 1600-1850* (Cambridge, 2011) は、このテーマのひとかたならぬ複雑さをさらに思い知らせてくれる。Takeshi Hamashita〔浜下武志〕, *China, East Asia and the Global Economy: Regional and Historical Perspectives* (New York, 2008)〔同書は浜下氏のさまざまな著作からの抜粋英訳版〕では、広大なユーラシア大陸の交易網と進貢貿易の中心に中国を位置づける。一般読者にとって敷居が低いのは次の書籍だろう。Stewart Gordon, *When Asia was the World: Traveling Merchants, Scholars, Warriors, and Monks Who Created the 'Riches of the East'* (Philadelphia, 2009)、Jerry Brotton, *The Renaissance Bazaar: From the Silk Road to Michelangelo* (New York, 2003)、そして Jack Goody, *The East in the West* (Cambridge, 1996) である。John Darwin, *After Tamarlene: The Global History of Empire* は世界史に新たな方向づけを与えるという必然的作業を、すっきりと成し遂げている。V. G. Kiernan, *The Lords of Human Kind: European Attitudes Towards the Outside World in the Imperial Age* (London, 1969) は、このテーマ〔ヨーロッパ人の非ヨーロッパ観〕において、Edward Said の複雑な論争の書、*Orientalism* (New York, 1978)〔エドワード・W・サイード『オリエンタリズム』上下巻、平凡社〕よりも情報に富む。「白人であること」がどのようにしてひとつのイデオロギーとなり、「その他の人種」に対する政治的連帯をかたち作ったのかについては、Marilyn Lake と Henry Reynolds の共著、*Drawing the Global Colour Line: White Men's Countries and the International Challenge of Racial Equalit* (Cambridge, 2008)、および Bill Schwarz の大いに期待される三部作〔The Memories of Empire シリーズ〕の一作目、*The White Man's World* (New York, 2012) を参照されたい。

第二章　アフガーニーの風変わりなオデュッセイア

Nikki Keddie, *Sayyid Jamal Ad-Din 'Al-Afghani': A Political Biography* (Berkeley, 1972) が、いまだにアフガーニーの人生と思想に関するもっとも権威ある情報源である。Elie Kedourie, *Afghani and 'Abduh: An Essay on Religious Unbelief and Political Activism in Modern Islam* (London, 1966) は陰謀論の仮説を説く残念な部分もあるが、依然として有用な本である。Ibrahim Abu-Lughod, *The Arab Discovery of Europe: A Study in Cultural Encounters* (Princeton, 1963) は、西洋の力の秘法を伝授された第一世代のムスリムを書く。Albert Hourani, *Arabic Thought in the Liberal Age 1798-1939* (Oxford, 1962) がカバーする範囲は広く、アフガーニーを扱った章はすばらしい。

Caroline Finkel, *Osman's Dream: The History of the Ottoman Empire* (New York, 2007) と Carter Vaughn Findley, *The Turks in World History* (New York, 2004) は、〔オスマンという〕巨大なテーマの入門書として恰好である。M. Sukru Hanioglu, *A Brief History*

of the Late Ottoman Empire (Princeton, 2008) は、19 世紀のトルコを描いたたいへんにわかりやすい本で、同時代の知的潮流ならば Serif Mardin, *The Genesis of Young Ottoman Thought: A Study in the Modernization of Turkish Political Ideas* (Princeton, 2000) が詳しく、Philip Mansel, *Constantinople: City of the World's Desire, 1453-1924* (London, 1995) と *Sultans in Splendour* (London, 2002) は、オスマン帝国のスルタンが築き上げた世界を豊かに描出している。

Juan Cole, *Colonialism and Revolution in the Middle East: Social and Cultural Origins of Egypt's Urabi Movement* (Cairo, 1999) は、アフガーニーが知る騒然たる 1870 年代のエジプトを書いた最良の一冊である。19 世紀エジプトのより広範な政治史としては、K. Fahmy, *All the Pasha's Men: Mehmed Ali, His Army and the Making of Modern Egypt* (Cairo, 2002) を参照のこと。David Landes, *Bankers and Pashas:International Finance and Economic Imperialism in Egypt* (Cambridge, Mass., 1980) はエリートたちの狂態を描き、Michael Ezekiel Gasper は *The Power of Representation: Publics, Peasants, and Islam in Egypt* (Stanford, 2009) で市井の人々からの観点を描く。当時のカイロを美しく再現したものとして、Max Rodenbeck, *Cairo: The City Victorious* (London, 2000) と、Trevor Mostyn, *Egypt's Belle Epoque: Cairo and the Age of the Hedonists* (London, 2006) がある。

David Lelyveld, *Aligarh's First Generation: Muslim Solidarity in British India* (Delhi, 2003) は有益な研究であり、サイイド・アフマド・ハーンについての興味深い解釈は、Shruti Kapila が編集した *An Intellectual History for India* (Cambridge, 2010) に掲載された Faisal Devji の一文、'Apologetic Modernity' を参照のこと。Jacob M. Landau, *The Politics of Pan-Islam: Ideology and Organization* (Oxford, 1990) は汎イスラーム主義に関する権威ある書であり、Cemil Aydin は、*The Politics of Anti-Westernism in Asia* のなかで汎イスラーム主義が生まれた最初の動機について興味深い論考を繰り広げる。

第三章　梁啓超の中国とアジアの運命

日本に魅了されたオスマン・トルコとアラブについては、Renee Worringer の編集になる *The Islamic Middle East and Japan: Perceptions, Aspirations, and the Birth of Intra-Asian Modernity* (Princeton, 2007) を参照のこと。日本近代史の最高の入門書は、大著ならば Marius B. Jansen, *The Making of Modern Japan* (Cambridge, Mass., 2000)、薄手の本ならば Ian Buruma, *Inventing Japan* (New York, 2003)〔イアン・ブルマ『近代日本の誕生』ランダムハウス講談社〕である。日本および太平洋に関するアメリカ人の視点はきわめて最近の書、Bruce Cumings, *Dominion from Sea to Sea: Pacific Ascendancy and American Power* (New Haven, Conn., 2010)〔ブルース・カミングス『アメリカ西漸史——“明白なる運命” とその未来』東洋書林〕に描かれている。梁啓超の思想は、次の三冊の主要な伝記的研究書のなかで委曲を尽くして取り扱われている。Joseph R. Levenson, *Liang Ch'i-ch'ao and the Mind of Modern China* (Cambridge, Mass., 1959)、Hao Chang, *Liang Ch'i-ch'ao and Intellectual Transition in China, 1890-1907* (Cambridge, Mass., 1971)、そして Xiaobing Tang, *Global Space and the Nationalist Discourse of Modernity: The Historical Thinking of Liang Qichao* (Stanford, 1996)。Jonathan Spence は *The*

Gate of Heavenly Peace: The Chinese and their Revolution, 1895-1980 (New York, 1982) のなかで、梁啓超と康有為の並走する生涯を感動的に描く。厳復に関しては、Benjamin Schwartz, *In Search of Wealth and Power: Yen Fu and the West* (Cambridge, Mass., 1964) を参照のこと。

中国の知的風景を広範囲にわたって記述したものとして、Hao Chang, *Chinese Intellectuals in Crisis: Search for Order and Meaning (1890-1911)* (Berkeley, 1987)、そして Merle Goldmanand と Leo Ou-fan Lee の共同編集になる *The Intellectual History of Modern China* (Cambridge, 2002) がある。Rana Mitter, *A Bitter Revolution: China's Struggle with the Modern World* (Oxford, 2005)〔ラナ・ミッター『五四運動の残響—— 20世紀中国と近代世界』岩波書店〕は、五・四運動へ至るまでの経過とその後に関する論議論戦を見事に書き上げた。1910年代と1920年代における世代間衝突がよく描かれたものとして、Vera Schwarcz, *The Chinese Enlightenment: Intellectuals and the Legacy of the May Fourth Movement* (Berkeley, 1986) がある。五・四運動の一般的研究の良書として、T. C. Wang, *Chinese Intellectuals and the West 1872-1949* (Chapel Hill, 1966)、とくに鋭敏な洞察に満ちた 'China's Response to the West' という章が際立つ Paul Cohen, *Discovering History in China* (New York, 1984)〔ポール・コーエン『知の帝国主義——オリエンタリズムと中国像』平凡社〕、そして Jerome B. Greider, *Intellectuals and the State in Modern China: A Narrative History* (New York, 1981) などがある。梁漱溟と章炳麟についてのすぐれたエッセイ二篇が、Charlotte Furth の編集になる *The Limits of Change* (Cambridge, Mass., 1976) に見いだされる。近々出版される Wang Hui, *The Rise of Modern Chinese Thought*〔汪暉『現代中國思想的興起』の英訳。邦訳は『近代中国思想の生成』岩波書店〕には、主要な中国人著述家、哲学者すべてについての論文が含まれる。Joseph W. Esherick, *The Origins of the Boxer Uprising* (Berkeley, 1988) は義和団の動機について書かれた卓越の書である。

Eri Hotta は *Pan-Asianism and Japan's War 1931-1945* (New York, 2007) のなかで、日本における汎アジア主義の伝統をわかりやすく詳述する。同じテーマを扱った刺激的で挑発的な論文 Prasenjit Duara, 'The Discourse of Civilization and Pan-Asianism' は、*Journal of World History*, Vol. 12, No. 1 (Spring, 2001) に掲載されている。Marius B. Jansen, *The Japanese and Sun Yat-sen* (Princeton, 1970) は、日本へ亡命した中国人たちの危険と背中合わせの状況をとらえる。梁啓超が書いたヨーロッパの政治的・知的危機について最良の概説書として、Mark Mazower, *Dark Continent: Europe's Twentieth Century* (London, 2000) がある。

第四章　一九一九年、世界史の転換

パリ講和会議は、学者や文筆家から子細もらさぬ注目を浴びた。David Fromkin, *A Peace to End all Peace: The Fall of the Ottoman Empire and the Creation of the Modern Middle East* (New York, 1989)〔デイヴィッド・フロムキン『平和を破滅させた和平——中東問題の始まり』上下巻、紀伊國屋書店〕は、オスマン帝国の崩壊と中東の創成を公平な立場から書いた本である。Margaret MacMillan, *Paris 1919: Six Months That*

Changed the World (New York, 2002)〔マーガレット・マクミラン『ピースメイカーズ――1919年パリ講話会議の群像』上下巻、芙蓉書房出版〕は、実際の会議進行状況をカバーしている。だが1919年を、独立をめざすアジアのすべての主要国にとって草創の年、という定義でとらえ直したのはErez Manela, *The Wilsonian Moment: Self-Determination and the International Origins of Anticolonial Nationalism* (New York, 2009) である。最近、ロンドンのHaus Publishing社からシリーズものとして刊行された 'Makers of the Modern World' は講和会議に出席した主要参加者全員の、示唆に富む伝記的研究書を含んでいる。アメリカ外交政策の歴史を簡潔かつ明晰に説いたものとして、Walter A. McDougall, *Promised Land, Crusader State: The American Encounter with the World since 1776* (New York, 1997) にまさる書はない。コミンテルンの物語を飽かずに読ませるものとして、Peter Hopkirk, *Setting the East Ablaze: Lenin's Dream of an Empire in Asia* (New York, 1985)〔ピーター・ホップカーク『東方に火をつけろ――レーニンの野望と大英帝国』NTT出版〕がある。中国、インド、ベトナムそれぞれの国の正式な共産党史はあっても、アジアのナショナリズムが共産主義と合体して形成されてきた点を扱った踏み込んだ解説書はまだ書かれていない。専門的論文のなかに断片的に現れるだけであるが、Michael Williamsが書いた論説、'Sneevliet and the Birth of Asian Communism' in *New Left Review* I/123, September-October 1980にはいくつかの有益な情報が含まれている。Suchetana Chattopadhyay, *Early Communist: Muzaffar Ahmad in Calcutta 1913-1929* (Delhi, 2011) は、初期の一インド人共産主義者が生きた世界をつまびらかに描いている。Kris Manjapra, *M. N. Roy: Marxism and Colonial Cosmopolitanism* (Delhi, 2010) も同様である。

第五章　タゴール、東亜へ行く――亡国から来た男

タゴールの世界観を知るための最良の方法は、彼の明晰な散文集を読むことで、さまざまな出典をもとにした英語版でそのほとんどが入手可能である。英語で書かれた最高の伝記は、Krishna DuttaとAndrew Robinsonの共著、*Rabindranath Tagore: The Myriad-Minded Man* (London, 1995) である。タゴールの美学についてAmit Chaudhuriほど巧みに書き表した者はいない。彼が*The Essential Tagor* (Cambridge, Mass., 2011) の序文として書いた文章と、*On Tagore* (Delhi, 2012) に含まれる数篇のエッセイを参照のこと。Nirad C. Chaudhuriは*Autobiography of an Unknown Indian* (London, 1951) で、たいへんな敬愛をこめてタゴールについて書いている。Amartya Senのタゴールについてのエッセイは、*The Argumentative Indian: Writings on Indian History, Culture and Identity* (Delhi, 2005) に収められている。タゴールの政治思想については学校でひと通り読んではいたが、初めてそれに刮目したのはこのエッセイのおかげだった。Sabyasachi Bhattacharya, *Rabindranath Tagore: An Interpretation* (Delhi, 2011) はこまやかな知的伝記である。

タゴールの政治思想を扱った最高の学術的研究書は、Michael Collins, *Empire, Nationalism and the Postcolonial World: Rabindranath Tagore's Writings on History, Politics and Society* (New York, 2011) である。彼とガンディーの相違については、Sabyasachi

Bhattacharya が編集した *The Mahatma and the Poet: Letters and Debates Between Gandhi and Tagore, 1915-1941* (Delhi, 1997) を参照のこと。Sugata Bose, *A Hundred Horizons: The Indian Ocean in the Age of Global Empire* (Delhi, 2006) と、Ramachandra Guha がタゴールのナショナリズムについて書いた *Nationalism* (Delhi, 2010) も参照のこと。タゴールの知的な家庭環境は、David Kopf, *British Orientalism and the Bengal Renaissance: The Dynamics of Indian Modernization, 1773-1835* (Berkeley, 1969) に記述あり。*Europe Reconsidered: Perceptions of the West in Nineteenth-century Bengal* (Delhi, 2002) に収録された Tapan Raychaudhuri のエッセイおよび彼の *Perceptions, Emotions, Sensibilities: Essays on India's Colonial and Post- colonial Experiences* (Delhi, 1999)、そして Sudipta Kaviraj の *The Unhappy Consciousness: Bankimchandra Chattopadhyay and the Formation of Nationalist Discourse in India* (Delhi, 1995) も参照のこと。

インドと中国の関係については、Madhavi Thampi が編集した *Indians in China, 1800-1949* (Delhi, 2010) と、Kalidas Nag, *Discovery of Asia* (Calcutta, 1993) を参照のこと。タゴールの東アジア訪問につい本格的に書かれた最初の本は、Stephen N. Hay, *Asian Ideas of East and West: Tagore and his Critics in Japan, China, and India* (Cambridge, Mass., 1970) である。Amiya Dev と Tan Chung によって最近編集された *Tagore and China* (Delhi, 2011) は、インド人から見た視点と中国人側からの視点とを含む。オーロビンド・ゴーシュという重要人物はヒンドゥー・ナショナリストによって大いに傷つけられ、彼の散文に学術的検討がなされることはなかった。Peter Heehs のいくつかの著作、とくに彼の伝記 *The Lives of Sri Aurobindo* (New York, 2008) は稀有な作品である。Ashis Nandy は *The Intimate Enemy: Loss and Recovery of Self Under Colonialism* (New Delhi, 1988) のなかで彼独自の感性をふるい、オーロビンドについて書く。Shruti Kapila ed., *An Intellectual History for India* (Delhi, 2010) のなかの、Sugata Bose が書いた章 'The Spirit and Form of an Ethical Policy: A Meditation on Aurobindo's Thought' も参照のこと。"Sri Aurobindo Ashram" というウェブサイト〔http://www.sriaurobindoashram.org〕からは、彼の全散文作品を PDF ファイルで容易にダウンロードすることができる。B. Parekh, *Colonialism, Tradition and Reform* (London, 1989) と、Dennis Dalton, *Mahatma Gandhi: Non-Violent Power in Action* (New York, 2000) は、ガンディーをテーマとした大量の書籍群のなかで依然として卓越した良書である。

第六章　作り直されたアジア

John D. Pierson, *Tokutomi Soho, 1863-1957: A Journalist for Modern Japan* は、19 世紀後半から 20 世紀当初にかけての日本の地政学的な軌跡を知るための恰好の入門書である。Shogo Suzuki〔鈴木章悟〕の *Civilization and Empire: China and Japan's Encounter with European International Society* (New York, 2009) は、日本の社会がヨーロッパ型システムに同化した結果、不可避的に暴力性を帯びた点を分析している。John Keay, *Last Post: The End of Empire in the Far East* (London, 1997) は、過小評価されがちな同著者の他作品と同様、アジアにおけるヨーロッパ帝国末期を研究した、巻を措く能わずの書である。日本のアジア占領をよく描いたものとして、Nicholas Tarling, *A Sudden Ram-*

page: The Japanese Occupation of Southeast Asia, 1941-1945 (Hawaii, 2001)、William Newell ed., *Japan in Asia, 1942-45* (Singapore, 1981)、そして、Shigeru Sato, *War, Nationalism, and Peasants: Java under the Japanese Occupation, 1942-1945* (Armonk, 1994) がある。Christopher Bayly と Tim Harper の共著となる二冊、*Forgotten Armies: The Fall of British Asia, 1941-1945* (London, 2007) と *Forgotten Wars: Freedom and Revolution in Southeast Asia* (London, 2007) は、歴史書執筆の水準を塗り替えた。

Vijay Prashad, *The Darker Nations: A People's History of the Third World* (New York, 2007)〔ヴィジャイ・プラシャド『褐色の世界史――第三世界とはなにか』水声社〕は、第三世界の歴史を書いて唯一無二の書である。バンドン会議に関心のある読者ならば、Christopher Lee 編集の論文集、*Making a World After Empire: The Bandung Moment and Its Political Afterlives* (Athens, Ohio, 2010) を参照するに限る。とくに Dipesh Chakraborty が書いた章、'The Legacies of Bandung' は特筆に値する。Prasenjit Duara ed., *Decolonization: Perspectives from Now and Then* (New York, 2004) も参照のこと。

イクバルの著作の英語訳は恵まれていない。唯一の例外が V. G. Kiernan の英訳、*Poems from Iqbal* (Karachi, 2005) である。Iqbal Singh, *The Ardent Pilgrim: An Introduction to the Life and Work of Iqbal* (Delhi, 1997) は、彼について書かれた英語の本としては現在でも最高。Ayesha Jalal は *Self and Sovereignty: Individual and Community in South Asian Islam since 1850* (New York, 2000) で、この詩人兼思想家について新鮮な筆致で書く。マウドゥーディーの著作とその影響について、Vali Nasr は *Mawdudi and the Makingof Islamic Revivalism* (New York, 1996) のなかで網羅的に分析している。英語圏読者のあいだでアリー・シャリーアティーの評判が高いのは、優秀な伝記作家 Ali Rahnema, *An Islamic Utopian: A Political Biography of Ali Shariati* (London, 1998) によるところが大きい。Hamid Algar は、シャリーアティーの二つの論文集を翻訳し紹介文を付している。*On the Sociology of Islam* (Berkeley, 1979) と *Marxism and Other Western Fallacies: An Islamic Critique* (Berkeley, 1980) である。Nikki Keddie, *Iran: Roots of Revolution* (New Haven, Conn., 1981)、とくに Yann Richard が書いたシャリーアティーに関する章を参照のこと。

John Calvert, *Sayyid Qutb and the Origins of Radical Islamism* (London, 2010) は、9・11 後に皆がクトゥブに着せた陳腐なイメージを一掃する力作である。Roy Mottahedeh がすっきりした文章で綴った *The Mantle of the Prophet: Religion and Politics in Iran* (London, 1985) は、1979 年以前のイラン社会において宗教が占めていた位置についての、もっとも読みやすい入門書である。 Ervand Abrahmanian, *Iran Between Two Revolutions* (Princeton, 1982) は、1979 年に至るまでのイランの政治を理解しようと欲する者にとって、不可欠の一冊である。そしてホメイニ主義を理解するためには、同著者の *Khomeinism: Essays on the Islamic Republic* (Berkeley, 1993) が最適である。Hamid Dabashi, *Theology of Discontent: The Ideological Foundation of the Islamic Revolution in Iran* (New Brunswick, N.J., 2006) は今も変わらず新鮮かつ啓蒙的な本である。彼の *Shi'ism: A Religion of Protest* (Cambridge, Mass., 2011) も参照のこと。Jalal Al-e Ahmad, *Occidentosis: A Plague from the West* (Berkeley, 1984) は、今日巷間にあふれる現代資本

主義批判の先駆的書物である。

イスラーム・モダニズムに関する、気持ちのいいくらい偏見がなく示唆に富む見方を次の二書に見いだすことができる。Mansoor Moaddel, *Islamic Modernism, Nationalism, and Fundamentalism: Episode and Discourse* (Chicago, 2005)、Roxanne Euben, *Enemy in the Mirror: Islamic Fundamentalism and the Limits of Modern Rationalism: A Work of Comparative Political Theory* (Princeton, 1999)。アタテュルクの頑ななまでの世俗的世界観は、M. Sukru Hanioglu, *Ataturk: An Intellectual Biography* (Princeton, 2011) によって入念に説明されている。愚かな政治的発言〔反イスラーム的発言〕をしたBernard Lewis であるが、以前の業績である *The Emergence of Modern Turkey* (Oxford, 1968) の魅力が減じることはない。だが、さらに興味深い解釈を示すのが、Carter Vaughn Findley の *Turkey, Islam, Nationalism, and Modernity: A History* (New Haven, Conn., 2011) である。

毛沢東の知的・政治的進化、そして破局を知るための最良の案内書は、Stuart Schram が編集した数巻の著作集である。Timothy Cheek ed., *A Critical Introduction to Mao* (Cambridge, 2010) に収録された学術的寄稿は、扇情的伝記作家たちによる色づけを洗い清めるよい助けになっている。Thomas A. Metzger, *Escape from Predicament: Neo-Confucianism and China's Evolving Political Culture* (New York, 1986) は、共産主義の国、中国の基盤にあるのは儒教であることを挑発的な観点から見る。儒教復活に関しては、Daniel Bell, *China's New Confucianism: Politics and Everyday Life in a Changing Society* (Princeton, 2008) を参照のこと。

原注

プロローグ

（1）次で引用されている。Rotem Kowner（ed.）*The Impact of the Russo-Japanese War*（London, 2006）p. 20.

（2）Gandhi, *The Collected Works of Mahatma Gandhi*, vol. 4, http://www.gandhiserve.org/cwmg/VOL004.PDF, p. 470.

（3）Jawaharlal Nehru, *Autobiography*（1936; repr. edn New Delhi, 1989）p. 16.（ネルー「自叙伝」蝋山芳郎訳、『世界の名著 77』所収、中央公論社、1979 年ほか）

（4）Ibid., p.18.

（5）Marius B. Jansen, *The Japanese and Sun Yat-sen*（Princeton, 1970）p. 117.

（6）John D. Pierson, *Tokutomi Sohō 1863–1957: A Journalist for Modern Japan*（Princeton, 1980）p. 143.

（7）Ibid., p. 279.

（8）Benoy Kumar Sarkar, 'The futurism of young Asia', *International Journal of Ethics*, 28, 4（July 1918）p. 536.

（9）次で引用されている。Cemil Aydin, *The Politics of Anti-Westernism: Visions of World Order in Pan-Islamic and Pan-Asian Thought*（New York, 2007）p. 76.

（10）次で引用されている。Kowner（ed.）*Impact of the Russo-Japanese War*, p. 242.

（11）Philip Short, *Mao: A Life*（London, 2004）p. 37.（フィリップ・ショート『毛沢東——ある人生（上・下）山形浩生・守岡桜訳、白水社、2010 年）

（12）Ibid., p. 38.

（13）Kowner（ed.）*Impact of the Russo-Japanese War*, p. 230.

（14）Sun Yat-sen, 'Pan-Asianism', *China and Japan: Natural Friends – Unnatural Enemies*（Shanghai, 1941）p. 143.

（15）Gandhi, Collected Works, vol. 4, p. 471.

第一章　隷属するアジア

（1）次で引用されている。Juan Cole, *Napoleon's Egypt: Invading the Middle East*（New York, 2007）p. 17.

（2）Ibid., p. 11.

（3）Ibid., p. 128.

（4）Ibid.

（5）Trevor Mostyn, *Egypt's Belle Epoque: Cairo and the Age of the Hedonists*（London, 2006）p. 18.

（6）Ibid., p. 14.

（7）Bernard Lewis, *A Middle East Mosaic: Fragments of Life, Letters and History*（New York, 2000）p. 41.

（8）Shmuel Moreh（trans.）*Napoleon in Egypt: Al-Jabarti's Chronicle Of The French Occupation, 1798*（Princeton, 1993）p. 71.

（9）Ibid., pp. 28–9.

(10) Ibid., p. 28.

(11) Ibid., p. 31.

(12) Ibid., pp. 109–10.

(13) Lewis, *A Middle East Mosaic*, p. 42.

(14) 次で引用されている。Bernard S. Cohn, *Colonialism and its Forms of Knowledge: The British in India* (Princeton, 1996) p. 112.

(15) K. M. Panikkar, *Asia and Western Dominance: A Survey of the Vasco da Gama Epoch of Asian History, 1498–1945* (London, 1953) p. 74.（K・M・パニッカル『西洋の支配とアジア』左久梓訳、藤原書店、2000 年）

(16) Tapan Raychaudhuri, *Europe Reconsidered: Perceptions of the West in Nineteenth-century Bengal* (Delhi, 2002) p. 185.

(17) Edmund Burke, *Selected Writings and Speeches* (New Brunswick, 2009) p. 453.

(18) Nicholas B. Dirks, *The Scandal of Empire: India and the Creation of Imperial Britain* (Cambridge, Mass., 2006) p. 292.

(19) Nirad C. *Chaudhuri, Autobiography of an Unknown Indian* (London, 1951) p. 408.

(20) Christopher Hibbert, *The Dragon Wakes: China and the West, 1793–1911* (London, 1984) p. 32.

(21) Ibid., p. 53.

(22) Julia Lovell, *The Opium War* (London, 2011) p. 89.

(23) Jonathan Spence, *The Search for Modern China* (London, 1990) p. 123.

(24) Ibid., p. 129.

(25) Lovell, *The Opium War*, p. 52.

(26) William Theodore De Bary, Richard John Lufrano, Wing-tsit Chan and Joseph Adler (eds.) *Sources of Chinese Tradition, From 1600 Through the Twentieth Century*, vol. 2 (New York, 2000) p. 203.

(27) Ibid., p. 204.

(28) John K. Fairbank, *Trade and Diplomacy on the China Coast: The Opening of the Treaty Ports, 1842–1854* (Palo Alto, Calif., 1953) p. 173.

(29) Madhavi Thampi (ed.) *Indians in China, 1800–1949* (Delhi, 2010) p. 89.

(30) Lovell, *The Opium War*, p. 227.

(31) Patricia Buckley Ebrey, *The Cambridge Illustrated History of China* (Cambridge, 1996) p. 240.

(32) Hibbert, *The Dragon Wakes*, p. 264.

(33) Ibid., p. 226.

(34) Ibid., p. 265.

(35) Rebecca E. Karl, *Staging the World: Chinese Nationalism at the Turn of the Twentieth Century* (Durham, N.C., 2002) p. 12.

(36) Ibid., p. 14.

(37) Theodore Huters, *Bringing the World Home: Appropriating the West in Late Qing and Early Republican China* (Hawaii, 2005) p. 65.

(38) Krishna Dutta and Andrew Robinson, *Rabindranath Tagore: The Myriad-Minded Man* (London, 1995) p. 81.

(39) Raychaudhuri, *Europe Reconsidered*, p. 73.

(40) Rudrangshu Mukherjee, *Awadh in Revolt, 1857–1858: A Study of Popular Resistance* (Delhi, 1984) p. 32.

(41) William Dalrymple, *The Last Mughal: The Fall of Delhi 1857* (London, 2009) p. 96.

(42) Emily Eden, *Up the Country: Letters Written to Her Sister from the Upper Provinces of India* (Cambridge,

1866) p. 139.
(43) Dalrymple, *The Last Mughal*, p. 104.
(44) Raychaudhuri, *Europe Reconsidered*, p. 38.
(45) Karl Marx, *Early Writings* (Harmondsworth, 1975) p. viii.
(46) Mahmood Farooqui (ed. and trans.) *Besieged: Voices from Delhi 1857* (Delhi, 2010) p. 352.
(47) Ibid., pp. 382–3.
(48) Mukherjee, *Awadh in Revolt*, p. 81.
(49) Ibid., p. 148.
(50) Narayani Gupta, *Delhi Between Two Empires, 1803–1930: Society, Government and Urban Growth* (Delhi, 1981) p. 21.
(51) Lovell, *The Opium War*, p. 260.
(52) Abdul Halim Sharar, *Lucknow: The Last Phase of an Oriental Culture*, trans. E. S. Harcourt and Fakhir Husain (Delhi, 1975) p. 66.
(53) Ibid., p. 62.
(54) Benoy Kumar Sarkar, 'The futurism of young Asia', *International Journal of Ethics*, 28, 4 (July 1918) p. 532.
(55) John D. Pierson, *Tokutomi Sohō, 1863–1957: A Journalist for Modern Japan* (Princeton, 1980) p. 130.
(56) Alan Macfarlane, *The Making of the Modern World: Visions from the West and East* (London, 2002) p. 35.
(57) Alexis de Tocqueville, *'The European Revolution' and Correspondence with Gobineau* (New York, 1959) p. 268.
(58) Raychaudhuri, *Europe Reconsidered*, p. 90.
(59) Macfarlane, *The Making of the Modern World*, p. 36.
(60) Stephen N. Hay, *Asian Ideas of East and West: Tagore and his Critics in Japan, China, and India* (Cambridge, Mass., 1970) p. 82.
(61) Amiya Dev and Tan Chung (eds.) *Tagore and China* (Delhi, 2011) p. 170.
(62) Joseph R. Levenson, *Liang Ch'i-ch'ao and the Mind of Modern China* (Cambridge, Mass., 1959) p. 155.

第二章　アフガーニーの風変わりなオデュッセイア

(1) Ali Rahnema, Ali, *An Islamic Utopian: A Political Biography of Ali Shariati* (London, 1998) p. 98.
(2) Nikki R. Keddie, 'The Pan-Islamic appeal: Afghani and Abdülhamid', *Middle Eastern Studies*, 3, 1 (Oct. 1966) p. 66.
(3) Ali Shariati and Sayyid Ali Khamenei, *Iqbal: Manifestations of the Islamic Spirit*, trans. Laleh Bakhtiar (Ontario, 1991) p. 38.
(4) Janet Afary and Kevin B. Anderson, *Foucault and the Iranian Revolution: Gender and the Seductions of Islamism* (Chicago, 2005) p. 99.
(5) Shariati and Khamenei, *Iqbal: Manifestations of the Islamic Spirit*, p. 38.
(6) Nikki R. Keddie, *Sayyid Jamal Ad-Din 'Al-Afghani': A Political Biography* (Berkeley, 1972) p. 138.
(7) Ibrahim Abu-Lughod, *The Arab Discovery of Europe: A Study in Cultural Encounters* (Princeton, 1963) p. 102.
(8) Ibid., p. 120.
(9) Bernard Lewis, *The Emergence of Modern Turkey* (Oxford, 1968) p. 146.
(10) Keddie, *Sayyid Jamal Ad-Din 'Al-Afghani'*, p. 45.

（11） Ibid., p. 104.
（12） Ibid., p. 46.
（13） Ibid., p. 54.
（14）Aziz Ahmad, 'Sayyid Ahmad Khān, Jamāl al-dīn al-Afghānī and Muslim India', *Studia Islamica*, 13（1960）p. 66.
（15） Narayani Gupta, *Delhi Between Two Empires, 1803–1930: Society, Government and Urban Growth*（Delhi, 1981） p. 22.
（16） William Dalrymple, *The Last Mughal: The Fall of Delhi 1857*（London, 2009） p. 9.
（17） Ibid., p. 24.
（18） Ralph Russell and Khurshidul Islam, 'The satirical verse of Akbar Ilāhābādī（1846–1921）', *Modern Asian Studies*, 8, 1（1974） p. 8.
（19） Ibid., p. 9.
（20）Christopher Shackle and Javed Majed（trans.）*Hali's Musaddas: The Flow and Ebb of Islam*（Delhi, 1997）p. 103.
（21） Gail Minault, 'Urdu political poetry during the Khilafat Movement', *Modern Asian Studies*, 8, 4（1984） pp. 459–71.
（22） Keddie, Sayyid Jamal Ad-Din 'Al-Afghani', p. 250.
（23） Rajmohan Gandhi, Understanding the Muslim Mind（Delhi, 1988） p. 23.
（24） Ibid., p. 25.
（25） Ralph Russell（ed.） Hidden in the Lute: An Anthology of Two Centuries of Urdu Literature（Delhi, 1995） pp. 185–6.
（26） Keddie, *Sayyid Jamal Ad-Din 'Al-Afghani'*, p. 107.
（27） Russell（ed.） *Hidden in the Lute*, p. 202.
（28） Keddie, *Sayyid Jamal Ad-Din 'Al-Afghani'*, p.103.
（29） Ibid., p. 105.
（30） Jawaharlal Nehru, *Autobiography*（1936; repr. edn New Delhi, 1989） p. 435.（ネルー「自叙伝」蝋山芳郎訳、『世界の名著 77』所収、中央公論社、1979 年ほか）
（31） Philip Mansel, *Constantinople: City of the World's Desire, 1453–1924*（London, 1995） p. 291.
（32） Ibid., p. 288.
（33） Ibid., p. 277.
（34） M. Şükrü Hanioğlu, *A Brief History of the Late Ottoman Empire*（Princeton, 2008） p. 6.
（35） Mansel, *Constantinople: City of the World's Desire*, p. 248.
（36） Ibid., p. 265.
（37） Feroz Ahmad, *From Empire to Republic: Essays on the Late Ottoman Empire and Modern Turkey*（Istanbul, 2008） p. 43.
（38） Şerif Mardin, *The Genesis of Young Ottoman Thought: A Study in the Modernization of Turkish Political Ideas*（Princeton, 2000） p. 79.
（39） Ibid., p. 115.
（40） Lewis, *The Emergence of Modern Turkey*, p. 139.
（41） Mardin, *The Genesis of Young Ottoman Thought*, p. 167.
（42） Cemil Aydin, *The Politics of Anti-Westernism: Visions of World Order in Pan-Islamic and Pan-Asian Thought*（New York, 2007） p. 36.
（43） Mansel, *Constantinople: City of the World's Desire*, p. 11.
（44） Keddie, *Sayyid Jamal Ad-Din 'Al-Afghani'*, p. 64.

(45) Ibid., p. 69.

(46) Juan R. I. Cole, *Colonialism and Revolution in the Middle East: Social and Cultural Origins of Egypt's Urabi Movement* (Cairo, 1999) p. 195.

(47) Gustave Flaubert, *Flaubert in Egypt: A Sensibility on Tour, trans. Francis Steegmuller* (Harmondsworth, 1996) p. 28.

(48) Stanley Lane Poole, *The Story of Cairo* (London, 1902) p. 27.

(49) Trevor Mostyn, *Egypt's Belle Epoque: Cairo and the Age of the Hedonists* (London, 2006) p. 126.

(50) Mansel, *Constantinople: City of the World's Desire*, p. 9.

(51) Ibid., p. 73.

(52) Mostyn, *Egypt's Belle Epoque*, p. 127.

(53) Lady Duff Gordon, *Letters from Egypt* (London, 1865) p. 59.

(54) Ibid., p. 309.

(55) Mostyn, *Egypt's Belle Epoque*, p. 46.

(56) Cole, *Colonialism and Revolution in the Middle East*, p. 193.

(57) Lucie Duff Gordon, *Last Letters from Egypt: To Which Are Added Letters from the Cape* (Cambridge, 2010) p. 108.

(58) Cole, *Colonialism and Revolution in the Middle East*, p. 46.

(59) Elie Kedourie, *Afghani and 'Abduh: An Essay on Religious Unbelief and Political Activism in Modern Islam* (London, 1966) p. 25.

(60) Flaubert, *Flaubert in Egypt*, p. 79.

(61) Keddie, *Sayyid Jamal Ad-Din 'Al-Afghani'*, p. 90.

(62) Ibid., pp. 116–17.

(63) Ibid., p. 94.

(64) Michael Gaspe, *The Power of Representation: Publics, Peasants, and Islam in Egypt* (Stanford, 2009) p. 101.

(65) Keddie, *Sayyid Jamal Ad-Din 'Al-Afghani'*, p. 94.

(66) Ibid., p. 95.

(67) Cole, *Colonialism and Revolution in the Middle East*, p. 146.

(68) Duff Gordon, *Letters from Egypt*, p. 105.

(69) Keddie, *Sayyid Jamal Ad-Din 'Al-Afghani'*, p. 104.

(70) Ibid., p. 106.

(71) Ibid., p. 110.

(72) Ibid., p. 111.

(73) Kedourie, *Afghani and 'Abduh*, p. 29.

(74) Keddie, *Sayyid Jamal Ad-Din 'Al-Afghani'*, pp. 121–2.

(75) Ibid., p. 118.

(76) Ibid., p. 125.

(77) Flaubert, *Flaubert in Egypt*, p. 81.

(78) Keddie, *Sayyid Jamal Ad-Din 'Al-Afghani'*, p. 133.

(79) Rajmohan Gandhi, *Understanding the Muslim Mind* (Delhi, 1988) p. 26.

(80) Mardin, *The Genesis of Young Ottoman Thought*, p. 60.

(81) Ibid.

(82) Kedourie, *Afghani and 'Abduh*, pp. 50–51.

(83) Ahmad, 'Sayyid Ahmad Khān, Jamāl al-dīn al-Afghānī and Muslim India', p. 59.

(84) Keddie, *Sayyid Jamal Ad-Din 'Al-Afghani'*, pp. 164–5.
(85) Ahmad, 'Sayyid Ahmad Khān, Jamāl al-dīn al-Afghānī and Muslim India', p. 66.
(86) Nehru, *Autobiography*, p. 478.
(87) Ahmad, 'Sayyid Ahmad Khān, Jamāl al-dīn al-Afghānī and Muslim India', p. 65.
(88) Russell (ed.) *Hidden in the Lute*, p. 205.
(89) Ibid., p. 203.
(90) Russell and Islam (trans.) 'The satirical verse of Akbar Ilāhābādī', p. 11.
(91) Russell (ed.) *Hidden in the Lute*, p. 205.
(92) Keddie, *Sayyid Jamal Ad-Din 'Al-Afghani'*, p. 167.
(93) Ibid., p. 135.
(94) Russell and Islam (trans.) 'The satirical verse of Akbar Ilāhābādī', p. 56.
(95) Keddie, *Sayyid Jamal Ad-Din 'Al-Afghani'*, p. 160.
(96) Russell (ed.) *Hidden in the Lute*, p. 207.
(97) Keddie, *Sayyid Jamal Ad-Din 'Al-Afghani'*, p. 183.
(98) Mark Sedgwick, *Muhammad Abduh: A Biography* (Cairo, 2009) p. 51.
(99) Stéphane A. Dudoignon, Hisao Komatsu and Yasushi Kosugi (eds.) *Intellectuals in the Modern Islamic world: Transmission, Transformation, Communication* (New York, 2006) p. 9.
(100) Keddie, *Sayyid Jamal Ad-Din 'Al-Afghani'*, pp. 202–3.
(101) Ibid., p. 202.
(102) W. S. Blunt, *Gordon at Khartoum, Being a Personal Narrative of Events in Continuation of 'A Secret History of the English Occupation of Egypt'* (London, 1911) pp. 208–9.
(103) Keddie, *Sayyid Jamal Ad-Din 'Al-Afghani'*, p. 208.
(104) Kedourie, *Afghani and 'Abduh*, p. 43.
(105) Keddie, *Sayyid Jamal Ad-Din 'Al-Afghani'*, p. 191.
(106) Ibid., p. 196.
(107) Sedgwick, *Muhammad Abduh*, p. 39.
(108) Keddie, *Sayyid Jamal Ad-Din 'Al-Afghani'*, p. 250.
(109) Ibid.
(110) Ibid., p. 263.
(111) Ibid., p. 285.
(112) Ibid., p. 286.
(113) Ibid., p. 304
(114) Ibid.
(115) Ibid., p. 317.
(116) Renée Worringer (ed.) *The Islamic Middle East and Japan: Perceptions, Aspirations, and the Birth of Intra-Asian Modernity* (Princeton, 2007) p. 16.
(117) George Nathaniel Curzon, *Persia and the Persian Question*, vol. 1 (London, 1966) p. 480.
(118) Keddie, *Sayyid Jamal Ad-Din 'Al-Afghani'*, p. 324.
(119) Ibid.
(120) Ibid., p. 339.
(121) Ibid., p. 343.
(122) Ibid., p. 363.
(123) Ibid., p. 362.
(124) Ibid., p. 400.

(125) Ibid., p. 382.

(126) Ibid., p. 391.

(127) Sayid Jamāl al-Dīn al-Afghānī and Abdul-Hādī Hā'irī, 'Afghānī on the decline of Islam', *Die Welt des Islams*, New Series, 13, 1/2 (1971) pp. 124–5.

(128) Christopher De Bellaigue, *Patriot of Persia: Muhammad Mossadegh and a Very British Coup* (London, 2012) p. 17.

(129) Keddie, *Sayyid Jamal Ad-Din 'Al-Afghani'*, p. 411.

(130) Ibid., p. 420.

(131) Charles Crane, 'Unpublished Memoirs', *Institute of Current World Affairs*, pp. 288–9.

(132) http://www.martinkramer.org/sandbox/2010/02/america-and-afghani/

(133) Charles Kurzman (ed.) *Modernist Islam, 1840–1940: A Sourcebook* (New York, 2002) p. 78.

(134) Ruhollah Khomeini, *Islamic Government* (Washington, D.C., 1979) p. 35.

(135) Wilfred Cantwell Smith, *Islam in Modern History* (Princeton, 1977) p 49.(W・C・スミス『現代イスラムの歴史』中村廣治郎訳、中央公論社、1998年)

(136) Keddie, *Sayyid Jamal Ad-Din 'Al-Afghani'*, p. 419.

(137) Ibid.

第三章　梁啓超の中国とアジアの運命

(1) Renée Worringer (ed.) *The Islamic Middle East and Japan: Perceptions, Aspirations, and the Birth of Intra-Asian Modernity* (Princeton, 2007) p. 34.

(2) William Theodore De Bary (ed.) *Sources of East Asian Tradition: The Modern Period* (New York, 2008) p. 545.

(3) Ibid., p. 46.

(4) Ibid., p. 47.

(5) Renée Worringer, ' "Sick Man of Europe" or "Japan of the near East"? Constructing Ottoman modernity in the Hamidian and Young Turk eras', *International Journal of Middle East Studies*, 36, 2 (May 2004) p. 207.

(6) Ibid.

(7) Marius B. Jansen, *The Making of Modern Japan* (Cambridge, Mass., 2000) p. 274.

(8) Bruce Cumings, *Dominion from Sea to Sea: Pacific Ascendancy and American Power* (New Haven, Conn., 2010) p. 85.(ブルース・カミングス『アメリカ西漸史――《明白なる運命》とその未来』渡辺将人訳、東洋書林、2013年)

(9) John D. Pierson, *Tokutomi Sohō, 1863–1957: A Journalist for Modern Japan* (Princeton, 1980) p. 233.

(10) Ian Buruma, *Inventing Japan* (New York, 2004) p. 50.(イアン・ブルマ『近代日本の誕生』小林朋則訳、ランダムハウス講談社、2006年)

(11) Pierson, *Tokutomi Sohō*, p. 235.

(12) William Theodore De Bary, Carol Gluck and Arthur E. Tiedemann (eds.) *Sources of Japanese Tradition, 1600–2000*, vol. 2 (New York, 2006) p. 133.

(13) Pierson, *Tokutomi Sohō*, p. 237.

(14) Ibid., p. 239.

(15) Ibid., p. 241.

(16) Joseph R. Levenson, *Liang Ch'i-ch'ao and the Mind of Modern China* (Cambridge, Mass., 1959) p. 112.

(17) Ibid., p. 117.

(18) William Theodore De Bary, Richard John Lufrano, Wing-tsit Chan and Joseph Adler (eds.) *Sources of*

Chinese Tradition, From 1600 Through the Twentieth Century, vol. 2 (New York, 2000) p. 205.

(19) Levenson, *Liang Ch'i-ch'ao and the Mind of Modern China*, p. 49.

(20) Rudyard Kipling, *From Sea to Sea: Letters of Travel* (New York, 1920) p. 274.

(21) Levenson, *Liang Ch'i-ch'ao and the Mind of Modern China*, p. 297.

(22) Hao Chang, *Liang Ch'i-ch'ao and Intellectual Transition in China, 1890–1907* (Cambridge, Mass., 1971) p. 60.

(23) Levenson, *Liang Ch'i-ch'ao and the Mind of Modern China*, p. 49.

(24) Ibid., p. 45.

(25) Ibid., p. 44.

(26) Theodore Huters, *Bringing the World Home: Appropriating the West in Late Qing and Early Republican China* (Hawaii, 2005) p. 50.

(27) Levenson, *Liang Ch'i-ch'ao and the Mind of Modern China*, p. 37.

(28) Julia Lovell, *The Opium War* (London, 2011) p. 298.

(29) Benjamin Schwartz, *In Search of Wealth and Power: Yen Fu and the West* (Cambridge, Mass., 1964) p. 55.

(30) Lovell, *The Opium War*, p. 298.

(31) Levenson, *Liang Ch'i-ch'ao and the Mind of Modern China*, p. 30.

(32) Ibid., p. 33.

(33) Ibid., p. 116.

(34) Ibid., p. 83.

(35) Ibid., p. 117.

(36) Pierson, *Tokutomi Sohō*, p. 241.

(37) Sven Saaler and Christopher W. A. Szpilman (eds.) *Pan Asianism: A Documentary History, Vol. 1, 1850–1920* (Lanham, Md., 2011) p. 166.

(38) Pierson, *Tokutomi Sohō*, p. 241.

(39) Prasenjit Duara, 'Asia Redux: conceptualizing a region for our times', *Journal of Asian Studies*, 69, 4 (November 2010) p. 971.

(40) Rebecca E. Karl, 'Creating Asia: China in the world at the beginning of the twentieth century', *American Historical Review*, 103, 4 (Oct. 1998) pp. 1115–16.

(41) Ibid., p. 1107

(42) Ibid., p. 1108.

(43) Rebecca E. Karl, *Staging the World: Chinese Nationalism at the Turn of the Twentieth Century* (Durham, N.C., 2002) p. 141.

(44) Ibid., p. 89.

(45) Hao Chang, *Liang Ch'i-ch'ao and Intellectual Transition in China*, p. 164.

(46) Levenson, *Liang Ch'i-ch'ao and the Mind of Modern China*, p. 117.

(47) Madhavi Thampi (ed.) *Indians in China, 1800–1949* (Delhi, 2010) p. 160.

(48) Robert Bickers and R. G. Tiedemann (eds.) *The Boxers, China and the World* (Lanham, Md., 2007) p. 57.

(49) Jasper Becker, *City of Heavenly Tranquility: Beijing in the History of China* (Oxford, 2008) p. 115.

(50) Aurobindo Ghose, Bande Mataram, *Early Political Writings*, vol. 1 (Pondicherry, 1972) p. 312.

(51) Edgar Snow, *Red Star Over China* (Harmondsworth, 1972) p. 159.(エドガー・スノー『中国の赤い星』松岡洋子訳、筑摩書房、1975 年)

(52) Tsou Jung, *The Revolutionary Army: A Chinese Nationalist Tract of 1903*, trans. John Lust (Paris, 1968)

pp. 58–9.

（53） De Bary, Lufrano, Wing-tsit Chan and Adler（eds.）*Sources of Chinese Tradition*, vol. 2, p. 312.

（54）Hao Chang, *Chinese Intellectuals in Crisis: Search for Order and Meaning*（1890–1911）（Berkeley, 1987）p. 113.

（55） De Bary, Lufrano, Wing-tsit Chan and Adler（eds.）*Sources of Chinese Tradition*, vol. 2, p. 313.

（56） Zhang Yongle, 'The future of the past: on Wang Hui's rise of modern Chinese thought', *New Left Review*, 62（2008）p. 81.

（57） Jonathan Spence, *The Gate of Heavenly Peace: The Chinese and their Revolution, 1895–1980*（New York, 1982）p. 74.

（58） Levenson, *Liang Ch'i-ch'ao and the Mind of Modern China*, p. 121.

（59） Ibid., p. 116.

（60） David G. Marr, *Vietnamese Anticolonialism, 1885–1925*（Berkeley, 1971）p. 121.

（61） Lu Xun, *Diary of a Madman and Other Stories*, trans. William A. Lyell（Hawaii, 1990）p. 23.（魯迅『阿Q正伝・狂人日記 他十二篇』竹内好訳、岩波書店、1981年ほか）

（62） Stéphane A. Dudoignon, Hisao Komatsu and Yasushi Kosugi（eds.）*Intellectuals in the Modern Islamic World: Transmission, Transformation, Communication*（New York, 2006）p. 278.

（63） Ibid., p. 277.

（64） Marr, *Vietnamese Anticolonialism*, p. 137.

（65） Ibid., p. 114.

（66） William Appleman Williams, *The Tragedy of American Diplomacy*（New York, 1972）p. 72.（ウィリアム・A・ウィリアムズ『アメリカ外交の悲劇』高橋章ほか訳、御茶の水書房、1986年）

（67） R. David Arkush and Leo O. Lee（eds.）*Land Without Ghosts: Chinese Impressions of America from the Mid-Nineteenth Century to the Present*（Berkeley, 1989）p. 87.

（68） Ibid., p. 89.

（69） Ibid., p. 90.

（70） Hao Chang, *Liang Ch'i-ch'ao and Intellectual Transition in China*, p. 245.

（71） Arkush and Lee（eds.）*Land Without Ghosts*, p. 91.

（72） Ibid.

（73） Benoy Kumar Sarkar, 'Americanization from the viewpoint of young Asia', *The Journal of International Relations*, 10, 1（July 1919）p. 42.

（74） Arkush and Lee（eds.）*Land Without Ghosts*, pp. 61–2, 65.

（75） Ibid., p. 92.

（76） Ibid., p. 83.

（77） Ibid., p. 93.

（78） Jerome B. Greider, *Intellectuals and the State in Modern China: A Narrative History*（New York, 1981）p. 167.

（79） Pierson, *Tokutomi Sohō*, p. 267.

（80） Hao Chang, *Liang Ch'i-ch'ao and Intellectual Transition in China*, p. 269.

（81） Ibid., p. 270.

（82） Huters, *Bringing the World Home*, p. 20.

（83）Philip Short, *Mao: A Life*（London, 2004）p. 79.（フィリップ・ショート（『毛沢東――ある人生（上・下）山形浩生・守岡桜訳、白水社、2010年）

（84） Spence, *The Gate of Heavenly Peace*, p. 144.

（85） Peter Zarrow, *China in War and Revolution, 1895–1949*（New York, 2005）p. 135.

(86) Spence, *The Gate of Heavenly Peace*, p. 142.

第四章　一九一九年、世界史の転換

(1) http://www.firstworldwar.com/source/wilson1917inauguration.htm.

(2) Erez Manela, *The Wilsonian Moment: Self-Determination and the International Origins of Anticolonial Nationalism* (New York, 2009) p. 21.

(3) Walter A. *McDougall, Promised Land, Crusader State: The American Encounter with the World since 1776* (New York, 1997) p.136.

(4) Manela, *The Wilsonian Moment*, p. 45.

(5) Ibid., p. 71.

(6) Stéphane A. Dudoignon, Hisao Komatsu and Yasushi Kosugi (eds.) *Intellectuals in the Modern Islamic World: Transmission, Transformation, Communication* (New York, 2006) p. 190.

(7) Iqbal Husain, 'Akbar Allahabadi and national politics', *Social Scientist*, 16, 5 (May 1988) p. 38.

(8) Iqbal Singh, *The Ardent Pilgrim: An Introduction to the Life and Work of Mohammed Iqbal* (Karachi, 1997) p. 39.

(9) Amiya Dev and Tan Chung (eds.) *Tagore and China* (Delhi, 2011) p. 190.

(10) Manela, *The Wilsonian Moment*, pp. 91–2.

(11) Jean Lacoutre, *Ho Chi Minh* (Harmondsworth, 1967) p. 35.

(12) Sven Saaler and Christopher W. A. Szpilman (eds.) *Pan Asianism: A Documentary History, Vol. 1, 1850–1920* (Lanham, Md., 2011) p. 136.

(13) Benoy Kumar Sarkar, 'The international fetters of young China', *The Journal of International Relations*, 11, 3 (Jan. 1921) p. 355.

(14) Geoffrey Barraclough, *An Introduction to Contemporary History* (Harmondsworth, 1967) p. 215.（G・バラクラフ『現代史序説』中村英勝・中村妙子訳、岩波書店、1971 年）

(15) Ibid., p. 176.

(16) Sarkar, 'The international fetters of young China', p. 355.

(17) William Appleman Williams, *The Tragedy of American Diplomacy* (New York, 1972) p. 72.（ウィリアム・A・ウィリアムズ『アメリカ外交の悲劇』高橋章ほか訳、御茶の水書房、1986 年）

(18) Benoy Kumar Sarkar, 'Americanization from the viewpoint of young Asia', *The Journal of International Relations*, 10, 1 (July 1919) p. 47.

(19) Ibid.

(20) Manela, *The Wilsonian Moment*, p. 29.

(21) McDougall, *Promised Land, Crusader State*, p.127.

(22) Ibid.

(23) David Fromkin, *In the Time of the Americans: FDR, Truman, Eisenhower, Marshall, MacArthur – The Generation That Changed America's Role in the World* (New York, 1996) p.143.

(24) Manela, *The Wilsonian Moment*, p. 137.

(25) Jonathan Clements, *Prince Saionji* (London, 2008) p. 120.

(26) Ibid., p. 32.

(27) Manela, *The Wilsonian Moment*, p. 75.

(28) Hugh Purcell, *The Maharaja of Bikaner* (London, 2010) p. 27.

(29) Manela, *The Wilsonian Moment*, p. 194.

(30) Ibid., p. 149.

(31) Christopher De Bellaigue, *Patriot of Persia: Muhammad Mossadegh and a Very British Coup* (London,

2012) p. 53.

(32) Lacoutre, *Ho Chi Minh*, p. 32.

(33) Krishna Dutta and Andrew Robinson, *Rabindranath Tagore: The Myriad-Minded Man* (London, 1995) p. 216.

(34) Kedar Nath Mukherjee, *Political Philosophy of Rabindranath Tagore* (Delhi, 1982) p. 43.

(35) Manela, *The Wilsonian Moment*, p. 217.

(36) Dudoignon, Komatsu and Kosugi (eds.) *Intellectuals in the Modern Islamic World*, p. 62.

(37) M. Şükrü Hanioğlu, *Atatürk: An Intellectual Biography* (Princeton, 2011) p. 91.

(38) Cemil Aydin, *The Politics of Anti-Westernism: Visions of World Order in Pan-Islamic and Pan-Asian Thought* (New York, 2007) p. 134.

(39) Hanioğlu, *Atatürk*, p. 57.

(40) Charles Kurzman (ed.) *Modernist Islam, 1840–1940: A Sourcebook* (New York, 2002) p. 8.

(41) Jonathan Spence, *The Gate of Heavenly Peace: The Chinese and their Revolution, 1895–1980* (New York, 1982) p. 172.

(42) Jonathan Clements, *Wellington Koo* (London, 2008) p. 95.

(43) Guoqi Xu, *China and the Great War: China's Pursuit of a New National Identity and Internationalization* (Cambridge, 2005) p. 271.

(44) Ibid., p. 273.

(45) Tse-tsung Chow, *The May Fourth Movement: Intellectual Revolution in Modern China* (Cambridge, Mass., 1967) p. 127.

(46) Deng Maomao, *Deng Xiaoping: My Father* (New York, 1995) p. 81.(毛毛『わが父・鄧小平(1・2)長堀祐造訳、徳間書店、1994年)

(47) Ibid., p. 61.

(48) John Fitzgerald, *Awakening China: Politics, Culture, and Class in the Nationalist Revolution* (Stanford, 1996) p. 93.

(49) Manela, *The Wilsonian Moment*, p. 190.

(50) Ibid.

(51) Clements, *Wellington Koo*, p. 96.

(52) Stuart R. Schram (ed.) *Mao's Road to Power: Revolutionary Writings 1912–1949. Vol. 1, The Pre-Marxist Period, 1912–1920* (New York, 1992) p. 389.

(53) Paul Valéry, *The Outlook for Intelligence* (New York, 1963) p. 115.

(54) Xiaobing Tang, *Global Space and the Nationalist Discourse of Modernity: The Historical Thinking of Liang Qichao* (Stanford, 1996) p. 177.

(55) Spence, *The Gate of Heavenly Peace*, p. 152.

(56) Jerome B. Greider, *Intellectuals and the State in Modern China: A Narrative History* (New York, 1981) p. 252.

(57) Dev and Tan (eds.) *Tagore and China* (Delhi, 2011) p. 79.

(58) Aurobindo Ghose, *Bande Mataram, Early Political Writings*, vol. 1 (Pondicherry, 1972) p. 561.

(59) Ibid., p. 422.

(60) Muhammad Iqbal, *A Message From the East* [Payam-e-Mashriq], trans. M. Hadi Hussain (first published 1924; Lahore, 1977) pp. 90–91.

(61) Joseph R. Levenson, *Liang Ch'i-ch'ao and the Mind of Modern China* (Cambridge, Mass., 1959) p. 203.

(62) Ibid., p. 200.

(63) W. Franke, *China and the West* (Oxford, 1967) p. 124.

(64) Levenson, *Liang Ch'i-ch'ao and the Mind of Modern China*, p. 207.

(65) Ibid., p. 201.

(66) Greider, *Intellectuals and the State in Modern China*, p. 254.

(67) Levenson, *Liang Ch'i-ch'ao and the Mind of Modern China*, p. 203.

(68) Kakuzo Okakura, *The Book of Tea*（New York, 1906）p. 4.（岡倉覚三『茶の本』村岡博訳、岩波書店、2007年）

(69) Greider, *Intellectuals and the State in Modern China*, p. 23.

(70) Bertrand Russell, *The Problem of China*（London, 1922）p. 194.

(71) Greider, *Intellectuals and the State in Modern China*, p. 263.

(72) William Theodore De Bary, Richard John Lufrano, Wing-tsit Chan and Joseph Adler（eds.）*Sources of Chinese Tradition, From 1600 Through the Twentieth Century*, vol. 2（New York, 2000）p. 322.

(73) Sven Saaler and Christopher W. A. Szpilman（eds.）*Pan Asianism: A Documentary History, Vol. 2, 1920–Present*（Lanham, Md., 2011）p. 81.

(74) Ibid., pp. 188–90.

第五章　タゴール、東亜へ行く——亡国から来た男

(1) Rebecca E. Karl, 'China in the world at the beginning of the twentieth century', *American Historical Review*, 103, 4（Oct. 1998）p. 1110.

(2) Rabindranath Tagore, *Letters to a Friend*（Delhi, 2002）p. 110.

(3) Aurobindo Ghose, *Bande Mataram, Early Political Writings*, vol. 1（Pondicherry, 1972）p. 820.

(4) Ibid., p. 931.

(5) Tapan Raychaudhuri, *Europe Reconsidered: Perceptions of the West in Nineteenth-century Bengal*（Delhi, 2002）p. 275.

(6) Tapan Raychaudhuri, *Perceptions, Emotions, Sensibilities: Essays on India's Colonial and Post-colonial Experiences*（Delhi, 1999）p. 36.

(7) Raychaudhuri, *Europe Reconsidered*, p. 77.

(8) Ghose, *Bande Mataram*, vol.1, p. 362.

(9) Ibid., p. 550.

(10) Amiya Dev and Tan Chung（eds.）*Tagore and China*（Delhi, 2011）p. 242.

(11) Robert Bickers and R. G. Tiedemann（eds.）*The Boxers, China and the World*（Lanham, Md., 2007）p. 148.

(12) Dev and Tan（eds.）*Tagore and China*, p. 170.

(13) Stephen N. Hay, *Asian Ideas of East and West: Tagore and his Critics in Japan, China, and India*（Cambridge, Mass., 1970）p. 32.

(14) Mohit Kumar Ray（ed.）*The English Writings of Rabindranath Tagore*, vol. 4（Delhi, 2007）p. 443.

(15) Ibid., p. 631.

(16) Ibid., p. 496.

(17) Gandhi, *Hind Swaraj and Other Writings*, ed. Anthony Parel（Cambridge, 1997）p. xxii.

(18) Aurobindo Ghose, *Early Cultural Writings*, vol. 1（Pondicherry, 2003）p. 545.

(19) Dev and Tan（eds.）*Tagore and China*, p. 35.

(20) Krishna Dutta and Andrew Robinson, *Rabindranath Tagore: The Myriad-Minded Man*（London, 1995）p. 202.

(21) Hay, *Asian Ideas of East and West*, p. 43.

(22) Sven Saaler and Christopher W. A. Szpilman（eds.）*Pan Asianism: A Documentary History*, Vol. 1,

1850–1920（Lanham, Md., 2011）p. 96.
（23）Ibid., p. 98.
（24）Dev and Tan（eds.）*Tagore and China*, p. 349.
（25）Ibid., p. 343.
（26）David Wolff and John W. Steinberg（eds.）*The Russo-Japanese War in Global Perspective: World War Zero*（Leiden, 2007）p. 478.
（27）Dutta and Robinson, *Rabindranath Tagore*, p. 200.
（28）Hay, *Asian Ideas of East and West*, p. 61.
（29）Sugata Bose and Kris Manjapra（eds.）*Cosmopolitan Thought Zones: South Asia and the Global Circulation of Ideas*（New York, 2010）p. 103.
（30）Kakuzo Okakura, *The Book of Tea*（New York, 1906）p. 4.（岡倉覚三『茶の本』村岡博訳、岩波書店、2007 年）
（31）Hay, *Asian Ideas of East and West*, p. 73.
（32）Ibid., pp. 78–9.
（33）Ibid., p. 136.
（34）Ibid., p. 200.
（35）Dev and Tan（eds.）*Tagore and China*, p. 30.
（36）Hay, *Asian Ideas of East and West*, p. 227.
（37）Ibid., p. 168.
（38）Ibid., p. 170.
（39）Jonathan Spence, *The Gate of Heavenly Peace: The Chinese and their Revolution, 1895–1980*（New York, 1982）p. 216.
（40）Tagore, *Letters to a Friend*, p. 110.
（41）Dev and Tan（eds.）*Tagore and China*, p. 79.
（42）Tagore, *Letters to a Friend*, p. 118.
（43）Krishna Dutta and Andrew Robinson（eds.）*Rabindranath Tagore: An Anthology*（New York, 1997）p. 127.
（44）Dev and Tan（eds.）*Tagore and China*, p. 37.
（45）Hay, *Asian Ideas of East and West*, p. 172.
（46）Ibid., p. 316.
（47）Dutta and Robinson, *Rabindranath Tagore*, p. 252.
（48）Ibid.
（49）Ibid., p. 347.
（50）Hay, *Asian Ideas of East and West*, p. 320.
（51）Dev and Tan（eds.）*Tagore and China*, p. 76.
（52）Rabindranth Tagore, *Crisis in Civilization*（Delhi, 2002）p. 260.
（53）Dutta and Robinson, *Rabindranath Tagore*, pp. 300–301.

第六章　作り直されたアジア

（1）Krishna Dutta and Andrew Robinson, *Rabindranath Tagore: The Myriad-Minded Man*（London, 1995）p. 301.
（2）Kakuzo Okakura, *The Book of Tea*（New York, 1906）p. 2.（岡倉覚三『茶の本』村岡博訳、岩波書店、2007 年）
（3）John D. Pierson, *Tokutomi Sohō 1863–1957: A Journalist for Modern Japan*（Princeton, 1980）p. 371.

（4） Ibid., p. 375.

（5） William Theodore De Bary, Carol Gluck and Arthur E. Tiedemann（eds.） *Sources of Japanese Tradition, 1600–2000*, vol. 2（New York, 2006） p. 136.

（6） Donald Keene（ed.） *So Lovely a Country Will Never Perish: Wartime Diaries of Japanese Writers*（New York, 2010） p. 14.（ドナルド・キーン『日本人の戦争——作家の日記を読む』角地幸男訳、文藝春秋、2009 年）

（7） De Bary, Gluck and Tiedemann（eds.） *Sources of Japanese Tradition*, vol. 2, p. 137.

（8）Christopher Bayly and Tim Harper, *Forgotten Armies: The Fall of British Asia, 1941–1945*（London, 2007）p. 7.

（9） Keene（ed.） *So Lovely a Country*, p. 30.

（10） Rotem Kowner（ed.） *The Impact of the Russo-Japanese War*（London, 2006） p. 230.

（11） Keene（ed.） *So Lovely a Country*, p. 41.

（12） Jawaharlal Nehru, *Autobiography*（1936; repr. edn New Delhi, 1989） p. 488.（ネルー「自叙伝」蝋山芳郎訳、『世界の名著 77』所収、中央公論社、1979 年ほか）

（13） Ibid., p. 632.

（14） Keene（ed.） *So Lovely a Country*, p. 40.

（15） Ibid., p. 43.

（16） Bayly and Harper, *Forgotten Armies*, p. 356.

（17） Keene（ed.） *So Lovely a Country*, p. 41.

（18） Eri Hotta, *Pan-Asianism and Japan's War 1931–1945*（New York, 2007） p. 217.

（19）Stephen N. Hay, *Asian Ideas of East and West: Tagore and his Critics in Japan, China, and India*（Cambridge, Mass., 1970） p. 70.

（20） Christopher Bayly and Tim Harper, *Forgotten Wars: Freedom and Revolution in Southeast Asia*（London, 2007） p. 149.

（21） Hotta, *Pan-Asianism and Japan's War*, p. 218.

（22） Christopher De Bellaigue, *Patriot of Persia: Muhammad Mossadegh and a Very British Coup*（London, 2012） p. 179.

（23） Bayly and Harper, *Forgotten Wars*, p. 18.

（24） De Bary, Gluck and Tiedemann（eds.） *Sources of Japanese Tradition*, vol. 2, p. 138.

（25） Mohit Kumar Ray（ed.） *The English Writings of Rabindranath Tagore*, vol. 7（Delhi, 2007） p. 970.

（26） Sven Saaler and Christopher W. A. Szpilman（eds.） *Pan Asianism: A Documentary History, Vol. 1, 1850–1920*（Lanham, Md., 2011） p. 98.

（27） Charlotte Furth and Guy Alitto, *The Limits of Change: Essays on Conservative Alternatives in Republican China*（Cambridge, Mass., 1976） p. 229.

（28） Michael Collins, Empire, *Nationalism and the Postcolonial World: Rabindranath Tagore's Writings on History, Politics and Society*（New York, 2011） p. 67.

（29） Herlee G. Creel, *Chinese Thought: From Confucius to Mao Tse Tung*（Chicago, 1971） p. 237.

（30） Furth and Alitto, *The Limits of Change*, p. 197.

（31） Ayesha Jalal, *Self and Sovereignty: Individual and Community in South Asian Islam since 1850*（New York, 2000） p. 170.

（32） Muhammad Iqbal, *The Call of the Caravan Bell*, trans. Umrao Singh Sher Gil, http://www.disna.us/files/The_Call_of_The_Caravan_Bell.pdf, p. 47.

（33） Ali Shariati and Sayyid Ali Khamenei, *Iqbal: Manifestations of the Islamic Spirit*, trans. Laleh Bakhtiar（Ontario, 1991） p. 31.

（34） Ibid., p. 75.

（35） Javeed Majeed, *Muhammad Iqbal: Islam, Aesthetics and Postcolonialism*（Delhi, 2009） p. xxiii.

（36） Wilfred Cantwell Smith, *Modern Islam in India*（Lahore, 1943） p. 111.

（37） Reza Aslan, *No God but God: The Origins, Evolution, and Future of Islam*（New York, 2005） p. 232.（レザー・アスラン『変わるイスラーム』白須英子訳、藤原書店、2009 年）

（38） Taha Hussein, *The Future of Culture in Egypt*（Washington, D.C., 1955） p. 17.

（39） Muhammad Iqbal, *The Reconstruction of Religious Thought in Islam*（Lahore, 1944） p. 159.

（40） Roxanne Euben, *Enemy in the Mirror. Islamic Fundamentalism and the Limits of Modern Rationalism: A Work of Comparative Political Theory*（Princeton, 1999） p. 49.

（41） Nehru, *Autobiography*, p. 519.

（42） Ibid., p. 520.

（43） John Calvert, *Sayyid Qutb and the Origins of Radical Islamism*（London, 2010） p. 117.

（44） Ibid., p. 154.

（45） Ibid., p. 149.

（46） Euben, *Enemy in the Mirror*, p. 68.

（47） Calvert, *Sayyid Qutb*, p. 105.

（48） Ibid., p. 161.

（49） Sayyid Qutb, *Milestones*（Delhi 1973） p. 3.

（50） Said Amir Arjomand, 'Iran's Islamic Revolution in comparative perspective', *World Politics*, 38, 3（Apr. 1986） p. 407.

（51） Janet Afary and Kevin B. Anderson, *Foucault and the Iranian Revolution: Gender and the Seductions of Islamism*（Chicago, 2005） p. 4.

（52） Shariati and Khamenei, *Iqbal: Manifestations of the Islamic Spirit*, p. 38.

（53） Jalal Al-e Ahmad, *Occidentosis: A Plague from the West, ed. Hamid Algar*（Berkeley, 1984） p. 34.

（54） Ali Mirsepassi, *Intellectual Discourse and the Politics of Modernization: Negotiating Modernity in Iran*（Cambridge, 2000） p. 113.

（55） Hamid Dabashi, *Theology of Discontent: The Ideological Foundation of the Islamic Revolution in Iran*（New Brunswick, N.J., 2006） p. 355.

（56） Ali Shariati, *Reflections of a Concerned Muslim: On the Plight of Oppressed Peoples*, trans. Ali A. Behzadnia and Najpa Denny（Houston, Tex., 1979） pp. 9–10.

（57） Ali Shariati, *Marxism and Other Western Fallacies: An Islamic Critique*, trans. R. Campbell（Berkeley, 1980） p. 49.

（58） Ali Gheissari, *Iranian Intellectuals in the Twentieth Century*（Austin, Tex., 1998） p.101.

（59）Hamid Algar（trans.）*Islam and Revolution: Writings and Declarations of Imam Khomeini*（Berkeley, 1981）p. 28.

（60） Ali Shariati, *On the Sociology of Islam*, trans. Hamid Algar（Berkeley, 2000） p. 23.

（61） Translated from the Urdu by Ali Mir（unpublished）

（62） Daniel Brumberg, *Reinventing Khomeini: The Struggle for Reform in Iran*（Chicago, 2001） p. 198.

（63） Orhan Pamuk, 'The anger of the damned', *New York Review of Books*, 15 November 2001.

（64） Ibid.

（65） M. Şükrü Hanioğlu, *Atatürk: An Intellectual Biography*（Princeton, 2011） p. 205.

（66） Rajmohan Gandhi, *Understanding the Muslim Mind*（Delhi, 1988） p. 62.

（67） Muhammad Iqbal, *The Reconstruction of Religious Thought in Islam*（Lahore, 1944） p. 162.

（68） Feroz Ahmad, *From Empire to Republic: Essays on the Late Ottoman Empire and Modern Turkey*（Istanbul,

2008）p. 323.
（69）Julia Lovell, *The Opium War*（London, 2011）p. 321.
（70）Ibid., p. 330.
（71）Ibid., p. 331.
（72）Timothy Cheek（ed.）*A Critical Introduction to Mao*（Cambridge, 2010）p. 31.
（73）Shao Chuan Leng and Norman D. Palmer, *Sun Yat-sen and Communism*（New York, 1961）p.157.
（74）Stuart R. Schram（ed.）*Mao's Road to Power: Revolutionary Writings 1912–1949. Vol. 7 New Democracy, 1939–1941*（New York, 2005）pp. 330–69.
（75）Peter Zarrow, *China in War and Revolution, 1895–1949*（New York, 2005）p.15.
（76）Alexis de Tocqueville, *'The European Revolution' and Correspondence with Gobineau*（New York, 1959）p. 268.
（77）André Malraux, *The Temptation of the West, trans. Robert Hollander*（New York, 1974）p. 104.（マルロオ『西欧の誘惑』小松清・松浪信三郎訳、新潮社、1955 年）

エピローグ――曖昧な復讐

（1）Ryszard Kapuściński, *The Soccer War*（London, 1990）p. 106.（リシャルト・カプシチンスキ『サッカー戦争』北代美和子訳、中央公論社、1993 年）
（2）Nicolaus Mills and Michael Walzer（eds.）*50 Years of Dissent*（New York, 2004）p. 35.